HYMNES À UN DIEU INCONNU

Sam Keen

HYMNES À UN DIEU INCONNU

Éveil de la spiritualité
dans la vie de tous les jours

*traduit de l'américain
par Michel Montagne*

Flammarion ltée

Données de catalogage avant publication (Canada)

Keen, Sam

Hymnes à un Dieu inconnu : éveil de la spiritualité
dans la vie de tous les jours

Traduction de : Hymns to an unknown God

ISBN 2-89077-135-0

1. Vie spirituelle. I. Titre.

BL624.K4414 1996   291.4'4   C96-940193-0

Titre original : Hymns to an Unknown God.
Éditeur original : Bantam Books, une division
de Bantam Doubleday Dell Publishing Group, Inc.

Révision : Marie Rose De Groof

Couverture : Henri Rousseau,
Heureux Quatuor, collection particulière

ISBN 2-89077-135-0
Dépôt légal : 2ᵉ trimestre 1996

Remerciements

À Laurance Rockefeller,
pour son soutien magnanime
à la renaissance spirituelle.

À Leslie Meredith,
un éditeur qui œuvre
dans la plus grande tradition.

« Pendant soixante ans, j'ai constamment fait preuve
de négligence. Malgré tout, en aucun moment, la grâce qui
m'a été accordée ne m'a été retirée ou n'a été diminuée.
Je n'ai aucun mérite. Je reconnais aujourd'hui que je suis
l'invité dont parlent les mystiques. J'interprète cette
musique vivante pour mon Hôte. Tout aujourd'hui est dédié
à cet Hôte. »

NICHOLSON, MATHNAWI, BOOK I 2084

« Ma vie n'a été qu'une chanson sans fin,
un hymne à un Dieu inconnu. »

SAM KEEN

Sommaire

CHAPITRE 1

Dieux moribonds et Esprit naissant

CHAPITRE 2

Vivre les questions

CHAPITRE 3

Une autobiographie : votre vie, ce texte sacré

CHAPITRE 4

Voies vers un Dieu inconnu

CHAPITRE 5
En la présence du sacré

CHAPITRE 6
Cheminer à travers le paysage intérieur

CHAPITRE 7
Une sensualité pleine de grâce :
donner un corps à l'esprit

CHAPITRE 8

La connaissance charnelle : le sexe et l'esprit

CHAPITRE 9

Terre inspirée et esprit des animaux

CHAPITRE 10

L'esprit civique : créer une communauté compatissante

CHAPITRE 11

La mort : l'ultime question

CHAPITRE 12

La consécration de nos journées : un éventail de rituels pour la vie

L'aspiration

Tout bon journaliste sait pertinemment que de nos jours la grande question consiste à définir l'état de spiritualité chez l'être humain. C'est non seulement l'affaire la plus importante de la décennie, mais aussi du siècle.

Bill Moyers

Esprit : « Le principe vital, qui anime, qui donne la vie à l'organisme physique, par opposition à ses constituants matériels ; le souffle de la vie. »

Le dictionnaire Webster

L'esprit.
Le souffle.
Le principe qui nous anime.
La force motrice.

Expirant. Aspirant.
Expiration. Inspiration.
La mort et la renaissance.

À chacun des cycles de la respiration, entre l'inspiration et l'expiration, vient un moment de calme absolu, un court instant où le temps semble s'arrêter. Dès lors, l'aspiration commence comme un mécontentement divin, les poumons cherchent désespérément à s'emplir et le corps meurt d'envie d'être animé par l'esprit.

Pour trouver le chemin de l'esprit, il faut étudier la configuration du désir. Tout comme l'écho dans la caverne apporte des nouvelles des profondeurs insondables, dans notre désir ardent se trouve notre nostalgie à venir. Dans le vide qui sépare deux respirations, nous pouvons entendre, en un murmure, la promesse de l'accomplissement et nous percevons le parfum d'une rose sur le point d'éclore.

Respire à travers nous, souffle de Dieu, de nouveau emplis-nous de vie.

Les voix de l'aspiration

Comme la biche cherche ardemment le ruisseau,
ainsi mon âme soupire après toi, Élohim.

Psaume 42

Que représente pour nous aujourd'hui le concept de spiritualité ? Avons-nous seulement une idée de ce que c'est ? Et parmi ceux qui croient encore qu'il existe une place pour la spiritualité — qu'on évoque communément en parlant de l'« âme » — combien l'accueillent-ils dans leur vie quotidienne ? Est-il possible, en cette époque chaotique, d'avoir le sens du sacré dans la vie de tous les jours, ou faut-il mettre notre esprit et notre Dieu de côté en arrivant au travail ?

Que peut bien signifier « se préoccuper de vie spirituelle » en ces temps agités ? De nos jours, la dimension spirituelle est absente de nos vies. Nous cherchons quelque chose qui donnera un sens et un but à notre quotidien, quelque chose qui nous engagera plus que de dire du bout des lèvres ce que l'on pense de Dieu ou que d'aller à l'église le dimanche. Nous sommes hantés par le vide. Nos cœurs sont modelés par quelque chose qui ne s'est pas produit — pas encore. Une foule de chercheurs modernes sont envahis par le sentiment de vide, mourant d'envie de vivre une vie spirituelle, souhaitant qu'une étincelle d'inspiration déclenche chez eux une passion qui les élèvera au-delà de l'insignifiance du monde matériel, qui animera leur raison, leur corps et leur esprit. Nous désirons ardemment redécouvrir le sens du sacré, cruellement absent de nos vies amoureuses, de nos familles, de nos emplois et de nos systèmes politiques.

Pas une semaine ne se passe sans que l'un de mes amis ou un inconnu ne me parle de cette aspiration.

Récemment, lors d'une soirée où le vin coulait à flots — *in vino veritas* —, un vieil ami dans la quarantaine, brillant, raffiné, à la carrière de promoteur remplie de succès, mais vidé par des semaines de travail de soixante heures, m'a ouvert son cœur :

— Plus rien n'a de sens. Rien de ce que je fais. Tout ce à quoi j'aspire, c'est d'élever quelques animaux, de faire du jardinage et de prier. J'appartiens à la génération qui « a tué Dieu ». J'ai toujours méprisé la religion. Mon père a collaboré à la fabrication de la bombe atomique et je me suis toujours enorgueilli d'avoir l'esprit scientifique. Je suis même incapable de me créer une image de Dieu. Malgré tout, je ne peux plus envisager la vie sans la prière.

Un autre ami, un artiste dans la soixantaine, de notoriété récente, m'a confié :

— Après avoir surmonté plusieurs crises au cours de ma vie, je me sens finalement bien dans ma peau. J'ai une relation conjugale des plus satisfaisantes et mes enfants, qui réussissent sur le plan professionnel, ont quitté le nid familial. Au cours des dernières années, j'ai acquis une certaine célébrité et mes revenus ont augmenté bien au-delà de ce que j'espérais. Je me suis offert tout ce que je voulais — une demeure somptueuse, une belle voiture, des vacances à travers le monde. J'ai donné de l'argent aux œuvres de bienfaisance de mon choix et me suis montré très généreux à l'égard des membres de ma famille et de mes amis. J'ai assouvi tous mes besoins, tous mes désirs. Pourtant, j'aspire à une sorte d'accomplissement que je ne peux même pas nommer ou imaginer, mais que je sais d'ordre spirituel.

L'une de mes nouvelles connaissances, un promoteur immobilier de cinquante ans — multimillionnaire énergique et généreux, amateur de voitures de sport et de vêtements italiens — m'a confié au cours d'un souper fin :

— J'ai toujours aimé faire de l'argent et c'est un domaine dans lequel j'excelle. Je raffole des choses luxueuses que la fortune peut m'apporter comme une Maserati ou une maison luxueuse. Je nage dans l'opulence. Pourtant cela ne me suffit plus. Il existe un vide que l'argent ne peut combler. Je dois changer de vie.

Récemment, j'ai bavardé à bâtons rompus au téléphone avec un avocat de San Francisco que je connais depuis des années. Cet homme élégant de quarante-neuf ans, expert en calembours et en traits d'esprit, a été esclave des drogues et de l'alcool pendant vingt-quatre ans. Depuis sept ans, il est sobre. Lors de notre conversation, il m'a entretenu de la vie plutôt que de la loi :

— Tout a commencé lorsqu'un ami m'a dit : « Tu ne peux plus continuer à consommer toute cette saloperie, tu vas finir par te tuer. Pourquoi ne m'accompagnerais-tu pas à une rencontre des Alcooliques anonymes ? » À cette époque, j'étais désespéré. Je me détestais et je vivais dans une profonde anxiété mêlée de douleur. Je ne voyais rien qui puisse me soulager. Un jour, alors que j'étais au volant de ma voiture, je me suis mis à pleurer. Craignant que quelqu'un ne me voie dans cet état, je mis mes lunettes noires. Puis je me suis mis à hurler à tel point que j'ai dû remonter les vitres pour éviter que les autres automobilistes ne m'entendent. C'est alors que j'ai décidé d'aller à cette rencontre.

Je fus d'abord frappé par l'expression des visages. Ils me souriaient. Ils m'ont souhaité la bienvenue. Je constatais que, contrairement à moi, quels que fussent les problèmes qu'ils avaient affrontés — et ils en avaient eu beaucoup — ils n'avaient plus celui qui m'amenait là. Ils n'étaient ni seuls ni désespérés. Leurs visages ravivaient mon profond désir de paix et suscitaient un sentiment de bien-être. Ils me faisaient comprendre qu'il m'était possible d'arriver à me sentir bien, d'entrer en contact avec les autres au lieu d'être confiné en silence dans ma propre cage avec ma peur pour seule compagne.

Aujourd'hui, environ sept ans plus tard, un jeune homme est venu à mon bureau. Il était empli de haine parce qu'une femme l'avait accusé à tort d'avoir agressé sexuellement son enfant. Après lui avoir expliqué qu'il n'y avait aucune poursuite judiciaire contre lui, je lui ai dit qu'il devrait prier pour cette femme, sinon il ne serait jamais en mesure de la comprendre, de lui pardonner et de se débarrasser de la douleur qui l'habitait.

Ce fait m'a rappelé la première fois où j'ai prié. Ma femme avait fait quelque chose qui m'avait blessé et, pour une fois, je n'en étais pas responsable. J'ai passé la plus grande partie de la journée rongé par la colère. Plein de ressentiment, je cherchais vengeance. La douleur était si intense qu'il me fallait absolument trouver une façon de m'en débarrasser. Comme j'avais en ma possession la copie d'une prière des AA, je l'ai lue, assis dans ma voiture qui était garée dans un stationnement : « Mon Dieu, je m'offre à toi... délivre-moi de mon propre esclavage afin que je puisse accomplir ta volonté. » Cela m'a d'abord embarrassé. J'avais toujours nié l'existence de Dieu et de toute autre forme de pouvoir supérieur au mien. Pourtant j'ai relu maintes fois cette prière et graduellement j'ai ressenti un soulagement. Au lieu de demeurer sous l'emprise de la colère, j'ai commencé à comprendre pourquoi ma femme m'avait ainsi rabroué et j'ai alors su que je pouvais lui pardonner. Je prie depuis ce temps, car la prière me grandit et me permet de dépasser la situation du moment. Je ne prie pas les forces surnaturelles pour que les choses s'améliorent. Je m'ouvre plutôt à la force qui inspire et informe toute vie et je prie pour me délivrer des chaînes qui m'accablent.

Il y a quelques années, j'ai reçu une lettre d'une femme que j'admire beaucoup, une femme qui poursuivait sa quête sans crainte des obstacles. Cette mère de trois enfants était l'ex-femme d'un médecin éminemment connu. Dans sa missive, elle m'expliquait pourquoi elle était devenue une adepte des doctrines du gourou indien Bhagwan X. « Ce qui m'a menée à Bhagwan, c'est le désir de résoudre la grande question du vingtième siècle restée sans réponse : « À quoi ou à qui devons-nous nous en remettre? »

Je lui ai répondu : « Vous posez la bonne question, mais vous n'avez pas la réponse idoine. »

La grande soif de spiritualité qui caractérise notre époque est provoquée par le perpétuel besoin humain d'être en communion avec quelque chose qui transcende notre moi fragile, de pouvoir nous appuyer sur quelque chose de plus grand et de plus durable que notre bref passage sur terre.

Ces témoignages ne sont qu'une infime partie du chœur de la nouvelle communauté d'individus qui ont entrepris une quête spirituelle. Vous êtes peut-être de ceux dont les attentes ne peuvent être comblées par les réponses que donnent les religions traditionnelles. Alors que des croyants authentiques s'efforcent de suivre les traces de Jésus, de Moïse ou de Mahomet, nombre de chercheurs de spiritualité ont commencé à explorer des sentiers inconnus. Bien des gens qui, il y a une décennie, auraient été fort embarrassés d'avouer leur aspiration à la transcendance, parlent maintenant ouvertement de voyages intérieurs et de quêtes révélatrices. La spiritualité en fait partie. Les millions de personnes qui ont été désillusionnées par une vision profane de la vie, mais sont indifférentes à la religion établie — quelles que soient ses formes institutionnelles — sont à la recherche de quelque chose de différent : des valeurs manquantes, de nouvelles significations, la présence du sacré.

Voici quelques-uns des traits qui caractérisent l'évolution dans le paysage spirituel, dans la renaissance de notre époque :

Nous connaissons une montée de l'individualisme spirituel et de l'expérimentation religieuse sans retenue. La tendance la plus récente consiste à emprunter *Le Chemin le moins fréquenté* (cinq cents semaines sur la liste des meilleures ventes du *New York Times*). Les sondages Gallup rapportent qu'au tournant des années soixante-dix, « un nombre surprenant d'Américains se sont intéressés à la vie intérieure ou spirituelle. Environ six millions de personnes pratiquent la méditation transcendantale, cinq millions le yoga, trois millions d'individus font partie du mouvement charismatique et deux millions se font adeptes de religions orientales. Des Églises sans partisanerie ni credo se développent rapidement. » À l'approche de la fin du siècle, les religions tendent vers « une recherche spirituelle intensive et un désir constant de croissance personnelle et spirituelle, associés dans une certaine mesure à un rejet de l'autorité ecclésiale[1]. »

Nombreux sont ceux qui évaluent le bien-fondé des religions et des coutumes des Amérindiens, entre autres les visions et hallucinations provoquées par l'utilisation rituelle de la mescaline, et les diverses manifestations de même nature.

On note un intérêt croissant pour les mythes et les rituels. On redécouvre Carl Jung. Les livres et les documentaires de Joseph Campbell présentés sur la chaîne PBS ont connu un succès sans précédent. Plus d'une douzaine de revues telles que *Parabola* et *Gnosis* ont vu le jour depuis dix ans.

L'Orient a redécouvert l'Occident. Le Zen, le bouddhisme tibétain et de nombreux gourous indiens ont initié plusieurs Occidentaux à la méditation et aux disciplines spirituelles. Des écoles d'arts martiaux tels que l'aïkido, le kung-fu et le jiu-jitsu ont été fondées dans chaque grande ville.

Les Alcooliques anonymes (AA) et des programmes analogues en douze étapes ont remplacé la dépendance à l'égard des drogues par la soumission à une puissance supérieure.

Des thérapeutes explorent les frontières communes à la spiritualité et à la psychothérapie. L'Association américaine de psychiatrie a pourvu la quatrième édition du *Diagnostic and Statistical Manual* d'une nouvelle catégorie de diagnostics, les « problèmes d'ordre spirituel ou religieux ».

Un mouvement de spiritualité féministe a redécouvert la Déesse et introduit des images féminines de sainteté dans le langage et les liturgies des grandes confessions.

En médecine, les chercheurs ont démontré que l'amour et la spiritualité jouent un rôle important dans le processus de guérison.

De plus en plus, on prend conscience que l'optique écologique repose fondamentalement sur le caractère sacré de toute vie.

Les dirigeants de *Fortune 500* considèrent que le travail devrait susciter la croissance spirituelle et personnelle tout autant que la récompense financière.

La théorie des systèmes se révèle la tendance dominante dans la plupart des disciplines dont le champ s'étend de la psychologie à l'informatique. Elle remplace l'ancienne méthode d'analyse au cas par cas qui décomposait chaque élément en ses parties constituantes. La pensée actuelle converge plutôt vers la synthèse, les réseaux, l'interaction et le processus. L'ancienne notion voulant que le tout soit la somme des parties a été remplacé par l'idée que les parties peuvent seulement être comprises par leurs fonctions dans les dynamiques de l'ensemble. La théorie, datant du siècle dernier, selon laquelle les diverses formes de vie proviendraient d'une collision entre les atomes, à la manière des boules de billard, a cédé la place à une conception d'un univers composé d'un réseau complexe de relations, de joyaux retenus dans un filet.

La vieille guerre entre la science et la religion a pris fin et une nouvelle histoire d'amour est née. Un mariage se prépare entre physique et mysticisme. La physique quantique a démontré les limites de l'univers matérialiste des atomes isolés mis de l'avant par Newton. Paul Davies, professeur de physique mathématique à l'Université d'Adélaïde, conclut : « Par l'intermédiaire des créatures conscientes, l'univers a engendré la conscience de soi-même. Il ne s'agit pas d'un détail insignifiant, ni d'un sous-produit sans importance, ni d'efforts stupides et sans objet. Notre présence sur terre a véritablement un sens[2]. »

Votre réussite ou votre échec en amour ou au travail vous incite peut-être à trouver un sens et un but plus importants à votre vie. Il est possible qu'un récent face à face avec la maladie ou la mort ait miné vos anciennes convictions et semé le doute en vous. Votre désespoir devant la folie de la modernité a peut-être suscité un ardent désir d'espérance, le besoin d'une nouvelle perception du sacré.

La crise et la quête dont je traite dans cet ouvrage sont à la fois culturelles et individuelles, modernes et éternelles. La recherche de l'existence d'une réalité qui réponde aux noms d'esprit, d'âme ou de Dieu ne peut être qu'un passionnant voyage existentiel vers la découverte de la signification profonde de l'être. En ce sens, chaque homme ou femme peut faire face à tout âge à une crise, à une période de remise en question quand il ou elle doit tenter d'explorer et de définir son moi, de trouver un sens et un système de valeurs aptes à donner une signification à la vie de tous les jours. Pour vous permettre de faire un autoexamen, les chapitres 1 à 6 vous proposent des moyens détaillés et une liste de questions sur vous-même et sur les origines de votre bonheur ou de votre malheur, ainsi qu'un schéma d'insertion du sacré dans votre vie. Les quatre chapitres suivants expliquent comment il faut intégrer les nouvelles perceptions de votre moi et de votre esprit dans vos relations sexuelles et amoureuses, dans le travail, dans la façon de vous comporter en public et dans la création d'un nouveau modèle de collectivité empathique. Le dernier chapitre renferme une quinzaine de rituels qui vous permettront de spiritualiser votre vie quotidienne.

Tout comme il n'existe aucun régime alimentaire universel, car l'un doit éviter à tout prix les matières grasses et l'autre doit s'abstenir de faire maigre, aucun mode de vie spirituelle ne convient indifféremment à tous. Nos façons d'assimiler le sens des choses sont tout aussi variées que nos processus de métabolisme basal. Les uns s'accommodent fort bien d'un régime de symboles élaborés et se nourriront de liturgie sacrée, d'un *tanka* tibétain complexe ou d'un mandala jungien. D'autres sont allergiques au pompeux rituel liturgique et seront plus inspirés par le silence cher aux Quakers ou par la méditation zen.

À notre époque où les rôles sexuels sont redéfinis, il est possible que le menu spirituel des femmes et des hommes soit différent. Davantage de café pour les femmes, davantage de camomille pour les hommes. En règle générale, les femmes doivent explorer les dimensions spirituelles de l'agression et les hommes pratiquer la discipline de la soumission, de la prise en charge et de l'émerveillement. Comme j'ai tenté de le démontrer dans *À la recherche de l'homme perdu*, la plupart des caractéristiques et des rôles que l'on a traditionnellement attribués aux hommes et aux femmes, au masculin et au féminin, sont erronés. La ségrégation des vertus d'après le sexe — les hommes sont rationnels, entreprenants, belliqueux alors que les femmes sont émotives, intuitives, réceptives et éducatrices-nées — est intrinsèquement liée à la formation, voire à la non-formation de nos personnalités par notre culture. L'esprit, c'est-à-dire la capacité de transcender notre moule familier et culturel, n'a pas de sexe, de nationalité, de classe, de couleur ou de race.

La première partie de notre voyage intérieur sera plutôt de nature psychologique que spirituelle parce qu'elle nécessite de décortiquer les mythes et les illusions qui nous ont mal renseignés. Nous commençons alors à comprendre que nous ne pouvons devenir des êtres dotés de spiritualité si nous ne suivons pas un processus qui transcende les attributs — nationalité, race, sexe, classe, couleur — auxquels nous devions auparavant notre identité. Au cours de la phase psychologique de cet itinéraire, les hommes et les femmes suivent des chemins à la fois opposés et complémentaires afin de découvrir ce qui a été rejeté lors de la séparation des rôles sexuels à l'époque de l'adolescence. À partir du moment où les hommes et les femmes prennent conscience des avantages et des désavantages des rôles sexuels et assimilent l'histoire de l'écart entre les sexes à leur histoire personnelle, ils peuvent entreprendre de concert le voyage que je trace tout au long de ce livre. Si *À la recherche de l'homme perdu* est une exploration de l'unique expérimentation qui donne de la couleur aux faits et gestes des êtres humains, *Hymnes à un Dieu inconnu* est le trajet que nous suivons ensemble, quand la masculinité et la féminité, quand les rôles masculins et féminins sont relégués au second plan.

La recherche de l'esprit, de Dieu, est au bout du compte une poursuite vers la connaissance de nos points culminants et de nos abysses. C'est la tâche de tout homme, de toute femme — le but de cette marche glorieuse — que d'aller au-delà de ses certitudes et de ses doutes, au-delà de ses connaissances et de sa compréhension, vers une vérité qui n'a jamais été dévoilée. Cela a été, est et sera toujours la plus grande aventure humaine. Joignez-vous à moi pour ce voyage qui promet de nous conduire à la rencontre de ce Dieu inconnu en qui nous pourrons croire et qui nous permettra d'être remplis du sens sacré de notre vie.

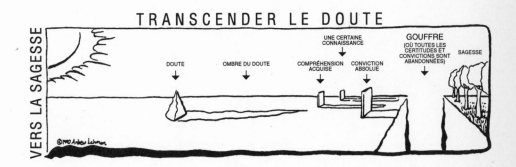

CHAPITRE 1

Dieux moribonds et Esprit naissant

Nous vivons, nous demeurons
dans un monde grandiose mais terrifiant,
à une époque où les générations affirment
qu'être en vie est chose sublime.
Écoutez! Les nations se réveillent,
des armées foncent dans la mêlée.
Écoutez retentir la plainte
de la création au jour dernier.

Le Livre des cantiques
de l'Église presbytérienne, n° 356

Profonde crise spirituelle de l'Amérique. Les chefs de file des mouvements sociaux et intellectuels décèlent une perte de la foi et un accroissement marqué du cynisme au sein de la nation.

San Francisco Examiner, 8 juillet 1990

La crise spirituelle

Par une soirée glaciale de novembre 1957, je me trouvais dans un vieil amphithéâtre de style classique de l'université Harvard pour écouter un exposé de Paul Tillich, probablement le plus grand théologien protestant de notre siècle. C'était une époque où l'optimisme culturel voisinait avec un libéralisme religieux et politique en pleine croissance. Jeune marié, j'étais déjà bien engagé sur la voie menant à la réalisation de « mon » rêve américain — enseigner dans un petit collège et vivre avec ma famille dans une rue paisible bordée d'ormes. L'avenir semblait des plus prometteur. Le sens pratique et son alliée, la technologie, régnaient en maîtres sur ce nouvel âge de progrès pendant que les multinationales abattaient les frontières entre les nations. Même si l'anticommunisme était la religion non officielle de l'Amérique, la guerre froide était plutôt tiède. Les grands théologiens de l'époque — Paul Tillich, Reinhold Niebuhr et Karl Barth — dénonçaient tous le nationalisme et le fondamentalisme. À la même époque, les chrétiens entamaient le dialogue avec les hindous et les bouddhistes. Cette journée-là, Paul Tillich fit une conférence sur l'importance de bien comprendre le symbolisme des textes religieux. Ils n'étaient en réalité qu'une sorte de dentelle linguistique, un voile qui laissait tout juste entrevoir un fragment du tissu composant le mystère de l'existence. Aucune religion ne peut se targuer de posséder la vérité pure, disait-il, en nous mettant en garde contre le danger de l'idolâtrie religieuse. Il nous conseilla plutôt de chercher la présence du sacré dans le quotidien du monde laïc.

Comme l'obscurité tombait, quelqu'un se leva dans la salle et déclara : « Professeur Tillich, dans trois minutes le spoutnik russe sera visible dans le ciel de Cambridge. » Nous nous sommes alors entassés sur les marches de l'escalier en tendant le cou et en guettant l'apparition de cette nouvelle étoile. Avec un respect mêlé de crainte, nous avons observé sur la voûte céleste la traversée silencieuse de ce nouvel ange de lumière qui, ce faisant, annonçait la venue de l'ère spatiale. Après que nous eûmes réintégré l'amphithéâtre, Tillich parla de la « grandeur de l'Homme » dans les mains duquel avaient été déposées la responsabilité et la capacité de dominer la Terre. Ce soir-là, nous avons tous perçu la grandeur potentielle de l'avenir. Avec le recul, j'admets toutefois qu'au milieu de cette naissante auréole de gloire future pointait un petit présage auquel nous n'avons pas alors pris garde. Pendant que Tillich achevait sa phrase sur « la grandeur de l'Homme », un enfant endormi dans un couffin près de sa mère se mit à pleurer. Notre attention se porta immédiatement du satellite à l'enfant et Tillich conclut en ajoutant « ...et la vulnérabilité de l'Homme ».

La réalité différa totalement de celle que nous avions imaginée. Les formes rétrogrades de fondamentalisme, la théocratie, les guerres saintes et le fanatisme ont ressurgi, morcelant des nations en tribus guerrières et semant le long des routes des hordes de réfugiés. Nous n'entendons plus parler que de violence, de divisions, de déchirures, de trahisons et de scandales. Nos villes s'emplissent de sans-abri et de bandes errantes de jeunes délinquants désespérés. L'économie stagne alors que les marchés financiers sont en plein essor. Les famines, les épidémies et les guerres ne parviennent plus à contrebalancer l'explosion démographique. D'innombrables espèces animales et végétales disparaissent devant les assauts répétés des hommes. Les trous de la couche d'ozone et le SIDA montrent que la nature se rebelle contre nous. Les gouvernements et les institutions municipales du monde entier avouent leur impuissance à gérer les changements galopants. Pendant ce temps, des milliers de bien-nantis consacrent leurs loisirs à courir les centres commerciaux pour se procurer des produits de luxe qui finiront par faire déborder les décharges publiques.

Nous avons cru autrefois, comme le disait Dietrich Bonhoeffer, que « l'Homme avait atteint sa maturité ». Il semble toutefois que nous ayons régressé jusqu'à l'infantilisme. Là où nous imaginions que serait instauré un nouvel ordre mondial s'est installé le chaos. Nous avons aussi rêvé de tolérance, mais le fanatisme a pris le dessus. Les multiples applications de la technologie semblaient nous promettre une vie meilleure, mais elles nous ont surtout apporté la pollution. La société des loisirs tant vantée n'est pas au rendez-vous, au lieu de quoi nous trouvons une armée de travailleurs stressés. Nos prévisions ne se sont pas montrées plus justes que celles des médiums qui prédisent l'avenir dans les pages du *National Enquirer*.

Quant à mes propres lendemains, ils se sont révélés bien différents de ce que j'avais espéré. Ni rue paisible, ni emploi stable, ni engagement spirituel durable ne semblent se dessiner à l'horizon. En revanche, j'ai fait l'expérience d'un divorce, d'un nouveau mariage, d'une famille reconstituée et d'une carrière de bohémien intellectuel. Finalement, j'ai en quelque sorte perdu la foi et effectué un long voyage vers une contrée inconnue qui s'étend à l'est de l'Éden.

Depuis les années cinquante, nombre d'Occidentaux ont subi une longue crise spirituelle. Les grands mythes religieux du passé ont perdu leur capacité de donner un sens, un but et de l'espoir à nos vies. Nous sommes des êtres à la fois privilégiés et condamnés à vivre encastrés entre deux époques comme au temps où l'humanité passait de la chasse et de la cueillette à l'agriculture, puis de l'agriculture à l'économie industrielle. Valeurs traditionnelles, visions, perceptions du monde, modes d'organisation de la vie sociale, économique et politique, tout a été bouleversé.

La zone d'ombre qui sépare la mort des anciens dieux et la naissance d'une ère nouvelle entraînera toujours le chaos et la tentation de céder au désespoir. Cette période ne sera ni calme ni douce, car le changement est incessant et le sera toujours. Lors des grands virages de l'Histoire, on s'attend généralement à ce que les grands corps constitués de la nation empruntent des directions opposées. La majorité essaie alors de se raccrocher aux anciennes traditions, tandis qu'une minorité cherche à explorer de nouvelles voies. En conséquence, nous sommes destinés à vivre en pleine Grande Guerre du paradigme, au cœur d'un conflit universel entre trois courants mythiques — le mythe du progrès technologique et économique, les religions dogmatiques et la nouvelle vision spirituelle du monde.

Notre situation est critique, mais non désespérée. Aucune apocalypse, aucune utopie ne sont prévues dans un proche avenir. Je vois les prémices d'une nouvelle vision unitive résultant de la quête d'hommes et de femmes de toute origine. À la longue, cette renaissance spirituelle changera graduellement notre façon de concevoir et d'expérimenter le sacré, ainsi que celle d'organiser nos vies sur les plans économique, politique et personnel. Je crois qu'un nouveau mythe verra le jour sous peu. Il englobera de nouvelles tendances, de nouvelles gestions économiques et de nouvelles formes d'organisation sociale des villes, du monde rural et de la nature.

Il est impossible de déterminer si ce mythe naissant se développera ou s'éteindra. Pas plus que nous ne savons si les sociétés modernes technocratiques et urbaines ont la volonté de survivre et la capacité de dépasser le mythe usé et destructeur du progrès. Aurons-nous l'élan nécessaire pour rebâtir notre monde inculte ? Il est consternant de constater que l'Histoire est jalonnée de vestiges de grandes civilisations qui ont choisi de disparaître plutôt que d'accepter de changer leurs croyances.

Hymnes à un Dieu inconnu se fonde sur une intuition et sur une amusante philosophie glanée dans une bande dessinée où l'on retrouve un prophète barbu brandissant cette pancarte : « Le monde n'est pas en train de disparaître. Nous devrons apprendre à nous débrouiller. »

Je pense que si nous demeurons attentifs, du sein de la tourmente une voix nous parlera certainement de la disparition de nos anciens dieux et nous chuchotera peut-être quelque information sur de nouveaux dieux en train de naître.

Une invitation au voyage

Avec *Hymnes à un Dieu inconnu*, je cherche à esquisser l'itinéraire de notre voyage spirituel présent et à venir, à enregistrer au jour le jour cette quête de nouvelles convictions et à suggérer quelques ressources et quelques règles de survie à notre époque d'incertitude.

En premier lieu, je m'engage dans cette démarche parce qu'à mon sens il est manifeste que le perpétuel effort déployé pour bâtir une société sur un fondement purement laïc du progrès nous détruira tous. En second lieu, les tentatives des fondamentalistes réactionnaires pour établir des sociétés islamiques, juives ou chrétiennes gouvernées par des autorités religieuses briment les libertés individuelles, les droits des femmes et la liberté sexuelle pour lesquels nous avons tant lutté. Par ailleurs, leurs visées nous conduisent directement vers le tribalisme, les effusions de sang et l'idolâtrie.

Avant toute chose, cependant, j'ai tracé cet itinéraire parce que c'est celui que j'ai suivi. J'ai été élevé dans une famille chrétienne aimante et non conformiste. Mes parents, à la fois stricts et indulgents, mettaient en pratique ce qu'ils prêchaient. Les cantiques que nous chantions résonnent encore dans mon esprit et ma mémoire. Il fut une époque où mon Dieu était une forteresse invincible, l'ombre d'un rocher gigantesque au sein d'une terre désolée, un soutien dans le déroulement du temps, un espoir pour les années à venir. Même si je ne reconnais plus l'autorité de la Bible ni celle de l'Église, les vérités qui se cachent derrière les mots continuent de faire écho dans les profondeurs de mon être. Souvent, dans des moments calmes où tour à tour la tristesse et la joie m'habitent, une phrase provenant d'histoires ou de psaumes anciens, un refrain tiré d'un cantique ou des bribes de prières traditionnelles émergent à la surface de mon esprit et me procurent une paix ineffable.

Je ne peux revenir à la religion d'antan ni ne puis me satisfaire des limites nébuleuses de la foi laïque progressiste. Voilà pourquoi je cherche une façon de répondre adéquatement aux appels de la raison et du cœur. Sans revenir à la foi du charbonnier ni capituler devant l'autorité, je veux découvrir une manière de m'abandonner entre les bras immortels d'un Dieu inconnu. Et comme j'approche de ma fin inéluctable, j'ose espérer pouvoir compter sur le soutien de ce Dieu inconnu qui est à la fois le fondement et le but de ma quête.

En quelque sorte, *Hymnes à un Dieu inconnu* se compare à un chant philosophique. Une vie spirituelle se résume davantage à trouver et à conserver le rythme de la musique des sphères célestes qu'à chercher les mots justes. La vérité de l'esprit, telle que je la connais, se transmet mieux par le chant et la poésie que par des préceptes. Les véritables valeurs de la tradition chrétienne qui continuent de me nourrir sont exprimées dans la musique qu'elles ont inspirée. Mon esprit est souvent troublé par toutes ces croyances que nous ne pouvons mettre en doute, mais quand j'écoute *Sheep May Safely Graze* (La brebis peut paître en toute sécurité) de Bach, mon âme se repose près d'une eau calme et un Seigneur mystérieux devient mon berger.

Le voyage que nous entreprenons doit contenir un élément mélodique. Faisons nôtre la recommandation du démon de Socrate suivant laquelle l'exercice de la philosophie sans un accompagnement musical se révèle hasardeuse pour l'âme. Il y a quelque chose d'essentiellement mélodieux dans la voie spirituelle occidentale. Les formes les plus complexes du bouddhisme tibétain, de l'hindouisme et du taoïsme nous ont transmis des mantras raffinés, des images religieuses, des psalmodies et des mélodies entraînantes, mais rien qui soit comparable à la profondeur de Bach, de Haendel ou de Mozart. Je ne saurais l'expliquer, mais il semble que cette vocation musicale unique constitue un point de départ important pour les hommes et les femmes d'Occident.

Les cantiques, les psaumes et la poésie qui m'attirent subitement vers le sacré sont l'écho de mon héritage chrétien. (La plupart des textes que je cite sont tirés du *Livre des cantiques* de l'Église presbytérienne). Si vous les connaissez, chantez-les avec moi. Sinon, remplacez-les par une musique née de vos traditions ou propre à vous plonger dans un état de grâce sublime. À aucun moment, vous ne pouvez vous engager dans un voyage spirituel sans motif aucun ou pour des raisons dissociées de la poésie. Comme nous le rappelle Dudley Young dans *The Origin of the Sacred*, les extases de l'esprit doivent être disciplinées par la loi, la *nomos*. En grec ancien, *nomos* signifie à la fois loi et mélodie. Rien ne sépare ce qui maintient les énergies de la musique et de l'esprit dans des limites établies de la rationalité qui nous permet de comprendre le cosmos. Un esprit harmonieux, affirment Pythagore, Bach et Einstein, est à la fois mathématique, sensé et musicien.

Avant d'entreprendre notre voyage, quelques conseils sont à prendre en considération. Il est difficile de cataloguer la méthode ou le style de ce livre, car il franchit constamment les frontières qui, par convention, font la distinction entre la psychologie, la philosophie, la politique et la théologie. De plus, il plonge par moment dans l'autobiographie. Sachez toutefois qu'il existe une méthode dans ma folie. Je suis convaincu que nous avons subi un dommage non quantifiable à force d'emprunter des modes académiques, objectifs et anonymes d'écrire, de parler et de penser au sujet de nos valeurs, de nos perceptions, de nos craintes, de nos espoirs, de notre sexualité et de notre spiritualité. Les trop nombreux ouvrages sur la psychè et l'esprit semblent avoir été rédigés par des sommités et des professionnels trop abstraits qui donnent des avis et proposent des solutions du haut de leur Olympe. J'en arrive à me méfier des livres dans lesquels l'auteur n'a pas le courage d'afficher sa vulnérabilité et de partager l'histoire de son propre voyage. Indéniablement, la philosophie et la psychologie se doivent d'être plus qu'une simple confession franche et sans détour. Il nous faut réfléchir posément sur les principes, évaluer les évidences, colliger ces fragments d'information pour établir un raisonnement sensé. Cependant ces réflexions et ces théories doivent être associées à quelqu'un, à un être humain identifiable dont les conclusions sont issues de certains conflits et de sa propre destinée. Cette forme de philosophie autobiographique est voulue : je suis convaincu que c'est uniquement en vous permettant de voir les fibres noueuses de mon esprit que je pourrais vous encourager « à chérir le grain de votre propre bois » comme l'a si bien exprimé Howard Thurman.

L'histoire dévoilée ici n'est pas linéaire. Tantôt elle vagabonde, tantôt elle mène à l'impasse ; à d'autres moments, elle s'élève jusqu'à des sommets d'où nous pouvons apercevoir ces pays lointains où nous avons jadis vécu. La plupart du temps, le récit suit un trajet en spirale autour des grandes questions mythiques. À mon sens, le voyage spiroïdal est peut-être la meilleure métaphore de la vie spirituelle, car nous semblons y découvrir ce que nous avons toujours su et oublié. Graduellement, nous recollons les fragments de notre âme qui fut il y a très longtemps unique et entière. Tout survient comme si nous étions mus par une perception inconsciente ou un savoir préconscient d'être les citoyens d'un cosmos sacré. C'est seulement lorsque nous explorons cette manière spiritualisante de vivre que nous découvrons la signification de cette citation de Wordworth :

Bien que nous soyons loin de ce qu'il y a en nous
Nos âmes aperçoivent cette mer immortelle
Et nous y entraînent.

On risque d'être déçu si l'on s'attend à ce que cette quête spirituelle apporte la certitude de posséder la vérité, toute la vérité et rien que la vérité. Le doute et le dialogue doivent toujours être nos compagnons. Il n'est pas indispensable de trouver des réponses définitives à des questions auxquelles il est de toute façon impossible de répondre : « Pourquoi sommes-nous ici ? D'où venons-nous ? Où allons-nous ? Qu'allons-nous faire dans l'intervalle ? » Nous ne devons toutefois pas nous y dérober, mais au contraire les garder en mémoire. C'est là que réside la différence entre la capacité de s'ouvrir au mystère véritable, et de s'en émerveiller ou de perdre tout discernement et s'abandonner aux mystifications religieuses du culte et de la tribu. Notre meilleur espoir de créer un avenir raisonnable qui garantisse le sens sacré de la vie viendra de l'habitude toujours renouvelée de parler à ceux qui nous entourent de ces choses qui ne peuvent être exprimées totalement, mais qui ne doivent jamais être oubliées.

Avant d'entreprendre ce voyage, nous devons nous y préparer avec soin mentalement et émotivement. Nous devons réprimer notre hâte à prendre la route de crainte d'enfourcher la première monture venue et de chevaucher n'importe où dans le désarroi. Les Américains ont horreur des préliminaires. Ils veulent des solutions rapides. Or il n'existe pas de spiritualité instantanée. Dans les premiers chapitres, nous étudierons attentivement les cartes et nous essaierons de définir le plus exactement possible nos objectifs. Nous ferons l'inventaire des connaissances disponibles afin de mieux cerner le mystère insaisissable du sacré et d'en faire une part consciente de nos vies et de nos relations.

Un baiser avant le départ, une promesse de révélations.

Un jour, nous découvrirons qu'au cours de ces préliminaires, nous avons déjà, sans nous en rendre compte, parcouru une grande distance ensemble. Préparatifs et voyage auront fusionné. Nous nous apercevrons alors, à notre grande surprise, que théorie et pratique vont de pair, que la contemplation de nous-mêmes est devenue indissociable de l'action compatissante envers les autres, que notre attente patiente en de fertiles ténèbres est devenue notre façon de croire en ce Dieu inconnu, que les questionnements se sont métamorphosés en joie.

CHAPITRE 2

Vivre les questions

La scène : Gertrude Stein sur son lit de mort. Sa compagne, Alice B. Toklas, se penche avec anxiété au-dessus de son amie, son mentor. Elle l'interroge : « Gertrude ! Gertrude ! Quelle est la réponse ? » Stein ouvre les yeux et rétorque : « Quelle est la question ? »

Soyez patient à l'égard de tout ce qui n'est pas résolu dans votre cœur et essayez d'aimer les questions mêmes que vous posez comme des pièces closes et comme des livres écrits dans une langue qui vous est étrangère. Ne recherchez pas maintenant des réponses... Pour l'instant, vivez les questions.
Lettres à un jeune poète, Rainer Maria Rilke

Le moine : « D'où proviennent toutes ces montagnes, ces rivières et la grande terre ? »
Le Maître : « D'où provient votre question ? »

Crise et quête : une histoire maintes fois contée

Une source anonyme rapporte qu'au moment où ils quittaient le jardin d'Éden, Adam aurait dit à Ève : « Ma chérie, nous vivons à une époque de transition. »

La même histoire se répète éternellement, qu'il s'agisse de l'exil d'Adam, de la saga d'Ulysse le vagabond, de la quête du Saint-Graal, de mon autobiographie et de la vôtre ou de l'épopée de

Gilgamesh qui fut pour la première fois rapportée il y a quatre mille ans dans une contrée désormais connue sous le nom d'Irak. On racontera cette même histoire tant et aussi longtemps que nous nous souviendrons que les êtres humains sont des propriétaires dépossédés de leur terre, des bohémiens qui désirent vivre éternellement dans une vallée luxuriante au bord d'un lac aux eaux calmes. C'est tout le drame sans cesse renouvelé de la crise et de la quête.

Cela se passait hier, 2 700 ans environ avant Jésus-Christ. Le jeune Gilgamesh, aux deux tiers dieu et au tiers humain, régnait sur le royaume d'Uruk. Fort de ses nombreuses conquêtes et fier de sa cité fortifiée, il passait ses journées à échafauder d'arrogants plans de batailles et ses soirées à déflorer des vierges et à séduire les femmes de ses soldats. Afin de juguler son énergie surhumaine, les dieux avaient créé pour lui un compagnon nommé Enkidu, son exact reflet. Enkidu, un homme sauvage vivant à l'écart de la civilisation, était un être violent appelé à soutenir un autre être violent. Après une chaude lutte à main plate, les deux hommes devinrent les meilleurs amis du monde et l'énergie maléfique de Gilgamesh fut momentanément domptée. Cependant, son inactivité finit par le ronger. Mû par l'ennui et par l'envie irrépressible de se faire un nom, il entraîna Enkidu dans une expédition en forêt afin d'abattre des cèdres pour y bâtir un temple majestueux. Une fois sur place, ils affrontèrent le féroce géant Humbaba, le gardien des dieux Sylvestres, et le tuèrent sans une ombre de pitié. Pour les punir de leur férocité, les dieux résolurent de faire mourir Enkidu. Gilgamesh pleura son ami et sombra dans un profond désespoir.

Hanté par la notion nouvellement acquise de la mort qui viendrait le faucher tout comme elle l'avait fait pour son ami, sa vie devint misérable. Oscillant entre le désespoir et le désir ardent d'agir, il se mit en route pour un long voyage à la recherche d'Utnapishtim, le seul d'entre les hommes à qui les dieux avaient accordé la vie éternelle. Après plusieurs épreuves et tribulations dans la sombre forêt, il trouva Utnapishtim qui lui dit : « Rien n'est permanent sur terre. » L'immortel ajouta que tous les hommes étaient appelés à mourir un jour. Prenant toutefois pitié de Gilgamesh, Utnapishtim lui révéla la façon de trouver une plante médicinale aquatique, aussi épineuse qu'une rose, et qui pouvait lui rendre sa jeunesse. Gilgamesh attacha de lourdes pierres à ses pieds et plongea jusqu'au fond des eaux profondes. Quand il refit surface, il tenait en ses mains la plante magique, promesse d'éternelle jouvence. Il s'apprêtait à la consommer lorsqu'il vit une source et s'y plongea pour se rafraîchir. Un serpent, attiré par le parfum suave de la fleur, jaillit de l'eau et s'empara de la plante. Il se dépouilla alors de sa vieille peau et replongea dans la source.

Lorsque Gilgamesh s'aperçut qu'il avait perdu la plante, il s'assit et pleura. Finalement, à la fois épuisé, résigné et assagi, il regagna Uruk. On présume que, désillusionné par tant de faux espoirs, il redécouvrit les plaisirs ordinaires de la vie, cessa d'abuser de son pouvoir et accepta son destin.

S'éveiller du rêve du progrès

Pour comprendre la toute dernière variante de cette quête maintes fois racontée, nous devons faire la distinction entre le genre de questions que nous nous posons et celles que notre culture promet. Il faut savoir départager les valeurs et les émotions auxquelles nous attachons peu d'importance et celles qui sont réellement à l'origine de nos actes. À l'exemple des philosophes médiévaux, nous devons établir la différence entre nos croyances et la façon dont nous mettons notre foi en pratique. Nos croyances englobent nos idées, nos connaissances et notre vision du monde. La foi nous prend aux tripes et au cœur. Elle nous incite à afficher une confiance intrinsèque et à nous comporter comme si les choses qui nous ont été enseignées étaient vraies ou avaient de la valeur.

Au sein d'une culture ou chez une personne équilibrée, les croyances et la foi peuvent coïncider, mais dans nos sociétés modernes, l'écart entre les deux s'élargit rapidement. Ce en quoi nous croyons a peu à voir avec la façon dont nous dirigeons nos vies. Religion et foi, croyances et valeurs sont finalement très éloignées les unes des autres.

L'Amérique peut sembler, à première vue, fondamentalement

religieuse, même si les Américains font momentanément l'expérience de quelques défis de nature morale ou économique. Le *Reader's Digest* affirme presque chaque année que les Américains continuent de croire en Dieu, que la famille dont les membres prient ensemble demeure unie et qu'on relève dans les églises une augmentation du nombre de fidèles. Les chefs religieux et les politiciens démentent toute crise spirituelle en invoquant les sondages Gallup qui rapportent que 94 % des Américains croient en Dieu, 66 % à Satan et que 70 % reconnaissent la divinité de Jésus.

Pourtant, voyons cela de plus près. Gallup énumère dans *Religion in America* les thèmes qui ressortent après cinquante années de sondages :

Le grand intérêt pour la religion et sa vogue croissante.

Le fossé qui se creuse entre la croyance et l'engagement, entre une grande religiosité et une morale assez diffuse (à peine deux pour cent des hommes et des femmes s'entretiennent de religion avec leurs meilleurs amis).

Le manque flagrant de connaissances. (Seuls 33 % de ceux qui croient que Jésus est Dieu peuvent citer l'Évangile, base de cette croyance.)

L'incapacité apparente pour une religion bien structurée de faire, en partie, la différence entre la moralité et l'éthique au sein de la société.

En d'autres termes, la foi en Amérique est aussi superficielle qu'elle est répandue. De nos jours, comme par le passé, peu de gens ont l'honnêteté de se confronter à l'évidence. Si le terme *Dieu* désigne « ce à quoi nous sommes tous finalement reliés » (selon les mots de Tillich), il suffit alors de regarder comment sont formés nos systèmes politiques, économiques et sociaux pour voir où se trouvent réellement nos priorités et ce qu'en réalité nous vénérons. Les centres symboliques de notre ville moderne ne sont pas les cathédrales, mais les organismes de recherche et de développement, les parcs industriels, les institutions financières et les réseaux informatisés qui les relient entre eux. Si nos cœurs se trouvent là où sont nos trésors, Dieu est loin d'être aussi important que la General Motors ou que toute grande nation productrice de pétrole. Où se situe la foi d'une nation qui a abattu des milliers de citoyens irakiens au cours de la guerre la plus inéquitable qui ait eu lieu de mémoire récente? Nous croyons au Pétrole parce qu'il lubrifie la machine du progrès dans laquelle et par laquelle nous vivons.

Notre foi profonde et nos croyances culturelles reposent sur un rêve commun de progrès perpétuel. Nous croyons que l'Histoire est le récit du triomphe du progrès qui nous procurera à tous l'abondance. Nous croyons vivre à la fin d'une époque de pénurie et au début d'une ère de luxe démocratique. Le mythe du progrès s'insinue partout et alimente l'hypothèse selon laquelle 94 % des gens croient en Dieu et 6 % n'y croient pas. Nous pouvons certes croire en Dieu, mais les puissances, les institutions et les mythes qui façonnent notre vie quotidienne sont très majoritairement laïcs — l'argent, les marchés, les machines, les médias et les gestionnaires. En théorie, nous sommes croyants, mais en pratique, nous sommes athées. Le droit religieux a raison lorsqu'il accuse l'humanisme séculaire d'être une idéologie et une foi. Il est toutefois dans l'erreur quand il tient pour acquis que nous pouvons retourner aux vieux dogmes et à la foi de nos pères.

Mais pendant que nous continuons d'espérer contre tout espoir qu'un quelconque miracle technologique créera un système économique en perpétuelle croissance et un avenir meilleur, les assises de notre foi sont lentement sapées et menacées d'effondrement.

Les premiers signes du déclin de l'ordre ancien sont apparus, à mon avis, en 1988, lorsqu'une tristement légendaire barge de déchets a dérivé sous les yeux des Américains. Cette barge, venant de New York, a voyagé de pays en pays, cherchant en vain un endroit qui servirait à entreposer son chargement de déchets industriels, avant de regagner finalement son port d'attache. Dès lors, pour les gens lucides, il est devenu évident que cette croissance industrielle, technologique et économique créait inévitablement de la pollution,

que nous devrions faire un choix entre le « progrès » et l'environnement. Au fond de nous-mêmes, nous redoutons d'en arriver à
voir la fin de l'abondance. Quoi qu'il en soit, pour nous rassurer,
certains politiciens continuent d'agir comme si nous pouvions
encore tout avoir simultanément : une croissance économique perpétuelle, une prospérité universelle et un environnement sain.

Le mode de vie à l'américaine a toujours reposé sur l'espoir
inconscient que chaque génération connaîtrait une vie meilleure que
la précédente. Des poignées d'immigrants fraîchement débarqués
sur les rives des États-Unis ont travaillé dur et se sont sacrifiés,
soutenus par l'espérance d'un avenir meilleur. Or, en 1988, pour la
première fois, la majorité d'entre eux ont répondu « non » à la
question : « Croyez-vous que la vie sera meilleure pour vos enfants
qu'elle l'a été pour vous ? » Voici donc la première génération
d'Américains à vivre à une époque postprogressiste.

En 1991, le *San Francisco Examiner* rapportait le sentiment
largement partagé que l'ère du progrès sans fin était révolue. En
effet, dans un article intitulé « America Wakes Up from Its
Dream » (L'Amérique sort de son rêve), le journaliste affirmait
ceci : « Pour beaucoup d'entre nous, demain ne sera sans doute pas
meilleur qu'aujourd'hui. Ken Bauer, quarante-deux ans, pèse le
pour et le contre et semble se satisfaire de n'avoir qu'une parcelle
de l'"American Dream" (du rêve américain), mais il ne voit pas
comment il pourrait promettre une vie meilleure que la sienne à ses
enfants. Ce que la plupart des Américains considèrent comme un
droit acquis à la naissance, Ken a eu la chance d'en hériter de ses
parents. "Se contenter de moins" est une règle inconnue des Américains qui ont grandi après la Deuxième Guerre mondiale, à une
époque marquée par une croissance économique sans précédent. Les
États-Unis étaient le seul pays à en tirer bénéfice et leurs citoyens
semblaient promis à un avenir toujours plus serein. La partie est
désormais achevée[1]. »

Comme le vingtième siècle tire à sa fin, nous allons devoir
rédiger la notice nécrologique du grand dieu Progrès. Nous vivons
les derniers jours du mythe de la croissance illimitée, de l'utopie
technologique et de la dévotion au Centre commercial.

Il est compréhensible d'avoir quelque réticence à abandonner les habitudes de surconsommation et l'optimisme aveugle. Le temps est venu cependant d'apprendre à mourir à nous-mêmes et le long voyage de conversion entrepris par Gilgamesh et d'autres nous attend.

Chercher, c'est questionner

La crise et la quête sont éternelles. Tôt ou tard, quelque chose se passe dans chaque culture et dans la vie de chaque individu, faisant table rase des réponses acquises pour les remplacer par des questions angoissantes. Alexandre le Grand a bouleversé la carte de notre planète comme l'ont fait les guerres mondiales. La peste noire et le sida ont détruit le fragile sens de l'harmonie de la nature, la presse écrite et la révolution informatique ont suscité une nouvelle classe de gens instruits, la technologie industrielle a détrôné l'agriculture et réorganisé l'ordre social médiéval tout autant que les petites villes américaines. Il arrive aussi que la foi d'un individu disparaisse tout simplement. À l'instar de Gilgamesh, nous pouvons perdre un ami ou l'être aimé, un très grave accident d'automobile ou une maladie peuvent nous enlever notre illusion d'immortalité pourtant si naturelle, et nous devenons douloureusement conscients de la fragilité de la vie. Ou encore, un congédiement, une rétrogradation ou une retraite nous volent notre emploi et le sens que nous lui donnons. Soudainement, nos repères sont bouleversés.

La quête spirituelle commence lorsque nous nous détournons des questions traditionnelles pour en poser de nouvelles.

Rien ne façonne autant la vie que les questions qui nous viennent à l'esprit — ou que nous refusons d'envisager. Chacun se pose des questions, mais elles sont, pour chacun, substantiellement différentes. Essayez d'imaginer le type de qualité de vie que vous auriez si votre interrogation fondamentale était l'une des suivantes : Où trouverai-je ma prochaine dose d'héroïne ? Comment honorer Dieu ? Que vont penser les voisins ? Qu'est-il arrivé lors du Big Bang qui a entraîné la création de l'univers ? Qui m'aimera ? Comment acquérir plus de pouvoir? Comment détruire notre ennemi? Comment mettre fin à la violence? Où vais-je passer l'éternité? Comment puis-je faire suffisamment d'argent? Qui sont mes amis? Que faire pour me sentir bien? Est-ce que mon cancer est curable? Comment devenir célèbre? Comment prenons-nous soin de la Terre? Où puis-je me procurer de la nourriture pour mes enfants?

À différentes étapes de la vie, ce sont d'autres questions. Un jeune enfant se demande implicitement : « Est-ce que l'on me regarde et est-ce que l'on m'aime? Suis-je en sécurité? Puis-je faire confiance à maman et à papa? Comment puis-je leur faire plaisir? » Si les parents sont trop tâtillons ou irritables ou querelleurs, l'enfant s'interroge : « Qu'est-ce que j'ai fait de mal? Comment éviter d'être puni? » Au moment de l'adolescence, nos questions deviennent : « À quel point suis-je différent de mes parents? Que ferai-je plus tard? Comment me rendre populaire auprès de ma bande d'amis? » Quand nous atteignons l'âge adulte, nous nous demandons : « Que vais-je faire pour vivre? Vais-je me marier? Aurai-je une famille? Quel est mon rôle dans la société? Comment devenir un citoyen exemplaire au sein de ma communauté? » À certains moments de leur vie, face aux espoirs qu'ils partagent avec les gens de leur entourage, la plupart des adultes trouvent plus ou moins satisfaisantes les réponses à leurs questions sur le sens de la vie et sur leur destinée ultime. La plupart du temps, ils se conforment aux rites et à l'idéologie des institutions religieuses et laïques qu'ils connaissent le mieux.

Il y a des années, lorsque j'ai perdu la foi pour la première fois et que les réponses reçues ne me convainquaient plus, j'ai découvert un moyen de repartir à zéro. Cherchant à formuler les questions primordiales de toute foi religieuse, j'ai commencé à m'interroger sur le fondement de mes croyances, sur ce que j'estimais sacré et sur ce que la vie me réservait. Comme je tendais à préférer les questions aux réponses, je me suis tranquillement associé à la communauté éternelle de chercheurs. Au cours de ma jeunesse, j'avais gardé en mémoire le symbole de la croix pour me rappeler de garder forte et pure ma foi chrétienne qui n'avait pas encore été mise à l'épreuve. Lorsque j'ai cessé d'être croyant pour devenir chercheur, je n'avais plus aucun symbole. Lors d'une récente escale sur une petite île grecque, j'ai découvert dans une bijouterie une chaîne ornée d'un point d'interrogation en argent. Depuis lors, je la porte sur mon cœur où elle me rappelle quotidiennement la nécessité de permettre aux questions d'aller et venir en moi aussi naturellement que ma respiration.

J'en suis venu à croire que « la quête » signifie par métaphore l'empressement à vivre et à lutter avec les éternelles questions qui servent de base aux réponses mythiques proposées par la religion. Ma question est en réalité la quête qui m'anime.

Le moment est venu de faire nos premiers pas vers les profondeurs. Comme des spéléologues de l'âme, nous devons descendre sous la surface du quotidien, traverser une grotte ténébreuse, plonger dans une rivière et la laisser nous entraîner on ne sait où. Chaque question primordiale ressemble à une sonde qui nous aide à prendre la mesure des profondeurs de l'âme.

Lorsque vous répondrez aux questions qui suivent, vous serez peut-être tentés de tracer une courbe de temps de votre vie. Vous pourrez inscrire sur cette courbe les époques où, la maturité aidant, vos désirs, vos croyances et vos interrogations se sont transformés. Gardez à portée de main une autre feuille de papier que vous partagerez en deux colonnes afin d'y noter les réponses aux questions primordiales. Réservez une colonne à vos réponses spontanées ou évidentes et une autre aux réponses plus profondes et qui se rapprochent davantage des valeurs communiquées par la petite voix de votre esprit, ce chuchotement que vous avez peut-être cherché à ignorer ou à étouffer dans la vie quotidienne. En conservant et en révisant ces notes, vous finirez par prendre conscience de différents schémas dans votre vie. Vous y reconnaîtrez deux tracés vitaux, l'un linéaire et l'autre multidirectionnel. Vous pourrez même voir émerger une troisième forme qui fusionne les deux autres, la courbe spiroïdale de la quête spirituelle.

Questions de fond : sonder le spirituel

Qu'est-ce que je désire ?

Qu'est-ce qui me satisfait ? Mes désirs semblent sans fin. Je veux... je veux... je veux... — de la nourriture, de l'amour, de la sensualité, des divertissements, la célébrité, de l'argent, des babioles. Je passe ma vie à acheter des produits sans grand intérêt. Chaque tournée du facteur amène son lot de brochures publicitaires dans lesquelles je cherche des nouveautés à désirer. Seul l'inédit m'intéresse. Quoi que j'aie, je ne semble jamais satisfait. Je suis gavé mais demeure insatiable. Qu'est-ce qui pourrait combler ce vide que je remplis par de la nourriture, de la sexualité, des bricoles, de la dépendance pour l'une ou l'autre chose ? Comment réduire au silence la concupiscence créée en moi par une culture axée sur la consommation ? Que dois-je faire pour suivre la voie tracée par un désir ardent de trouver et la vérité et un sens profond à la vie ? J'ai le sentiment que lorsque je purifie mes désirs, ils m'indiquent les pistes les plus sûres vers une vie spirituelle.

Le changement s'amorce lorsque vous constatez que vous consommez à outrance des choses qui, de prime abord, ne vous intéressent pas. Vous sentez que la drogue ne vous comble pas, vous n'arrivez pas à pallier votre envie maladive, les narcotiques de toutes sortes (alcool, drogues, succès, sexualité, pouvoir, gloire, argent, biens) ne soulagent pas votre mal ou votre agitation. Lorsque vos satisfactions habituelles vous apportent la désillusion et que vous vous demandez ce que vous désirez vraiment, c'est votre âme, bien plus que votre moi, qui prend votre vie en charge.

Les grands pionniers de la recherche affirment que le mobile qui pousse l'être vers la vie spirituelle est un désir sous-jacent plus qu'une obligation rébarbative.

Cependant, ne le faites pas si vous ne souhaitez pas le faire.

Le jeune prince Siddhârta, qui deviendra plus tard le Bouddha, aimait tous les plaisirs que l'argent pouvait lui offrir — les mets raffinés, les soieries, les vins fins et les belles femmes. Se hasardant un jour hors des murs de son palais, il croisa successivement un homme malade, un vieil homme et un cadavre que l'on transportait au cimetière. Il comprit soudain qu'aucun de ses plaisirs ne lui épargnerait l'inévitable souffrance de la condition humaine. Dès ce moment, les jouissances coutumières qui autrefois le transportaient perdirent toute importance à ses yeux. L'anecdote ne donne aucun autre détail, mais nous pouvons présumer que le jeune homme fut en proie aux désillusions et à la dépression. Plus tard seulement, lorsqu'il vit le quatrième signe — un mystique ambulant dont le visage reflétait la sérénité — il connut enfin l'objet réel de son désir : le détachement.

De façon analogue, si nous considérons avec acuité l'histoire de la tentation de Jésus, elle nous apparaîtra comme le compte rendu dramatique d'un dialogue intérieur et d'une lutte contre le désir. Bien plus qu'une rencontre réelle avec un être nommé Diable ou Satan, cette histoire rapporte le même climat de changement dans la vie de Jésus que celui qu'a connu Siddhârta. Dans le récit de Mathieu (4,1), nous lisons que Satan, en premier lieu, incita Jésus à changer les pierres en pains pour satisfaire sa faim. Par la suite, il lui suggéra de faire la démonstration de son pouvoir miraculeux en se jetant du sommet du temple. Lorsque Satan vit qu'aucune de ses tactiques ne portait fruit, il offrit à Jésus le rêve ultime, le pouvoir. « De nouveau, le démon l'emporte sur la cime d'une très haute montagne, lui désigne tous les royaumes du monde et leur gloire, et lui dit : "Tout cela, je te le donnerai si tu te prosternes devant moi en m'adorant." Jésus lui dit alors : "Retire-toi, Satan ! Car il est écrit : c'est le Seigneur ton Dieu que tu adoreras, et c'est à Lui seul que tu rendras un culte." » Jésus, à l'exemple de Siddhârta, n'était pas sur terre pour jouir du pouvoir ou du luxe, mais pour être un enfant de la pauvreté au sein d'un peuple privé de ses droits. Il fut sans doute fortement tenté d'utiliser ses dons pour obtenir le pouvoir politique, mais il préféra suivre sa vocation profonde. Il s'agit là d'un moment décisif par où passent beaucoup d'entre nous, un moment qui réapparaît chaque jour dès que les tentations, anciennes ou nouvelles, refont surface pour nous détourner de notre but.

Le bouddhisme zen a pour principe que les désirs sans fin vont de pair avec le vœu de les anéantir et d'atteindre le nirvana, la félicité et l'illumination. Les stoïciens prônent que la sagesse consiste à atteindre un état dans lequel nous acceptons ce qui nous arrive avec sérénité. L'évêque africain Augustin proposait cette autre voie : « Tu nous as fait pour Toi-même, Seigneur, et nos cœurs seront agités jusqu'à ce qu'ils reposent en Toi. »

Comment faire pour passer nos désirs au crible, séparer le bon grain de l'ivraie, et entretenir le désir de plénitude, de compassion et de paix de l'esprit ?

Comparer les nourritures spirituelles et physiques aux problèmes reliés à l'appétit et au régime alimentaire m'aide beaucoup. Qui n'a jamais oscillé entre le désir de consommer un aliment bon pour la santé et celui d'en préférer un autre plus agréable au goût ? Je dois certes manger du brocoli, mais j'ai plutôt le goût de prendre une glace au chocolat. Si l'on ne tient compte que de la satisfaction immédiate, les glaces Häagen-Dazs l'emportent toujours. Toutefois, si nous cherchons à profiter pleinement de l'expérience de manger, à partir du goût jusqu'à l'effet à long terme, absorber de la nourriture saine devrait nous satisfaire beaucoup plus que de céder sur le coup à l'impulsion de consommer des sucreries et des aliments sans valeur nutritive.

Il faut apprendre à savourer les plaisirs offerts, devenir un gourmet du désir et, dans la mesure du possible, chercher à entretenir ce qui promet de nous combler de joie.

Hier, j'ai eu un appel téléphonique venant d'un homme qui semblait dans un certain état d'agitation. Depuis un an, il portait une attention particulière à ses rêves et s'était engagé dans une autoanalyse presque continue. Ses rêves ayant soudainement cessé, il s'en trouvait fort contrarié. Que devait-il faire ? En le questionnant, j'ai découvert qu'il était las de se sonder intérieurement et qu'il souhaitait faire un voyage aux Indes. Je lui ai dit que la disparition de ses rêves était peut-être le signal qu'il devait oublier ses drames intérieurs, écouter ses désirs et faire un voyage à l'étranger. Quelque peu surpris et apaisé, il me répondit : « Voulez-vous dire que ce serait une bonne chose pour moi de faire ce dont j'ai vraiment envie ? »

« Dieu tout-puissant, à qui tous les cœurs sont ouverts, et qui connaît tous les désirs et les secrets, purifie les pensées de notre cœur par l'inspiration de l'Esprit saint afin que nous puissions mieux t'aimer. »

Pourquoi y a-t-il « quelque chose » plutôt que le néant ?

Du début à la fin de nos jours la même question revient toujours, la plus grande de toutes les énigmes. Un enfant de trois ans fait une balade en voiture à la campagne avec son père et voit un troupeau qui broute sur une colline :

— Quels sont ces animaux ? demande-t-il.

— Des vaches, lui répond son père.

— Pourquoi y a-t-il des vaches ? Pourquoi sommes-nous entourés de toutes ces choses ? interroge l'enfant.

Je suis comme tout homme et toute femme. À l'évidence, je suis un être normal. Je vis dans un monde ordonné structuré, avec le ciel au-dessus de ma tête et la terre sous mes pieds. Le soleil se lève et se couche, et les étoiles se déplacent suivant une trajectoire déterminée. Je suis compétent et cultivé. Je sais programmer mon magnétoscope et j'investis une partie de mes économies à la Bourse. À certains moments, toutefois, l'être et le néant s'inversent et tout ce qui m'est familier devient mystérieux. Un trou noir s'ouvre alors dans les profondeurs de mon âme et toutes mes certitudes s'envolent. Je subis un choc existentiel. Je suis renvoyé dans une sorte d'enfance inconsciente, remplie d'étonnements. Pourquoi ? Pourquoi ? Pourquoi ? Pourquoi y a-t-il un univers plutôt qu'un vide infini ?

Les explications scientifiques les plus éclairées ne parviennent pas à calmer mon esprit ou à apaiser mon âme. Retracer la relation de cause à effet depuis le Big Bang ne parvient qu'à m'immobiliser entre deux miroirs dans lesquels je vois une réflexion infinie d'images de moi-même qui s'interrogent indéfiniment : Pourquoi donc y a-t-il eu un Big Bang ? Pourquoi le cosmos est-il si respectueux des lois ? Pourquoi tout cela ne serait-il pas le résultat d'un chaos créé par hasard, aussi impossible à prévoir qu'à comprendre, comme le seraient les combinaisons d'un milliard de dés lancés par quelque fou ? Pourquoi la nature est-elle ainsi faite qu'une de ses infimes parties — l'esprit humain — puisse virtuellement comprendre les lois et les règles qui la régissent ? Quelle chose singulière de savoir que même si nous parvenions à concevoir l'ultime théorie scientifique qui explique tout, nous serons toujours aux prises avec cette question insoluble : pourquoi y a-t-il quelque chose ?

Un ex-professeur de civilisation indienne de l'université Stanford, Frederic Spiegelberg, aujourd'hui âgé de quatre-vingt-dix-huit ans, se souvenait récemment des personnes dont les réflexions l'ont influencé. « Certaines choses que ma mère m'a dites lorsque j'étais très jeune ont continué à prendre de l'importance au fur et à mesure que les années passaient... Elle se tenait près de la fenêtre, observant les attelages de chevaux dans la rue et les oiseaux sur le balcon. Après un silence, elle dit posément : "*Was soll das Alles ?*" Ces quatre mots constituent la formule la plus significative de recherche théologique que j'aie jamais entendue : "Quelle est la signification de tout cela ?" Elle se tenait là, debout, perplexe, déconcertée par l'aspect miraculeux, incommensurable et inexplicable de ce qu'elle voyait. Elle se demandait la raison de tout cela en sachant malgré tout qu'il s'agissait d'une question stupide. Pourtant, elle avait clairement conscience de soulever un point qui, sans être jamais résolu, serait abordé et discuté maintes et maintes fois... Au début de ma carrière universitaire, j'ai choisi une citation de Goethe comme devise : "La perplexité devant le fait qu'il existe le néant — et la curiosité de considérer ce fait comme une merveille — est la meilleure part attribuée à l'homme[2]." »

Chacun de nous doit, à partir de ses bribes d'expérience, construire un modèle, un plan, une perspective ou une philosophie de la vie qui puisse orienter ses décisions quotidiennes. L'être humain est, par sa nature, un créateur de mythes et de légendes. Nous devons accepter sans critique la mythologie relative à notre culture ou faire des emprunts aux mythes des aborigènes ou des Hopis afin de composer notre propre vision du monde. Mais nous ne pouvons d'aucune façon échapper au sentiment de stupéfaction. C'est sans doute pour cette raison que me revient fréquemment à l'esprit un chant appalachien : « Je m'émerveille lorsque je me promène ici et là sous le ciel. »

Qui suis-je ?

Vous rappelez-vous de quelle façon vous vous regardiez dans le miroir, étant enfant, tout en vous demandant qui vous étiez ? Pourquoi cela ?

Mon portefeuille est bourré de pièces d'identité. Mon curriculum vitæ donne les indications importantes : nom, profession, date de naissance, famille, réalisations. En outre, je peux rapporter dans une seule autobiographie le millier d'histoires qui façonnent ma vie. Mais aucune explication ou suite d'explications ne peut m'éviter le choc que je ressens à constater que j'existe.

J'ai joué une multitude de rôles. Mes parents me voient comme leur fils, mes enfants comme leur père, ma femme comme son époux, mes voisins comme un citoyen responsable... et Dieu ? Je constate que je semble toujours donner un spectacle pour quelque auditoire, suivant un scénario conforme au rôle que je joue. J'essaie de me montrer à mon public sous mon meilleur jour. Que vont-ils penser de moi ? Est-ce que j'ai bonne apparence ? Est-ce que je fleure bon ? Est-ce que je conduis l'automobile qui convient ? Les gens passent leur temps à observer et à juger les autres, et je cherche leur approbation. Quand j'agis mal à propos, je me sens mal à l'aise, j'ai honte de moi, comme si j'étais sous le feu des projecteurs. Je fais semblant d'être un personnage. J'exécute mon numéro sur la scène que j'ai érigée, mais quand je m'observe de près, je constate que je m'offre encore moi-même en spectacle, cherchant les applaudissements. Le théologien anglais, Sebastian Moore, proclame : « Le péché, c'est de voir votre vie à travers les yeux de quelqu'un d'autre. » La blague en vogue au sein du mouvement *Recovery* a un sens analogue : « Vous vous apercevez que vous êtes dépendants des autres quand, au moment de mourir, c'est la vie d'un autre qui défile devant vos yeux. » Vous et moi vivons en symbiose profane avec ceux qui nous observent. Je connais plusieurs hommes pour qui la valeur personnelle est tributaire de la façon dont ils sont évalués par les femmes, et des femmes pour qui cette même valeur dépend de l'opinion que les hommes ont d'elles.

Que serais-je, de quelle façon agirais-je, quelles valeurs adopterais-je si je ne percevais pas ma vie comme un spectacle offert à des publics variés ?

Puis-je aimer ?

Il m'arrive quelquefois de penser que je suis condamné à l'isolement dans la prison de mon ego. Année après année, ce moi coriace réussit à survivre sous le masque plaisant de ma personnalité. Regardez-moi : je suis souriant et poli, mais ce n'est qu'une façade. Sous les apparences se dissimulent les fortifications, un millier de mécanismes de défense, une forteresse, une tour imprenable. Ma suffisance, ma supériorité, mon arrogance et mon habitude de juger les autres sont les enceintes qui me protègent. Je me dis que je ne suis pas comme « eux ». Je suis mieux qu'eux, plus cultivé, je travaille davantage et mes valeurs morales sont supérieures. Je rêve de conquêtes, de victoires, de triomphes revanchards, de suprématie.

En mon for intérieur, j'aborde chaque situation de façon rationnelle. Que puis-je en tirer de bon ? Dois-je m'attendre à acquérir ou à perdre du pouvoir, du prestige, du temps, de l'énergie ou de l'argent ? Comment puis-je prendre avantage de cette situation ? Qui sont mes ennemis et mes alliés en puissance ? Jean-Paul Sartre avait raison : « L'enfer, c'est les autres. » La vie est une bataille d'où nous sortons ou vainqueurs ou vaincus. Les autres sont soit des menaces potentielles, soit des accessoires. S'ils sont plus beaux, plus puissants, plus intelligents et en meilleure santé que moi, je les envie et je les crains. Je cherche alors le moyen de les flatter et de les rabaisser à mon niveau. S'ils me sont inférieurs, je les méprise secrètement et les utilise à mes fins.

Dans les replis tortueux de nos âmes, nous nous percevons et nous agissons comme des politiciens en vogue, des acteurs, des animateurs d'émissions de télévision ou des athlètes. La guerre du moi est partout, dans les hautes et les basses sphères de la société. Observez les évangélistes vedettes, les prêtres, les pasteurs, les gué-risseurs, les gourous et autres « saints » hommes ou « saintes » femmes. Vous trouverez aussi la compétition entre eux. C'est à qui sera le plus vertueux, le plus brillant, le plus éclairé, le plus détaché de lui-même.

Au moment précis où je suis sur le point de perdre l'espoir de trouver l'amour, le chinook souffle par la fenêtre de ma forteresse de glace et provoque un dégel inattendu. En marchant dans la rue principale, il m'arrive de voir la souffrance sur le visage tendu d'un sans-abri — ô combien semblable à la mienne — et une flèche de pitié me perce le cœur. Parfois aussi, après des semaines de cour-toise froideur et de guerre polie, mon amour et moi déposons les armes et prenons plaisir à être ensemble. À d'autres moments, lorsque les nouvelles télévisées montrent l'image d'un Kurde chargé du corps de son enfant mourant, incapable de trouver des médica-ments et de la nourriture, j'imagine divers scénarios. À quoi cela ressemblerait-il s'il s'agissait de mon enfant et de moi ? De façon imperceptible, l'imagination crée la compassion et je sens de l'em-pathie pour cet autre homme, avec son amour et sa terrible douleur. Est-ce que ma température intérieure peut s'élever ? Est-ce que ces rares zéphyrs de compassion peuvent devenir le climat de ma vie ? Quelle alchimie pourrait convertir mon avarice de plomb en une générosité d'or ? Je suis trop économe de mon amour, toujours à l'affût des bonnes occasions.

Ce matin, j'ai été ébranlé en écoutant une entrevue télévisée avec Reginald Denny, l'homme que l'on a sorti de son camion et sauvagement battu lors des émeutes de Los Angeles en 1992. J'avais vu la reprise de cette raclée une bonne douzaine de fois et je m'attendais à ce que la victime cherche à se venger de ses agres-seurs lors du procès. Au lieu de cela, Denny a embrassé les mères de ceux-ci et leur a parlé avec compassion de la souffrance qu'elles avaient dû connaître en voyant leurs fils se comporter aussi bruta-lement. Même si les hommes qui ont tenté de le tuer n'ont exprimé aucun remords après de tels gestes, il leur a pardonné et a même plaidé en faveur d'une condamnation relativement légère.

Quelle grâce ou quelle constance a rendu possible une telle magnanimité ? (Magnanimité : Grandeur d'âme qui permet d'affronter les dangers et les difficultés avec calme ; noblesse des sentiments plus forte que la mesquinerie, la petitesse ou la jalousie et qui dédaigne la vengeance ou les représailles, générosité de l'esprit.) La magnanimité est un élément essentiel de la vie spirituelle.

Si vous êtes prêts à des changements radicaux — virtuellement troublants — afin de mieux vous connaître, vous devrez peut-être entreprendre l'évaluation de votre quotient amoureux (QA). À quel point le désir d'être une personne plus aimante fait-il partie de vos préoccupations ? de votre vie ? Le cercle de vos amis est-il étendu ou resserré ? Quelle proportion de vos activités quotidiennes est-elle imprégnée d'un sentiment d'amour ? De tous les nombreux types d'amour existants, auquel songez-vous en premier lieu ?

Suis-je libre ?

Je prends chaque jour de nombreuses décisions, si insignifiantes soient-elles. Je choisis de me lever lorsque sonne le réveille-matin, je bois du thé plutôt que du café, je mange des flocons d'avoine plutôt que des œufs bénédictine, je marche jusqu'au bureau au lieu de héler un taxi. Même les décisions relativement importantes ne me troublent pas : dois-je risquer tout ce que je possède pour acheter une maison de campagne ou refuser de quitter mon vieux quartier de banlieue ?

Pourtant je ne peux maîtriser mon esprit. Par moments, mes pensées tournent à une vitesse inimaginable. Quand je commence à m'inquiéter à propos d'argent, de ma santé ou de mes enfants, cela devient obsédant.

Il y a pire... J'ai constaté chez moi une tendance à répéter certains jeux, scénarios et comportements autodestructeurs. À cet égard, ma première femme ressemblait étonnamment à celle de mon cher vieux père et, d'une certaine façon, je vois ma seconde femme à travers les yeux de ma mère. Je me suis rebellé contre mes parents et je me suis insurgé contre leur système de valeurs. Je suis une image en négatif, je fais automatiquement ce qu'ils n'ont pas fait et vice versa. Je pourrais ressembler à une marionnette animée par les peurs inconscientes de ses parents, par ce qu'ils n'ont pas vécu. On peut appeler cela être prisonnier du passé ou encore répétition de la contrainte, enregistrement qui repasse indéfiniment, obsessions névrotiques, sous-personnalités inconscientes, engrammes, archétypes. J'ai le sentiment de vivre dans une maison hantée. Les fantômes de mon passé programment à l'avance ma vie quotidienne. Je semble être réveillé, mais en réalité, je suis presque continuellement en état de somnambulisme.

J'ai honte de l'avouer, mais mon inconscient est contaminé par tous les préjugés et stéréotypes que ma culture m'a transmis. Je suis le produit d'une société raciste qui dit : le blanc vaut mieux que le noir, le brun, le jaune ou le rouge, les hommes sont supérieurs aux femmes, il vaut mieux être riche que pauvre, l'hétérosexualité est naturelle, l'homosexualité est une perversion. Je n'aime pas ces préjugés. Je reconnais qu'ils sont méprisables, stupides, destructeurs et faux. Je ne suis pas fier de les voir ressurgir du limon de mon inconscient. Irrationnels et peu charitables, ils sont enfouis, tel un virus dans mon esprit, attendant une faiblesse de ma part pour se manifester.

Comment pouvons-nous nous libérer des forces inconscientes qui nous ont conditionnés à nous conduire d'une manière qu'en toute conscience nous méprisons ?

Récemment, dans l'État de Washington, un homme a été exécuté pour avoir agressé sexuellement de jeunes enfants qu'il a tués ensuite. Il a refusé d'avoir recours à l'aide juridique qui aurait pu lui épargner la mort parce qu'il ne croyait pas possible d'être libéré de ses horribles pulsions. Dans une déclaration faite la veille de son exécution, il a expliqué que le seul fait de se remémorer ses crimes engendrait simultanément chez lui un sentiment de culpabilité et une stimulation sexuelle. Dès lors, il savait que si l'occasion se présentait à nouveau, il tuerait encore. Rongé par la culpabilité et le désir, il a entrevu la mort comme la seule voie vers la liberté.

Quel genre d'exorcisme faudrait-il pour libérer nos esprits et nos âmes du sort qui nous a été jeté par nos parents et notre culture ? Comment pouvons-nous panser les blessures infligées dans notre jeunesse afin de ne pas perpétuer l'interminable cycle de la vengeance et des représailles ? Dans quelle mesure pouvons-nous être à jamais libérés de notre passé ?

Les grandes métaphores nées de nos traditions spirituelles — la grâce, la libération, la renaissance, le réveil après l'illusion — témoignent qu'il est possible de transcender le conditionnement de notre passé et de connaître de nouvelles expériences. Il nous faudra découvrir au cours de notre cheminement comment s'exhale cet élixir de liberté.

Quel est mon problème ?

Comme tout être humain, il m'arrive fréquemment d'être mal à l'aise. Quelquefois, je me sens anxieux sans savoir pourquoi. Il m'arrive aussi d'avoir honte de ne pas avoir donné le meilleur de moi-même et de craindre d'être abandonné ou puni en raison de mes échecs. Je m'inquiète des mille et une éventuelles catastrophes qui pourraient surgir dans ma vie.

Au plus profond de moi existe une faille qui scinde mon être en deux. Il y a un abîme entre ce que je voudrais être et ce que je suis, entre ma potentialité et ma réalité, entre mon essence et mon existence, entre mes idéaux et mes actes, entre mes valeurs et ma conduite. La façon dont je vis est une insulte à mes croyances. J'ai souvent associé ma lutte contre mes penchants et mes pulsions aux paroles de saint Paul : « Vraiment, je ne comprends pas ma façon d'agir... Vouloir le bien est à ma portée, mais non pas l'accomplir. Or si je fais ce que je ne veux pas, ce n'est plus moi qui accomplis l'action, mais le péché qui habite en moi. »

Plusieurs personnes souffrent d'inadaptation chronique, d'autres d'une arrogance démesurée. Telle femme se demande pourquoi elle s'est engagée dans un mariage sans avoir eu de relations sexuelles au préalable, telle autre pourquoi elle n'a jamais osé se marier.

Chacun de nous doit adopter un point de vue philosophique fondamental quant à la façon dont nous allons chercher à comprendre le caractère imparfait, cousu d'erreurs et incohérent de la condition humaine. Comment faire pour comprendre notre malaise ?

Est-il attribuable à notre dureté de cœur, à notre révolte et à notre désobéissance à la volonté de Dieu? Nous sommes-nous trahis nous-mêmes? Est-ce une névrose, rupture entre les images grandioses de notre ego et les images avilissantes, qui nous conduit à négliger notre vrai moi? Est-ce une blessure résultant des agressions subies dans l'enfance ou provenant de la négligence de nos parents? Est-ce parce que je suis l'enfant adulte d'un alcoolique, d'un parent obsédé par la richesse, le travail ou la religion? Est-ce un déséquilibre chimique ou une anomalie génétique? Est-ce une aliénation due au fait de vivre dans un système économique capitaliste, axé sur la consommation et la compétition? Est-ce attribuable aux illusions et à la méconnaissance de ma vraie nature? Est-ce une blessure existentielle qui accompagne la conscience de soi, l'imagination et l'inévitable autoanalyse à l'aide de critères que nous avons nous-mêmes établis?

De nos jours, les Américains pratiquent de plus en plus une philosophie qui les autorise à se définir en tant que victimes. Ils s'imaginent avoir droit à une vie d'où la solitude, l'anxiété, la peur, les privations et les abus de tous genres sont absents. Quand, contrairement à leurs attentes, ils souffrent d'une maladie ou d'un malaise, il leur faut quelqu'un à blâmer. S'il y a pauvreté, elle est à coup sûr le résultat ourdi par les bien-nantis. S'ils ressentent une vague anxiété, c'est sans doute parce qu'ils ont été agressés durant leur enfance.

La prière de la sérénité que l'on attribue à Reinhold Niebuhr se lit ainsi : « Ô Dieu, donnez-moi la sérénité d'accepter les choses que l'on ne peut changer, le courage de changer celles qui peuvent l'être, et la sagesse d'en voir la différence. » Elle reflète l'impératif spirituel de distinguer entre les fautes et les échecs qui peuvent être corrigés et la souffrance inhérente à la condition humaine que nous devons supporter avec dignité.

Que pensez-vous de la souffrance qui vous atteint? Quelle est la cause de votre angoisse, de vos maladies, de votre insécurité financière?

À *quoi ressemblerait ma vie si j'étais guéri ?*

À quoi ressemblerais-je si j'étais guéri de ma blessure, si j'étais un être entier et épanoui ? Quels seraient alors mes espoirs et mes possibilités ? Que deviendrais-je ? Quelle image d'un moi idéal dois-je montrer au regard de mon cœur ? Serait-il réaliste d'aspirer à une vie sans anxiété, sans peur, sans haine ou sans égoïsme ? Devrais-je ressembler à Bouddha, à Jésus ou à Gandhi, ou être la version améliorée, magnifiée, plus confiante et plus aimante de Sam Keen, sans vouloir le flatter ?

La pathologie est une science peu compliquée. N'importe qui peut facilement reconnaître les innombrables causes de nos maladies et de nos faiblesses, ou discerner à quel point nous sommes contrefaits, blessés et malades, dans l'esprit et le corps autant que dans l'âme. Malheureusement, pour nous la santé n'est que le manque de maladie. Nous souffrons de l'absence d'une science de la plénitude, de la santé spirituelle.

Nous avons besoin de héros spirituels, nous avons besoin de nous inspirer de différents modèles de sainteté. C'est une responsabilité délicate et dangereuse, mais nécessaire. Les croyants en viennent facilement à idéaliser et à idolâtrer leurs héros. Jésus, Mahomet et Bouddha, sans parler de Jim Jones et de Sun Myung Moon, se métamorphosent en demi-dieux dotés du pouvoir magique de sauver tous ceux qui vénèrent leurs noms. Avec un peu de perspicacité, vous découvrirez que tout héros et toute héroïne authentiquement spirituels ont un cœur en or et des pieds d'argile. Chacun de nous ressent le besoin de se composer une image personnalisée du héros spirituel auquel il désire ressembler. Je peux, par exemple, créer l'image de mon saint personnel à partir de généreux emprunts aux grands fondateurs des religions du monde et m'approprier la vénération de Georgia O'Keeffe pour la beauté, le talent de Paul Tillich pour la pensée systémique, l'amour du pauvre de Dorothy Day, le courage politique de Vaclav Havel et l'enthousiasme patriotique de Wendell Berry. Je pourrais y ajouter une liste d'exemples de gestes quotidiens dont j'ai été témoin, allant de la compassion à la simple bienveillance, et les assortir des faveurs que m'ont accordées quelques femmes à l'esprit réaliste dont il est préférable de taire l'identité par égard pour leur réputation.

Qu'aspirez-vous à être ? En quelles sources puisez-vous l'image idéalisée de vous-même ?

Quelle aide puis-je espérer ?

Quels moyens, quels remèdes puis-je utiliser pour guérir le mal d'être ? Tant qu'il y a de l'aide, il y a de l'espoir. Mais quelles ressources ou disciplines spirituelles, quelles thérapies pourront me guider vers une plus grande plénitude ? Dois-je prier, méditer, chanter, assister à la messe, jeûner, devenir adepte d'une Église ou poursuivre une quête ?

Dernièrement s'est développée une sorte de marché libre de la religion et de la spiritualité. Les confessions religieuses qui ont déjà détenu le quasi-monopole de la guérison des âmes, continuent de prêcher l'évangile du salut par et à travers les paroles et les sacrements de leurs Églises. D'autre part, une foule d'« entrepreneurs » spirituels sont désormais entrés en compétition pour s'approprier la fidélité des croyants. Nous nous trouvons soudainement en face d'un musée des horreurs de la spiritualité.

Plusieurs de ces nouvelles formes de religion se caractérisent par un mysticisme frivole, débridé et inconsistant. Les unes sont en réalité des pièges pour faire de l'argent. Les autres militent sous la forme d'un mouvement politique conduit par des hommes ambitieux déguisés en meneurs spirituels. Certaines sont ridicules, d'autres sinistres. Rappelons-nous Jim Jones et ses disciples inféodés qui pourrissent à présent dans un cimetière guyanais, et les suicides de David Koresh et de ses émules à Waco, suicides assistés par le FBI si l'on peut s'exprimer ainsi. Certains de ces prétendus médecins de l'âme suscitent des maladies iatrogènes.

Le choix d'un médecin de l'âme est particulièrement difficile. Comment puis-je déterminer les remèdes à prendre pour mon mal spirituel, les guérisseurs à qui je peux me fier ? Le Dalaï-Lama a lui-même exhorté les Occidentaux à examiner minutieusement le comportement de leurs maîtres, à les espionner s'il le fallait.

Interrogez vos convictions à l'égard de vos guides spirituels, de vos idoles, de vos modèles et de vos dirigeants politiques. À défendre certains de leurs agissements que vous jugeriez condamnables chez d'autres, ne risquez-vous pas de vous nuire à vous-même ? Pour voyager dans cette jungle, nous allons avoir besoin d'une boussole et de quelques instruments qui nous serviront à prendre des mesures et à faire le tri. Après quoi, dans un chapitre subséquent, nous fabriquerons un détecteur de foutaises spirituelles.

Qui sont les miens ?

Comment faire pour déterminer qui sont les miens ? À qui dois-je me rallier ? Jusqu'où étendre mon champ d'attention et de responsabilité ? N'ai-je de liens qu'avec ma famille et mes amis ? Avec mes voisins immédiats ? Avec des gens de même race et de même classe sociale que moi ? Est-ce que le patriotisme me sert de critère vis-à-vis de ce qui est à l'intérieur ou non des frontières de ma communauté ? Suis-je prêt à tuer ou à permettre à mon gouvernement d'éliminer un groupe d'individus qu'il a étiquetés comme ennemis ? Les boucs émissaires que notre société pointe du doigt — les étrangers, les homosexuels, les victimes, les ennemis publics — font-ils partie de ma communauté ?

Quels sont les éléments vitaux au sein de mon entourage, de mon cercle d'amis et de ma famille ? S'y trouve-t-il quelqu'un qui s'oppose à la création d'une communauté ? Sur qui pourrais-je m'appuyer pour mieux poursuivre ma quête ? Qui dois-je mettre de côté ? À quoi ressemble une communauté guérie de ses maux, une saine nation et un monde inspiré ?

Qu'est-ce que le mal ?

Le mal est-il une illusion, une sorte d'ombre qui donne du relief au tableau ? Le mal est-il le fait du Diable, de la liberté humaine, ou une condition inhérente à la vie elle-même ? Se peut-il que le mal existe simplement pour permettre au bien d'exister ? S'il y a un Dieu bienveillant et puissant, comment le mal peut-il exister ? Si ce Dieu est absent, y a-t-il un moyen de réparer le mal ? Même si nous rejetons l'idée d'une quelconque dualité métaphysique — une lutte entre Dieu et Satan, entre la lumière et les ténèbres — comment pouvons-nous traiter avec les gouvernements totalitaires, avec les tyrans, les bellicistes, les criminels, et les hommes ou les femmes qui font usage de violence?

Ma vie a-t-elle un sens?

Y a-t-il dans ma vie une quelconque vision transcendante? Existe-t-il une valeur plus importante que ma propre survie à laquelle je pourrais adhérer? Je veux que ma modeste existence s'articule à un plus grand contexte. J'ai besoin de croire que ma vie peut faire la différence. Je veux me rendre utile, être créateur et laisser mon empreinte sur le sable du temps. Lesquels de mes talents serviront à rendre le monde plus viable? Comment découvrir ma vocation? Est-ce que les prétendus « accidents » de naissance, les dons et les « tares » dont j'ai hérité à mon corps défendant — être né américain, chinois ou bosniaque, être un homme ou une femme, en bonne santé ou malade, fortuné ou démuni — me donnent quelque chance ou quelque responsabilité que ce soit? Est-ce que mes centres d'intérêt et mes talents sous-tendent l'existence d'une vocation particulière?

Comment guérir la Terre?

Toutes les questions que je me suis posées au début de ma quête sont d'essence éternelle et existentielle. Elles relèvent essentiellement de la nature humaine. Seule cette dernière question est nouvelle. Aussi loin qu'il est possible de reculer dans l'Histoire, les humains se sont toujours préoccupés de guérisons individuelles et collectives. C'est seulement depuis notre époque que l'environnement qui se dégrade pose problème. L'inquiétude à propos de l'écologie est un phénomène récent. Pour la première fois, nous sommes obligés de nous poser des questions d'ordre moral au sujet des éléments anciens — l'air, la terre, le feu et l'eau. Quels sont nos devoirs à l'égard de ce que nous appelions autrefois les ressources naturelles? Les arbres ont-ils un statut légal? Quelles obligations morales avons-nous envers les autres espèces de créateurs ? Devons-nous voter un amendement à la constitution, à la Charte des droits, afin de protéger les animaux, les forêts et l'atmosphère ? Comment nous défaire de nos tendances anthropocentriques et rejoindre la confédération des êtres gratifiés de sensations ?

Plusieurs grandes questions surgissent également : Jusqu'à quel point les hommes et les femmes devraient-ils se rapprocher les uns des autres ? Quels aliments pouvons-nous consommer et lesquels sont prohibés ? Comment pouvons-nous gérer en douceur la souffrance ? Le diagramme qui suit résume les perpétuelles questions mythiques qui agitent le moi spirituel ainsi que les non moins perpétuelles expériences et émotions qui en découlent : à la fin, comme au commencement, les grandes questions sont lourdes de menace. Nous sommes destinés, comme Gilgamesh, à chercher une panacée pour apaiser la maladie de l'existence, puis à revenir chez nous désillusionnés, mais prêts à conduire notre vie avec plus de sagesse, de compassion et de satisfaction.

Toutefois, je n'en demeure pas moins un amateur dès que j'aborde les difficultés de l'existence. Chaque matin, quand j'émerge de rêves étranges, je touche le point d'interrogation en argent que je porte autour du cou et je me lève pour affronter de nouveaux dilemmes et m'épanouir en de nouvelles joies. J'ai soixante-deux ans et je possède un bon bagage de connaissances en philosophie, en théologie et en psychologie. Je n'ai aucun problème névrotique important. Je suis satisfait de ma vie. Pourtant, chaque jour, je me questionne : Qui suis-je ? Pourquoi suis-je né ? Quand vais-je mourir ? Que peut-on faire pour enrayer le mal ? Après un thé et des rôties, je me mets en route dès le matin avec une boussole et quelques provisions afin d'essayer, une fois encore, de dresser la carte du territoire à la fois familier et mystérieux de mes jours, et de chercher à découvrir le Dieu inconnu.

LES PERPÉTUELLES QUESTIONS MYTHIQUES

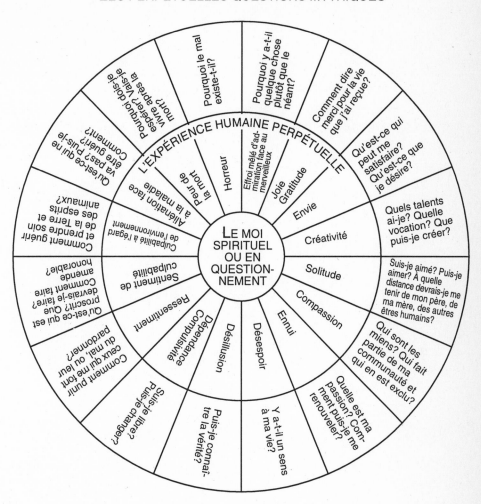

CHAPITRE 3

Une autobiographie : votre vie, ce texte sacré

Où irai-je loin de ton Esprit
et où fuirai-je loin de ta face?
Si je monte aux cieux, tu es là,
et si je m'endors au Shéol, t'y voici!

C'est toi qui as façonné mes reins,
qui m'as tissé dans le ventre de ma mère.
Je te rends grâce de tes merveilleux prodiges, tes œuvres
sont incommensurables et mon âme le sait bien.
Mes os ne t'étaient pas cachés,
quand j'étais fait dans le secret,
quand j'étais brodé dans les profondeurs de la terre.
Tous les jours, tes yeux me voyaient
et dans ton livre ils étaient tous inscrits,
les jours étant tracés avant que n'existe aucun d'eux.

Psaume 139

La vie privée oriente le miroir vers l'infini; ce sont les relations personnelles mêmes, et seulement elles, qui font allusion à une personnalité au-delà de nos perceptions quotidiennes.

E.M. Forster

Sans sortir, vous pouvez connaître l'univers entier. Sans regarder par les fenêtres, vous pouvez voir les chemins du paradis.

Tao Te Ching

Abandonnez la recherche de Dieu et de la création, ainsi que toute question de cet ordre. Cherchez Dieu en vous considérant vous-même comme point de départ. Découvrez ce qui, en vous, fait que vous êtes tout à lui et dites : « Mon Dieu, mon esprit, mes pensées, mon âme, mon corps. » Apprenez les origines de la tristesse, de la joie, de l'amour et de la haine... Si vous examinez attentivement ces questions, vous le trouverez en vous-même.

Monoïmus, un maître gnostique

Selon le *Popol-Vuh*, le livre maya sur l'origine de la vie et les splendeurs des dieux et des rois, les Créateurs et les Formateurs ont façonné les quatre premiers Êtres mère-père à partir de maïs blanc et jaune. Ils leur ont donné une vision parfaite, ainsi que la capacité de s'entretenir directement avec les dieux. « Ils reçurent la vue et aussitôt cette dernière s'étendit. Ils commencèrent à voir et à connaître tout ce qui existe dans l'univers. Leur vision perçait tous les obstacles. Lorsqu'ils regardaient quelque chose, ils apercevaient tout ce qu'il y avait autour et ils contemplaient l'ensemble de la voûte céleste et la face ronde de la terre. » Les premiers Êtres rendirent alors grâce aux dieux : « En vérité, nous vous remercions par deux et par trois fois de nous avoir créés. Vous nous avez donné une bouche et un visage, nous savons parler, entendre, réfléchir et nous déplacer. Nous avons une bonne connaissance des choses de ce qui est loin comme de ce qui est proche. Nous voyons également tout ce qui est grand et sous le firmament, sur terre. » Cependant, les Créateurs et les Formateurs, craignant que ces Êtres mère-père ne deviennent comme des dieux, regrettèrent de leur avoir donné ces pouvoirs et affaiblirent la vision de ces entités de forme humaine. « Leurs yeux s'embuèrent comme lorsque l'on souffle sur le verre d'un miroir. Leur vue s'obscurcit et ils ne purent distinguer que ce qui était proche d'eux. Ainsi furent détruits la sagesse et tout le pouvoir de connaître des quatre hommes... » Dorénavant, toute réponse à nos questions nous parviendra uniquement par les échos de nos mémoires, par notre habileté à détecter la menace dans les cris des animaux, à déchiffrer la brusquerie de leurs mouvements, à déterminer en humant le vent, s'il souffle la fumée de nos offrandes dans la bonne direction ; ou notre instinct lui-même nous imposera la réponse[1].

Si nous ne pouvons trouver des réponses à nos questions, où chercherons-nous pour avoir au moins un goût de transcendance au cours de notre bref passage dans l'Histoire ? Comment nous y prendrons-nous ? Quelle région allons-nous explorer ?

Ceux d'entre nous qui ont perdu confiance dans l'ancienne voie tracée vers le royaume de Dieu, qui n'ont ni guide, ni gourou à suivre aveuglément, qui ne prêtent plus foi aux prétendues révélations de Dieu proclamées à l'église, à la mosquée, à la synagogue ou à la sangha, ceux-là doivent nécessairement entreprendre leur voyage avec un bagage de questions existentielles et le désir de connaître une expérience plus enrichissante que le tout inconnu où gisent nos vies fragmentées.

Toutefois, certains êtres comme mon amie Susan ont le don de trouver un réconfort dans le fait qu'ils sont partie intégrante d'un univers incompréhensiblement vaste.

À l'âge de quarante-deux ans, soit deux ans après son divorce et la mort tragique de sa fille unique, Susan cherchait désespérément à refaire sa vie. Dans son chagrin, elle se retira dans un petit chalet de bois en pleine forêt. Une nuit, elle eut une expérience fascinante : « Je me suis réveillée en frissonnant, car le poêle à bois s'était éteint. J'ai résolu de refaire du feu dans l'espoir de garder la pièce chaude pour le reste de la nuit. Tout était très calme, tant à l'extérieur qu'à l'intérieur. J'étais amoureuse de cet instant, seule dans l'obscurité où j'attendais que les flammes communient avec le bois. Je regardais la lune jouer gaiement à cache-cache avec les étoiles à travers les arbres en écoutant le friselis de l'eau sur les roches. Soudain je sus que la chanson de la grâce universelle provenait de l'intérieur, de l'endroit même où je me tenais. C'était une mélodie plus ressentie qu'entendue, émanant de profondeurs sises bien au-delà du cœur. Elle était toujours en moi quand je me suis pelotonnée dans le lit et qu'avec un sourire j'ai largué les amarres pour suivre le cours d'une paisible et sombre rivière. »

Les textes sacrés de presque tous les peuples renferment des récits sur la création. Ils soutiennent que nous pouvons accéder à la connaissance de Dieu par l'intermédiaire du soleil, de la lune et de la terre florissante qui nous entoure. Le témoignage des siècles démontre qu'à l'intérieur du temps, de l'espace et de la matière, nous découvrons la preuve d'un pouvoir créateur immanent, plus grand que le nôtre, digne d'être appelé « Dieu ». Il fut un temps où l'histoire de l'apparition de la vie et de la prodigieuse diversité du cosmos renfermait un sous-texte sacré.

Le voyage immobile

De nos jours, le cosmos a, semble-t-il, perdu son pouvoir d'enchantement et le soleil las ne révèle plus que la marche inexorable de l'entropie. S'appuyant sur des recherches approfondies, la science a démontré que la planète Terre et ses habitants humains n'étaient que d'une importance relative dans le cours des choses. La révolution copernicienne a déplacé la Terre du centre de l'univers. La révolution darwinienne a nié que le singe nu soit une création particulière. La révolution freudienne, enfin, a révélé que l'*Homo sapiens* était davantage guidé par la folie que par la raison. Au nom de la science, ou de la science-fiction, le genre humain a acquis une sorte de fausse modestie étrange, une conception avilissante de la place qu'il occupe dans le cosmos.

En dépit de toutes les spéculations sur les formes de vie dans les autres galaxies, et des efforts consacrés à leur découverte dans l'univers, tout ce que les astrophysiciens ont pu déceler jusqu'à présent se résume en un macrocosme infini de planètes inhabitées et d'étoiles bouillonnantes de chaleur. Seule la Terre manifeste la preuve incarnée du pouvoir créateur de l'Être dans ses formes multiples. *Pour ce que nous en savons, notre planète est le seul endroit qui abrite une multitude d'espèces vivantes dont plusieurs sont dotées de conscience, dont certaines ont conscience d'elles-mêmes et dont l'une raconte des histoires sur elle-même.*

Point n'est besoin d'être croyant pour enrichir ce fait capital d'une charge spirituelle. Ce n'est que sur notre propre Terre que l'on peut trouver l'Existence faite de chair, de plumes et de feuilles. Ici seulement, parmi les trous noirs et les espaces infinis de l'univers, l'Esprit (que les Grecs et les premiers chrétiens nommaient le Logos, le raisonnement conscient et créatif qui façonne toute chose vivante de l'intérieur) a matérialisé la chair du dauphin, les étamines des fleurs d'indigotier et l'être humain.

Voilà le scandale — le *koan,* le casse-tête hallucinant — qui est le fondement de la quête spirituelle. La Terre semble être la scène où se joue le spectacle central du cosmos, combien splendide et unique !

En cherchant à déterminer notre place dans l'immensité de l'univers, nous pénétrons immédiatement dans le paradoxe de la spiritualité. Nous sommes déjà en plein cœur de l'Existence elle-même. Par conséquent, nous ne devons aller nulle part et n'avons rien à découvrir. Nous sommes ce que nous cherchons et au milieu de ce que nous cherchons. Un vieux *koan* zen met en évidence ce dilemme : Comment un homme chevauchant un bœuf et cherchant un bœuf, pourra-t-il jamais trouver un bœuf ?

Nos images de « voyage » et de « quête » sont quelque peu trompeuses, parce que *nous connaissons déjà la vérité spirituelle fondamentale.* À un certain niveau de notre être, une connaissance implicite de notre lien avec le cosmos est programmée dans notre matériel génétique. Nos atomes de carbone sont imprégnés de la mémoire des étoiles lointaines d'où ils proviennent et avec lesquelles ils partagent leur substance. Nos cerveaux renferment l'histoire des temps lointains de l'évolution reptilienne où leur formation a débuté.

Il n'est pas exagéré de dire que l'Énergie Universelle — Dieu — est l'essence de mon être. Comme plusieurs peuples « primitifs » l'ont affirmé, l'*axis mundi*, le pôle terrestre, le centre réfléchissant du monde, passe directement par notre colonne vertébrale. Les premiers chrétiens, cherchant à définir la nature de Jésus, ont dit qu'il était consubstantiel à Dieu. Les mêmes impulsions éternelles qui ont créé le Big Bang circulent par les synapses de notre système nerveux et font battre notre cœur. Ma vie, toute vie, est le lieu de l'incarnation, de la matière inspirée.

Même si nous faisons partie d'un univers élaboré qui, de mystérieuse façon, existait avant ses composantes, la plupart des êtres humains sont formés à la fois par une connaissance de la vérité et par l'illusion. Chaque religion s'élabore à partir de la perception de la même vérité complexe. La terre généreuse et ceux qui y vivent appartiennent au Seigneur, mais nous la voyons généralement à travers les lunettes du péché et de notre ego comme une arène de l'autogratification. Nous vivons dans le champ sacré de Bouddha, mais nous agissons sous l'influence de l'illusion d'une séparation.

Albert Einstein décrit ainsi notre situation ambiguë : « Un être humain fait partie d'un ensemble que nous appelons *Univers,* un lieu défini dans le temps et l'espace. Il sent que son être, ses pensées et ses émotions sont séparés du reste — une sorte d'illusion optique de sa conscience. Cette illusion est comme une prison qui est restreinte à nos désirs personnels et à l'affection des quelques personnes de notre entourage. Notre devoir est de nous libérer de cette geôle en agrandissant notre cercle de compassion afin de profiter de la beauté de toutes les créatures vivantes et de la nature dans son ensemble[2]. »

La recherche de la connaissance spirituelle est une énigme. Nous possédons un coffre au trésor renfermant la vérité. Nous avons également un nombre déconcertant de clefs parmi lesquelles se trouve peut-être celle qui peut ouvrir le coffre. La fin est prévisible, nous appartenons à l'univers et faisons corps avec lui. Mais nous ne savons malheureusement pas comment nous *approprier* la vérité qui nous réconforterait et nous guérirait. Tout cela parce que nous nous illusionnons systématiquement et que nous développons l'habitude de prétendre que nous sommes différents de toutes les autres formes de vie et de matière — animale, végétale et minérale — qui composent la symphonie du cosmos. De surcroît, nous nous jugeons supérieurs à elles.

Comment ouvrir le coffre au trésor et entrer en possession de ces richesses ? Comment harmoniser nos émotions avec notre connaissance ? Comment la tête peut-elle guider le cœur ? De quelle manière pourrions-nous acquérir un sens des relations et une tendance à la compassion qui soient en harmonie avec cette notion théorique d'appartenance à l'univers ? Comment pouvons-nous dépasser cette illusion d'être le centre du monde ? Je *sais* que je fais partie d'un tout, mais je me sens comme un orphelin abandonné au cœur du Grand Tout chaotique et indifférent.

Ce que nous nommons « vie spirituelle » ou « quête spirituelle » sont simplement les moyens par lesquels nous apprenons à transcender le sentiment d'isolement, de supériorité ou d'infériorité. Elles nous permettent de découvrir graduellement notre identité et d'éprouver de la compassion pour nos semblables. De fait, le coffre contient un trésor : notre sincère confiance en ce Tout infini que nous pouvons ou non appeler Dieu, *ainsi que* l'assurance de notre appartenance qui est le fruit exclusif de l'action compatissante. Quand nous aurons parcouru la moitié du voyage, il semblera de plus en plus évident que, dans le royaume de l'esprit, la seule vérité que nous pouvons revendiquer est indissociable de l'amour et de l'action. Ou nous accomplissons la vérité dans l'amour, ou nous demeurons perdus dans le chaos. Pour paraphraser l'un des premiers physiciens de la théorie des quantas, nous connaissons déjà la vérité. Ce que nous ignorons, c'est comment l'atteindre. Il faut une vie entière pour trouver le chemin de la maison. Nous souffrons tous d'être loin de la demeure et nous désirons revenir dans ce foyer cosmique que nous n'avons pourtant jamais quitté.

Comprendre que nous formons les couplets d'une chanson universelle ne suffit pas à donner une direction à notre pratique spirituelle. Dans une galaxie située au plus profond de notre nature d'être humain, nous avons peut-être déjà été, comme les Êtres mère-père du panthéon maya, en communication avec le Créateur et l'ensemble de la création. Cependant, au mieux, notre connaissance des liens qui nous unissent au cosmos sacré s'est estompée. Le miroir dans lequel nous devrions voir le Dieu créateur est couvert de buée. Nous sommes à la fois ébranlés et réconfortés de savoir que nous représentons une parcelle de l'immensité cosmique. Contempler la beauté de la Terre peut être pacifiant, mais plonger son regard dans les trous noirs de l'espace intemporel peut avoir un

effet terrifiant, car nous prenons alors conscience de notre insignifiance. Personne n'a mieux saisi la signification de cet isolement
dans le cosmos que Blaise Pascal, philosophe français du dix-
septième siècle : « Le silence éternel de ces espaces infinis m'épouvante. Quand je considère la courte durée de ma vie comprise dans
l'éternité précédente et suivante, le peu de place que j'occupe, que
je vois même engloutie dans l'immensité infinie des espaces inconnus et qui m'ignorent, je m'effraie et m'étonne de me voir ici plutôt
que là. »

Pourtant l'histoire cosmique faillit à sa tâche en ne me déli-
vrant pas de carte pour *mon* voyage spirituel. Elle situe l'être humain dans une vaste combinaison d'éléments, mais non l'individu
qui est au centre de ma recherche : moi, Sam Keen. Ma quête,
comme la vôtre, est guidée par le besoin intime et *existentiel* de découvrir de quelle façon je m'articule à ce vaste plan, et non par le
besoin abstrait de comprendre comment les êtres humains s'intè-
grent au sein du cosmos. Je veux savoir si je possède des dons qui
peuvent me servir à atteindre un objectif lointain.

Si jamais je dois me sentir chez moi en ce monde, il me faut
découvrir comment une simple vie cadre dans la Vie, comment mon
histoire s'insère dans l'Histoire universelle. Le fait que le Créateur,
le Formateur, le Porteur, l'Engendreur, le Serpent à plumes a
brouillé le miroir et rétréci notre champ de vision est peut-être une
bonne chose. De cette manière, nous ne voyons que ce qui est près
de nous, soit une infime partie de la face de la Terre. En scrutant
ma propre histoire, je peux du moins me concentrer sur une petite
partie du Tout sacré.

Voyager au-delà de l'Éden

Tout comme la vôtre, mon histoire est une variante unique en
soi du mythe universel de l'Éden : « Yahvé Dieu planta un jardin
en Éden, à l'orient, et il y plaça l'homme qu'il avait modelé. Yahvé
Dieu fit pousser du sol toutes espèces d'arbres beaux à voir et bons
à manger, et l'arbre de la vie au milieu du jardin, et l'arbre de la

connaissance du bien et du mal. [...] Alors Yahvé Dieu donna à l'homme ce commandement : "Tu peux manger de tous les arbres du jardin, mais de l'arbre de la connaissance du bien et du mal tu ne mangeras pas, car le jour où tu en mangeras sera celui de ta mort." »

Lisez attentivement ce passage et vous verrez que le Seigneur Dieu — ou les représentants d'ici-bas qu'il a mandatés — nous présente cette situation comme une impasse. C'est l'éternelle histoire de l'âne de Buridan. Obéir à l'autorité, demeurer dans le jardin de l'innocence originelle, jouir du bonheur et de l'immortalité ou exercer sa liberté, acquérir une connaissance fataliste de soi-même, juger du bien et du mal, être expulsé du Jardin, gagner sa vie à la sueur de son front et vivre avec la conscience de devoir mourir.

L'histoire de l'Éden se perpétue parce qu'elle saisit une parcelle d'éternité de la nature humaine. Nous étions tout petits et sans défense quand nous sommes nés dans ce monde dominé par les adultes qui, inévitablement, nous apparaissaient comme des dieux réels et tout-puissants. Nous avons assimilé leurs coutumes en suçant le lait maternel et nous nous sommes initiés à leurs mythes dans les bras de nos pères. Quand leurs yeux brillaient en nous regardant, nous jouissions de la sécurité que nous apportaient leurs bras infinis ; quand ils étaient contrariés, nous tombions en disgrâce et redoutions la punition, l'abandon et la mort.

Parfois certaines crises nous permettent d'accroître notre autonomie. Cependant, si nous essayons de goûter, de sentir et de découvrir ce qu'est le bien et le mal, nous entrons en conflit avec les Règlements. *Tu dois, tu ne dois pas.* L'autorité proclame : *Les bons garçons ne font pas cela... Les gentilles filles ne font pas cela... Fais ce que l'on te dit... Ne réponds pas à ton père. Ne sois pas insolent avec ta mère. Parce que nous le disons, voilà tout! Parce que c'est ainsi que tu dois agir. Ne pose pas tant de questions. Tu n'as pas à en demander la raison, tu le fais, sinon gare à toi!* Et l'autorité nous punit « pour notre propre bien ».

La famille et la culture placent chaque individu devant une impasse. Par définition, le rôle (à la fois bon et mauvais) des parents et des autorités consiste à nous demander de nous conformer aux normes, au mode de vie, à l'idéologie et à la religion auxquels ils croient eux-mêmes. Leurs demandes sont appuyées par les forces de sécurité intérieure de la conscience (le pendant psychologique du KGB), par les normes non exprimées et les lois en vigueur. Si nous transgressons les tabous, nous nous sentirons coupables et nous pourrons être punis et expulsés du Jardin. Si nous les respectons, si nous sommes obéissants, nous ressentirons la honte de n'avoir jamais su exercer notre liberté et d'avoir passé notre vie au sein du Jardin des autorités. Si nous désobéissons, nous allons devoir lutter avec la culpabilité et l'autonomie; si nous obéissons, nous allons devoir combattre la honte et le sentiment de dépendance.

La vie religieuse traditionnelle se situe aux confins du Jardin, dans l'orbite du mythe officiel. La recherche spirituelle commence quand nous décidons de goûter au fruit défendu et que nous traçons notre propre plan de vie en fonction de ce que nous avons découvert lors de nos explorations.

Un deuxième type d'impasse infléchit l'itinéraire du voyage spirituel. Appelez-la double impasse. Les parents lancent un double message à leurs enfants en raison de leur réaction intime devant ce qui est permis et ce qui ne l'est pas. Jusqu'à un certain point, ceux qui se sont conformés sans réfléchir aux règles héritées de leurs propres parents ou d'une autre forme d'autorité insufflent inconsciemment à leurs enfants le désir impérieux d'exprimer la révolte qu'ils ont eux-mêmes étouffée. Avec sa gamme complexe de commandements ambigus, l'Éden de la vie familiale est régi par des ordres contradictoires. Consciemment, le père commande : « Travaille fort et consacre-toi entièrement à ta tâche. » Intérieurement, il pense : « *Fais donc les quatre cents coups! (Ce que je n'ai jamais fait.)* » Consciemment, la mère préconise : « Conduis-toi comme une dame. » Inconsciemment, cela signifie : « *Fais-en à ta tête et arrange-toi pour être désirable. (Moi je n'ai jamais su l'être.)* » Nos parents nous lèguent les contradictions non résolues qui ont modelé leur vie. Si nous décidons de quitter l'Éden, de partir en quête de notre identité et d'avoir autorité sur notre propre vie, nous devons nous rebeller, malgré d'éventuelles sanctions, contre les valeurs prônées ouvertement par nos parents et contre leur véritable choix demeuré inconscient. Tout ce qui ne peut être remis en question et tout ce qui n'est pas négociable pour les parents est (intérieurement) reporté sur les enfants. Pour acquérir de l'autorité sur nos propres vies, nous devons non seulement mettre en balance la notion de bien et de mal qui a régi l'Éden, mais aussi explorer les avenues que nos parents ou la société ignorent ou refusent de parcourir. Après nous être insurgés contre les démons familiers, nous commençons notre voyage vers une contrée inconnue des dieux de l'Éden et frappée d'interdit.

Les caractéristiques de ces défis varient d'une personne à une autre. L'enfant que l'on a agressé devra lutter contre un manque d'estime de soi, le sentiment d'être abandonné et d'avoir subi un outrage. L'enfant trop gâté devra se défaire du sentiment qu'on lui doit tout. L'enfant doué et précoce devra se méfier de l'égocentrisme. Chaque forme d'éducation laisse en héritage aux enfants une piste d'obstacles caractérisés qu'ils devront franchir tôt au tard. Qu'ils soient bons ou mauvais, les parents fournissent à la fois information et désinformation à leurs enfants en leur inculquant des valeurs et des notions que ces derniers auront à vérifier, à rejeter ou à adopter. Chaque famille édifie la scène où se joue le destin de ses membres.

Pour mon ami Chérif, un Berbère d'Algérie, le passage de l'Afrique à la Californie l'a préparé au voyage plus difficile qu'il entreprend actuellement : fonder sa propre existence en partant du mythe familial. Il m'a confié dernièrement :

— Mon père était boulanger. Un jour, il m'a dit : « Tu es trop buté, tu ne feras rien de bon dans la vie. Pourquoi ne prendrais-tu pas la relève à la boulangerie ? »

— D'aucune façon, lui ai-je répondu. Et j'ai quitté mon pays parce que je n'y trouvais aucun exemple d'individu qui avait su prendre sa vie en main. C'était impossible en Algérie. Je suis allé en France où j'ai travaillé dans l'industrie alimentaire. Par la suite, je suis venu aux États-Unis et m'y suis marié. J'ai été serveur jusqu'au moment où le boulanger a dû quitter son emploi pour cause de maladie. J'ai pris sa place et j'ai rapidement ouvert mon propre commerce. J'ai réussi, mais je me sens mal à l'aise d'être un marchand qui commande à des employés. On ne peut parler de relations franches entre eux et moi. Je passe quatorze heures par jour avec ces gens. Je ne désire pas tenir un commerce. Je suis à un point tournant de ma vie et je souhaite lui donner un sens, travailler dans le domaine de la santé, par exemple.

Chérif fit une pause, puis :

— Quand j'étais enfant, j'avais les yeux grands ouverts. Je perçais à jour les bassesses, les mensonges qui avaient trait à la religion. Les gens allaient à la mosquée, mais on ne pouvait dire qu'il y avait beaucoup de spiritualité. On me croyait inhibé, mais en réalité j'avais des dons de médium. Je savais quand des choses allaient se passer et aussi ce que les gens pensaient. À l'heure actuelle, j'essaie de me remémorer cette époque afin de me donner le courage nécessaire pour faire le saut. Je me le dois. Je reconnais posséder des dons, même si par moments j'en ai honte. Une voix intérieure me dit : « Pour qui te prends-tu ? Vouloir soigner les gens ! Tu n'as pas de références. Tu es condamné à être boulanger. » Mais une autre voix me chuchote : « Tu as des dons de guérisseur. Tu n'es pas seulement un corps. Il y a une âme qui transporte ce corps. » Chaque fois que je fais sonner ma cloche spirituelle, je suis envahi par une troisième voix : « Que vas-tu faire pour gagner ta vie ? Dehors, c'est la loi de la jungle. » Si je ne peux organiser ma vie comme je le souhaite, je ne crois pas qu'elle vaille la peine d'être vécue. Je dois faire un choix maintenant. »

Un timide élan de foi

Tout effort pour découvrir une raison qui transcende la nécessité de manger, de boire et de gagner de l'argent doit commencer par un élan de foi. Cependant, quand la religion commande de faire un bond dans les bras de l'autorité, la quête spirituelle ne réclame qu'un petit pas au-dessus du vide. L'hypothèse fondamentale se résume en ceci : *Ma vie est un texte au sein duquel je dois trouver la révélation du sacré.* S'il existe une quelconque terre sacrée et un sens à ma vie, ils doivent être découverts en ce moment même. Si nous avons des oreilles pour entendre, des yeux pour voir et un corps pour ressentir, ce message s'adressera toujours à nous. Certains moments, événements, mots, individus ou objets peuvent soudainement devenir révélateurs. Quand nos vies semblent chaotiques, un modèle apparaît. Un signe n'est pas différent d'un événement ordinaire ; c'est le sens que nous lui donnons qui le rend sacré. En croyant que ma vie personnelle est un texte, un sous-texte caché peut se révéler à moi en certaines occasions.

L'expérience visant à découvrir le sacré ne peut être prise à la légère. Sans savoir comment calculer les probabilités à ce sujet, il me semble improbable que Dieu ait parlé du sens de ma vie à quelque gourou ou autorité divine. Il est plus vraisemblable que j'entende sa petite voix calme si j'écoute attentivement l'écho sacré des voix et des silences dans mon esprit, mon corps et mon cœur.

Le pari le plus sûr me semble celui-ci : j'imagine que mon être est contenu dans l'Être lui-même. Le mystère du Moi est une parcelle du mystère de l'Être. Le Dieu inconnu que je cherche — le principe de l'harmonie — n'est pas une utopie. Il est plutôt caché dans la substance même des choses. Quand nous faisons fi de notre expérience intime, nous finissons par chercher Dieu aux mauvais endroits. Si j'explore les profondeurs de mon être, je découvrirai la grandeur de l'Existence. Ma vie constitue le seul accès privilégié à ce Dieu et au sens sacré inconnu, mais connaissable, de ma propre vie. Mon autobiographie renferme l'histoire sacrée qui m'aidera à trouver la voie vers une plus grande signification de l'harmonie et du caractère sacré de la vie.

Se remémorer notre histoire intime

La plupart des traditions religieuses associent l'autobiographie à l'égoïsme. L'un des objectifs de nombreuses disciplines religieuses a été d'éliminer l'ego, l'illusion du moi individuel, unique et historique. L'individualisme est, selon elles, la maladie, non le remède. Dernièrement, Don Juan, alias Carlos Castenada, a repris cette démarche de la spiritualité orientale et a conçu l'idée

« d'effacer l'histoire intime » pour en faire le thème central de son projet : devenir un guerrier et un homme de savoir.

Bien loin d'être orgueilleuse et égotiste, la voie autobiographique vers le sacré est l'essence même de l'humilité. Tous les êtres humains ont pour point commun leur caractère unique. Chacun de nous peut reconstituer son autobiographie. C'est un privilège et un devoir de prospecter le moment particulier de l'histoire que nous passons ici-bas.

Quand je scrute les coins et recoins de mon existence, je constate qu'aucun système religieux reconnu ne correspond à ma cassure intime ou ne me donne des lignes directrices pour le modèle spécifique de vie qui semble enrichissant pour moi. Il me faut découvrir comment j'ai été à la fois agressé et porté aux nues par ma famille et ma culture, comment j'ai été à la fois trompé et enrichi par mes expériences passées. J'ai besoin de connaître les présents que j'ai à offrir.

Il n'y a pas qu'une seule façon d'y arriver. La dignité et le sens de mon existence nécessitent la découverte et la création de ma voie, de ma vérité et de ma destinée. Avoir une vocation spirituelle, c'est concevoir ma vie comme un présent qu'il faut déballer et dont il faut jouir. J'ai à prendre des décisions en cours de route. Dans les moments difficiles, quand la maladie me condamne à la souffrance, quand une tragédie me frappe, quand je suis témoin de cruautés insensées, je suis tenté de conclure que la vie est une farce absurde. Il me semble par moments que nous avons été jetés dans l'existence sans notre consentement, que nous en sommes réduits à chercher ce qui nous est caché et condamnés à mourir pour un crime sans nom dont nous sommes innocents. Pourtant, dans les bonnes et les mauvaises périodes, je me trouve favorisé d'être en vie. Entre le vide qui me précède et celui qui me suivra, les quelques années où j'existerai seront pour moi comme une oasis temporelle.

L'approche autobiographique ne doit cependant pas être confondue avec l'insistance mise sur l'estime de soi par la psychologie moderne. Le narcissisme est à l'opposé de la spiritualité. Lors de notre voyage spirituel, nous explorons le moi de façon à dépasser les limites de la signification classique attribuée à l'ego et à nos privilèges, à outrepasser l'illusion d'être le « centre de l'univers ». En me souvenant des influences qui ont modelé mon être, je commence à découvrir un moi qui n'est pas enfermé. Le moi isolé, autosuffisant et indépendant n'est qu'une vue de l'esprit. Les bouddhistes parlent de l'illumination comme de la découverte bouleversante d'un vide intérieur. Je ne puis être défini totalement. Le « voyage spirituel » est une métaphore pour décrire le processus sans fin de la découverte de l'incroyable chaîne de liens et de relations qui explique la formation du moi. En reconstituant mon autobiographie, je découvre que je suis et que j'ai toujours été un être multiple. Je serai toujours défini par mes interactions avec un *réseau d'êtres humains qui s'élargit à l'infini dans le temps.*

Ce n'est qu'en explorant et en partageant avec d'autres l'histoire de ma vie que je puis témoigner du sacré. Mon histoire n'est pas exemplaire. Je ne crois pas être un saint, un héros ou un modèle pour qui que ce soit. Je n'écris pas dans le but de vous dire : voici *la* route à suivre. Je me borne à vous révéler quelques-uns des détours et des obstacles qui ont parsemé mon voyage afin de vous inciter à prendre au sérieux l'histoire de ma propre vie. Examinez le texte sacré de votre expérience quotidienne, reconstituez les événements et les relations qui ont été le fondement de votre existence, rassemblez vos souvenirs, regroupez-les en un récit et faites de votre vie une histoire unique.

Le processus de recherche de la dimension sacrée de nos vies est semblable à celui qu'adopte un écrivain pour concevoir un personnage. « Dieu est présent dans les moindres détails. » Les *détails* rendent l'histoire véridique. L'écrivain doit savoir exactement ce que le personnage mange au petit-déjeuner, la façon dont il se coiffe et comment il a été élevé par ses parents. Au même titre que l'esprit animé du personnage sera clairement déterminé par des détails spécifiques, la présence ou l'absence du sacré peut être découverte par le seul examen des détails de notre expérience. En nous remémorant notre histoire, nous nous apercevons que Platon avait vu juste : « Le temps est l'image mouvante de l'éternité. »

Tel un archéologue, je devrai creuser au travers des couches de la matière externe pour parvenir aux fondations. En fouillant les mythes qui m'ont formé et déformé, j'espère me rapprocher de mes origines, de mon moi *primaire* et *essentiel*. Bien que de nombreux sociopsychologues contemporains tiennent l'idée d'un moi originel pour une pure fiction, je me sens encouragé dans cette voie par les générations de mystiques et de voyageurs de diverses cultures religieuses. Ils attestent que le moi prodigue, une fois libéré des illusions et des visières imposées par la famille et la tribu, peut revenir dans une patrie où il n'existe aucune désaffection entre lui-même et les autres.

Pour découvrir mon essence, l'intention sacrée imprimée dans mon ADN, l'histoire d'avant l'histoire, ma face originelle (selon le zen), je dois me réapproprier le métier mythique sur lequel ma psychè a été tissée par mes parents et les anciens mentors. Les histoires des familles et des clans nous pétrissent avant même que nous ayons conscience de nous-mêmes et modelions notre histoire personnelle. Alors déjà, l'autorité tatoue les mythes officiels sur notre peau. Les Keen, les McMurray, tous blancs, américains et presbytériens, ont été les premiers à me narrer mon histoire, à tracer mon destin. Comme vous je suis un palimpseste, « un manuscrit dont on a effacé la première écriture pour y graver un texte neuf ».

Ma vie et la vôtre sont une danse entre le destin et la liberté. Mon autobiographie n'est pas le monologue d'un homme qui a réussi par ses propres moyens, mais un dialogue, une histoire d'amour dont je suis le coauteur avec Dieu, la nature et l'existence dans son essence. Mon chant provient d'un antiphonaire, c'est un hymne à plusieurs voix.

La cocréation d'une vie est à la fois terrifiante et pleine de joie. La liberté est une adorable folie. Il n'y a aucune indication précise dans cette forêt, aucun kiosque d'information touristique où se renseigner sur la route à suivre.

Quelquefois, le soir, quand je suis las de voyager, je regarde vivre les gens par les fenêtres éclairées des maisons et j'aspire au calme. Pendant un certain temps, j'ai souhaité qu'une Bible, qu'un Jésus, qu'un gourou ou qu'un signal de l'au-delà me montre la voie. Mais je sais que le coût en serait trop élevé pour ce que je suis prêt à défrayer. Il me semble inélégant de rejeter l'autorité que je me suis donnée pour la vie, tant elle est fragile et éphémère. Dans le chaos créatif et organisé du récit de ma vie, je me sens conforté par l'assurance inébranlable que « Dieu a créé l'homme parce qu'Il aime les récits », selon les propres mots d'Isak Dinesen. Sans mon autobiographie et la vôtre, l'histoire de l'univers serait à jamais incomplète.

Pendant que je relate mon éveil, laissez votre esprit faire un retour sur les premiers souvenirs que vous avez de vous-même et des autres ou de votre soumission et de votre révolte. Ajoutez ceux qui ont formé la trame de votre vie. Ce sont les clefs de la formation de votre psychè, de vos premières notions de la liberté, elles vous permettent d'entreprendre votre quête.

Pieds nus et en blue-jeans : mon esprit s'éveille

Aussi loin que remontent mes souvenirs, j'ai perçu des tiraillements entre la religion et la vie spirituelle, entre l'Éden et le chemin de la liberté. Dès ma naissance, j'ai été enveloppé dans les langes du christianisme. Avant que je puisse me faire ma propre idée, j'ai été coulé dans le moule rituel de la religion. On m'a enseigné les réponses justes et on m'a dissuadé de poser des questions embarrassantes.

Un jour, dans le sous-sol de la Première Église presbytérienne où se tenait l'école du dimanche, un jeune garçon était assis dans un cercle composé d'enfants aux visages rayonnants. Mademoiselle McCelvey leur lisait des extraits de la Bible. Après Joseph, Marie et l'Enfant Jésus, il y avait du lait et des biscuits Graham. Le *Notre Père* était récité à l'unisson parce qu'aucun de nous ne pouvait se rappeler toutes les paroles. Nous chantions également : « Jésus m'aime / car la Bible me le dit. / Les petits enfants appartiennent à Dieu. / Nous sommes faibles, mais Il est fort. » J'ai été le premier à mémoriser un verset du Livre sacré : « Dieu aime tant le monde qu'il a envoyé son Fils unique, le Sauveur du monde, et nous a donné la vie éternelle. » Quand je l'ai récité à la maison au cours du déjeuner du dimanche, mon frère Lawrence a cru que je posais pour la galerie. Moi, j'étais ravi, plein de fierté, et je jouissais de l'approbation de mes parents. Mon Éden était douillet et débordant d'amour. Et l'amour tisse ses contraintes avec tant de gentillesse qu'il nous est difficile de comprendre que nos efforts pour être de bons fils et de bonnes filles nous emprisonnent.

Or l'esprit humain ne tient pas en place. Il a grande envie de battre la campagne. Il n'a que faire de la sécurité et de la vie quiète qui s'écoule au Jardin.

Un matin, je suis parti à l'aventure sur mon tricycle rouge. J'avais fait une ample provision de friandises dans le sac placé à l'arrière de ma selle. Quelques instants avant mon départ, ma mère est venue me voir et m'a fixé des bornes : « Sammy, tu peux aller jusqu'au coin de la rue et faire le tour du pâté de maisons, mais ne traverse pas la chaussée. » Dès que j'ai disparu de son champ de vision, la tentation est apparue. De l'autre côté de la rue, le trottoir s'infiltrait dans un boisé interdit dont le mystère m'attirait avec une force irrésistible. J'y ai jeté un coup d'œil et constaté qu'il n'y avait pas de danger. Pas de voitures ni de mère en vue. J'ai donc traversé la rue avec une sensation de liberté mêlée à de l'anxiété. Tout en pédalant, je fus surpris et un peu désappointé de voir que la Terre lointaine ne différait guère de mon propre territoire. Ne trouvant là ni monstres ni châteaux enchantés, j'ai rebroussé chemin et suis revenu dans l'Éden. Durant ma courte absence, le Jardin s'était cependant quelque peu transformé. Tout semblait comme avant et pourtant je me sentais enveloppé de culpabilité. Que va-t-il m'arriver si *elle* découvre où je suis allé ? J'ai pédalé jusqu'à la maison en affichant un air désinvolte. Mère m'attendait à la porte :

— Sammy, as-tu traversé la rue ?

Les éclairs ont semblé jaillir des montagnes pour m'anéantir. J'étais trop petit pour affronter une telle puissance. Impossible de me dérober. Avec un instinct qui remonte à Adam, j'ai fait appel à mon courage et défendu mon esprit vulnérable et naissant :

— Non, mère, je ne l'ai pas fait.

Je me demande encore si elle savait que je la trompais et, si au grand jamais je devenais mon propre maître, je devrais mentir pour protéger le sanctuaire de ma liberté.

Le voyage sans fin avait commencé — ainsi que la manie de poser des questions. À l'âge de quatre ans, comme le printemps jaillissait avec les crocus et que les cigales chantaient lors des longues soirées, j'ai voulu rejeter les fantômes de l'hiver en courant librement, pieds nus, dans les bois. J'étais tenté de sentir la boue rouge gicler entre mes orteils et les aiguilles de pin me chatouiller la plante des pieds. Toutefois ce n'était pas permis, car le bruit courait que des mites dissimulées dans le sol pénétraient dans les intestins de ceux qui se déchaussaient et provoquaient cette sorte de fainéantise que les presbytériens avaient tôt fait de noter chez les pauvres. Le soir, avant le coucher, ma mère dirigeait notre rituelle lecture de la Bible (qui serait aussitôt suivie des aventures des *Hardy Boys*). Il s'agissait cette fois-là de Moïse et du buisson ardent. J'ai dressé l'oreille quand j'ai entendu la phrase : « Moïse, Moïse ! N'approche pas d'ici. Ôte tes sandales, car le sol que tu foules est une terre sainte. »

— Mère, lui ai-je demandé, Dieu a créé l'univers entier, n'est-ce pas ?

— Oui, mon fils.

Avec une logique irréprochable, j'ai rétorqué :

— Alors, pourquoi faut-il que nous portions des souliers ?

La réponse de ma mère n'est restée ni dans ma mémoire ni dans la tradition familiale.

Je me questionnais aussi au sujet de la prière.

On nous avait signifié par la parole et l'exemple qu'il valait mieux prier les yeux fermés. Pas de coups d'œil furtifs. Pas de grignotage durant le bénédicité. Mes plus grandes tentations surgirent au moment des longues prières pastorales d'avant sermon, lorsque l'officiant prend une voix de circonstance pendant qu'un silence pieux s'installe dans l'assemblée. J'étais dévoré de curiosité. Tous ces gens avaient-ils réellement les yeux fermés ? De temps en temps mes parents sentaient poindre en moi mon caractère rebelle et ils ouvraient les yeux au moment approprié afin de me surprendre en plein délit. Ils me sommaient de revenir à une pieuse noirceur en orientant leur regard vers le sol. Ainsi pris sur le fait et remis dans le droit chemin, je reprenais la posture conforme à une foi aveugle.

Pendant tout ce temps, les questions affluaient dans le sanctuaire de mon esprit. Pourquoi doit-on fermer les yeux pour prier ? Pourquoi faire silence, à l'exception du pasteur ? Pourquoi chanter « pour la beauté de la terre, pour la splendeur des cieux » et fermer les yeux par la suite ? J'ai résolu à part moi que, lorsque je serais grand, je prierais les yeux ouverts. Ou, peut-être, ne prierais-je plus du tout. Pourquoi devrais-je informer le Tout-Puissant de mes besoins et lui rappeler Son devoir ?

Pourquoi Dieu me demande-t-il de prendre une voix pieuse et de porter des vêtements particuliers ? Quand nous étions enfants, nous avions des vêtements pour le dimanche, d'autres pour l'école, d'autres pour aller jouer. Les vêtements du dimanche étaient les plus beaux et les moins confortables — des pantalons de laine qui grattaient, des chemises empesées et des cravates qui irritaient le cou. Dans les années 1930, les garçons du Sud portaient généralement des jeans en toile souple, lavable, et qui ne nécessitait pas de repassage. Lors d'un été mémorable, mon père avait rapporté de l'Ouest des jeans de marque Levi's pour mon frère et moi ; ils étaient confectionnés en un tissu miracle — du denim épais —, ils étaient renforcés aux poches par des rivets, raidis par la teinture qui laissait des taches bleues sur la peau tant qu'on ne les avait pas lavés plusieurs fois, garantis contre tout accroc. Nous les usions jusqu'à la trame. Des fringues parfaites pour courir à travers les ronces et jouer aux billes dans la poussière. C'était encore mieux que d'être nu. De véritables armures pour les escapades à l'abri des regards des adultes et d'autres ennemis naturels.

J'ai peut-être échappé assez tôt à certaines contraintes de la religion en raison de mon souci d'avoir une expérience directe et personnelle de la foi qui animait ma mère et mon père. Dès le début, mon tempérament rétif et mon esprit inquisiteur se mêlaient à un désir irrépressible de connaissance mystique. Je voulais savoir ce qui pouvait et ne pouvait pas être connu à propos de Dieu.

Je me rappelle encore le traquenard religieux dans lequel je suis tombé. J'avais dix ans lorsque à Boaz, en Alabama, nous avons reçu la visite d'un vendeur itinérant, qui travaillait pour le Business Men's Council of the Pocket Testament League Inc. Avant de s'en aller, il m'a fait cadeau d'un Nouveau Testament petit format et il m'a demandé si j'accepterais de signer la promesse de m'engager à lire au moins un chapitre de la Bible par jour et d'emporter le livre partout où j'irais. J'ai accepté. Pendant un an, j'ai conservé le livre magique — à la fois talisman et symbole de pouvoir — dans la niche d'une grosse branche d'arbre où était juchée ma cabane. J'ai lu un chapitre par jour. J'ai prié Dieu afin qu'il me gratifie d'un lien spécial avec mon Seigneur et mon Sauveur. Jour après jour, j'ai attendu la venue de Jésus dans mon cœur, mais plus je priais avec ferveur, plus j'étais déçu. Mon ardeur et mes efforts ne faisaient qu'aggraver mon sentiment d'éloignement. Le doute prit la place que je réservais à la grâce. Je finis par me lasser et par conclure que même si Jésus pouvait être mon Sauveur, il était aussi distant que Dieu.

Quand j'examine aujourd'hui cette signature d'enfant sur le petit livre défraîchi, je mesure le fardeau de vertu qui pesait sur mes petites épaules et je comprends mon inévitable transformation en fils prodigue cherchant sa voie. En outre, je finis par voir les motifs qui, à l'encontre de plusieurs de mes penchants spirituels, m'ont poussé à appartenir totalement à l'Église vers l'âge de onze ans. J'en ai le souvenir très vif. Sur un écran, je vois Jésus à douze ans qui, debout, prêche aux anciens de la synagogue. Sur l'autre écran, je me vois, endimanché et debout face aux aînés, occupé à leur démontrer ma connaissance du catéchisme et du Credo. « Quel est le but ultime de l'homme ? Le but ultime de l'homme est de rendre gloire à Dieu et de l'aimer pour l'éternité. » Ces deux visions me rappellent que dans l'espoir de plaire à ma mère, à ma grand-mère et à tous les aînés adorateurs, j'ai fait des efforts héroïques pour m'insérer dans le moule préfabriqué de la vie de Jésus.

Cependant, après avoir muselé mes doutes et m'être installé dans le confort de la religion, mon esprit bohème a fini par perturber ma fausse tranquillité. Quand cela m'est arrivé pour la première fois, j'avais onze ans. Je suivais la rue Court à Maryville, au Tennessee, en direction de la maison. Pearl Harbor avait été bombardée et les loyaux Américains apprenaient à détester les « Japs ». Tout en jouant avec mon ami Tommy Ganger, je me suis demandé à haute voix si les chrétiens devaient, eux aussi, haïr les Japonais. Les parents de Tommy lui ont aussitôt interdit de jouer avec moi parce que je n'étais pas un bon patriote et que j'étais toujours en train de poser des questions embarrassantes. Quelque temps après, alors que je broyais du noir en songeant à tout cela, j'ai eu soudainement la sensation d'être plongé dans un bain de lumière. Il me semblait que je quittais mon corps et, debout à un carrefour, deux chemins de vie s'offraient à moi. Je savais que je devais faire un choix. Si j'acceptais ce que mes amis, mes parents et d'autres adultes considéraient comme la vérité, tout serait simple et je ne perturberais personne. Mais si je choisissais l'autre voie, chaque question que je poserais me ferait monter plus haut sur une montagne d'où je verrais plus loin et plus distinctement. Je pense que la décision que j'ai prise à ce moment-là de m'efforcer de comprendre plutôt que de chercher la sécurité, de continuer à m'interroger plutôt que de m'incliner devant la foi de mes pères, a marqué le début de ma quête spirituelle. Sans savoir dans quels royaumes lointains cela allait me conduire, j'ai fait un premier pas vers la perte de mes illusions et je me suis débarrassé de l'envoûtement involontaire dans lequel mes parents et ma culture m'avaient plongé.

Cet éveil spirituel passager à onze ans m'a laissé avec la troublante constatation que je ne pouvais pas me borner à être uniquement un fils croyant de parents aimants, un petit-fils chéri, un membre reconnu de la bande et un enfant respectueux des conventions. J'en suis venu à soupçonner que cette foi aveugle était en réalité une foi à rabais et ce genre de foi revient trop cher, car elle s'acquiert au prix de l'abandon de l'aventure spirituelle.

Réflexion faite, je m'aperçois que, dès le jeune âge, les principes de mon credo spirituel ont commencé à prendre forme :

Marchez nu-pieds. « Apprenez à sentir les différentes philosophies de la terre et du pavé sous vos pieds » (Heather Keen). Demeurez terre à terre, humble, vous êtes né de l'humus. Essayez de comprendre le fondement de votre être.

Ouvrez les yeux. Voyez tout ce qu'il vous est possible de voir.

La beauté est une indication de la sainteté. Célébrez les dons faits à vos oreilles, à vos yeux, à votre nez, à votre bouche et à votre épiderme. Soyez sensuel. Goûtez à l'amer et au sucré.

Parlez d'une voix égale. Vivez dans un monde simple. Ne portez pas de vêtements qui travestissent votre être au naturel. Portez des jeans le plus souvent possible.

Votre autobiographie spirituelle

Un guide touristique n'est utile qu'en voyage. Le but de *Hymnes à un Dieu inconnu* est moins de partager les détails de ma vie avec d'autres que d'apporter une aide et un sentiment de bien-être à ceux qui parcourent un chemin semblable au mien. Pour obtenir de meilleurs résultats, faites une pause à la fin de chaque section ou chapitre et comparez votre propre expérience à ce que j'ai dit. Lors de la préparation de ce livre, j'ai passé deux mois à rassembler toutes les photographies que j'ai pu trouver sur chaque période de ma vie et je les ai classées en de grands albums afin de déclencher mes souvenirs. À mesure que vous lisez ces pages, faites des pauses afin de vous souvenir de votre propre histoire et commencez à rédiger votre autobiographie spirituelle.

Inspirez-vous de ces lignes directrices :

- Identifiez les personnes influentes, les mythes, les événements et les lignes de force qui ont modelé votre vie. D'où vous sont venues les premières réponses à vos grandes questions sur le sens de la vie ? À quelle foi se rattachaient vos parents ?
- En quoi votre foi actuelle, votre philosophie et votre expérience de la vie diffèrent-elles de celles de vos parents ? Existe-t-il un fossé plus ou moins large entre eux et vous ?
- Dans quelle mesure vivez-vous encore, confortablement ou non, dans le jardin d'Éden en vous refusant à goûter au fruit de l'arbre de la connaissance du bien et du mal. Jugez-vous

votre vie au crible de votre propre expérience ? À travers
quels yeux contemplez-vous l'existence ?

- Reconstituez le réseau de ces événements, de ces paroles, de
ces gens et des objets devenus soudainement révélateurs et
donnez-vous un fil conducteur, une orientation ou un sens
imprégnés de sacré.
- Quelles expériences fulgurantes, quelles révélations, ouver-
tures, illuminations ou quels éveils ont marqué le cours de
votre vie ?

CHAPITRE 4

Voies vers un Dieu inconnu

Immortel et invisible, Dieu de toute sagesse,
inaccessible dans la lumière, caché à nos yeux
Le livre des cantiques, n° 85

Il est préférable d'emprunter le chemin de l'ignorance. À
mesure que nous vieillissons, le monde devient plus
étrange et la marche à suivre plus complexe.
T.S. Eliot

Camp de base, Le Mont analogue

Ainsi que le rapporte René Daumal dans *Le Mont analogue* :
« Dans la tradition mythique, la Montagne est le lien entre la Terre
et le Ciel. Sa cime solitaire rejoint la sphère de l'éternité et sa base
déploie ses multiples contreforts dans le monde des mortels. C'est
la voie par laquelle l'homme peut s'élever vers le divin et par
laquelle le divin peut se révéler à l'homme... Si une montagne doit
tenir le rôle du Mont analogue, l'ultime montagne symbolique, son
sommet doit demeurer hors d'atteinte, mais sa base doit rester ac-
cessible aux êtres humains tels que la nature les a conçus. Elle doit
être unique et avoir une existence réelle sur Terre. La porte qui
mène à l'invisible doit être visible. »

Notre voyage, qui a débuté lorsque nous avons résolu de fuir
la crise morale et le vide spirituel de notre vie et de notre milieu,
a jusqu'à présent occulté notre vision de la cité laïque et du train-

train quotidien. Mus par notre élan et guidés par nos questionne-ments, nous avons décidé d'explorer les contreforts à peine entre-vus, de déceler les phénomènes géographiques qui ont sculpté notre paysage intérieur. Nous regardons de nouveau ces événements qui nous ont faits tels que nous sommes en espérant trouver un sens plus profond à nos vies, une nouvelle carte des croyances fonda-mentales et de l'action conforme à la vérité.

Un groupe hétéroclite d'aventuriers composé de chasseurs de Graal, d'âmes désorientées et de chercheurs ont trouvé leur voie dans le pays des hautes collines et ont dressé un camp de fortune au pied de la montagne aux multiples noms — le Mont analogue, le mont Sinaï, le mont des Oliviers, l'Olympe, le pic Harney ou le mont Kailas.

Il y a chaque soir, autour du feu de camp, des discussions interminables sur la topographie de la Montagne, le degré d'incli-naison de ses pentes, la localisation probable des glaciers, des crevasses, des avalanches, les meilleurs sites de campement et les voies vers le sommet. Certains grimpeurs fuient ces palabres et pas-sent plutôt leur temps à vérifier l'équipement, à étudier les cartes et à planifier l'ascension. À midi, lorsque le soleil est au zénith, et par nuit claire, sous la lune, tous se rassemblent sur un large pro-montoire en espérant avoir une vue claire de la Montagne.

En réalité, personne ne sait si elle existe vraiment. La tradition la situe dans une région constamment assombrie par un brouillard bas qui couvre les vallées et par des nuages denses qui masquent les hauteurs. Par moments, des vents forts dissipent la brume et transforment les nuages en tableaux tourbillonnants peuplés de formes translucides — châteaux aériens ou gigantesques figures d'animaux et de monstres. Certains observateurs affirment alors voir très clairement une montagne aux contours nettement définis. Malheureusement, ceux qui prétendent avoir de telles visions les matérialisent en des esquisses et des cartes topographiques singu-lièrement différentes les unes des autres. Périodiquement, des pèle-rins aux yeux fous, originaires de contrées aux noms étranges, arrivent au camp et disent avoir atteint le sommet et découvert le territoire environnant d'une position située sur le pic le plus élevé.

Lorsque l'un des vainqueurs du sommet décrit la route étroite mais réelle qu'il a suivie, il rassemble immanquablement un groupe de disciples bien décidés à suivre ses pas.

En passant au crible toutes les apparences ambiguës et toutes les prétentions contradictoires, même les aventuriers les plus perspicaces et les plus ouverts s'aperçoivent qu'ils font face à un problème insoluble. Si le pic inconnu ne peut être localisé, il ne peut donc être escaladé.

Alors, semble-t-il, le voyage s'arrête avant même d'avoir commencé.

Mais il n'y a peut-être que l'approche directe qui soit bloquée. Si nous changions de cap et si nous nous dirigions plutôt vers l'intérieur que vers l'extérieur pour chercher les hauteurs et les profondeurs *dans notre moi*, nous pourrions alors découvrir un passage vers l'au-delà. Peut-être qu'en nous-mêmes une disposition pour la transcendance nous révélera une vision brève de la Montagne. Un écho en provenance de la caverne du désir peut nous apporter des nouvelles des profondeurs insondables. L'exploration géographique de la montagne intérieure, que ce soit l'esprit ou l'âme, peut nous ouvrir des pistes sur la meilleure façon d'approcher la Montagne sacrée.

Un langage inspiré : la poésie du sacré

À ce stade de notre aventure, le mieux à faire est de se fonder sur la supposition que l'esprit humain ou l'âme renferme une image de Dieu, idée partagée par toute tradition religieuse et spirituelle. Notre esprit-miroir est sans aucun doute embué par le souffle chaud de l'ego, voilant ainsi le reflet de Dieu. Néanmoins cela nous incite à utiliser ce qui pourrait ressembler à un ordinateur mental doté d'un écran perfectionné pour établir la carte rudimentaire de notre itinéraire.

Pour tracer cette ébauche, nous devons nous entendre sur certains termes et significations d'usage courant. La découverte de notre capacité à transcender notre esprit entraîne l'obligation de nous détacher de nos liens culturels. L'esprit est un solvant universel qui ne peut être confiné dans une structure sociale ou psychique. L'enfant prodigue devra abandonner son foyer et voyager dans une contrée inconnue où l'on n'a pas encore attribué de nom à toutes les expériences.

Tous devraient convenir que le langage authentique qui décrit l'expérience spirituelle est nécessairement plein d'imagination, poétique et flou. Seuls ceux qui croient posséder Dieu en eux, ou les esprits cyniques qui nient tout ce qui transcende les faits vérifiables, sont réfractaires à cette idée.

La parole inspirée est un langage poussé à sa limite, qui culbute sur lui-même et tombe tête première dans un non-sens duquel jaillissent des choses inexprimables. C'est un langage où alternent l'extravagance et l'humilité, qui tantôt évoque les archanges et tantôt cherche refuge dans la syllabe *om*.

Le meilleur de tous les langages spirituels est le silence : « Tais-toi et apprends que je suis Dieu. » « Le Tao traduit en paroles n'est pas le Tao éternel. » « Dieu » est un symbole pour l'ineffable « Je suis ce que je suis ».

Alors que la religion étranglée par la culture bavarde à propos de Dieu et parle avec componction de péché et de voie vers le salut, le langage inspiré est timide et réservé. Il est témoin bien plus qu'il ne prêche. Comme le savent les maîtres coyotes, mystiques et zen, la langue de la spiritualité a pour gardiennes les joues.

Après le silence, c'est par le chant, la danse, les rites, l'imagerie poétique, la parabole, les *koan,* le récit et le mythe que se réalise le mieux la rencontre avec le sacré. Les hommes et les femmes ont toujours su s'exprimer en des langues inconnues, danser dans l'extase et entrer en transe afin de plonger dans le silence qui se cache sous le langage et exprimer par le son ou le geste une intuition trop profonde pour être exprimée par des mots. À vouloir à tout prix traduire en paroles un contenu spirituel, nous tournons toujours autour du buisson, bien qu'il soit ardent.

Le langage spirituel authentique, celui qui parle de Dieu, ne confond pas la carte avec le territoire, le symbole avec l'objet. Le littéral prend les choses au mot et, par le fait même, en laisse échapper l'esprit. Il saisit les mots, mais jamais la musique et crée ainsi une surdité spirituelle. On peut mourir de faim à vouloir dévorer un livre de cuisine.

Dans le domaine du sacré, nous devons, certes, nous garder de la tendance à tout prendre au pied de la lettre, à verser dans l'idolâtrie, mais nous devons aussi nous défendre contre la manie qu'a le monde laïc d'usurper et d'avilir le langage de la spiritualité.

La profanation commence par la prostitution du langage. Des mots lourds de sens sont ainsi capturés et mis au service d'intentions mesquines. La foi, l'espoir et l'amour sont utilisés à des fins mercantiles et pour promouvoir la tyrannie. La publicité, la propagande et le double discours politique massacrent systématiquement le langage, assassinent la vérité et trompent un public passif en lui faisant croire que le bonheur peut être monnayé ou que la vie aura du sens si l'on s'incline devant l'autorité officielle.

Quand la *joie* se transforme en détersif, le tourbillon de ses bulles ne monte plus des profondeurs pour nous laver de nos mesquineries.

Quand le *printemps* se mue en savon, les lilas ne nous rappellent plus la promesse de la fin de l'hiver, ni l'espoir de l'éclosion prochaine.

Quand les vocables *Cougar* et *Lynx* sont rattachés à des automobiles, la machine devient totem et la grâce féline cesse de nous inspirer.

Quand nous *détruisons une ville dans le but de la sauver*, nous perdons la signification de la guérison, de même que la capacité de faire la distinction entre le sacré et le démoniaque.

Quand la *terre* devient synonyme de *propriété*, nous donnons dans l'illusion de pouvoir posséder la Terre qui fut un jour la « mère » et sera toujours la substance de notre incarnation, le fer de notre sang et l'oxygène de nos poumons.

Quand nous disons que quelque chose de sale est *souillé*, nous oublions le culte sacré qui ennoblissait l'agriculture (un mot qui signifie « labourer, habiter et adorer ») et nous finissons par rejeter l'humus qui est au cœur de la définition des êtres humains.

Quand le *capital* ne signifie plus qu'argent, nous avons certainement perdu la tête.

Quand nos *investissements* sont placés dans des valeurs et des titres, nous implorons Mammon et confions nos espoirs de sécurité aux fluctuations du marché.

Quand les *compagnies* créent les lois, les produits et le rythme de vie que nous adoptons, nous n'émergeons du corps de Mère Nature que pour être mieux engloutis par un autre corps. Les *compagnies* sont devenues l'utérus mâle d'où naissent toutes les valeurs.

Quand *l'amour* est quelque chose qui doit être « fait », nous confondons l'acte et la grâce.

Quand les boissons alcoolisées deviennent des « spiritueux » ou une façon d'aller « au fond des choses », la poursuite de buts matérialistes et égocentriques devient, par omission, la raison d'être de l'esprit.

À la recherche d'une définition de l'esprit

Confucius affirme que le philosophe a pour tâche de « rendre aux mots leur sens exact ». Selon lui, si nous connaissions la signification réelle de « père, fils, mère, filles, » les familles vivraient dans le bonheur et les communautés seraient fortes.

Pour recouvrer la profondeur spirituelle de nos vies, nous devons renouveler notre connaissance de certains mots qui montent la garde et créent un périmètre de sécurité autour de la dignité humaine. Nous nous rabaissons si nous perdons le sens des termes *esprit, chair, âme, corps, sacré, saint, plaisir, promesse, passion, souffrir, repentir, pardon, raison, merveille, liberté, confiance, mal, attention, espoir, guérir* et *vérité*. Chacun de nous doit acquérir le droit d'utiliser ces mots en découvrant comment ils traduisent notre expérience. Nous nous renouvelons en reprenant le contact avec le sacré, en inventant des métaphores et en faisant des gestes qui catalysent le mieux notre expérience. Pour atteindre la chair la plus tendre, notre langage doit trancher au ras de l'os. Quand nous sommes inspirés, nous nous exprimons dans une langue érotique, nous nous insinuons entre les plis et les fentes et nous caressons cette expérience silencieuse jusqu'à ce qu'elle se mette à chanter. Pour nous rappeler notre expérience du sacré, nous faisons, comme les poètes, une incursion dans l'inarticulé mais revenons chargés de métaphores. Nous cousons le mot au tissu silencieux de nos jours et lui donnons un sens : *à vin vieux, nouvelles outres.*

Si nous pouvons continuer à dissoudre quelques-uns des non-sens dogmatiques et des mystifications qui s'articulent à une variété d'explications sur la nature de l'esprit, nous pourrions formuler une définition de l'esprit qui nous convienne. Débarrassons-nous donc de la plupart de ces définitions vagues, ineptes, dogmatiques et rétrogrades.

Généralement, on utilise n'importe comment les mots « esprit » et « âme », au point qu'il devient impossible de savoir ce que les gens revendiquent ou rejettent. J'ai souvent entendu de la bouche de gens pieux des phrases aussi inconsistantes que celle-ci : « L'esprit est insaisissable, inexprimable et sans bornes. L'âme est notre point de jonction entre le moi et l'esprit. C'est une garantie de connaissance. L'esprit est l'essence non physique qui se cache dans nos cœurs. L'âme est ce qui survit lorsque tout le reste de l'être meurt. » Sur le sentier qui conduit à la Montagne, un écriteau nous met en garde contre un tel mysticisme échevelé : « Avis ! Des notions confuses sur la vie spirituelle risquent de vous embourber dans un marais obscur peuplé d'esprits confus enveloppés d'un sombre nuage de revendications occultes et de faux mystères. »

Nous pouvons aussi rejeter du revers de la main les définitions des télévangélistes qui monopolisent les ondes le dimanche matin et qui possèdent la vertu discutable de la rigidité. Pour eux, *esprit* ne signifie qu'une seule et même chose et cela exclut la plupart d'entre nous. Dieu a fait le don de l'Esprit saint à Son peuple qui a accepté Jésus comme Seigneur et Messie. Si vous acceptez une telle définition, il ne vous reste plus qu'à avoir la foi et à attendre.

Pour me rapprocher d'une signification de l'*esprit* qui me convienne, il me suffit de le situer dans le contexte des autres mots appartenant à la même famille d'idées, tels que *ego, personnalité, sacré* et *saint.*

À l'origine, le mot *esprit* évoque la respiration ou le souffle. Il désigne l'élément animé ou vital que l'on trouve chez les humains et les animaux, par opposition à l'élément purement matériel. L'*âme* a souvent été considérée comme une entité spirituelle immortelle, distincte du corps, une qualité insaisissable qui anime les hommes et les animaux et donne aux êtres humains la capacité unique de transcender la pure animalité. Il nous est facile de constater que ces deux mots proviennent de l'expérience primaire qui consistait à essayer d'établir la différence entre la vie et la mort. Immédiatement après son décès, une personne garde le même aspect que lorsqu'elle vivait, mais il lui manque quelque chose. Sa respiration a disparu et avec elle toute l'énergie, la vitalité et les caractéristiques qui la faisaient aimer ou détester des autres.

Il est inévitable que nous essayions de comprendre et d'identifier ce mystère primordial qui sépare la vie de la mort. Nous ne pouvons nous empêcher de nous demander si une *entité* (nommée âme) nous anime et nous fait vivre, si elle pénètre en nous dès la naissance et nous quitte au moment de la mort pour éventuellement survivre dans un royaume intemporel et immatériel (le paradis) ou pour revenir animer un autre corps (la réincarnation). Ou si, comme ce fut le cas pour Adam, un Dieu créateur façonne le corps humain à partir de la glaise et lui insuffle Son esprit. En outre, comment expliquer la différence entre deux personnes dont l'une est ennuyeuse, dépressive, sans énergie ni vivacité, et l'autre est vive, passionnée, énergique et pleine d'enthousiasme ?

En termes clairs, notre moi social — le masque que nous portons devant témoins — peut être différencié de notre esprit ou de notre âme. Le problème surgit lorsque nous nous identifions trop fortement à notre personnalité et à notre rôle et que nous oublions de chercher et d'approfondir notre relation avec ce mystère qui constitue l'esprit ou l'âme. Sans cette quête de l'esprit ou de l'âme, nous devenons superficiels. Notre ego et notre personnalité sont inévitablement trop bornés et ont besoin d'être transformés par une perspective spirituelle. Nous devons indéniablement développer un sens plus large du moi. Mais si nous sommes incapables d'avoir un sentiment d'appartenance à notre famille, à l'écosystème, à la communauté, au moi ultime appelé *Dieu*, nous trahissons alors la magnifique complexité que les anciens nommaient *esprit* et *âme*.

La démarche spirituelle que nous entreprenons vise à découvrir notre moi « supérieur » et à en explorer les profondeurs. Elle nous conduit à être tout à la fois ébranlés, émus et inspirés par ce non-être sacré qui nous garde humains, ce Dieu inconnu en qui nous vivons et agissons, et par qui nous existons sans que nous puissions pleinement le comprendre. Le principe qui anime l'être humain est l'*instinct spirituel*, une impulsion qui nous fait dépasser l'ego pour explorer les hauteurs et les profondeurs, qui relie notre propre vie à quelque chose qui dépasse le moi, quelque chose de plus durable que lui (même s'il doit être transformé en cours de route). L'estime de soi résulte finalement de la découverte d'une source intarissable et pleine signification qui transcende le moi.

Enfin, l'*esprit* et l'*âme* ne sont pas des abstractions inaccessibles, mais bien des instruments au moyen desquels nous définissons l'essence de notre qualité d'humains lorsque nous transcendons notre conditionnement social et psychologique et que nous avons le sentiment de faire partie d'un cosmos qui par intuition nous paraît sacré.

Une boussole spirituelle et un détecteur d'âme

En cours de route, une indication approximative de la direction à suivre suffit souvent à franchir des obstacles. Parfois, la mention « Vers le sud » peut nous orienter vers le sacré, ce qui n'est pas sans ressembler à la manière de ce jeu de notre enfance : « Tu brûles ! Tu gèles ! »

Tout comme il existe des symptômes physiques de bonne ou de mauvaise santé — la tension artérielle, le pouls et le niveau d'énergie —, nous avons en nous une boussole qui nous indique si nous nous dirigeons vers le spirituel ou le terre-à-terre. Même un athée a la capacité de sonder ce que le philosophe Gabriel Marcel nomme « les approches concrètes du mystère de l'existence ». Il y a, dit-il, certaines inclinations telles que l'émerveillement, la fidélité, l'amour et l'espoir qui nous conduisent vers le sacré, alors que la trahison, la haine et le désespoir nous entraînent vers un monde où règne la profanation.

Si les diverses religions du monde proposent des voies différentes vers Dieu, elles s'entendent cependant toutes pour déconseiller certaines façons d'agir. Il y a, par exemple, une mise en garde au centre de la roue de la vie bouddhique : « Si vous tentez de vous emparer du monde (symbole : le coq) et de le posséder, vous abdiquez devant la vie et cédez à la peur (symbole : le serpent); vous sombrerez dans l'apparence illusoire (symbole : le cochon) et vous dégringolerez de plus en plus bas jusqu'à ce que vous vous réincarniez en un animal, un fantôme affamé ou un habitant de l'enfer. » Les juifs, les chrétiens et les islamistes décrivent « le péché » de manière analogue, c'est-à-dire la tentative de posséder et de dominer la vie, et avertissent qu'il conduit au sentiment trompeur que le moi, plutôt que Dieu, est le centre de l'univers. Partant de là, il n'y a qu'un pas à franchir pour traiter les autres avec arrogance, les considérer comme des objets, se montrer inhumain et agir avec bassesse. Si la signification de ce qu'est le salut peut porter à interprétation, celle du péché est manifeste pour tous.

Nous savons si nous nous approchons ou non de la vie spirituelle en reconnaissant que l'égocentrisme avide (et par conséquent épouvantable) conduit à un mode de vie illusoire et aliénant, très éloigné du chemin du dépassement de soi qui mène à la connaissance spirituelle. Nous pouvons départager la vie spirituelle de celle qui ne l'est pas en nous basant sur ces principes fondamentaux :

Vie spirituelle	Vie non spirituelle
Psychè désarmée	Psychè armée
Perméabilité	Imperméabilité
Inclusion	Exclusion
Compassion	Totalitarisme

Même si nous nous débattons dans le chaos, l'anxiété, dans l'angoisse, l'absurdité et le désespoir, nous pouvons toujours nous fier à un point de repère infaillible pour déterminer la direction à suivre. Tout au long du voyage spirituel, la boussole indique sans dévier le pôle Compassion. Cet instrument spirituel est en quelque sorte l'équivalent du satellite Ground Position System (localisation par rapport au sol) qu'utilisent les pilotes et les capitaines de navire pour déterminer leur position exacte. Gravez en vous ce seul mot : *compassion*. Chaque fois que vous vous sentez désorientés, continuez d'avancer dans la voie de l'amour et de la sollicitude à l'égard de tous les êtres vivants, y compris vous-même. Ce faisant, vous ne vous écarterez jamais de la route qui conduit à l'accomplissement de soi.

Le mal comme point de repère

Paradoxalement, il est plus facile de détecter l'absence ou la perversion de l'esprit que sa présence. La prise de conscience de ce qui est mal est l'un des points de repère les plus sûrs au cours du voyage spirituel. Il existe des actes qui suppriment tout accès à ce que nous pourrions légitimement appeler le royaume du sacré.

Des exemples extrêmes, des visions d'horreur telles que les camps d'extermination nazis ou les goulags soviétiques nous jettent immédiatement dans un monde profanateur et démoniaque. Quiconque est sain d'esprit perçoit d'instinct que les valeurs, les attitudes et les comportements qui ont abouti à faire d'Auschwitz ce qu'il est devenu nous éloignent du sacré. Dans le paysage de notre quête spirituelle, une image aussi claire du mal et de la profanation est comme l'aiguille d'une boussole pointée vers le nord. Le spectacle cru du mal sert de panneau indicateur : *Sens interdit. Défense d'entrer! Cette route conduit à l'autodestruction et à la profanation, elle s'écarte du royaume de l'esprit.* Si nous sommes convaincus que cette cruauté gratuite et cette violence insensée entraînent la profanation, alors nous aurons un premier aperçu de ce qu'est la vie dans un monde sacré. Dans ce viol de ce qui ne devrait pas être violé, nous entendons intuitivement un témoignage silencieux en faveur de la nature essentiellement sacrée de l'humanité.

Nous décelons le mal dans toute sa cruauté quand ce qui

devrait être sacro-saint est brutalement agressé. (Ce matin, c'étaient des bébés tués par des francs-tireurs serbes à Sarajevo.) Si nous inversons le fameux avertissement de Dostoïevski, « Si Dieu est mort, tout est permis », nous découvrons un paysage totalement vide de spiritualité. *Quand torture, génocide et écocide sont autorisés, le sacré et l'esprit humain sont absents.* Nous pouvons parfois douter de Dieu, mais cette perception négative se renforce quand nous sommes témoins de l'idolâtrie, d'actes de profanation et de la trahison de l'espérance des êtres humains.

La présence du mal nous sert de boussole morale à la fois parce qu'elle nous permet de le localiser et parce qu'elle nous révèle une part importante de la vie spirituelle qui consiste à manifester de la compassion pour les autres et à tenter de faire baisser le niveau du mal ici-bas.

On juge facile, voire « normal », en regardant par-dessus la clôture, de considérer d'office le voisin comme un rival, puis comme un agresseur et finalement comme un ennemi de Dieu que nous pouvons légitimement éliminer. Toutefois, sans nier le fait que nous devons combattre le mal dans la société et dans la politique, la tradition spirituelle nous fait comprendre clairement que la seule véritable guerre sainte est celle qui se déroule dans l'âme de chaque individu. Le champ de bataille où s'affrontent le bien et le mal, ce lieu terrifiant « balayé par le vacarme confus de luttes et de fuites / Où des armées plongées dans l'ignorance s'entrechoquent dans le noir » (Matthew Arnold, *Dover Beach*), ce lieu donc est en vous comme en moi. Le « visage de l'ennemi » est celui que nous modelons à même les côtés méprisables de notre ego pharisaïque.

Des maîtres inspirés nous exhortent à enlever la poutre qui nous aveugle avant d'ôter la paille de l'œil de notre frère, à descendre en enfer avant de prendre d'assaut le paradis et à composer avec nos démons avant d'essayer de devenir des anges.

On reconnaît les hommes et les femmes animés par l'esprit à leur souci de voir le monde par la lentille de leurs propres faiblesses et à lutter contre leur propre tendance à être égoïstes, avides, cruels, arrogants, haineux ou indifférents. Si nous considérons la vie spirituelle comme un voyage, une bonne partie de celui-ci consistera à tenter de s'extirper du marécage où grouillent le péché, l'asservissement et les faux-semblants plutôt qu'à escalader les sommets de l'inspiration et de l'illumination. Pour gravir la montagne sacrée, il faut se préparer à retomber encore et encore dans la vallée obscure.

Instantanés et portraits

Un jour où quelqu'un demandait à Louis Armstrong de définir ce qu'est le jazz, il rétorqua : « Mon gars, si tu ne le sais pas, je ne pourrai jamais te le dire. » Il est difficile de donner de l'esprit plus qu'une définition classique, mais en certaines occasions l'aiguille de mon détecteur d'âme me signale sa présence.

L'esprit est comme le vent. Il n'est visible que par le mouvement qui résulte de sa présence. Nous voyons osciller les branches des arbres, palpiter notre poitrine pendant la respiration, mais nous ne pouvons voir ce qui les fait bouger. L'âme est comme la lumière. Elle ne peut être détectée que par ce qu'elle illumine. Nous devons nous faufiler jusqu'à l'insaisissable, mais ce n'est qu'à proximité de lui que nous pouvons déceler sa présence.

Le mouvement involontaire est l'une des manifestations les plus anciennes et les plus universellement reconnues de l'esprit. À Bali, à Haïti ou à Woodstock résonne la cadence lancinante des tambours au son desquels les danseurs s'agitent comme s'ils étaient possédés par un esprit étranger. Le chaman sibérien chevauche le rythme du sien avant d'entrer en transe et de bondir au-dessus du village, là-haut, d'où il peut discerner les causes et les remèdes des maladies. Ou encore il descend jusqu'au cœur du monde souterrain pour chercher à découvrir les noms des démons qui perturbent sa communauté. Lorsque l'Esprit saint se répand au sein d'une congrégation de la Pentecôte, une douzaine d'hommes et de femmes se mettent à trembler et à s'exprimer dans des langues inconnues. Ailleurs, le silence recueilli d'une assemblée de quakers s'interrompt lorsque l'Esprit incite un Ami à parler. Les paroles d'un officiant soufi adoptent d'elles-mêmes la cadence fluide d'un poème, puis se transforment en un chant avant d'éclater finalement en un cantique à la gloire de Dieu. Lorsque l'esprit se meut parmi eux, les choristes d'une Église baptiste noire commencent à se balancer au rythme de l'hymne et entraînent dans leur oscillation la congrégation qui scande leur mouvement par des battements de mains.

Toutefois, nous ne pouvons considérer chaque transe et chaque cas d'individu envahi d'une émotion irrésistible comme un témoignage de guérison, de toute-puissance ou du passage de l'Esprit saint. Platon a souligné qu'il existait des formes tant divines que démoniaques de possession et de folie. L'auteur de la première épître de saint Jean a rappelé aux premiers chrétiens la nécessité « de mettre les esprits à l'épreuve pour voir s'ils viennent de Dieu ». De nombreuses formes de spiritualité fausse et perverse incitent les individus à abandonner trop rapidement leur volonté et leur responsabilité au bénéfice d'une cause ou d'un organisme pernicieux. La frénésie des fanatiques du football possédés par la folie du saccage est une bien triste parodie de la communion extasiée des Amérindiens Hopi en train d'exécuter la danse de la pluie. Lors des rassemblements de Nuremberg, des milliers d'Allemands, inspirés par le rituel et les promesses du IIIe Reich, ont muselé leurs consciences pour conspirer d'une même volonté, une tuerie innommable.

Pour savoir si un état d'autotranscendance ou d'extase est propre à engendrer l'épanouissement ou, au contraire, le repli sur soi, il suffit de vérifier s'il nous pousse à agir avec compassion et nous élève vers une communion plus globale. Saint Jean l'a confirmé en termes simples : « Celui qui prétend être dans la lumière tout en haïssant son frère est encore dans les ténèbres. C'est à quoi nous reconnaissons l'esprit de la vérité et l'esprit de l'erreur. Bienaimés, aimons-nous les uns les autres, puisque l'amour vient de Dieu. »

Une vie marquée par l'Esprit se caractérise par un accroissement de la capacité d'aimer et une diminution du désir de dominer.

S'il était possible de capter l'esprit ou l'âme sur la pellicule, il faudrait alors photographier des événements de nature exceptionnelle au cours desquels l'être humain se surpasse. Deux célèbres instantanés illustrent cet élan subtil de soi vers l'esprit, celle d'un moine bouddhiste s'immolant par le feu pour dénoncer la guerre au Viêt-nam et celle d'un jeune Chinois affrontant courageusement un tank sur la place Tian'anmen.

Une autre scène me vient à l'esprit. Elle se déroule dans une chambre à coucher, à Cambridge, au Massachusetts, où mon vieil ami Dick Ruopp repose presque immobile sur un lit d'hôpital. Dick est à un stade avancé de la maladie de Lou Gehrig. Branché à un respirateur, on le nourrit de sérum à l'aide de tubes. Ses bras sont soutenus par des sangles qui lui permettent d'accéder au clavier d'un ordinateur et une voix créée par synthétiseur traduit ce qu'il écrit. Les gestes, le comportement et tout ce qui faisait la personnalité de cet homme sont aujourd'hui disparus. L'ancien président du Bank Street College qui était un fin cuisinier, un excellent marin, un charpentier d'expérience et un éducateur hors pair s'est vu coupé de tout ce qui d'ordinaire rend la vie agréable. Cependant, tous ceux qui pénètrent dans cette chambre d'hôpital s'aperçoivent sur-le-champ qu'ils sont au cœur d'un grand drame dans lequel l'amour et l'esprit se matérialisent. Entre Dick et sa femme Pat qu'il a épousée après avoir su qu'il était atteint de cette maladie se déroule une incessante liturgie de l'amour. Les soins sont offerts et acceptés aussi naturellement que les sourires de connivence. Taquineries et plaisanteries s'entremêlent aux conversations sérieuses ponctuées de gestes et de mouvements des yeux, entre la voix synthétisée et son pendant new-yorkais. Je n'ai jamais entendu Dick se plaindre ! Lors d'une visite que nous lui avons faite ma femme Jan s'est exclamée :

— Vous semblez vous en tirer fort bien malgré toutes vos difficultés !

— C'est tout ce que je peux faire, a répliqué mon ami.

Jan insista :

— Vous pourriez en avoir marre et râler un peu.

Avec un sourire malicieux, Dick lui confia :

— Je n'y ai jamais songé.

Mon appareil photo fixerait sans doute l'image immuable de cet homme — un visage émacié sous la barbe grise bien taillée, les yeux pétillants et béats —, un visage sur lequel se lirait l'incarnation d'une vie marquée par l'Esprit.

Je pourrais aussi capter ce moment d'inspiration et de transcendance dans la vie de Larrick, un maître électricien amoureux de la musique et de la mer. La scène se passe dans une prison iranienne où Larrick, condamné pour contrebande de haschisch, a senti naître en lui la libération.

— Que puis-je dire ? J'étais jeune et irréfléchi, et je me suis fait prendre en Iran avec cinquante-cinq kilos de drogue. J'avais déjà purgé quatorze des vingt-quatre mois de ma peine lorsqu'on m'a traîné de nouveau devant le tribunal. J'ai écopé de cinq années supplémentaires. J'ai deviné alors qu'il en serait sans doute toujours ainsi et que je ne sortirais probablement jamais de prison. J'ai écrit à ma femme pour lui dire qu'il ne servirait à rien de m'attendre. J'ai fait par la suite une grève de la faim parce que j'étais convaincu qu'il valait mieux mourir que de finir en prison. Une nuit, je me suis mis à genoux presque contre mon gré car, élevé dans une famille de mormons, toute forme rigoriste de piété me rebutait. Je suis athée. Pourtant, cette nuit-là j'ai prié un Dieu inconnu. Ce fut comme une sorte de troc. J'ai fait le serment solennel de rectifier tous mes errements et de rejeter la drogue de ma vie si jamais je reprenais ma liberté. Après vingt-quatre jours de jeûne, j'ai compris soudain qu'il m'était égal d'être en prison ou non. *La liberté se conquiert de l'intérieur*. Je devais la chercher en moi. Peu de temps après, les gardes m'ont sommé de rassembler mes affaires, car j'allais bientôt sortir. Je ne les ai pas crus, car ils se livraient constamment à ce manège pour torturer les prisonniers. Une amnistie avait été effectivement déclarée et ils m'ont laissé partir. Qu'importe ! j'étais déjà libre. Il m'a fallu dix ans pour me soustraire à mon funeste penchant, mais le mois prochain il y aura huit ans que je n'ai plus eu de rechute.

Le cas suivant s'est produit il y a quelques années lorsque j'ai vu naître et s'épanouir l'esprit d'une femme — nommons-la Betty — dans des circonstances difficiles. J'étais l'un des guides d'un groupe qui partait pour une randonnée de quelques jours dans un étroit canyon de l'Arizona. Betty s'était inscrite pour ce voyage sur la recommandation de son thérapeute. Elle n'y était cependant aucunement préparée. Cette femme de trente-huit ans, affable mais indolente, était en piètre condition physique. Simple employée de bureau, elle avait toujours vécu conformément à l'image classique, en retrait du monde. Elle nous avoua qu'elle était vierge et n'avait ni liaisons, ni amis proches. À la fin de la première journée, Betty n'était plus qu'une masse pitoyable de muscles douloureux et d'ampoules. À la fin de la deuxième journée, elle avait les pieds couverts de plaies vives. À la surprise de tous, cependant, plus les choses lui étaient difficiles, moins elle se plaignait. Au crépuscule du troisième jour, quand nous avons atteint le campement, quelques membres du groupe se sont réunis autour d'elle pour lui laver et lui bander les pieds afin de la soulager. Les quatrième et cinquième jours, Betty fut entourée d'attentions alors que la souffrance la tenaillait à chaque pas. Plus elle avançait, plus semblait augmenter la distance qui la séparait de son ancienne personnalité. Son visage était de plus en plus déterminé et rayonnant. À la fin de l'excursion, il émanait d'elle une solidité, une confiance, une fierté et une sorte de volonté de changer sa vie. Ce fut un honneur pour nous tous d'être témoins de sa métamorphose et de jouir de sa présence. J'ai su par la suite qu'une fois retournée chez elle, elle abandonna son emploi, s'inscrivit à un cours de niveau avancé et se libéra finalement de son univers feutré.

L'esprit insondable

En scrutant notre âme pour y trouver le reflet d'une image de Dieu, nous constatons également que l'esprit humain est lui-même insondable. La Montagne intérieure est tout aussi voilée de brume que la Montagne sacrée que nous aspirons à escalader. Le miroir de l'âme révèle le caractère indéfinissable de l'être humain. La réalité de ce que je suis ne peut jamais être entièrement captée par quelque série de jugements que ce soit. Au cœur de ma connaissance la plus intime de moi-même, je sais que je suis inconnaissable, que je suis un éternel fugitif déterminé à fuir l'effort de se prendre lui-même au piège du langage et de la prise de conscience.

Je peux uniquement découvrir mon esprit et me rendre libre. Je peux uniquement faire un bond existentiel, prendre la décision d'aller au-delà de ce que j'étais hier (et de ce que je pourrais être demain, si quelque spécialiste pouvait le prédire). Je peux uniquement expérimenter quelque chose de neuf. Cette aptitude humaine si unique que nous nommons esprit porte également le nom de liberté. C'est l'aptitude que nous avons de transcender notre conditionnement biologique, psychologique, social et politique. La science ne pourra jamais la découvrir, car elle n'est pas reconnue comme sujet d'étude en laboratoire.

Nous ne découvrons la liberté et l'esprit qu'à la première personne du singulier, dans les périodes de solitude et de risque où nous cessons de considérer notre vie comme un phénomène impersonnel et où nous sommes hantés par la singularité de notre propre expérience. Je connais un homme qui, de treize à vingt-sept ans, a été esclave de la drogue et de l'alcool. La façon dont il m'a décrit sa guérison illustre à merveille la découverte de la dimension spirituelle. Il me fit cette réflexion : « On me demandait d'aller beaucoup plus loin qu'il me semblait possible d'aller. »

Gabriel Marcel, que j'ai rencontré alors que je rédigeais ma thèse de doctorat intitulée *L'idée du mystère chez Gabriel Marcel*, établit une distinction entre les problèmes et le mystère, distinction que je tiens pour essentielle à la compréhension de la nature de la vie spirituelle. Les problèmes peuvent être résolus en accumulant des données, mais les mystères authentiques ne peuvent être élucidés par quelque élargissement de la connaissance que ce soit. À l'origine, un mystère semble n'être qu'un problème difficile que l'on peut résoudre à la longue. Cependant la réalité est très différente. À titre d'exemple, des scientifiques peuvent éventuellement réussir à découvrir un remède à une maladie parce que le virus existe « quelque part », indépendamment des chercheurs. Un test psychologique complexe arrivera à déterminer les probabilités de réussite d'un mariage entre Linda, qui a une propension à la névrose, et moi qui suis de tempérament compulsif-obsessionnel.

Toutefois ledit test ne pourra jamais me révéler si je devrais épouser Linda ou divorcer d'avec elle.

Quand je cherche à trouver la signification de ma vie, de la liberté, de Dieu, du mal ou de l'esprit, il n'existe aucun point de vue objectif qui me permette de prouver que ces éléments se trouvent à l'extérieur de mon moi doté de volonté, de sensibilité et capable de prendre des décisions. Chaque fois que je me questionne sur des sujets relatifs à mon existence, je constate que je suis indissociable de la « donnée ». Je suis moi-même partie prenante d'un mystère et, de ce fait, toute distinction entre ce qui est en moi et ce qui est devant moi perd sa signification et sa raison d'être. Chacun de nous est irrévocablement amené à juger s'il est libre ou s'il peut le devenir, s'il a de la valeur, à déterminer quand et vis-à-vis de qui il a des responsabilités, à quel moment il doit se fier ou non au mystère qui l'environne et de quelle façon il racontera les faits de sa vie.

La plus importante décision qui nous échoit est précisément celle de savoir quand nous devons prendre des résolutions. La liberté naît au moment même où je décide que je suis libre de laisser derrière moi ce qui jusqu'alors m'emprisonnait. En devenant libre, je deviens un être spirituel et il m'est possible de transcender ce que je sais ou ce que les autres savent à mon sujet. Après avoir accumulé tout ce que peuvent me faire savoir la biologie, la sociologie, la psychologie et les autres sciences sur moi-même et la connaissance que j'ai amassée par l'observation et la méditation sur mon propre moi, je demeure malgré tout un profond mystère.

Par conséquent, ce n'est pas seulement la connaissance de soi qui est l'objectif d'une vie authentiquement spirituelle. En poursuivant la quête de mon esprit, je me suis graduellement débarrassé des parures dont m'avaient gratifié ma famille et ma culture — sans compter moi-même — pour me donner une identité. La désillusion et la remise en question radicale de cette identité et des mythes qui avaient jusqu'alors guidé ma vie m'ont laissé sous l'impression que je ne pouvais pas plus comprendre les limites de l'être étrange qui est moi que je ne le pouvais de l'étranger, mon voisin, ou du monde singulier qui m'a éduqué.

La psychologie a beau revendiquer la capacité de guérir les âmes, il faut toujours se garder de confondre l'esprit et l'inconscient. L'inconscient est la face inconnue ou refoulée de la psychè modelée par la famille et la culture. Il incombe à la psychothérapie de rendre conscient notre inconscient, de composer avec les ténèbres refoulées de la connaissance, de faire en sorte que soit connu l'inconscient. La psychanalyse peut en principe nous aider à comprendre comment se sont constitués notre psychè, notre personnage, la nature infrangible de notre sexe, et de quelle manière nous avons été conditionnés par la mythologie familiale et culturelle. Cette science peut virtuellement dissiper nos illusions sur la psychè et la personnalité pour nous éviter de transférer dans notre quête spirituelle les conflits familiaux non résolus et de faire appel à des gourous et à d'autres formes de dictature psychologique. Trop souvent, malheureusement, le thérapeute se substitue à la volonté personnelle et hausse l'idéal de la compréhension de soi qui, de toute façon, ne peut jamais être entière, au rang de motivation en nous amputant, par le fait même, d'une plus grande perception de notre moi et de la communication avec celui-ci.

Un type d'inconscience systématique se forme dans la structure de la conscience. Pour une raison impérative et non reliée à la sphère de la psychologie, il m'est impossible de tout savoir sur moi et sur le monde. Chaque pas dans la connaissance renferme son lot d'ignorance. Quand je porte mon attention sur un aspect de mon moi, une autre partie de mon être demeure dans l'ombre. Parfois je fais vivement volte-face afin d'apercevoir ce qui est derrière moi, mais mon ombre se déplace plus rapidement que je ne le puis. Quand je m'observe de plus près, je fais face à un dilemme quantitatif — je me trouve à modifier le moi que je suis par le simple fait de m'observer. Chaque fois que je prends un portrait de moi-même, je constate que je pose pour la galerie. Il m'est impossible, semble-t-il, de prendre de moi une image à l'improviste.

Vivre à l'enseigne de l'esprit, c'est abandonner l'illusion que la vie, le monde, les autres individus et le moi puissent être définitivement connus, prévisibles, maîtrisés, catalogués et mis en sûreté.

Je suis un personnage dangereux. Constamment en devenir.

Sous le couvert de mon personnage, de ma psychè et de mon sexe (les éléments les plus utiles à la connaissance de soi), je sonde plus profondément l'incommensurable, l'indéfinissable et la totalité inconnaissable. L'esprit impénétrable et le Dieu inconnaissable sont des notions que l'on ne peut séparer.

Croire en un Dieu inconnaissable

L'idée que l'on se fait de Dieu peut devenir l'ultime obstacle à Dieu.

Meister Eckhart

L'obscurité au cœur des ténèbres. La porte à tout entendement... Le Tao que l'on peut exprimer n'est pas le Tao éternel.

Tao Te Ching

Si l'on veut s'assurer d'être dans la bonne voie, il faut fermer les yeux et cheminer dans les ténèbres.

Saint Jean de la Croix, *La Nuit obscure*

Si vous commencez à ressentir un vertige métaphysique et la peur de sombrer dans un tourbillon de mystères sans fin, n'en ayez aucune crainte. À cette étape du voyage, vous devriez vous sentir étourdis et en train de flotter dans le vide. Nous nous trouvons entre deux miroirs dont chacun des reflets se fond dans un arrière-plan énigmatique. Quand, étant esprit ou âme, nous regardons la Montagne qui est en nous, c'est un panorama sans limites que nous apercevons. Quand nous fixons les yeux dans la direction de la Montagne sacrée, la nappe nuageuse se dissipe juste assez longtemps pour nous permettre de voir qu'il n'y a pas qu'une seule Montagne à gravir. Nous sommes entourés de montagnes. Le campement de base ne paraît être qu'une vallée perdue dans cet encerclement. De surcroît, pendant que nous nous trouvons entre les deux miroirs, les images se réfléchissent et se confondent en reculant à l'infini jusqu'à ce qu'il soit impossible de distinguer ce qui est à l'intérieur de ce qui est à l'extérieur. Le sol sur lequel nous nous tenons et qui nous sépare de la Montagne se dérobe lui-même sous nos pieds.

Détendez-vous. Laissez-vous aller au vertige et la chute deviendra un vol, le néant se transformera en sanctuaire.

Si nous remontons dans l'histoire de la théologie, nous découvrons que les plus grands penseurs religieux ont souffert (et ont joui) du même vertige. Après avoir sollicité chaque cellule de leur cerveau dans un effort pour définir ce qu'est Dieu, la plupart de ces esprits féconds en sont venus à la conclusion que le Très-Haut demeure enveloppé de mystère. Comme le souligne un cantique, Dieu est « si haut qu'on ne peut l'escalader, si bas qu'on ne peut se glisser sous lui, si large qu'on ne peut en faire le tour, nous devons découvrir la porte qui y conduit » (pourtant, rien ne nous garantit que ces portes, si elles existent, nous mènent vers Lui). Dieu n'est pas un objet à connaître, ni un problème à résoudre au moyen de l'intelligence humaine. Il est le socle sur lequel s'appuie notre capacité de comprendre toutes choses, la totalité dans laquelle nous passons notre existence.

En définitive, la religion se replie sur le mysticisme quand elle reconnaît qu'après avoir dit tout ce que nous savons sur Dieu, nous demeurons encore entourés d'un silence impénétrable. Thomas d'Aquin a consacré tous ses efforts de réflexion à tenter de discourir sur Dieu en se servant d'analogies propres à l'expérience humaine. Mais, après avoir atteint la limite extrême de l'analogie, il conclut que « nous demeurons liés à Lui d'une manière qui nous est inconnue ». Après avoir disserté inlassablement sur la Trinité, Augustin a fini par s'exclamer : « J'écris pour ne pas être acculé au silence. » Le mysticisme nous conseille de nous incliner devant l'écart immense entre le fini et l'infini, de vivre au sein « du nuage de l'inconnaissance » (Jakob Boehme), de respecter le silence de la Divinité lorsque personne ne se manifeste (Meister Eckhart), de reconnaître le caractère occulte de Dieu (le *deus absconditus* de Martin Luther) et de comprendre que nous ne pouvons parler de Lui qu'en utilisant des symboles, des paraboles ou la poésie.

Nous sommes prisonniers d'un paradoxe : la condition humaine. Notre instinct spirituel nous pousse à prendre contact avec l'ensemble de l'existence, mais les frontières de notre esprit se heurtent à notre condition de mortels et freinent notre élan. En réalité, il nous est impossible d'en savoir suffisamment long pour être des théistes ou des athées. Nous n'avons pas d'autre choix que de *décider* si nous allons croire ou non en ce mystère qui nous entoure.

Il me semble que la meilleure position théologique à adopter est celle qui combine l'agnosticisme et la foi. Je choisis de croire en ce mystère duquel j'émerge et au sein duquel je disparaîtrai à ma mort pour me reposer en toute sérénité dans l'ombre de l'Un inconnaissable.

Cela posé, la première vertu spirituelle à cultiver est l'humilité, la volonté de demeurer au ras du sol comme une créature née de l'humus. Cette vertu singulière sous-entend l'engagement de vivre dans la joie en sachant ce qu'il nous est donné de savoir. Cet engagement exclut la tricherie et la prétention de se dire capable de jeter un pont par-dessus l'abîme qui nous sépare de la connaissance de tout l'Être.

Chaque fois que je délaisse la quête de la certitude pour retrouver l'obscurcissement fondamental de la condition humaine, j'ai le sentiment qu'être un citoyen de cette multitude terre-à-terre qui vit dans l'ignorance de l'Unique a un côté stimulant.

Il peut sembler étrange de considérer cet état d'obscurcissement comme un avantage. Pourtant il sert d'antidote à cette forme dissimulée d'idolâtrie orgueilleuse qui nous habite lorsque nous affirmons connaître les voies et les volontés de Dieu. Nous évitons bien des drames en demeurant fidèles à la Terre. Chaque fois qu'un peuple revendique le titre de « peuple élu » ou la possession sans partage de la Vérité, il se donne une justification théologique de faire la guerre. Il existe une corrélation pour le moins frappante entre les purs croyants, les dieux reconnus et d'innombrables charniers.

En réalité, la seule façon d'aimer notre prochain — ce grand commandement universel — est de renoncer à détenir l'exclusivité du seul Dieu qui soit vrai. Une nouvelle règle d'or devrait être formulée : Aime la vérité de ton prochain comme tu aimes la tienne. L'amour réclame de l'humilité. Le summum de l'arrogance est de croire que nous avons le monopole de la vérité et que notre prochain est dans l'erreur. L'amour suppose le repentir, l'aveu de la faillibilité de nos prétentions à la Vérité, la capacité d'écouter et d'approfondir la vérité de l'autre par l'étude.

Chacun de nous se représente le monde en reliant entre eux une douzaine au plus des milliards de points qui seraient nécessaires au tracé exact du portrait de l'univers (si, bien entendu, le fait de *connaître* l'univers et la *vérité* peut avoir une quelconque signification). En considérant les bornes de l'esprit humain et notre capacité presque sans limites à nous illusionner, nous ne sommes jamais aussi près de la vérité que lorsque nous avons nettement conscience de notre ignorance.

Avoir la foi, c'est danser dans le noir.

La prière d'un agnostique

Comme c'est le cas pour tout Américain moderne, à l'âge adulte mes maîtres à penser m'ont enseigné par la parole et par l'exemple qu'il fallait être indépendant. Emerson m'a appris que je ne pouvais compter que sur moi. Erich Fromm m'a vanté les vertus de l'autonomie. Gary Cooper, Clint Eastwood et tous les héros de ces grandes fresques moralisantes que sont les westerns tenaient à prouver qu'un homme digne de ce nom sait se tenir debout et se débrouiller seul. Plus récemment, une meute de psychologues férus de culture pop m'ont mis en garde contre le terrible danger de la dépendance réciproque. Pas de béquilles, ni d'attaches. Je suis un être indépendant qui subvient à ses propres besoins.

Je l'avoue avec un certain embarras, il m'est arrivé à quelques reprises de ne pouvoir m'empêcher de prier. Comme un naufragé, j'ai lancé un appel dans le vide :

Père tout-puissant et salvateur
Dont le bras maîtrise la vague déchaînée,

Qui ordonnes à l'invincible, au profond océan
de se cantonner aux rivages,
Entends-nous quand nous t'appelons au secours
de ceux qui sont en péril sur la mer.

Comprenez-moi bien. Je ne *crois* pas en la prière. Je me borne à la *réciter*. Ou peut-être m'incite-t-elle à la réciter. Je ne peux accorder aucune signification intellectuelle à la prière. Si l'univers indifférent fonctionnait à la façon d'une horloge en suivant les lois immuables de la cause et de l'effet, qu'en serait-il ? *Que será, será.* Aucun entêtement ou aucune supplication de ma part ne pourrait y changer quoi que ce soit. S'il existe un Dieu bienveillant, omniscient et tout-puissant, Il ou Elle garde Son œil sur l'oiseau, comme sur moi sans doute. En ce cas, la prière est superflue. Pas plus que tout Dieu qui se respecte n'a besoin que je chante des louanges à Son saint nom. Pas plus qu'un Dieu prévoyant n'a besoin qu'on lui rappelle, comme à un PDG distrait, d'accorder sa clémence à quelque créature accablée par la souffrance et la tragédie, parts inéluctables de la condition humaine (créée par Dieu).

Pourtant, le jeudi soir précédant Noël, Wiyanna, une amie de longue date de ma fille, a été trouvée inconsciente et on l'a conduite d'urgence à l'hôpital. Au cours des longues heures de vendredi et samedi, elle est restée dans le coma et aucun des examens qu'on lui a fait passer n'a donné de résultat. Les médecins étaient désemparés. Tout ce que nous pouvions faire, c'était de nous asseoir et d'attendre en compagnie de ses parents. À la vue de notre fille, angoissée et perplexe qui serrait la main de son amie inconsciente, j'ai crié du plus profond de mon être : « Non ! Mon Dieu, non ! s'il te plaît ! » J'ignore ce que j'attendais. Le chagrin, la violence et l'espoir se confondaient en un appel à la pitié dans les ténèbres qui me cernaient. Autant ma conscience se rebellait contre la prière, autant mon esprit ne pouvait supporter de vivre dans un monde où la science et l'autosuffisance avaient le dernier mot.

J'ajoute avec un réel soulagement que le dimanche matin notre Belle au bois dormant s'est réveillée en réclamant la présence de sa mère. Le mardi, elle a pu quitter l'hôpital, complètement rétablie.

Les médecins n'ont jamais su donner ni établir de diagnostic à propos de ce cas. Pas plus que je n'ai d'aiguilles pour tricoter l'expérience, rien ne me permet de comprendre ce qui a pu se passer ni ce qui en a été la cause. À l'exception de ceci : mon esprit, comme l'amour, ne peut être confiné aux limites de mon intelligence. Il s'élève au-dessus de la raison et descend en piqué au cœur du chaos qui se cache derrière la rationalité. Il voyage muni de son propre passeport et franchit librement les frontières du monde connu et explicable.

Nous sommes semblables à des hiboux qui tentent de regarder le soleil, mais comme le désir naturel de connaissance que nous avons en nous s'accompagne d'un but à atteindre, son objet immédiat est notre propre ignorance.

Nicolas de Cuse

Vivre est une manière de ne pas être certain, de ne pas savoir ce qui arrive ni comment cela arrive. L'artiste ne sait jamais complètement. Nous faisons un pas après l'autre dans le noir.

Agnes De Mille

CHAPITRE 5

En la présence du sacré

Saint, Saint, Saint! Même si les Ténèbres Te cachent,
même si l'œil du pécheur ne peut contempler Ta gloire,
Toi seul es Saint, il n'y a que Toi qui puisses revendiquer
la perfection dans la puissance, l'amour et la pureté.
Le Livre des cantiques, nº 11

C'est à la vue de tous, mais cela ne peut être vu.
Ce n'est jamais silencieux, mais cela ne peut être entendu.
Ce n'est pas perdu, mais cela ne peut être trouvé.
Dieu est insaisissable et l'âme est insondable.
Mais le Sacré peut apparaître à tout moment.

Sur le point de nous mettre en route vers des régions sauvages, nous pouvons trouver de précieuses indications sur l'orientation à prendre et le trajet à suivre en consultant les cartes et les journaux de voyage de certains maîtres spirituels, fussent-ils d'une autre religion.

Ce serait malhonnête de ma part de prétendre qu'il y a autant de différence entre un croyant de tradition et un pèlerin de la spiritualité qu'entre le lion et l'agneau, l'homme courageux et l'esprit timoré. L'église, la mosquée, la synagogue et la sangha renferment des trésors qui peuvent transformer la vie de ceux qui les découvrent et les utilisent à bon escient. Toutes les confessions sont un levain de sainteté au quotidien en la personne d'hommes et de femmes rayonnants, équilibrés et compatissants qui débordent de générosité et de joie. Comme le vent, l'esprit souffle où il veut, dans et hors les murs. Il peut fondre sur vous lorsque vous êtes assis dans un temple orné de vitraux et rempli de tous les symboles de votre foi. Il peut également vous surprendre sur une haute corniche des montagnes Cascades à l'instant même où, loin du camp, la foudre frappe au cœur un majestueux pin ponderosa. Il est encore là lorsque vous faites du piquetage pour protester contre les injustices commises par ceux qui détiennent le pouvoir.

Les trésors des anciennes traditions

Aucun des fondateurs des grandes religions n'était un esprit orthodoxe. Jésus n'était pas un chrétien, Gautama n'était pas bouddhiste et Mahomet n'était pas musulman. On les connaissait comme des chercheurs spirituels pleins de charisme, des mystiques, des prophètes, des fauteurs de troubles, des esprits rebelles qui dénonçaient les puissants de l'heure. Emerson a dit, en parlant de religion : « Les hommes de la première génération étaient en or et leurs coupes étaient en bois. Les hommes de la seconde génération étaient en bois et leurs coupes étaient en or. » À l'heure actuelle, le charisme est bureaucratisé, l'esprit doit pointer à l'arrivée et rendre des comptes aux autorités.

Sachant qu'un trésor spirituel se dissimule dans les labyrinthes des religions, le chercheur avisé pourra se servir avec profit des cartes tracées par de grands précurseurs. Il serait insensé de la part des chasseurs de trésors d'en faire un autodafé.

Chaque tradition religieuse a ses cartographes qui tracent le relief des royaumes métaphysiques et indiquent les étapes du voyage, ainsi que les techniques et les méthodes à suivre pour atteindre le paradis, le nirvana ou le shambhala. Il n'existe aucun guide Baedeker ou Michelin de ces régions. Il serait plutôt préférable d'examiner avec la même attention les guides simples et les guides plus étoffés.

La religion minimaliste classique, à la fois harmonieuse et simple, est exposée dans le *Tao Te Ching (The Classic Book of Integrity and the Way)* et dans *The Way of Chuang Tsu*. Puisque

Tao, la mère de toutes choses, est in-nommable et insaisissable, nous devons être légers et fluides comme l'eau qui érode le granit. La Voie est facile à suivre. Renoncez aux efforts conscients, ployez et devenez aussi souple qu'un enfant. Faites le vide et évitez les discordes tout autant que la sujétion. La meilleure discipline est celle qui consiste à devenir non actif. Chuang Tsu le souligne en ces termes : « Si les poissons, qui sont nés dans l'eau, cherchent l'ombre profonde de l'étang et du bassin, tous leurs besoins sont satisfaits. Si l'homme, issu du Tao, plonge dans l'ombre profonde de la non-action pour oublier l'agression et l'angoisse, rien ne lui manque et sa vie est en sécurité. »

Dans la tradition chrétienne, la Bible, les préceptes, les dogmes, les enseignements moraux et les sacrements de l'Église dressent pour la plupart des gens une carte relativement simple et officiellement reconnue. Dans *Le Voyage du pèlerin,* l'ouvrage le plus important après la Bible, le chrétien suit le chemin qui conduit à l'abîme du Désespoir en passant par la foire de la Vanité, escalade la montagne des Plaisirs et trouve enfin la route de la Cité céleste. Pour un esprit rigoriste, la vie authentique se doit d'être la « réplique de celle du Christ », dont il doit suivre fidèlement « les pas ». Les mystiques chrétiens ont conçu des schèmes plus élaborés. Bernhard de Clairvaux, à l'instar de Platon, imaginait une échelle qui menait de l'amour impur des choses de la création au pur amour de Dieu. Jean de la Croix décrivait le passage à travers « la nuit obscure de l'esprit » tout comme la psychologie moderne explique celui qui conduit de la dépression à la guérison. Thérèse d'Avila comparait les étapes de l'itinéraire spirituel à la traversée des innombrables pièces d'un château intérieur.

Au cours de notre voyage, nous allons nous éloigner petit à petit de notre vie insouciante et de notre dépendance à l'égard des facettes extérieures de la spiritualité — maîtres à penser, livres et prières à voix haute — pour nous tourner vers nous-mêmes et faire connaissance avec la divinité intérieure, puis nous laisser pénétrer de cette force secrète jusqu'à ce que, finalement, nous connaissions l'union mystique avec Dieu. Hildegard de Bingen, qui a vécu au douzième siècle tout comme Bernard de Clairvaux, a laissé l'un des récits les plus fascinants de la vie mystique dans ses *Illuminations* qui sont le pittoresque compte rendu de ses visions. Elle imaginait fort justement le péché comme l'assèchement de la sève vitale. Lorsque nous sommes injustes et négligents, nous devenons froids, secs, cassants et poussiéreux. Le salut est verdoyant et rafraîchissant. Jésus est la Sève des sèves, le Renouveau incarné. L'Esprit saint a le pouvoir de revitaliser toutes choses et de couvrir le cœur humain de Sa rosée miséricordieuse pour lui éviter de se tarir.

C'est le bouddhisme tibétain qui a élaboré les cartes les plus détaillées et les techniques de spiritualité les plus complexes : les chants des mantras, les gestes du mudra, les schémas illustrés des mandalas et diverses formes de méditation. La grande Roue de la vie, peinte sur les murs des temples, des monastères et de nombreux édifices publics, illustre l'origine de la douleur (Envie-Haine-Illusion) ainsi que les royaumes karmiques où les créatures doivent évoluer — ceux des dieux, des géants, des fantômes affamés, de l'enfer et des animaux — avant de parvenir au royaume humain et de pouvoir accéder à l'illumination. Dans les formes tantriques du mysticisme tibétain, le chemin vers la libération passe directement par le corps humain. La recherche de l'illumination présuppose la maîtrise de la respiration, l'usage de la méditation, de la capacité d'évocation et de la compassion afin de faire monter l'énergie primordiale (prâna, kundalinî) le long de la colonne vertébrale par l'intermédiaire des centres psychospirituels (chakras) jusqu'à ce que le corps entier soit imprégné de lumière divine, de sagesse et de compassion.

Si vous vous servez de ces cartes, fussent-elles traditionnelles ou plus modernes, souvenez-vous que « la carte n'est pas le territoire » et que vous êtes l'autorité ultime, le cartographe en titre, l'unique rédacteur de votre autobiographie. Quoi qu'il en soit, inspirez-vous des textes fondamentaux des grands maîtres spirituels, mais n'essayez pas de les suivre à la lettre, car vous vous égarerez.

Il est particulièrement important de rechercher les joyaux de la tradition dans laquelle nous avons été élevés. Au début de notre quête, nous nous comporterons parfois comme des exilés, mais le sentier spirituel finit souvent par décrire des cercles autour de notre maison. Si vous êtes né dans la foi juive, vous ferez peut-être une incursion en territoire bouddhiste, mais vous reviendrez probablement sur votre propre sol sacré pour sauver les trésors spirituels enfouis sous un monticule de déchets toxiques. Le même principe s'applique à tous les chercheurs sans égard à leur origine, à leur couleur de peau ou à leurs croyances.

La religion et la quête spirituelle

En résumé, deux voies s'offrent à nous. Toutes deux nous conduisent vers le sacré et l'une comme l'autre nous promettent des réponses aux éternelles questions existentielles. Ce sont la voie du pèlerin religieux et celle du chercheur spirituel.

Aux questions les plus angoissantes de la vie, la religion offre des *réponses* irrévocables : les dogmes et les catéchismes. Récemment, ma mère m'a raconté une anecdote caractéristique : « L'enseignant de l'école du dimanche demande à ses élèves : "Comment nomme-t-on ce petit animal au pelage gris qui grimpe aux arbres, qui ramasse des noix et est doté d'une longue queue touffue ? " Un petit garçon lève la main : "Je sais que la réponse devrait normalement être Jésus ou Dieu, mais il me semble que c'est un écureuil." » Peu importe la question, pour les chrétiens Jésus ou Dieu est toujours la réponse.

Toutes les religions se vantent d'être en possession de la révélation divine, de textes, de rituels et de prêtres marqués du sceau sacré. En voici pour preuve un incident qui s'est passé il y a quelques années. Je participais à un débat public sur le thème de l'autorité avec mon ami Herb Richardson, un théologien chrétien d'esprit conservateur. Il m'assura de ceci : « Je vais vous dire ce que cela signifie de croire à l'autorité de la Bible. Si vous me demandiez si je crois ce qui est écrit à la page 313 du Livre Saint, je vous répondrais "oui". Et par la suite j'irais voir ce que renferme cette page. »

La religion propose aux fidèles un modèle de vie sous la forme de préceptes à suivre, de saints, de rédempteurs et de bodhisattvas à imiter. Elle a ses tabous, ses commandements et ses traditions.

Vue sous cet angle, la vie religieuse est un *pèlerinage* vers une destination connue. La fin et les moyens n'ont rien de caché. Dieu en est le but. L'église, les livres saints, le gourou et leurs préceptes spirituels en sont les moyens.

La foi d'un croyant passe parfois par une crise, une nuit obscure de l'âme, mais le chemin, la vérité et la vie lui sont déjà connus d'avance. Le voyage du pèlerin sera jalonné de conflits moraux, d'échecs, de moments de désobéissance et de rechutes. Pourtant sa route a déjà été tracée par ceux qui l'ont précédé : « Frères, nous marchons dans la foulée des saints. » La vie religieuse est la répétition des coutumes sacrées qui ont été révélées une fois pour toutes à nos pères. L'histoire officielle — c'est-à-dire le rituel et la manière orthodoxe de vivre — est censée se reproduire. L'improvisation, l'originalité et les nouvelles façons de faire les choses sont proscrites. Comme le proclame l'hymne, « je me ferai une gloire de raconter la vieille, vieille histoire de Jésus et de son amour ».

L'obéissance est la principale vertu religieuse : « Que Ta volonté soit faite et non la mienne. » Et la volonté de Dieu se retrouve sous forme de commandements, de lois, de règles et de préceptes consacrés par les textes qui font autorité, les institutions, les prêtres et les rois.

Or la quête spirituelle est l'antithèse du pèlerinage religieux. Elle commence dès que l'être humain choit dans un « trou noir » spirituel à l'intérieur duquel tout ce qui était consistant est désormais désintégré. Les certitudes s'évanouissent, l'autorité est remise en question, le bien-être et l'assurance s'écroulent, le chemin s'efface. Une quête spirituelle est l'effort déployé à découvrir le sens de la vie. C'est une expérimentation, l'exploration d'un pays qui ne figure encore sur aucune carte et dont les frontières sont inconnues. L'esprit de spiritualité se nourrit des grandes questions mythiques et s'y attache.

Un homme ou une femme qui entreprennent une quête spirituelle tiennent pour une vertu ce que la religion nomme un vice, et inversement. Celui ou celle qui cherchent s'astreignent à la discipline du doute, proclament que l'agnosticisme est une marque de courage, se complaisent dans les ténèbres, trouvent la liberté dans l'inconnu, cherchent la désillusion, descendent de plein gré dans l'univers des ombres, explorent l'inconscient, le profane, et préfèrent les lieux ordinaires aux emplacements liturgiques.

En résumé, le contraste s'établit ainsi :

La vie subordonnée à la religion	La quête spirituelle
Au commencement se trouvent la parole, la révélation et le Dieu connu.	Au commencement se trouvent la question, le doute et le Dieu inconnu.
Le chemin de la vie est clairement tracé.	L'aventure n'est pas cartographiée.
La vertu principale est l'obéissance à la volonté de Dieu.	Les vertus principales sont l'ouverture, l'attente et l'attention.
La répétition des gestes rituels.	Le libre choix, la création et l'innovation.
La vie religieuse axée sur les objets et les lieux sacrés : églises, lieux de pèlerinage, textes fondateurs et sacrements.	La vie spirituelle axée sur l'expérience profane, les questions existentielles et la routine quotidienne.
L'élévation.	L'abaissement.
La révélation.	La prise de conscience.
Se fonde sur le miracle, le mystère, l'autorité et l'écriture révélée.	Se fonde sur la recherche de l'évidence du sacré dans le quotidien.
Foi institutionnalisée et encadrée.	Foi individuelle et communautaire.
L'absolue nécessité de s'élever au-dessus de tout.	Conviction enracinée de devoir aller au fond des choses.

Chaque culture, chaque nation, tribu ou clan familial jette un sort à ses membres. Notre identité, nos valeurs, notre perception du monde et notre propre histoire sont le tribut aveugle de ce hasard qu'est la naissance. Le lieu où nous sommes nés fait de nous des chrétiens, des musulmans ou des bouddhistes. Nous sommes tous endoctrinés, mystifiés et façonnés par une autorité que nous n'avons pas choisie. Pour reconquérir sa liberté, il faut alors revoir son histoire personnelle.

Le temps est enfin venu d'emprunter le sentier tortueux qui traverse les montagnes de l'esprit.

Le doute, la perte des illusions et celle de la foi

J'ai été baptisé au sein d'une communauté croyante, entouré de chrétiens persuadés que leur foi était la seule ouverture vers l'espérance et la charité.

Je constate avec ironie que la foi très vive et la bonté de mes parents m'ont lancé des messages contradictoires qui m'ont entraîné dans une quête fort éloignée de l'aura familiale : « Pense ce que tu veux, mais crois aux vérités fondamentales que Dieu a révélées dans la Bible. »

Sachant que je n'avais pas une foi inébranlable, j'ai souvent balbutié cette prière : « Je crois, mon Dieu, que vous pouvez m'aider à vaincre mon incrédulité. » Cependant, plus j'essayais d'étouffer mes doutes, plus ils prenaient de l'ampleur. Cela se passait bien des années avant que je découvre que le doute tant méprisé était en réalité un ferment de croissance dans mon manque de foi.

Plus je tentais d'exercer ma volonté de croire, plus le scepticisme m'envahissait. Au début de l'adolescence, des questions troublantes ont commencé à naître dans mon esprit préoccupé mais néanmoins toujours sous le joug de l'orthodoxie. Le déchaînement des hormones m'a envahi de questions à connotations sexuelles. Si Dieu était à la fois le créateur de mon corps et de mon esprit, pourquoi ne pouvais-je m'abandonner à mes pulsions ? Pourquoi mes désirs sexuels, à l'instar de mes doutes, devaient-ils être réprimés ?

Que devait faire un chrétien lorsqu'il se trouvait sur le siège arrière d'une Ford 1948 en compagnie de Jane Derickson? En cherchant réponse à ces questions, j'ai tenté d'imaginer Jésus se masturbant ou faisant l'amour avec Marie Madeleine. Mais autant ces images fantaisistes m'excitaient, autant elles me remplissaient de culpabilité. N'ayant personne avec qui discuter de la dimension spirituelle d'un acte sexuel érotique basé sur un échange de fluides corporels, j'ai étouffé pendant vingt ans tout questionnement rationnel sur la sexualité.

Comme je m'entêtais à m'adapter mentalement à la religion de mon enfance plutôt qu'à la rejeter, comme je ne pouvais plus taire mes doutes, j'ai rapidement atteint la croisée des chemins. Il me fallait choisir entre croire en la « révélation » ou faire confiance à l'honnêteté de mon esprit. Pourquoi mes doutes et mes interrogations devraient-ils bouleverser le croyant que j'étais? Si Dieu m'a créé, n'a-t-Il pas aussi créé mon esprit? Et s'Il a créé mon esprit, ne serait-il pas irrévérencieux de ma part d'étouffer toute demande, toute réflexion destinée à m'éclaircir?

J'ai alors résolu de dissiper mon trouble intérieur en étudiant la théologie. Au grand désarroi des doctes représentants de l'Église presbytérienne, je me suis inscrit à Harvard l'impie où l'un de mes collègues m'a averti : « Nous venons ici pour étudier la religion, non pour la pratiquer. »

À Harvard, j'ai succombé au charme de deux géants qui m'ont montré comment penser avec passion et déployer mon esprit à la mesure de mon âme : le théologien Paul Tillich et Howard Thurman le mystique.

De profondes différences séparent Tillich et Thurman. Il est possible de décrire la personnalité de certains penseurs en termes précis. Hemingway, par exemple, était un esprit clairvoyant, mais quelque peu paranoïaque. Son idéal masculin de la grâce sous pression a créé un style qui péchait par excès de clarté au détriment de la profondeur. Pour décrire Tillich, il faut se servir de formules plus complexes, de phrases nuancées qui font le contrepoids entre la liberté et le destin, la foi et le doute, l'existence et le Christ. Dans cet esprit germanique, les idées devaient défiler en ordre par colonnes de deux. Pour parler de Howard Thurman, on se doit d'utiliser des phrases byzantines où s'entrelacent les priorités de la tête et celles du cœur, des phrases qui marquent une pause afin de puiser dans l'expérience, qui s'arrêtent au milieu de leur élan pour écouter le silence et qui se terminent sur un timide *peut-être*. L'esprit de Thurman débordait de virgules, de points-virgules, de tirets, de parenthèses et de propositions subordonnées sans aucune ponctuation. Je me souviens d'un sermon auquel il fut incapable de donner une conclusion après avoir longuement disserté en zigzags sur un point spécifique. Rebroussant chemin pour s'efforcer de trouver une voie de sortie, il finit par faire une longue pause avant de lancer sur le mode interrogatif : « Je ne sais pas. Je ne sais trop ? Cela se pourrait ? »

Tillich, pour sa part, nous envoûtait durant les deux heures que duraient ses cours. Cet homme d'une grande rigueur intellectuelle citait tous les philosophes et répondait à toutes les objections soulevées. Thurman entamait toujours ses exposés par un exemple de contradiction déroutante pris sur le vif — quelque paradoxe sur la morale, un conflit entre le devoir et le désir, le dilemme de la souffrance. Chaque séance s'ouvrait à six heures trente dans la fraîcheur de la chapelle Marsh de l'Université de Boston. Au bout d'un certain temps, Howard commençait par lire lentement un extrait du psaume 139 : « Sonde-moi, ô Dieu, connais mon cœur [...] » Ou alors nous écoutions l'*Air sur la cinquième corde* ou *Deep River* avant que le silence ne s'installe à nouveau pendant une heure. Nous nous retrouvions plus tard dans l'après-midi pour discuter de nos perceptions et des questions qui nous venaient à l'esprit. Même s'il vouait un profond respect à l'architecture de la pensée, Thurman recommandait toutefois la méditation, car selon lui, elle nous rapprochait des racines de nos sentiments, des images et des intuitions émanant de l'expérience quotidienne.

À l'époque où je recevais les enseignements de ces éminents professeurs, et où j'étais enivré par le ferment intellectuel de Harvard, le fragile cordon ombilical qui me rattachait au christianisme orthodoxe se rompit. Je me suis marié avec Heather au cours de ma seconde année de baccalauréat. En moins d'un an, elle fut convertie au christianisme par l'exemple émouvant de ma mère et de sa bonté. Inutile de vous dire que cette conversion m'a dérouté quelque peu, car j'étais alors en train de perdre la foi et je vivais avec émotion les premières expériences où je mettais à contribution ma tête et mon cœur pour penser. À la demande de ma mère, nous avions été invités à un déjeuner avec le docteur Donald Barnhouse qui séjournait à Boston pour une session d'évangélisation à l'église de Park Street. Barnhouse était alors l'intellectuel le plus respecté parmi les fondamentalistes chrétiens. Au cours du repas, j'ai fait part de plusieurs des doutes qui m'assaillaient et j'ai tenté de faire partager certaines idées glanées chez Tillich. Barnhouse me signifia que « la théologie enseignée à Harvard n'avait sauvé aucun pécheur ». Heather — que soit béni son esprit inquisiteur ! — intervint alors dans le débat en lui posant les questions qui l'angoissaient le plus. À chacune d'entre elles, le docteur Barnhouse donnait une réponse imparable tirée de la Bible. Finalement, Heather lui demanda avec toute la sincérité douloureuse qui lui venait de son ardent désir de croire et de faire taire ses doutes : « Comment pouvez-vous le savoir ? Comment pouvez-vous en être si sûr ? » En s'inspirant de nouveau du Livre Saint, Barnhouse lui répondit que la Bible était l'autorité à laquelle nous devions soumettre nos esprits rebelles. En un éclair de génie né de son sentiment d'insatisfaction, Heather prononça alors ce qui pourrait être l'épitaphe du fondamentalisme : « J'aimerais pouvoir être aussi sûre de *quoi que ce soit* que vous l'êtes de *tout*. » Le professeur Barnhouse le prit pour un compliment. Le repas terminé, nous l'avons accompagné à l'église Park Street pour l'assemblée du soir.

Le sermon de circonstance traitait des vertus de la foi par opposition aux prétentions de l'esprit. Alors que le docteur Barnhouse avançait ses arguments contre l'arrogance de l'intellect, il commença à se moquer de Heather en empruntant le ton de sa voix pour répéter mot pour mot ce qu'elle avait dit : « Ils (les intellectuels) disent avec une sincérité simulée : "Comment pouvez-vous le savoir ? Comment pouvez-vous en être sûr "? Nous nous sommes regardés, Heather et moi, avec incrédulité. Je ne me souviens plus si nous avons quitté l'église immédiatement ou si nous avons attendu la fin de l'office. Je me rappelle que dans la soirée, comme je tenais dans mes bras une Heather en pleurs, elle ne cessait de répéter : « Comment peut-il être aussi cruel ? »

Cette nuit-là, mon esprit s'est ouvert plus largement et j'ai compris comment j'avais pu être enchaîné dans une prison d'amour qui avait violenté mon âme et mon esprit. Élevé par des chrétiens doux et gentils, je n'avais jamais discerné la cruauté qui se dissimulait dans la religion dogmatique. L'attitude du professeur Barnhouse a révélé la logique froide du fondamentalisme qui contraint les « vrais croyants » à n'aimer et à ne respecter que les gens de leur entourage qui croient à leur version de la Vérité révélée. Les multitudes d'individus qui nomment Dieu d'une autre façon et lui rendent un culte d'allure « insolite » se font traiter de païens ou d'infidèles. Au nom de Dieu, on les renvoie à leur erreur, on les condamne aux ténèbres extérieures et aux feux de l'enfer, à moins qu'ils ne se convertissent à la vraie religion.

Quand je me suis hasardé hors du territoire familier dans lequel j'avais vécu mon enfance et mon adolescence, le premier guide qui me sembla pouvoir m'aider à identifier le phénomène pur de l'expérience tant recherchée du sacré fut Rudolf Otto.

Dans son livre *The Idea of the Holy*, un classique du genre, Otto cherche à dissiper les contradictions apparentes qui s'élèvent entre les diverses religions. Si nous examinons leurs aspects extérieurs — les préceptes, les dogmes et les symboles — les religions du monde paraissent si différentes les unes des autres qu'aucun être sensé ne peut les considérer avec sérieux : Moïse, Jésus, Bouddha, Confucius, Mahomet et Lao Tzu semblent tous affirmer des choses contradictoires à propos de Dieu. Cependant, si l'on envisage *l'expérience qu'elles font du sacré*, nous découvrons entre elles une grande similitude. Selon Otto, toutes les rencontres avec le sacré — l'aborigène qui rêve dans la brousse australienne, le juif face au mur des Lamentations à Jérusalem, le chrétien qui a une vision du Christ dans la cathédrale de Chartres — renferment trois éléments. Le sacré se vit toujours comme un mystère à la fois impressionnant, majestueux, irrésistible, fascinant, prometteur et désirable.

Prenons le temps d'examiner chacun des trois éléments de l'expérience du sacré.

De mystérieuses fleurs bleues

J'ai été invité, il y a plusieurs années, à déjeuner avec Willy Unseld, le premier Américain qui parvint au sommet de l'Everest. L'alpinisme m'a toujours fasciné et j'avais lu avec grand intérêt les comptes rendus de l'expédition américaine. Lorsque je fus présenté à Willy Unseld, ses premières paroles furent :

— Vous êtes l'un de mes guides.

— Comment cela ? lui demandai-je.

Il me répondit :

— Après avoir atteint le sommet, on a dû me transporter pour la descente parce que mes orteils étaient gravement gelés. Nous nous sommes arrêtés sur un promontoire couvert de neige qui dominait l'immensité de l'Everest. J'ai regardé vers le bas et j'ai aperçu une fleur bleue qui sortait de neige ! Encore aujourd'hui, je ne puis décrire ce que j'ai ressenti à ce moment-là. C'était comme si quelque espace infini s'était ouvert tout à coup autour de la fleur. J'étais cloué sur place, à la contempler. J'ai perdu toute notion du temps et je n'ai aucune idée de la façon dont l'immensité s'est retrouvée à la fois en moi et autour de moi. Quand mes pieds furent guéris, je suis retourné de nombreuses fois au sommet des montagnes pour tenter de revivre cette expérience que j'étais incapable de définir ou de comprendre. Un jour, quelqu'un m'a offert votre livre, *Apology for Wonder*, et sa lecture m'a aidé à comprendre ce qui m'était arrivé. Je sais maintenant que je serai toujours fidèle à la montagne, quel qu'en soit le prix, parce que c'est le seul endroit où je peux faire une telle expérience.

Seul l'œil émerveillé discerne l'horizon sacré qui est enclos dans les pétales d'une fleur bleue.

Généralement, nous n'avons pas conscience de nous trouver en présence du sacré soit parce que nous sommes obnubilés par les choses matérielles, soit parce que le langage ampoulé de la religion nous entraîne à croire, par son ambiguïté, que le sacré ne se révèle qu'en des cas extraordinaires comme les naissances immaculées, les apparitions d'anges, les visions des sept ciels ou la résurrection d'un mort. Plusieurs en concluent que, n'ayant jamais vu de miracles ou entendu la voix de Dieu, ils n'ont jamais connu d'expérience mystique. Un ami m'a récemment expliqué comment une suite de coïncidences — un voilier mis à sa disposition, un vent favorable et un coucher de soleil magnifique — lui ont permis de disperser sur l'océan les cendres de son père dans ce qui lui a paru une cérémonie sacrée.

Il ajouta ces mots :

— Je dirais que ce fut une expérience de nature spirituelle, mais je ne suis qu'un ingénieur et je ne crois pas que les ingénieurs puissent vivre une telle expérience.

Le mysticisme authentique a cela de paradoxal que des incidents sans importance comme l'épanouissement de la première fleur bleue du printemps au cœur de la neige ou un vent inespéré nous permettent soudain une échappée sur l'éternité. En un clin d'œil, notre perspective se modifie et nous constatons que *l'ordinaire est miraculeux*. Les bouddhistes comparent ce phénomène à une oscillation entre la forme et le vide. Une fleur, un moineau, une prairie balayée par le vent passent subitement du simple détail dans un paysage à une sorte d'épiphanie. On considère généralement une fleur comme le spécimen connu d'une espèce classée, comme une notion acquise. Puis, tout à coup, le ciel et la terre se confondent et nous sommes bouleversés de voir que tout devient radicalement différent et dépasse notre compréhension. Pourquoi y a-t-il des fleurs ? L'expérience spirituelle fondamentale du prodige ontologique ne se fonde sur aucun « miracle » particulier ni aucune révélation.

Comprendre que l'ordinaire *est* le miracle transforme notre état d'esprit. Dès lors la vie n'est plus un problème à résoudre, mais plutôt un mystère auquel nous devons activement participer. L'expérience du sacré dans la réalité quotidienne incite l'homme ou la femme à répondre par l'affirmative à la question du philosophe Ludwig Wittgenstein : « La solution au problème de la vie est vue au travers de la disparition de ce problème. Mais est-il possible pour quelqu'un qui aime la vie de cesser de voir son aspect problématique? Cette personne vit-elle dans l'éternité ou dans le temps présent? »

Le terme *esprit* fait allusion à la façon dont nous percevons le monde et dont nous nous percevons nous-mêmes au moment où notre perspective se transforme. Dès l'instant où nous cessons de voir la fleur bleue comme un objet ou un spécimen, nous la saisissons comme un exemple de transparence et un symbole de la matérialisation de l'Être. Ma vie peut être « spirituelle » pour autant que les frontières rigides de mon identité deviennent perméables et transparentes à l'Être, à Dieu de qui et par qui toutes les grâces proviennent.

J'avoue que j'ai toujours désiré entrevoir Dieu, l'Unique, ne serait-ce qu'un instant. Mais il m'est arrivé à plusieurs reprises d'avoir un éclair de révélation dans certaines circonstances. Un simple myosotis, un faucon ou un chêne noueux devenaient soudainement lumineux, importants et porteurs de signification. (Pourquoi ne pouvons-nous pas simplement nous délecter de ces instants? Pourquoi sommes-nous poussés par le désir impossible et l'obsession inconsciente de chercher à connaître un Dieu qui ne peut de toute façon être connu? Étranges créatures que nous sommes, nous, les humains, qui cherchons désespérément à voir par nos yeux ce qui se cache derrière ceux-ci.)

La quête de Dieu est un jeu de cache-cache. Il semble toujours partir peu de temps avant que je n'arrive en un lieu, laissant derrière lui des traces de son passage comme le fait le lion des montagnes. La terre regorge d'empreintes de pas. C'est l'incarnation multiple du *Logos*, de Son dessein. Une rencontre avec le sacré est mystérieuse en soi car elle fait éclater nos façons habituelles de penser. Elle ébranle notre compréhension. Un ciel étoilé, la naissance d'un enfant, un texte lu une centaine de fois ou une grand-messe sont subitement transformés à un point qui nous dépasse. Le médium n'est qu'un symbole, un doigt pointé au-delà de soi, une urne, une métaphore, une incarnation momentanée du mystère qui ne pourra jamais être véritablement compris. L'expérience du sacré, à l'inverse de l'investigation scientifique, ne nous donne pas la connaissance réelle des objets ou des événements. Cela ne concerne pas les faits, mais le sens. L'expérience spirituelle n'a pas de réalité — pas de suaire de Turin, pas de miracles extraordinaires ni de données inaccessibles à l'esprit sceptique. Ce n'est que l'expérimentation du quotidien devenu miraculeux.

Les tigres et autres terreurs sacrées

Parce que toute perception du sacré détruit la fausse sécurité du bon sens, elle s'accompagne d'émotions profondément opposées. Le mystère de l'Existence est à la fois terrible et fascinant, épouvantable et désirable, menaçant et rassurant.

Si nous avons pris goût à l'opium de la religion populaire, nous nous rallierons à l'idée que la conscience spirituelle ne nous apportera que foi, amour, salut, confort et paix de l'esprit. C'est oublier que la conscience de la mystérieuse dimension du quotidien s'accompagne inévitablement de cette prescience terrifiante que la vie échappe complètement à notre compréhension et à notre maîtrise.

Tout ce que nous jugeons inébranlable et inattaquable se désintègre littéralement lorsque notre angle de perspective n'est plus le sens commun mais l'émerveillement. Nous ressemblons alors à ce professeur de physique si effrayé par la fragilité apparente des atomes qu'il portait des bottes d'hiver afin de ne pas tomber dans le vide créé entre les électrons tourbillonnants. Lorsque nous voyons l'univers comme un processus sans fin et nous-mêmes comme les éléments en constant changement au sein de ce processus, il devient difficile de s'extasier devant les fluctuations quotidiennes de l'indice Dow Jones. Quand nous atteignons le néant qui se dissimule derrière toute chose, nous nous affaissons. Nous frémissons, nous demeurons cois devant la fragilité de notre existence, notre dépendance totale et la contingence de ce qui nous entoure.

Si vous recherchez une forme de spiritualité libre d'illusion, vous devez prendre conscience que le territoire insaisissable de l'existence est également un territoire meurtrier. Rappelez-vous que la Mère Terre est aussi représentée sous les traits de Kâlî la Noire avec son collier de crânes et sous ceux de Chronos dévorant ses enfants.

Dans *The Denial of Death*, Ernest Becker présente la vision du profit sinistre de la Force dans toute sa brutalité : « Qu'avons-nous à faire d'une création dont les organismes vivants sont constamment déchirés par des dents de toutes sortes — de la viande mordue et broyée, des végétaux déchiquetés, des os pris dans les tenailles des molaires, de la chair en bouillie poussée avec voracité et délectation dans le gosier pour en assimiler les substances nutritives, puis excrétée dans la puanteur et volatilisée par flatulence. La création est un spectaculaire cauchemar qui se déroule sur une planète imbibée depuis des centaines de millions d'années du sang de toutes ses créatures. »

Le poète William Blake, méditant sur le pouvoir terrifiant et sans frein du tigre, nous révèle le même visage effroyable du sacré :

> Tigre ! Tigre !... feu brillant
> dans les forêts de la nuit,
> quelle main ou quel œil immortels
> ont pu créer une symétrie si effrayante ?
>
> Dans quels abîmes ou cieux lointains
> brûle la flamme de tes yeux ?
> À quel défi aspire-t-elle ?
> Quelle main oserait capturer ce feu ?
>
> Quelle force et quel stratagème
> pourraient tordre les muscles de ton cœur ?
> Quand celui-ci commence à battre,
> qu'en est-il de la main redoutable ?
> et du pied invincible ?
>
> Qu'en est-il du marteau ? De la chaîne ?
> Dans quelle fournaise était ton cerveau ?

Quelle enclume ? Quelle poigne effrayante
Ose étreindre cela d'une mortelle terreur ?

Quand les étoiles déposent leurs lances
et abreuvent le paradis de leurs larmes,
est-il satisfait de voir son œuvre accomplie ?
Celui qui créa l'agneau l'a-t-il créé aussi ?

Tigre ! Tigre !... feu brillant
dans les forêts de la nuit,
quelle main ou quel œil immortels
ont osé composer une si effrayante symétrie ?

Quelle effroyable aventure que de tomber dans les mains d'un Dieu vivant.

Des faveurs et des possibilités fascinantes

Rien ne peut neutraliser le pouvoir destructeur de la vision des ténèbres. La raison ne peut créer d'antidote contre la tentation du désespoir. Les philosophes et les théologiens ont vainement tenté d'expliquer la cruauté de la nature et de justifier les intentions de Dieu envers les hommes.

Il existe cependant une antienne qui est plus ou moins la voix de la raison et qui se marie aux cris d'effroi entendus sur le sol meurtrier de la vie. Les chants funèbres et les chœurs de joie résonnent en écho quand nous demeurons fidèles au mystère entier de l'Être.

Autant nous frémissons et reculons devant Sa puissance grandiose et brutale, autant nous sommes attirés vers la source infinie de beauté, d'assouvissement et de créativité d'où nous émergeons et qui nous soutient dans la vie (peut-être même dans la mort). À la vision terrifiante du tigre de Blake fait pendant le cantique de saint François d'Assise qui se disait lui-même frère du loup.

Créatures de notre Dieu et Roi,
élevez la voix pour chanter avec nous
Alléluia, Alléluia.
Pour son soleil brûlant aux chauds rayons dorés
et pour sa lune argentée aux doux reflets,
Oh, rendons-Lui grâce ! Oh, rendons-Lui grâce !
Alléluia, Alléluia.

Toi l'eau qui coules, pure et limpide,
joue de ta harpe pour ton Seigneur...
Toi le feu si majestueux et lumineux,
qui apportes à l'homme chaleur et lumière...

Chère terre mère, qui jour après jour
dévoiles sur notre chemin Ses bienfaits, tels
fleurs et fruits qui poussent dans les arbres,
Permets-leur de montrer Sa gloire...

Oh, rendons-Lui grâce ! Oh, rendons-Lui grâce !...
Alléluia, Alléluia.

Nous trouvons dans toutes les rencontres avec le sacré une promesse de bien-être, d'accomplissement, d'harmonie et d'amour qui nous fascine, nous encourage et nous amène à croire en l'ultime bienveillance de l'Être en dépit des apparences. Pourtant l'écho de la terreur et de la panique haletante résonne toujours à l'arrière-plan des hymnes de l'esprit. C'est précisément dans la vallée de l'ombre de la mort que le psalmiste enivré pourra entonner l'hymne *Le Seigneur est mon berger*. C'était lorsqu'ils tremblaient de détresse que les esclaves noirs pouvaient chanter *Il existe un baume à Giliad pour guérir notre blessure*. C'est quand toute la puissance aveugle de l'univers nous pousse au désespoir que nous pouvons entrer en contact avec la pulsion printanière sise au cœur de l'Être. Cette pulsion ouvre nos cœurs et nos esprits à l'espoir de transcender notre expérience immédiate du possible. Nous nous émerveillerons alors :
« Peut-être y a-t-il une parcelle d'immortalité au fond de notre être ?

La tragédie, quoique réelle, n'est peut-être pas irrémédiable ? La dépendance, le péché et la misère de la condition humaine pourraient probablement être éliminés ? Peut-être ne suis-je pas isolé dans ce pandémonium ?

La dimension fascinante de l'expérience du sacré a souvent été exprimée en termes érotiques et transposée en métaphores sensuelles. Dans le *Cantique des cantiques* et dans la poésie d'al-Rûmî, la relation entre l'âme et Dieu a été comparée à la passion des amants. Si l'on examine attentivement le visage de la fameuse statue de sainte Thérèse faite par Bernini, il est impossible de dire si son expression extatique est de nature spirituelle ou sensuelle. Toutes les images bienveillantes de la religion, toutes les promesses d'assistance, de miséricorde, de grâce, d'asile et d'éternité, tout l'élan qui sourd de la sensation primitive de vivre, nous renvoient à la source insaisissable d'où proviennent tous les bienfaits.

Les questions sacrées

Mircea Eliade et Paul Tillich ont tous deux avancé quelques notions qui pourront nous aider à établir la différence entre le chemin qui mène à l'espoir et celui qui est jonché d'embûches, et à découvrir des façons neuves et inspirées de soumettre notre ego à quelque chose de plus grand et de plus stable.

Eliade a recueilli des témoignages parmi un large éventail de cultures et a démontré dans *The Sacred and the Profane* que l'expérience du sacré incite à réorganiser la façon de vivre. À titre d'exemple, il rapporte que les aborigènes d'Australie transportent avec eux une perche rituelle qui symbolise les pôles et est en quelque sorte leur façon d'affirmer qu'ils sont toujours au centre du monde, peu importe où ils se trouvent. Toute vie s'articule au sacré. Nous le voyons clairement dans les villes européennes érigées au Moyen Âge. La cathédrale gothique, le lieu saint qui renferme les symboles du sacré, s'élève au centre de la ville. Les activités sociales sont donc en étroite relation avec ce point central.

Tout ce que nous considérons d'importance capitale, tout ce qui nous procure le principe moteur de notre vie, nous le tenons pour sacré. Cela risque parfois de nous entraîner à identifier le sacré de façon erronée. Il est facile de créer des idoles en se dévouant à une personne, à une cause ou à une institution, en y plaçant sa foi et en y consacrant sa vie. Pourtant seule une certaine loyauté devrait suffire.

Paul Tillich démontre entre autres que le mouvement nazi en Allemagne a eu toutes les caractéristiques d'une véritable religion. Ce mouvement réclamait une loyauté de la part de ses membres auxquels il promettait l'accomplissement total de soi. Il a instauré des rituels et des cérémonies quasi religieuses qui faisaient connaître à ses adeptes des expériences transcendantes. Il leur a proposé une vision du monde entièrement différente de même qu'un programme apocalyptique. Le fanatisme et l'idolâtrie centralisent et organisent la vie de façon très stricte. Ils sont capables de susciter des expériences de nature mystique à l'instar de n'importe quelle autre foi religieuse. Le brillant portrait du véritable croyant brossé par Arthur Koestler dans *Le Zéro et l'Infini* souligne le total abandon de soi et de l'esprit que nécessitait l'engagement sans retour au communisme.

La répartition qu'a faite Tillich de l'expérience centrale du sacré en catégories psychologiques nous donne un point de repère utile pour déterminer le moment où notre engagement cesse d'être créatif et vivifiant et devient malsain, pour circonscrire l'instant où le bien devient l'ennemi du mieux. Quand, par exemple, la poursuite de l'argent cesse d'être le moyen de vivre sainement pour devenir une fin en soi, c'est-à-dire le culte du dollar tout-puissant. Quand les efforts pour obtenir le titre de meilleure patineuse du monde se transforment en obsession maladive. Quand l'appât du profit détruit un mariage, un foyer et affaiblit une communauté. Quand l'engagement envers une Église ou un culte anéantit la capacité d'être réceptif à certaines vérités d'où qu'elles proviennent.

Comme nous avons une fâcheuse tendance à nous dévouer pour des causes et des institutions peu fiables, il est indispensable de faire de fréquentes pauses tout au long de notre vie afin de jeter un regard critique sur nos valeurs, nos priorités et nos engagements, et de vérifier si nous nous dirigeons vers l'accomplissement de soi ou vers une impasse.

Forts de ces définitions, de quelques règles de bon sens et d'une description de l'expérience du sacré, vous serez préparés à voir d'un œil neuf le territoire inexploré de votre vie.

En vous rappelant les événements importants et les expériences culminantes de votre vie, vous découvrirez alors que vous avez à quelques reprises emprunté un chemin qui vous conduisait droit au néant spirituel. Parfois vous constaterez que vous avez fait la rencontre du sacré dans un moment de recueillement, ou parfois lors d'une crise suscitée par la prise de conscience du mystère impressionnant qu'est votre liberté. Il peut vous heurter de plein fouet lorsque l'amour vous métamorphose, ou pendant que vous dansez à l'unisson avec des milliers de spectateurs à un concert du groupe Grateful Dead, ou même pendant que le chant de l'alouette des prés fuse dans le ciel.

CHAPITRE 6

Cheminer
à travers le paysage intérieur

Dieu, sois dans ma tête et dans ma raison,
Dieu, sois dans mes yeux et dans mon regard,
Dieu, sois dans ma bouche et dans mes paroles,
Dieu, sois dans mon cœur et dans mes pensées.

Le Livre des cantiques, n° 395

Ô esprit dans lequel se cachent des montagnes et des falaises redoutables, si abruptes qu'aucun homme ne peut les sonder. Il faut s'en méfier, on ne sait jamais ce qui peut s'y trouver...

Gerard Manley Hopkins

Je pense pour retrouver ce que je suis vraiment, pour me rappeler mon essence, pour savourer la promesse faite à ma naissance de voir un jour mon visage cosmique dans le miroir de mon esprit.

Sandor McNab

Une âme croisa un ange et lui demanda :
« Par quelle voie puis-je atteindre Dieu le plus rapidement, celle de la connaissance ou celle de l'amour ? » L'ange la regarda avec étonnement et lui répondit : « Ces deux voies n'en forment-elles pas une seule ? »

Olive Schreiner

La recherche héroïque du consensus

Nous avons déjà fait quelques incursions aux alentours du camp de base. Nous avons d'abord dressé la liste des questions qui pouvaient nous être utiles, proposé une méthode à suivre, nous avons tenté de définir ce que nous cherchons et examiné les cartes de certains grands explorateurs du sacré. Par la suite, nous avons identifié quelques points de repère et fabriqué une boussole de fortune. Ceux d'entre nous qui ont atteint le camp de base font partie d'un petit groupe de personnes résolues qui ont renoncé au conformisme et à la sécurité dans le but d'échapper à leur mal de vivre et de suivre un appel particulier.

Comme nous sommes sur le point d'aborder la contrée vierge qui enserre la vallée, il est préférable de rester groupés. (*À partir de ce moment, le voyage héroïque n'est plus une aventure solitaire, mais une entreprise en commun.*) Les périls sont imprévisibles et nombreux. Il y aura peut-être des marécages, des sables mouvants, des forêts impénétrables, des glaciers, des falaises de glace, des tempêtes soudaines, des avalanches et des passages qui se terminent en cul-de-sac au pied de falaises infranchissables. Au fur et à mesure de notre progression en altitude, certains commenceront à avoir des visions étranges et des hallucinations (l'équivalent de l'ivresse des profondeurs qui atteint les plongeurs lorsqu'ils restent trop longtemps à une soixantaine de mètres de profondeur.)

Ceux qui escaladent des montagnes, réelles ou imaginaires, doivent savoir que « les conditions extrêmes qui y règnent — vents, nuages, fatigue et effets d'altitude — prédisposent les alpinistes à avoir des visions ou à percevoir des phénomènes étranges nimbés de lumière inhabituelle... Au sommet du mont Everest, Frank Smythe, perturbé par la haute altitude et l'épuisement, avait la nette impression que quelqu'un, un « troisième homme », s'était joint à lui, au point qu'il s'est même retourné à un certain moment pour offrir de la nourriture à son mystérieux compagnon... Reinhold Messner a eu la même sensation sur les hauteurs du Kangchenjunga : « Au dernier camp avant le sommet, j'ai eu une vision étrange. Il me semblait voir toutes les parties de mon corps... Je

112

pouvais percevoir une image ronde qui renfermait elle-même plusieurs images. Je distinguais non seulement mon corps, mais mon être entier... comme si je regardais ma vie, mon corps, mon âme et mes sentiments au cœur d'un mandala. Toutefois je n'étais pas certain de ce que je voyais. S'agissait-il seulement de mon corps ou d'un corps humain, le vôtre, celui de n'importe qui... C'était très, très étrange[1]. »

Le sentiment qu'un voyage héroïque doit être entrepris en solitaire correspond tout à fait à l'idéologie moderne axée sur l'individualisme. Il s'agit d'une demi-vérité qui peut être dangereuse et n'est admissible que pour la partie du voyage spirituel où nous explorons les illusions de la psychè et les dédales de notre vie. Les intrépides qui tentent de faire seuls tout le voyage finissent dans l'isolement et deviennent des êtres instables en proie à toutes formes de folies. Chaque semaine, je reçois la lettre d'une âme égarée qui est convaincue d'avoir découvert la Clé secrète. Cette missive renferme généralement le diagramme complexe d'un système qui prétend expliquer le sens caché de toute chose en additionnant certains nombres ou en décomposant certains mots. De temps à autre, le *New York Times* renferme des pages entières de publicité qui vantent certains projets mirobolants destinés à sauver le monde et à instaurer la paix universelle. On y parle de régime macrobiotique, de méditation transcendantale, d'un rejet de l'initiative de défense stratégique ou de la Commission trilatérale américaine. En général, les systèmes conçus par des êtres solitaires sont pour le moins étranges, une forme de paranoïa.

À partir de maintenant, la seule façon d'éviter les dangers et les pièges qui guettent les grimpeurs solitaires est de s'encorder, de rester en communication avec les autres, de rechercher un consensus et de réfléchir sur cette expérience faite en commun. La raison constitue la corde de rappel qui empêche de choir dans l'abîme de la folie solitaire ou de s'enfoncer dans les sables mouvants de la folie partagée. Elle n'est ni plus ni moins qu'un ensemble de règles universellement reconnues qui sont le fruit d'une réflexion éclairée de la communauté la plus grande d'hommes et de femmes depuis les origines.

Ceux qui ont déjà parcouru une certaine distance s'insurgeront en apprenant que leur itinéraire doit se conformer aux vues de la raison. Ils diront alors avec amertume : « Je suis las des voyages cérébraux et des jeux de l'esprit. Je veux suivre directement le chemin par le moyen du cœur. Réfléchir est assommant. Aucune analyse ne m'apportera la paix et le contentement. Pourquoi ne pas commencer par la prière, des rituels, des chants ou des actes de dévotion ? Je veux m'abandonner à la complexité, à l'ambiguïté et au doute, faire un saut dans la foi, me compromettre, faire acte de soumission. »

Nous ne pouvons ni ne devons empêcher les gens de poursuivre leur quête en solitaire. Toutefois il faut leur faire comprendre que ceux qui se coupent des sources d'information et des pratiques nées d'un consensus courent le risque de tomber dans le narcissisme spirituel. Ils pourraient perdre contact avec la communauté de l'expérience humaine nécessaire à la naissance de la compassion de cœur et d'esprit. Leur refus de soumettre leurs croyances au tribunal de l'expérience universelle les condamne à vivre en reclus.

En cours de route, chacun de nous connaîtra son élan de foi. Quand ce moment viendra, la corde qui nous relie aux autres voyageurs sera la meilleure garantie d'un atterrissage sans risques.

La première exigence d'un exercice spirituel conforme à notre temps est la création d'une théorie lucide sur la signification de la vie dans l'univers du sacré. Notre seule urgence est de souder l'intelligence à l'expérience du sacré de façon à nous pencher sur nos problèmes politiques, économiques, écologiques et psychologiques avec un esprit éclairé. Nous sommes actuellement au centre d'un vacuum de vigilance, d'une résurgence du fondamentalisme religieux qui définit la « foi » comme l'apanage des institutions religieuses. Nous sommes également témoins de la course grotesque et insensée du progrès au détriment de l'environnement. L'humanité souffre d'un tragique divorce de la raison et de la foi, qui est le résultat d'une pensée dénuée de spiritualité. Une lobotomie spirituelle ne nous guérira pas des conséquences d'une foi aveugle et de l'action irréfléchie. Pour retrouver notre chemin dans les fourrés, nous devrons avoir le courage de réfléchir avec sagesse, de réexaminer nos croyances et de savoir sur quoi elles se fondent. J'expose mes propres règles de raison dans la section qui fait suite à celle où j'aborde la question de l'absence d'autorité.

Ma conversion à la philosophie

Ma déception face à la religion de mes parents a laissé un vide et a fait naître chez moi l'urgent besoin d'une nouvelle vision du monde et d'une direction propre à remplacer la « foi de mes pères » qui avait volé en éclats. Ce qui a illuminé ma vie n'est que le résultat d'une meurtrissure née de la perte de mes convictions originelles. Mon désenchantement vis-à-vis du christianisme s'est opéré simultanément avec ma conversion à la philosophie.

Au moment où j'ai cessé de vouloir contenir le flot de doutes trop longtemps endigués par les châteaux de sable de mon enfance, j'ai sombré dans un océan de questions. À l'instar de Renée, l'héroïne de la nouvelle intitulée *The Mind-Body Problem*, j'ai transité d'une perception du monde à son reflet dans le miroir. J'ai senti tout comme elle que : « ma faiblesse morale [était] devenue ma force morale, l'aridité de ma croyance était de fait l'engrais de ma rationalité et je suis finalement sauvée... Pouvez-vous comprendre ce que signifie le fait de passer de l'esprit de la religion à l'esprit de la philosophie, ou, comme je l'interprète dorénavant, à l'esprit de la rationalité. Maintenant les raisons de mes croyances sont devenues la substance même du sujet. La distinction entre la simple croyance et la croyance raisonnée est le fondement de toutes les philosophies. Si notre objectif est la vérité (que peut-on chercher d'autre ?), nous devons nous servir de la raison pour y parvenir[2] ».

Libéré de l'obligation de croire en ce qui était inconcevable, j'ai commencé à explorer plusieurs voies nouvelles. Toutefois, comme un enfant qui s'est déjà brûlé, j'étais déterminé à ne pas tomber dans une foi sans mesure. Je désirais adhérer à un système dans lequel je serais intellectuellement responsable, à l'opposé de la foi aveugle. Seuls mon cœur et mon esprit seraient mis à contribution dans l'éventualité d'un nouvel engagement de ma part. J'ai alors fait le serment de ne plus tomber dans l'illusion religieuse.

Mon premier plongeon dans les religions universelles que sont l'hindouisme, l'islamisme, le bouddhisme, le taoïsme, ainsi que l'étude de l'anthropologie, m'ont ouvert les yeux sur un éventail déconcertant de dieux, de déesses, d'anges, de démons et d'esprits. Avec eux a surgi une nouvelle série de questions. Est-ce que les visions divergentes sur Dieu s'infirment les unes les autres ? Puisqu'elles ne peuvent être toutes véridiques, sont-elles toutes fausses ? La religion a-t-elle évolué du polythéisme au monothéisme ? Si oui, pourrions-nous y découvrir une révélation jusqu'alors cachée sur la nature et sur la volonté de Dieu ? Les critiques sur la religion formulées par Feuerbach et Freud sont-elles fondées lorsqu'ils affirment que tous les dieux ne sont que rêves, illusions et projections purement imaginaires de nos peurs et de notre besoin désespéré de croire en une puissance bienveillante ? La religion doit-elle se borner à expliquer que l'univers est à ignorer par quiconque s'engage dans une réflexion sur la nature et les origines de la Terre ? Pour être honnête, dois-je rendre à ladite vérité le sourire glacial qu'elle m'adresse et embrasser les vues stériles de l'humanisme laïc ?

Lorque j'étais étudiant diplômé de Harvard et de Princeton et, par la suite, professeur de philosophie et de foi chrétienne au séminaire presbytérien de Louisville, je me suis demandé si les visions du monde et les visions religieuses pouvaient être testées ou validées. Je suis tombé en arrêt devant la première des trois questions philosophiques d'Immanuel Kant : « Que pouvons-nous savoir ? » (Les autres questions étant « Que devons-nous faire ? » et « Que devons-nous espérer ? ») J'ai continué dans le même sens : « Pouvons-nous connaître Dieu et le sacré ? Si oui, de quelle façon ? »

Dans les années 1950 et 1960, A.J. Ayer a été à l'origine du courant dominant en philosophie. Un courant qui a décapité la théologie traditionnelle d'un simple geste. Dans *Language, Truth and Logic*, Ayer soutient que le sens d'une proposition peut être testé par la méthode de vérification qui l'accompagne. Si nous cherchons à savoir s'il y a des montagnes sur la face cachée de la Lune ou si Dieu est omnipotent, nous devons trouver une façon de vérifier chacune de ces hypothèses. Nous pouvons par exemple lancer une sonde vers la Lune pour nous assurer de l'existence de ces montagnes. Mais comment vérifier la toute-puissance de Dieu ? Il n'existe aucun endroit dans notre monde conscient ou dans ce qui nous est inconnu où nous puissions nous installer afin de juger de l'omnipotence de Dieu. Ayer en déduit que toutes les hypothèses concernant Dieu ne sont ni vraies, ni fausses, elles sont simplement dépourvues de sens. Elles semblent revendiquer l'existence d'une réalité supra-humaine — Dieu — mais ne sont finalement que l'expression de nos sentiments cachés. D'affirmer que « la Terre et tous ceux qui y vivent appartiennent au Seigneur » équivaut à dire « après la pluie, le beau temps ». La théologie et la poésie ont en commun de ne communiquer que nos sentiments et nos désirs. Elles ne nous apportent pas la connaissance. La religion a cela d'utile qu'elle maintient une forme d'harmonie dans la société. Elle peut nous rassurer lorsque nous nous débattons dans les ténèbres angoissantes de la vie. Pourtant, selon Ayer, nous n'avons aucune raison de croire qu'elle repose sur un constat véridique.

Ma quête intellectuelle au sujet de la foi m'a conduit tout naturellement vers Ludwig Wittgenstein. À ses débuts, Wittgenstein était considéré comme l'un des architectes d'une très exclusive et très scientifique théorie de la connaissance, de la vérification et du langage. Par la suite il changea son fusil d'épaule et reconnut qu'il pouvait exister différents types de langage, différentes méthodes de vérification et différents critères pour étayer une preuve. « Au commencement, Dieu créa... » et « Le Seigneur est mon berger... » ne peuvent être validés par un raisonnement empirique propre à la science. Ces énoncés sont partie intégrante d'un réseau complexe de métaphores, de symboles, de liturgies, d'épopées héroïques, de témoignages, de chansons, de danses, de notions d'éthique, de prophéties et de promesses de bonheur qui forment un écran à travers lequel nous voyons le monde. Quand nous examinons celui-ci sous l'angle de la religion, nous le voyons sous un éclairage différent de celui de la science. Lorsque j'affirme que « la Terre appartient à Dieu », je me considère comme une créature de Dieu plutôt que comme le produit d'un accident de parcours.

Toutes les visions du monde, toutes les mythologies et toutes les idéologies, qu'elles soient religieuses, laïques ou spirituelles, servent de filtres à notre expérience. Elles nous permettent de saisir et de manœuvrer la complexité déroutante de notre monde. Aucune, cependant, n'est vérifiable ou réfutable.

Imaginons que trois personnes se promènent dans une vieille forêt de séquoias. L'une d'elles est un entrepreneur en construction. De par sa formation, il ne voit de la forêt que son aspect économique, sous forme d'une multitude de planches de séquoias, d'emplois et de profits. La seconde est un biologiste qui retrace la longue histoire de l'évolution de ces arbres et de leur environnement, ainsi que l'écosystème complexe où ils croissent. La troisième personne considère la forêt sous l'angle de ses expériences religieuses et spirituelles. Dans son esprit, les séquoias sont des éléments de la création. Aucune de ces trois perceptions n'est vraie ou fausse. Chacune constitue une façon de voir les choses et transmet une réponse différente. L'entrepreneur s'enthousiasme à l'idée de s'assurer des droits de coupe, de « récolter » la forêt. Le scientifique sonde la profondeur du sol, mesure l'accumulation d'humus, fait l'analyse factorielle des variations climatiques et écrit l'histoire naturelle du milieu. La personne de nature religieuse ou spirituelle est tout simplement envahie d'un silence révérenciel devant l'imposante puissance de ces arbres et ne peut que rendre grâce à leur beauté.

La pulsion de foi est un élément inévitable de la condition humaine. En ce sens, la situation existentielle de chaque personne ressemble à un tribunal dans lequel le monde subit un procès. Confrontés au chaos, nous n'avons d'autre choix que de chercher la preuve que nous vivons dans le cosmos. Existe-t-il un ordre caché sous le désordre de la surface ? Dieu joue-t-il aux dés le sort de l'univers ? Face à la tragédie, à la souffrance et à la mort, nous devons tous nous demander s'il y a place pour l'espoir. L'esprit est à la fois le procureur, l'avocat de la défense, le juge et le jury. Tout système de foi doit défendre sa cause devant le tribunal de la raison et fournir des preuves à l'appui de son authenticité. Même si nous ne pouvons pas offrir un témoignage irréfutable de la vérité absolue d'une conception du monde ou d'une philosophie de la vie, il nous est possible d'établir si elles peuvent satisfaire ou non les exigences minimales de la raison.

Ce fut pour moi un véritable soulagement de découvrir qu'aucune vision du monde n'était irréfutable. Je pouvais finalement mettre de côté la tâche impossible de construire un système de foi hermétique et me consacrer à la formulation d'une philosophie de vie sensée.

Même si nous vivons dans un monde qui ne nous satisfait pas et qui semble par moments totalement absurde, nous pouvons et nous devons recueillir la preuve du caractère raisonnable de notre système de foi. L'alternative c'est la folie et elle n'est ni douce ni belle.

Rien ne traduit mieux ce dilemme que l'apparition de la télévision dans nos vies. Nous baignons dans un environnement médiatisé où nous sommes assaillis par des déclarations contradictoires. Il me semble être enfermé dans un local peuplé d'une centaine d'évangélistes laïques hurlants qui clament des promesses de vie saine et de salut par l'intermédiaire du libre-échange, du plein emploi et d'un système de santé universel. Année après année, nous devenons de plus en plus cyniques en constatant que nos opinions sont déformées par le son et l'image. Que devons-nous croire ? Comment allons-nous déterminer ce en quoi nous devons croire et sur quelles bases ?

Comme je souhaitais donner un sens à ce que je voyais, à ce que j'entendais et à ce que je ressentais, j'ai accumulé au cours de mes explorations un certain nombre de règles empiriques destinées à servir d'écran à la bêtise intellectuelle et à m'aider à fondre mon expérience en une philosophie de vie sensée. Je ne les considère pas comme des maximes de raison, mais comme un jeu d'outils où voisinent un classeur, une scie à métaux et une torche à acétylène. Ces outils me servent à me libérer des systèmes de foi qui menacent de limiter et d'emprisonner mon esprit. Ils comportent de surcroît un marteau, une scie et un niveau que j'utilise pour construire une habitation avec les matières premières de mon expérience.

De bons points de repère : les règles de raison

Il faut apprendre à penser comme un être vivant en faisant appel à son cœur, à sa mémoire et à son esprit, et non comme un intellectuel féru d'objectivité ou un professeur d'université.

Les philosophes existentialistes ont été mes premiers cicérones spirituels. Kierkegaard, Nietzsche, Dostoïevski, Camus, Sartre et Marcel m'ont fait découvrir ce qu'est un esprit passionné : celui-ci doit compter avec *sa propre personnalité*, il n'est pas n'importe qui.

Je suis né à une telle époque, dans telles circonstances, au sein de telle famille, et j'ai connu telles expériences. Je dois donc penser comme un homme qui se débat avec les problèmes, les talents et les imperfections dont la vie l'a gratifié.

Savoir remettre en question l'autorité

Sur le chemin de la libération, nous devrons faire deux grandes et terrifiantes enjambées au-dessus du vide. La première consiste à remettre en question l'autorité. La seconde, à passer outre.

L'Église, la religion et l'État enferment aisément les croyants dans un carcan rigide d'autorité prédélimitée. Autant les catholiques, les baptistes ultra-blancs du Sud des États-Unis et les presbytériens regimberaient à l'idée d'être fusionnés en un seul groupe, autant ils sont captifs de la même logique implacable que le sont les fidèles de l'ayatolla X ou du gourou Y. Toutes ces puissances religieuses proclament qu'elles sont les dépositaires et les gardiennes de la Vérité et que, par conséquent, elles sont l'Autorité. Selon elles, si vous remettez en question l'Autorité et la Vérité, vous démontrez par le fait même que votre esprit est obscurci, que votre foi est branlante et que vous êtes enlisé dans l'Erreur.

Pour contester l'autorité du pape, de la Bible, du synode, du gourou ou d'un parti, il faut qu'un croyant se coupe de la sécurité offerte par la communauté de pensées, qu'il se hasarde sur le terrain mouvant du doute intérieur et qu'il fasse cette déclaration d'indépendance : « À l'avenir, mon expérience de la vie sera le jury, mon esprit et mon cœur seront les juges qui détermineront ce qui est vrai et sacré. Je suis l'auteur et le maître de ma propre vie. »

La nature de notre voyage à travers la vie sera infléchie par la décision de faire ou non ce double saut. Pasteurs, prêtres ou vrais croyants sont torturés par les doutes, mais refusent de franchir le fossé et de couper le cordon ombilical qui les relie à l'autorité extérieure. Un de mes amis fut pendant de nombreuses années un disciple de Bhagwan Rajneesh. Il venait me voir chaque année en se vantant que le gourou lui libérait l'âme. Tout en portant l'uniforme rouge et orange de l'ordre, il cherchait constamment à excuser le comportement de Rajneesh. Ce dernier collectionnait les Rolls-Royce et le siège social de la confrérie, situé à Antelope, en Oregon, était le théâtre de menées louches qui pouvaient aller jusqu'à l'assassinat de disciples déloyaux. C'est dans le même esprit que les catholiques des États-Unis reconnaissent la nécessité de limiter la croissance de la population et d'appliquer le contrôle des naissances, mais en refusant tout net, par ailleurs, de discuter l'autorité de l'Église.

À mon sens, cette forme de schizophrénie plus ou moins grave découle de la volonté de garder un pied à l'intérieur et un autre à l'extérieur d'une Église ou d'une confession autoritaristes. Une personne, tout comme une nation, ne peut vivre éternellement dans une situation où elle est à la fois libre et esclave. Si nous grignotons le fruit de l'arbre de la connaissance tout en persistant à nous cramponner à la sécurité de l'autorité, nous versons dans le non-sens : entreprendre un voyage tout en restant chez soi.

Accumuler, puis évaluer les preuves

Il y a peut-être des guérisons miraculeuses à Lourdes. Il se peut qu'Allah veuille la djihad ou que Sai Baba puisse fabriquer des diamants à partir de rien. Jésus est peut-être le fils de Dieu. Cependant, pour être cohérents, nous devons examiner les preuves sur lesquelles se fondent ces affirmations. Malheureusement, cette tâche est plus complexe que l'évaluation des cotes en bourse ou des hypothèses scientifiques. Néanmoins, il est souhaitable de se demander :

« Comment puis-je le savoir ? » et « Comment déterminer ce qui est vrai, ce qui est faux, ce qui est sensé et ce qui ne l'est pas ? »

Soumettre tous les ouï-dire à un examen serré

Aucune autorité, aucune tradition vénérée, aucune révélation indiscutable n'est automatiquement reconnue devant le tribunal de la raison. Les déclarations de Moïse, de Bouddha, de Jésus ou de Mahomet doivent être passées au crible des normes minimales du raisonnable. Il en va de même pour les préceptes religieux de Swedenborg, de Sun Myung Moon, de David Koresh ou du pape, et pour les discours des chefs politiques. Toutes les prétentions à la vérité sont sujettes au même examen. Sachons demeurer vigilants et rappelons-nous que même les croyants sincères peuvent tomber dans l'erreur. L'histoire est farcie de lamentables exemples de foi aveugle, de croyances dénaturées et de crédulité naïve. Elle est jonchée de dieux qui ont failli. Les disciples du Christ, les tenants du communisme et du capitalisme ont conduit les uns tout autant que les autres à des croisades cruelles. Le sang versé est un argument de peu de poids face à la vérité. Que des milliards d'êtres humains aient cru à la réincarnation, à la résurrection de Jésus ou à la sorcellerie n'exempte pas ces croyances de l'obligation de prouver leur validité.

L'indispensable cohérence intérieure

La cohérence doit être la vertu première de tous les systèmes de foi. L'expression « système incohérent » est par nature un oxymoron, l'alliance de deux mots de sens opposé. La contradiction vis-à-vis de soi-même est comme un moteur qui grippe. C'est le prélude à une rupture imminente. C'est aberrant de proclamer que : a) Dieu est amour ; b) nous avons été faits à son image et nous devons aimer notre prochain comme nous-mêmes, avec, en parallèle c) Dieu ordonne au peuple élu de massacrer les habitants de la Terre sainte : « Vous serez bénis lorsque vous fracasserez les têtes des petits enfants sur les pierres. » Celui qui ajoute foi à ces trois énoncés s'expose à trahir sa rectitude intellectuelle, même si tous ces extraits dits révélés proviennent de la Bible. Quand nous persistons à croire à de tels illogismes, nous sombrons dans une schizophrénie spirituelle qui renvoie la foi et la raison dos à dos.

Je me suis souvenu d'un incident amusant, mais révélateur d'une certaine incohérence d'esprit. Plusieurs professeurs néophytes, dont moi-même, avaient découvert à leur arrivée au séminaire presbytérien de Louisville que les membres de la Faculté étaient conviés à signer l'engagement de ne pas consommer d'alcool. Nous nous dérobâmes à l'invitation et la révolte des jeunes Turcs commença. Au cours de longs débats sur cette question à la Faculté, le professeur Love, qui enseignait le Nouveau Testament, déclara que les raisins étaient un cadeau de Dieu, mais que leur fermentation produisait un vin impie. Pendant le buffet qui couronnait la session, m'apercevant que le professeur Love faisait tout comme moi la queue devant le comptoir de salades, je le questionnai d'un air faussement innocent :

— Professeur, désirez-vous de la vinaigrette au fromage bleu sur votre salade ?

— Oui, me répondit-il.

— Ce fromage est pourtant le résultat d'une fermentation, lui fis-je remarquer.

La soirée se termina peu après minuit par la victoire des forces de la cohérence et quelques-uns d'entre nous s'esquivèrent en direction du café le plus proche afin de savourer fromage bleu et vin.

Si vous voulez être témoin des conséquences émotionnelles et morales d'un échec plus grave dans l'exercice de la vertu de cohérence, il suffit d'assister à une confrontation entre des représentants des groupes de pression « pro-vie » et « pro-choix » sur la question de l'avortement. Chaque faction se dit motivée par le respect de la vie. Or, dans une étrange entorse à la logique, chaque groupe trahit un manque de cohérence dans son pharisaïsme. La plupart des partisans « pro-vie » sont en faveur de la peine capitale et la plupart des gens associés au mouvement « pro-choix » y sont opposés. Les tenants de l'avortement se défendent de manquer de cohérence en insistant sur le fait que le fœtus ne peut être considéré comme un être humain et que, par conséquent, ils respectent le principe sacré de la vie. Leurs adversaires soutiennent que ce même principe ne s'applique pas quand il s'agit d'un criminel. C'est l'impasse et le conflit n'est pas près de finir.

Vos convictions intimes se fondent-elles sur des faits reconnus ?

Un argument métaphysique sensé doit être conforme à la règle de cohérence qui gouverne la physique. Selon le physicien Richard Feynman : « L'essence de l'imagination scientifique s'appuie sur une règle à la fois forte et complexe. Les découvertes scientifiques sont tenues de s'adapter à la réalité qui les entoure, à ce qui est déjà connu. Faire preuve de créativité scientifique, c'est tenter d'utiliser son imagination alors qu'elle est ligotée dans une camisole de force [...] Tout ce que la science nous permet d'imaginer doit se conformer strictement à ce qui est connu[3]. » La métaphysique et la théologie doivent nécessairement comporter un élément à la fois spéculatif et imaginatif, mais tout ce qu'elles énoncent doit s'ajuster à ce qui existe au préalable. Croire à de présumés miracles qui transgressent les lois de la nature, c'est faire fi de tout sens critique. Nous connaissons suffisamment bien la nature de l'eau pour savoir qu'il est impossible à un homme de marcher à sa surface. Nous reconnaissons aussi que les vierges ne peuvent donner naissance à des enfants. Nous admettons d'autre part, sans pouvoir en comprendre les mécanismes, que certains cancers incurables présentent des rémissions soudaines, que des serpents venimeux peuvent parfois être manipulés sans danger et qu'il existe des phénomènes de clairvoyance et de perception extrasensorielle.

Tendre vers la cohérence

Un système de foi sensé doit tendre vers la cohérence. Il doit non seulement refuser toute contradiction, mais de surcroît être logique et offrir une image unifiée du monde visible et invisible. La rationalité humaine procède d'une histoire basée sur une masse chaotique de faits. La raison cherche à lier une variété déconcertante de points en une seule image et à modeler une histoire unique à partir d'expériences diverses.

De nos jours, le pluralisme radical ou, si l'on veut, la « mentalité postmoderne », est en vogue dans les cercles intellectuels. Son mot d'ordre est qu'au-delà de cette pensée rien n'existe si ce n'est le hasard. Le style contemporain prôné dans les arts, dans l'éthique et en politique abandonne la recherche traditionnelle de cohérence pour se vouer à la production de collages. La vie est devenue une MTV (chaîne américaine diffusant des clips musicaux). Elle n'est plus qu'une image composée d'expériences collées bout à bout sans aucun lien d'aucune nature.

Quiconque a soif de sagesse ne peut qu'être sceptique devant les modes actuelles. Il y a dans la vie intellectuelle comme en haute couture de fréquents changements. L'ourlet est tantôt haut, tantôt bas. Il y a des années, tous nos efforts étaient axés vers la synthèse. Au cours de la décennie suivante, nous lui avons tourné le dos. Nous produisons dans un premier temps une grande image en nous servant de petits fragments d'information. Par la suite, nous fracassons cette image afin d'en analyser les composantes. Actuellement, des empires se désintègrent, des synthèses se dissocient et des murs s'écroulent pendant que la diversité, le chaos et les droits des minorités ethniques font la une des journaux. Après-demain, de nouveaux principes d'ordre, de nouveaux empires et de nouvelles histoires d'unité verront le jour.

Dans *The Sentiment of Rationality*, William James affirme que ce rythme est inhérent à la nature de l'esprit. L'acte de penser consiste à vouloir mettre de l'ordre dans la diversité et vice versa. L'absence d'ordre conduit à la schizophrénie et un surcroît d'ordre entraîne la tyrannie. La folie découle de l'opposition entre l'incohérence et la cohérence démesurée. Le délire d'un alcoolique aux prises avec le délirium tremens se compare à un vomissement de phrases sans lien. À l'opposé, les théories de complot imaginées par un paranoïaque sont parfaitement hermétiques. La rationalité correspond à l'inspiration et à l'expiration de l'esprit. C'est la transformation d'éléments en un ensemble suivie de la fragmentation de cet ensemble en éléments isolés.

L'esprit inspiré, à l'exemple de Dieu, cherche constamment à mettre de l'ordre là où le chaos règne. Fragmentée et fragile, l'humanité est incapable d'envisager la vie dans sa totalité et comme élément stable. Cependant nous perdons quelque chose d'essentiellement humain quand nous cessons de vouloir centrer et unifier notre expérience en une seule vision. Les penseurs grecs classiques, les exégètes des religions et les philosophes de la science s'entendent sur peu de choses, mais tous s'accordent à dire que l'esprit humain est apte à discerner la rationalité et l'ordre qui émanent des choses. Le microcosme s'intègre dans le macrocosme, les *logos* humains saisissent le *logos* divin, l'esprit holographique réfléchit l'univers holographique. L'esprit n'est confronté à ses limites que lorsqu'il s'efforce de parvenir à la cohérence.

Tendre vers la plénitude

La plénitude et la cohérence sont nécessaires à la pensée. Personne ne peut véritablement saisir la totalité de la connaissance, mais une perception rationnelle du monde ne peut laisser de côté des champs entiers de connaissance ou d'expérience. Nous faisons face actuellement à de graves problèmes parce que les paradigmes technologiques et économiques ignorent cette évidence que la Terre possède des ressources naturelles et une capacité de renouvellement limitées.

Une vision du monde doit s'appuyer sur les grandes questions mythiques qui sont éternelles parce qu'elles reflètent la lutte à finir avec les éléments inévitables de la condition humaine que sont la naissance, la sexualité, la politique, la beauté, le mal, les prises de décision, le travail, la souffrance, la tragédie et la mort.

Ne pouvoir parvenir à la plénitude est probablement la caractéristique la plus commune de la pensée de tous les individus et de toutes les organisations. Un rétrécissement du champ visuel semble affecter le processus de la pensée. Nous fixons notre regard sur une petite vérité de façon si hagarde que nous négligeons toutes les autres vérités. Nous avançons comme des chevaux de trait munis d'œillères. Nous ne voyons que l'andain étroit de la réalité dans l'angle rétréci de notre champ de vision. Comme l'a dit le philosophe allemand Goethe : « La plupart des sectes ont raison dans ce qu'elles affirment et tort dans ce qu'elles rejettent. »

De penser avec des œillères conduit à vivre de manière asymétrique. Nous devenons alors de vrais croyants plutôt que des explorateurs, des propagandistes plutôt que des philosophes, des fanatiques plutôt que des fervents.

Plusieurs groupes spirituels du Nouvel Âge sont si centrés sur la volonté, sur la création de leur propre réalité, sur la responsabilité totale et sur la liberté absolue qu'ils deviennent aveugles face au tragique destin des organisateurs syndicaux du Salvador assassinés par des escadrons de la mort ou face à un enfant né avec le virus du SIDA et condamné à mourir en bas âge.

À l'opposé, nous sommes de plus en plus sollicités par une philosophie sociale qui nie la liberté et la responsabilité individuelles. La tendance à se considérer comme une victime de la société se propage graduellement. Le comportement criminel d'un individu lui est pardonné parce que des experts affirment que cette déviance est causée par des forces sociales et psychologiques occultes. Nous sommes tourmentés par la famille, le sexe, la classe sociale à laquelle nous appartenons, par l'économie et par nos hormones. Le syndrome du stress post-traumatique ou la crise d'hypoglycémie causée par l'ingurgitation d'une trop grande quantité de barres de chocolat deviennent les agents et la justification d'assassinats. Tout ce qui peut être taxé de syndrome contribue à faire naître une nouvelle classe de victimes.

Opter pour la simplicité

Toutes choses étant égales par ailleurs, la raison s'efforce de trouver l'explication la plus simple. En métaphysique comme en physique, c'est sans conteste la plus élégante. La formule « Ne multipliez pas plus qu'il ne faut les abstractions et les principes explicatifs » nous évite de pécher par excès de crédulité. Le pandémonium classique de démons, d'anges, de sorcières et de fantômes, les magiciens simiesques dont Carlos Castenada a farci l'esprit d'une génération d'individus, des livres comme *Le Bébé de Rosemary* semblent plus appropriés à un certain genre cinématographique qu'à des réflexions sérieuses à propos de la spiritualité. Des mystères réels nous entourent, nous n'avons nul besoin d'en imaginer. Plus l'usine à miracles surnaturels accroît sa production, plus décline la faculté d'être émerveillé. Un carcajou de nos forêts est mille fois plus extraordinaire qu'un loup-garou créé de toutes pièces. L'aura de bonté qui émane d'hommes et de femmes au grand cœur est bien plus spectaculaire que des rêves peuplés d'anges.

Certaines personnes seront toujours à la recherche d'explications sibyllines. Il n'y aura jamais assez de preuves pour convaincre un fanatique des complots que Lee Harvey Oswald a réellement assassiné le président Kennedy ou qu'une clique de banquiers n'a pas pris le contrôle du gouvernement américain. Si rien ne peut l'infirmer, nous devons conclure que les choses sont bien ce qu'elles semblent être. Une rose est une rose et seulement une rose. Même Freud, qui avait un penchant manifeste pour les théories complexes sur l'interprétation des rêves, reconnaissait qu'à l'occasion un cigare n'était rien d'autre qu'un cigare.

Respecter ce qui est complexe

En apparence, cette règle contredit la précédente. Cependant la vertu de simplicité peut rapidement se transformer en défaut de sursimplification quand on tente d'uniformiser quelque phénomène de nature complexe.

Une pensée lucide réclame parfois d'être nuancée par des *ou*, des *bien que*, des *à la fois*. Une contradiction apparente constituerait de fait un paradoxe fondamental qui ne peut être élucidé par la réflexion. Ainsi les physiciens ne commencent à comprendre les comportements étranges de la lumière qu'en la considérant à la fois comme une onde et une particule. Lorsque nous avons affaire à la psychè, nous pouvons conclure que seule la contradiction est vraie. Comme notre être renferme des intentions conscientes et inconscientes, nos sentiments envers les autres sont ambivalents en ce sens qu'ils représentent un amalgame confus d'amour et de haine, d'attirance et de crainte. En outre, la liberté et la destinée de chaque individu sont si enchevêtrées que toute une vie est nécessaire pour découvrir ce qui est en son pouvoir et ce qui ne l'est pas.

Savoir engager le dialogue

Une vie marquée par l'esprit doit s'appuyer sur le dialogue et l'échange, car le trésor se trouve toujours enfermé dans des jarres de terre cuite. Toutes les rencontres avec le sacré s'opèrent par l'entremise du médium déformé de quelque culture locale, fût-elle chrétienne, juive, islamique, hindoue ou hopi. La perspective de chaque croyant s'en trouve faussée. La seule façon de nous garder de l'idolâtrie qui se faufile dans toute religion liée à une culture est de requérir les vues d'une plus grande communauté. De tels échanges naissent le sentiment de communauté et la compassion. Le monologue ne peut qu'entraîner la dissension et le fanatisme.

Nous donnons le nom de « raison » au consensus qui se dégage de conversations entre des personnes et des communautés dont les expériences sont très diversifiées. Dans la mesure où elle a une influence sur la conduite de la vie, la raison constitue la réussite d'une collectivité formée de millions de conversations entre gens de foi et de rites différents. C'est également un témoignage non verbal à l'égard de la foi que le fait de pouvoir mieux comprendre le fond des choses lorsque nous sommes en groupe que lorsque nous sommes isolés.

La capacité de discernement sur le plan spirituel s'enrichit, tout comme la raison, par le dialogue. Wilhelm Pauck, le spécialiste de la Réforme, se plaisait à dire que « Luther accordait beaucoup d'intérêt à la communication verbale. La parole, la conversation et le dialogue ont de l'importance. » Ce n'est qu'en discutant de sujets essentiels que l'individu et la collectivité peuvent acquérir la sagesse. Quand nous faisons suffisamment confiance à notre entourage pour l'entretenir des mystères de la religion, nous apprenons à discerner entre une croyance digne d'être prise au sérieux et la crédulité, entre la foi et le fanatisme. La foi authentique cherche toujours à poursuivre un dialogue sensé pour harmoniser entre elles les connaissances du cœur et de l'esprit, sinon l'âme demeure troublée.

Mesurer sa foi à l'aune de la morale et de la compassion

Dès que les exigences formelles de la raison ont été remplies, l'ultime pierre de touche d'une religion ou d'une forme de spiritualité est le mode de vie qui en découle. « Vous les reconnaîtrez à leurs fruits. » William James soutient qu'il est plus facile de faire des expériences religieuses que de mener sa vie dans la foi. La foi véritable se jauge à l'effort incessant que l'on déploie pour se transformer sur le plan moral et à l'habitude que l'on acquiert de se dévouer à l'action sociale. Une quête spirituelle authentique doit mener à la joie et à la compassion, selon les paroles de l'hymne : « Libère-nous des épreuves et des tensions, / et permets à nos vies bien réglées de proclamer / la beauté de Ta paix. »

Au centre de toutes les traditions spirituelles, on découvre que seuls les êtres désireux d'*accomplir la vérité* sont portés par leur foi en un Dieu inconnu et parviennent à « cette paix qui dépasse la compréhension ». *Au royaume de l'esprit, la révélation est indissociable de l'action.* Nulle part ailleurs cette affirmation n'est aussi intensément exprimée que dans la conclusion de *The Quest for the Historical Jesus* où Albert Schweitzer dit en parlant de Jésus : « Il vient à nous, sur la berge du lac, comme un Inconnu, sans nom et déjà adulte. Il est venu vers ces hommes qui ne le connaissaient pas. Il nous a dit à tous les mêmes paroles, "Suivez-moi !", et nous entretient de la tâche qu'Il doit accomplir à notre époque. Il ordonne. Et à ceux qui lui obéissent, aux gens avisés comme aux ingénus, il se révélera Lui-même dans le dur travail, les luttes, les tourments qu'ils supporteront en Sa compagnie. Et, mystère ineffable, ils apprendront par eux-mêmes qui Il est. » Pour Schweitzer, qui était déjà à cette époque un spécialiste réputé de la Bible, un amoureux de Bach et un organiste accompli, l'énigme Jésus ne s'est éclaircie que lorsqu'il est parti comme missionnaire en Afrique.

Avoir une foi ouverte, compréhensive et lumineuse

Le personnage principal de la nouvelle de Norman Rush intitulée *Mating* suggère deux manières intéressantes de mesurer la valeur des systèmes de foi. Il dit en effet : « Je ne rejette aucun système ; au contraire, je les accumule. Tout en demeurant résolument agnostique, je les apprécie. Je considère que nous devrions tous nous poser les mêmes questions à leur sujet. Quels en sont les fruits ? Quelles contraintes nous imposent-ils pour demeurer effectifs ? »

Cette dernière question est un critère particulièrement intéressant. Les idéologies étriquées se révèlent rapidement tyranniques. Le communisme, comme vision du monde et philosophie de vie, a satisfait à plusieurs des revendications de la raison. Pourtant ce système a fini par se corrompre moralement sous l'effet de la propagande coercitive, d'une argumentation truffée de contradictions flagrantes, de la puissance militaire et de la répression politique qui ont été nécessaires à sa survie. Par contraste, le bouddhisme tibétain, dont la vie et les enseignements du Dalaï-Lama en sont l'application requiert une ordonnance rigoureuse de chaque détail du quotidien et une attention sans failles sur la route vers l'illumination ; pourtant il reste générateur d'un haut niveau de compassion. Plus une vision du monde et un plan de vie structurent le temps, plus ils canalisent l'énergie, plus nos convictions se renforcent. En revanche, tout système qui nous force à agir sous la contrainte annihile notre capacité d'émerveillement, notre pouvoir d'imagination et nos élans de liberté.

La fabrication d'un détecteur de mensonges spirituels

Les circonstances m'ont obligé à fabriquer un instrument destiné à évaluer la nature des systèmes de foi. Cet instrument, que je me plais à appeler mon « détecteur de mensonges spirituels », me sert de signal d'alarme et me garde contre les perceptions du monde irrationnelles et destructrices, et la tendance à l'idolâtrie.

En 1969, j'ai pris une année sabbatique et délaissé le milieu intellectuel où les grandes questions classiques sont généralement débattues dans un esprit fort académique. Nous sommes partis en famille pour la Californie afin d'y étudier le mouvement potentiel humain. C'est alors que j'ai sombré dans la folie de l'intoxication et de l'effervescence créatrice. J'ai participé à des groupes de rencontre où les « voyages de l'esprit » ne suscitaient guère d'intérêt et où des étrangers cherchaient à savoir comment je me *sentais* sur le moment même. Fritz Perls, le maître de la gestalt-thérapie, m'a mis au défi de renoncer à mes souvenirs et à mes attentes, de vivre le moment présent et de faire abstraction de mon esprit pour me consacrer à tous mes sens. J'ai abandonné mon corps aux thérapeutes de la bioénergie, Alexander Lowen et Stanley Keleman, qui m'ont vivement conseillé de me laisser envahir par le courant de l'énergie sensuelle et sexuelle. Ida Rolf a malaxé et redressé ma musculature, elle a amolli la cuirasse de mon caractère jusqu'à ce que je me détende et que je respire profondément. J'ai gravité autour de la nouvelle gauche révolutionnaire toujours prête à renverser le pouvoir établi et à nous introduire dans l'ère du Verseau et les méandres de l'amour. J'ai tâté de quelques drogues psychédéliques mineures. J'ai fumé quelques *joints* et j'ai fréquenté les bains mal famés mais tout compte fait innocents d'Esalen. J'ai fait du surf, j'ai couru sur la plage et j'ai quelque peu négligé mes enfants.

Avant la fin de cette année folle, je savais déjà que je ne pourrais revenir à mon ancien mode de vie. Un matin du mois de mai, j'ai donc téléphoné au séminaire presbytérien de Louisville pour donner ma démission. La Faculté a accepté ma décision avec élégance et sagesse. Dès lors, j'ai cessé d'exercer ma charge de professeur et de jouir de la sécurité financière pour devenir un libre-penseur lancé sur une voie encore inexplorée, un chef de famille sans revenus fixes. Je me sentais à la fois angoissé et débordant d'enthousiasme.

À tout prendre, la transition de statut de professeur à celui de philosophe indépendant fut relativement facile. À l'époque, je vivais à Del Mar où, par une coïncidence heureuse, se trouvaient également les bureaux de la toute nouvelle revue *Psychology Today*.

Son rédacteur en chef, T. George Harris, me téléphona un beau jour :

— Vous serait-il possible de filer jusqu'à Santa Cruz afin d'essayer de compléter une entrevue qui a tourné court avec Norman O. Brown ?

J'ai accepté de but en blanc, je me suis lancé dans le journalisme. Au cours des vingt années qui suivirent, j'ai rédigé des articles sur quelques-uns des grands penseurs du moment : Herbert Marcuse, Joseph Campbell, John Lilly, Carlos Castenada, Stanley Keleman, Ernest Becker, Roberto Assagioli, Ivan Illich, Robert Bellah, Elisabeth Kübler-Ross, Michael Murphy, Rollo May et Susan Griffin. J'ai signé des articles sur le mouvement de la connaissance, sur les nouvelles thérapies et sur les cultes psychologiques et religieux naissants. J'ai fait passer des entrevues à quelques-uns des gourous les plus célèbres : Guru Bawa, Oscar Ichazo, Arthur Janoff, Muktananda, Chogyam Trungpa et Werner Erhart. L'institut Arica, l'Institut du cri primal, l'institut Naropa, est, Wellsprings, Silva Mind Control, la psychosynthèse et la scientologie ont également été l'objet d'enquêtes de ma part.

Au sein de ce que l'on nomme le Nouvel Âge ou encore la psychologie humaniste, j'ai découvert une spiritualité libre de toute entrave qui a renoncé à la tentative de se frayer une voie entre la foi et la raison à laquelle j'avais naguère attaché tant d'importance. Parmi les disciples de l'ère du Verseau, personne ne semblait se soucier de définir les raisons pour lesquelles ils croyaient, et encore moins de rechercher des preuves pour étayer leurs conclusions. Le Nouvel Âge se fie mordicus aux cristaux dotés d'un pouvoir de guérison, à l'orientation des entités, aux expériences extrasensorielles, à la puissance des pyramides, à la sorcellerie et à la prospérité universelle. Les hallucinations causées par le LSD étaient considérées comme porteuses de vérités. est conduisait à l'illumination en deux fins de semaine. Les swamis, les maîtres de l'illumination et autres nouveaux chamans parlaient en connaissance de cause de l'existence de l'Un et de *la* Vérité. Les orienteurs en transe donnaient la parole à Seth, Ramtha ou d'autres entités vieilles de quatre mille ans. Les thérapeutes de la lumière purifiaient votre aura, réalignaient vos chakras et vous débarrassaient de l'énergie négative. Les commerçants du mystique affirmaient que vous pouviez « entrer dans le nirvana en un seul élan si vous portiez le chandail Zen Enso (18,95 $US) et que vous pouviez accorder corps, raison et esprit à l'Univers grâce à la fabuleuse Fourchette de réglage cosmique OM (34,95 $US), frais de manutention et d'expédition en sus) ». Les créateurs de nouvelles thérapies prétendaient que seules leurs panacées pouvaient guérir de l'aliénation. *Common Ground*, un répertoire de ressources pour la transformation personnelle publié dans la région de San Francisco, renfermait des informations sur des centaines de techniques de spiritualité, de cures et de médicastres qui, pour la plupart, n'étaient que des charlatans. Le bon, le mauvais et le ridicule s'y côtoyaient.

Lors de mes expéditions vers cette nouvelle frontière, j'ai vu plusieurs exemples de spiritualité destructrice, de mystifications, d'abus flagrants de pouvoir, de tyrannie dissimulée et de fanatisme. C'était le règne de la croyance dépourvue d'esprit critique, de la foi mal placée et de la loyauté aveugle à l'égard des gourous ou de groupes. Le culte de la personnalité se manifestait sous différentes formes et les disciples fidèles fermaient les yeux sur l'inconduite, la malhonnêteté, l'ivrognerie et le comportement tyrannique de leurs maîtres à penser. Les transactions financières louches de Werner Erhart ne sont plus un secret pour personne. Trungpa Rinpoche ne s'est pas borné à pratiquer « la technique de la folle sagesse » et à se livrer à des orgies avec des étudiantes choisies, il s'est tant livré à la boisson qu'il en est mort. Ozel Tenzin, son successeur, continuait à avoir des relations sexuelles avec ses étudiantes, bien que se sachant atteint du SIDA. Muktananda avait lui aussi des relations sexuelles avec de jeunes disciples. Jim Vargu se servait perfidement de la psychosynthèse pour dénaturer les sages préceptes d'Assagioli et expulsait les membres qui refusaient de promettre une loyauté absolue au groupe et de placer le « travail » au-dessus des amis et de la famille. La liste des gourous coupables de tyrannie et de manipulation des esprits sous couvert de « spiritualité » pourrait s'allonger à l'infini. Les disciples de Fritz Perls, de Carl Rogers et d'Arthur Janoff ont commis peu de méfaits, sinon celui d'imiter le style de leurs maîtres de façon grotesque. Les émules de L. Ron Hubbard (Scientologie) et de Bhagwan Rajneesh ont généralement perdu leur argent et leur liberté d'action. Quand à ceux de Jim Jones, ils ont, pour leur part, avalé une dose mortelle de poison. La croyance irraisonnée peut être fatale.

C'est dans cette ambiance de spiritualité débridée que j'en suis venu à me battre avec le problème qui nous hante tous. Tout ce que crée la Californie, le reste du pays le copie. Dans l'Ouest américain, les extrêmes sont la norme et la modération est une denrée rare. La montée des visions spirituelles divergentes et des nouvelles religions si évidente dans le cercle du Pacifique laisse présager l'avenir. Le pluralisme radical y est définitivement ancré. Nous devons trouver au sein de cette société multiforme une méthode qui permette de départager la crédulité de la foi réfléchie, les engagements créatifs de ceux qui sont destructifs. La grande question sans réponse du vingtième siècle est : « À qui ou à quoi devons-nous nous en remettre ? » Encore que nous ayons besoin de principes fermes pour nous éviter de nous abandonner à quelque chose de mesquin, à de faux dieux, à des gourous ou à des groupes malfaisants.

Les avertissements qui suivent sont semblables à ceux qui sont inscrits sur les paquets de cigarettes. Mise en garde : ces pratiques peuvent être néfastes à votre santé spirituelle.

Gare aux meneurs charismatiques, à l'autorité qui ne souffre pas d'être contestée, aux maîtres de l'illumination, aux gourous trop parfaits, aux prêcheurs réincarnés et aux thérapeutes qui se targuent d'être omniscients.

Évitez les soi-disant experts qui vous proposent un plan universel de salut ou une carte pour votre itinéraire spirituel. Soyez méfiant à l'égard de ceux qui prétendent posséder la connaissance ésotérique de la vérité cachée, de la volonté de Dieu, de la fin du monde, ou de ceux qui voudraient faire rétrograder l'Irak à l'âge de la pierre. Les grands secrets spirituels, comme celui de la Lettre dérobée, sont pourtant à la portée de tous (même si vous devez vous décarcasser pour les découvrir).

Il est certain que vous pouvez vous servir de la sagesse spirituelle des maîtres, des thérapeutes, des amis et des explorateurs.

Plus ils seront nombreux, mieux cela vaudra. Suivez cependant le conseil d'al-Rûmî : « Apprenez à connaître votre moi intérieur avec l'aide de ceux qui connaissent ce domaine, mais ne répétez pas mot pour mot ce qu'ils disent. »

Demeurez vigilant à l'égard de l'être qui fascine, séduit, semble irrésistible. Quand vous devenez incapable de détacher votre regard du sien, c'est que vous avez probablement commencé à voir votre vie par ses yeux à lui plutôt que par les vôtres.

Fuyez quiconque réclame de vous l'obéissance. Si elle est une vertu pour les enfants et une obligation face à la société, ce n'est cependant pas la voie à suivre pour atteindre la maturité spirituelle.

Examinez attentivement le comportement d'un maître spirituel. Cette personne aborde-t-elle de manière ouverte et franche les questions relatives à l'argent, au pouvoir et à la sexualité ? De telles personnes doivent rendre compte de leurs activités en se servant des mêmes critères que nous. Bien des inepties sont passées sous silence pour la seule raison qu'elles découlent de la « folle sagesse ».

Vérifiez si ce maître spirituel a, en plus de ses disciples, des amis, ou s'il est en relation avec des pairs et s'intègre à une communauté de gens qui lui sont égaux. Je me méfie de quiconque se dit empreint d'une compassion universelle, mais demeure incapable d'entretenir une simple relation d'amitié. Les amis sont là pour garantir notre honnêteté. Quand un maître à penser n'a que des disciples ou des fidèles, il n'obtient que peu de réaction en retour et aucune critique valable ne peut lui être adressée. La capacité d'échanger des réflexions de nature spirituelle avec les autres est le fondement essentiel d'une spiritualité authentique.

Observez ces groupes pour voir si l'on y admet la divergence d'opinions, le défi, la critique et la discussion. Ce maître spirituel reconnaît-il son incapacité à répondre aux questions importantes ? Lui arrive-t-il d'admettre qu'il — c'est presque toujours un homme — peut être dans l'erreur et que les critiques dont il est la cible sont justifiées ? Une communauté spirituelle doit être ouverte à toutes les vérités qui l'effleurent.

Ne prenez aucun engagement vis-à-vis d'un maître ou d'un groupe qui vous demande de lui accorder plus de loyauté qu'à votre conjoint ou conjointe, à votre famille ou à vos amis. Revendiquer une « loyauté plus grande » à l'égard d'une Église, d'une institution ou d'une nation devrait éveiller vos soupçons. Il est plus profitable de s'appliquer à aimer son prochain qu'à s'engager dans une organisation étrangère ou à poursuivre une utopie. La charité bien ordonnée commence par soi-même. Si un système de foi ne vous encourage pas à consolider vos liens familiaux et amicaux et à élargir votre horizon communautaire, c'est qu'il ne s'agit pas d'une foi véritable, mais bien d'une forme de paranoïa. Si un groupe vous oblige à vous exclure du monde, faites vos valises et sautez dans le premier train qui passe.

Détournez-vous *immédiatement* de tout chef spirituel ou de toute religion qui assimile son pays à la Terre sainte, tout groupe qui se proclame peuple de Dieu ou ennemi de l'empire du mal. Si le narcissisme est une forme mineure d'idolâtrie, le fanatisme en est la facette la plus dangereuse.

Cherchez à déterminer le niveau d'humour qui règne à l'intérieur de ces groupes à l'égard des croyances, des mots d'ordre et des préceptes à l'honneur. L'absence d'humour est un signe certain de rigidité psychologique, de fanatisme et de tyrannie spirituelle immanente. Interdire la satire, réduire les clowns au silence, réprimer la légèreté d'esprit sont caractéristiques des groupes qui se prennent un peu trop au sérieux. Par contraste, les traditions spirituelles les plus profondes ont toujours reconnu que le sacré et le profane, au même titre que la sagesse et la folie, marchent bras dessus bras dessous et que la véritable piété doit être ponctuée de rires irrévérencieux. Au cours des cérémonies sacrées qui se déroulent au Bhoutan, un clown particulièrement grotesque brandit un phallus de bois et imite en les parodiant les gestes des danseurs. Chez les Pueblos du Sud-Ouest américain, les koshares ou clowns sacrés accompagnent les danseurs kachina et interrompent la cérémonie quand bon leur semble en se gaussant des sujets sérieux. La gaîté et la joie sont un garde-fou contre un excès de sérieux et contre la tendance à considérer que les lieux du crible, les rites et les formules sont par essence plus sacrés que les symboles essentiels qui conduisent au Dieu inconnu.

Je pense à de nombreux exemples de cet esprit gouailleur qui disperse la fausse piété comme une brise marine chasse la brume.

Au cours de l'une des conférences données à Harvard par Paul Tillich sur la nature de Dieu, une dame s'est levée pour lui demander :

— Professeur, il est de notoriété publique que les psychanalystes passent des moments extrêmement désagréables sitôt que leurs patients s'avisent d'avoir quelque notion de psychanalyse. Croyez-vous que Dieu se heurte au même problème avec les théologiens ?

L'auditoire demeura interloqué par cette question. Tillich en profita pour répondre :

— J'en suis persuadé !

La façon dont il éclata de rire ensuite plongea la salle dans une hilarité qui cadrait mal avec le sérieux généralement de mise dans un cours de théologie.

On se plaît à raconter que lors d'un débat à l'Université de Chicago entre le métaphysicien Charles Hartshorne et Paul Holmer, Hartshorne, dans la tradition d'Alfred North Whitehead, mit plus d'une heure à élaborer un raisonnement ontologique sur l'existence de Dieu. Lorsqu'il eut terminé, Paul Holmer, un philosophe qui soutenait que l'essence de la sagesse résidait dans le langage de tous les jours, se leva pour lui donner la réplique. Après un long silence, il affirma en prenant tout son temps :

— Dieu est grand. Dieu est bon. Nous devons le remercier pour la nourriture qu'il nous procure. C'est tout ce que j'ai à dire à propos de Dieu.

Sur quoi, il se rassit.

Au fil des ans, les amis de Joseph Campbell, tous spécialisés en mythologie, férus de spiritualité, ont créé une nouvelle version d'un ancien cantique de la Renaissance intitulé *Rendez-moi ma religion d'antan*, version relativement teintée de sarcasme à l'égard des divinités de différentes époques. (À ce que je sache, les couplets suivants sont en grande partie l'œuvre de George et Gerry Armstrong, de Fred Holstein et de Stephen et Robin Larsen.)

Chœur
Rendez-moi ma religion d'antan
Rendez-moi ma religion d'antan
Rendez-moi ma religion d'antan
Rendez-moi ma religion d'antan
Elle me satisfait pleinement.

Laissez-nous vénérer Zarathoustra,
comme nous l'entendons.
Je suis un adepte de Zarathoustra.
Il me satisfait pleinement.

Nous voulons imiter les druides,
et boire d'étranges décoctions
en courant nus à travers les bois.
Cela me satisfait pleinement.

Laissez-nous méditer sur Bouddha.
Il n'y a chez lui aucun dieu dont le glaive
soit d'argent, de cuivre et d'étain.
Et il me satisfait pleinement.

J'invoquerai la déesse triple
vêtue du costume crétois.
Certes, elle n'a rien de modeste,
mais elle me satisfait pleinement.

J'honorerai la déesse Isis,
la plus aimable des dieux d'Égypte.
Son époux est débité en tranches,
mais elle me satisfait pleinement.

Et voici Rhiannon, aussi nommée Epona,
qu'aucun homme ne peut posséder.
S'il s'y risque, c'est la mort.
Elle me satisfait pleinement.

Voilà que s'avance Athéna,
non seulement digne mais plus pure.
Elle est peut-être plus mesquine,
mais elle me satisfait pleinement.

Shri Shiva est si épatant
avec son vieil ami le taureau Nandi
et sa mère-montagne si habile,
il me satisfait pleinement.

Au cours des dernières années, la notion de « spiritualité » a été quelque peu entachée par le comportement obsessionnel et dépourvu d'humour de certains de ses praticiens. J'ai souvent rencontré de vrais croyants profondément attachés à la chrétienté, au zen, à la psychanalyse, à l'homéopathie, à l'astrologie ou à l'intelligence artificielle. Ils se disaient capables de fournir une explication à tous les phénomènes, mais ils ne pouvaient malheureusement distinguer ceux qui ne cadraient pas avec leur système de foi. Pour comble, cette lacune s'accompagne souvent d'une série d'observances qui les monopolisent et qui les rendent inaccessibles. Une femme exaspérée, vivant avec un homme qui se livrait la plupart du temps à des exercices religieux destinés à élever sa conscience et à cultiver sa relation avec Dieu, m'a dit un jour : « Il est plus facile d'être un saint que de vivre avec un saint. » À tout le moins, une manière de vivre authentiquement spirituelle devrait faire disparaître les frontières rigides et les mécanismes de défense de nos êtres, nous permettre de nous traiter nous-mêmes avec plus d'indulgence et nous rendre disponibles vis-à-vis des autres.

Tout en vous frayant un chemin au travers des modèles de vie pleins d'embûches de notre époque et du chaos né des mythes rivaux et des systèmes de foi, conservez votre sens de l'humour, gardez votre cœur ouvert et demeurez vigilants. Chaque matin, avant de vous mettre en route, vérifiez le fonctionnement de votre détecteur de mensonges spirituels.

CHAPITRE 7

Une sensualité pleine de grâce : donner un corps à l'esprit

Pour le plaisir de l'oreille et de l'œil,
pour le ravissement du cœur et de l'esprit,
pour l'harmonie mystique
qui lie le son au sens et à la vue,
nous t'avons dédié, Seigneur des univers,
cet hymne de louange et de gratitude.

Le Livre des cantiques, n° 2

Nul besoin d'être bon,
nul besoin de marcher sur les genoux
pour traverser un long désert afin de vous repentir.
Accordez simplement au doux animal
qu'est votre corps d'aimer ce qu'il aime...

Mary Oliver, *Dreamworks*

Une réorientation : la recherche de la splendeur ici-bas

Les premiers pas de toute quête spirituelle suivent le chemin que nous avons jusqu'à présent exploré, cette voie qui conduit au sommet de la montagne vers une connaissance plus directe du Dieu lointain. Les images traditionnelles de la vie religieuse nous suggèrent de regarder au-delà de ce que nous pouvons voir. Dieu est « bien au-dessus de nous » et de toutes choses au paradis. Pour vivre une expérience hors du commun, il nous faut donc soit « lever les yeux vers les collines salvatrices », soit escalader la Montagne sacrée.

Ces métaphores viennent sans doute d'une époque où les êtres humains s'imaginaient que les dieux vivaient au sommet des montagnes. Elles sont toutefois trompeuses, car elles incitent à croire que la vie spirituelle doit être une foi dirigée vers le haut ou une élévation au-dessus du royaume des sens. Il en découle qu'une grande partie de ce que l'on qualifie de « spiritualité » rejette avec aversion tout ce qui a trait au charnel aussi bien qu'aux activités commerciales et politiques courantes. Dans les chapitres suivants, nous découvrirons au contraire que l'esprit est indissociable du corps, au même titre que notre corps l'est du corps politique et que nos dévotions personnelles le sont de nos agissements politiques.

Notre vie extérieure a des répercussions sur la scène privée, sur notre intimité. Il suffit de scruter la psychè d'un individu au microscope pour y déceler l'empreinte des politiques, des valeurs, des opinions et de l'idéologie véhiculées par la culture. On ne peut isoler l'autobiographie du politique et vice versa. Dès lors, notre schème personnel exige des réponses à certaines questions essentielles :

Pouvons-nous parvenir à l'harmonie entre les sens, le sexe et l'esprit, entre les connaissances charnelles et sacrées ?

Pouvons-nous modifier nos rapports avec la planète et nos concepts figés d'économie industrielle, de manière à retrouver un sentiment de bien-être à vivre sur une Terre inspirée ?

Pouvons-nous créer des communautés capables d'empathie ? Imaginer une politique de l'esprit ?

Pour répondre à ces questions, notre voyage doit s'orienter différemment. Nous devons quitter les sommets pour plonger dans les profondeurs. Dans les chapitres suivants, nous explorerons le chemin de la connaissance charnelle. Lorsque, désillusionné par ma quête de ce Dieu que j'ai placé au pinacle, je descends de la montagne pour redécouvrir le monde des mortels, surgissent des questions qui me tiennent à cœur et dirigent mes pas vers d'autres horizons. La splendeur existe-t-elle ici-bas ? Puis-je percevoir le sacré avec mes yeux, mes oreilles, mon nez, ma langue et ma peau ?

Poser de telles questions semble aussi incongru que de laisser derrière soi l'air raréfié des hauteurs pour plonger dans un marais chaotique et confus. Il paraît insensé d'associer des termes aussi contradictoires que *spiritualité, sensualité* et *sexualité*. Nous avons le sentiment de mélanger ensemble le pur et l'impur, le sacré et le profane. C'est la même impulsion qui nous incite à chercher Dieu dans les hauteurs et à séparer le sacré de la sensualité et de la sexualité. L'un appartient au royaume d'en Haut et les autres à celui de la Terre. Le sacré est exaltant et nous apporte le salut, la sensualité et la sexualité sont abjectes et nous poussent à faire le mal.

Tant que nous isolerons la sensualité du spirituel, nous créerons un état d'esprit qui s'apparente dans le meilleur des cas à une schizophrénie permanente. Certaines personnes parviennent à vivre avec cette déchirure en réprimant leurs pulsions sensuelles ou leurs élans spirituels. Or le prix à payer est souvent exorbitant comme le prouve le silence que s'impose l'Église catholique romaine sur les dérèglements sexuels de ses prêtres, ou la conduite indigne des évangélistes protestants Jimmy Swaggart et Jim Bakker.

Cette scission de l'esprit et de la chair qui pervertit notre culture est d'autant plus déconcertante que nous savons pertinemment qu'elle est non fondée. Chacun de nous aspire à la plénitude et s'efforce de jouir intensément de l'univers des sens, de rendre son hommage à la chair et de s'unir à l'être aimé dans le sacrement du sexe.

Transigeant avec cette dissonance de l'intellect et des émotions, l'environnement culturel nous envoie des messages confus. En pratique, nous dissocions la sensualité de la spiritualité, mais, *en théorie*, le mythe religieux au cœur de la culture occidentale glorifie l'intégration de la chair et de l'esprit. En dépit de la promesse de salut qu'elle renferme, peu d'entre nous ont le courage de s'engager dans la voie ouverte par la proclamation religieuse la plus audacieuse jamais faite : « Et le Verbe s'est fait chair, et il est demeuré parmi nous dans sa magnificence. »

Nous allons maintenant nous préparer à explorer la voie

clandestine de la spiritualité charnelle afin de découvrir la sensualité pleine de grâce, la chair inspirée, la sexualité sacramentelle, c'est-à-dire la splendeur ici-bas.

Pour la beauté de la terre

La lutte insensée que se livrent les sens et l'esprit me cerne de toute part et envahit mon être.

J'ai eu la chance, et peut-être la grâce, d'avoir eu très tôt dans ma vie un mentor — un exemple vivant du lien entre le sens et l'esprit — qui m'a enseigné le *dharma* (la loi) du plaisir et de l'enthousiasme. En m'offrant la moitié d'une pomme, il m'aurait dit : « Contemple la couleur du suc de ce fruit. » Après avoir plongé une cuillère dans la marmite où mijote un poulet chasseur, il aurait demandé en me faisant goûter ce mets : « Faut-il y ajouter un peu plus de basilic ou de poivre ? » S'il avait pénétré dans ma chambre encore éclairée à minuit, il aurait interrompu ma lecture en m'enjoignant d'aller observer les jeux de la pleine lune et des nuages. En palpant plusieurs pièces de tissu, il aurait mis mon discernement à l'épreuve : « Sens-tu la différence entre la popeline, le lin et le coton égyptien ? » Il m'aurait dit en haussant le volume du tourne-disque au point d'ameuter le voisinage : « Écoute bien la façon dont les thèmes reviennent dans les fugues de Bach. »

Ses enseignements sur la vénération que l'on doit au bois se sont prolongés pendant des années. Tout a commencé lorsqu'il a coupé une branche de noyer d'Amérique pour en faire une canne. Il a tout d'abord ôté l'écorce et taillé le bois à la longueur voulue. Il s'est assuré que l'extrémité noueuse épousait bien la paume de sa main. Ensuite il a poncé le bâton au papier émeri très fin jusqu'à ce que les rugosités de la surface aient disparu. Mois après mois, il a frotté le bois avec des grains de blé glanés dans un champ voisin jusqu'à obtenir la teinte désirée. Pendant que le bois de la canne vieillissait, il l'a frictionné avec de l'huile d'olive, de la cire et d'autres substances afin de faire ressortir la beauté brute du noyer.

Pendant trois décennies, ce maître — mon père en l'occurrence

— m'a fait connaître les cinq impératifs de la spiritualité charnelle : le goût, le toucher, l'odorat, l'ouïe et la vue. Son enthousiasme communicatif m'a incité à goûter, à apprécier, à porter attention, à aimer et à me réjouir ouvertement de la beauté de ce monde. Chaque fois que je suis transporté par la beauté, j'entends l'écho d'un vieil hymne : « Dans le monde de mon père, la nature chante à mes oreilles attentives et m'entoure de la musique des sphères. » Est-ce mon père terrestre ou mon père céleste qui s'adresse à moi par les corolles des orchidées et le chant des grives ? Je l'ignore. Trente ans après la mort de mon père, la voix de celui qui me parle — où que je sois — est à la fois familière et sacrée.

À cette époque, le paysage de mon esprit était également balayé par des vents contraires. Il m'arrivait de rester éveillé la nuit en me demandant si je devais donner suite à mon intérêt pour les oiseaux dont la beauté multicolore m'enchantait, et devenir ornithologue, ou m'intéresser plutôt aux choses « plus importantes ». J'ai alors songé à étudier la théologie. Dans les fragments encore intacts de mon journal d'adolescent, se trouvent de nombreuses références au déchirement que je vivais entre les sens et l'esprit, le corps et l'âme, la beauté et la piété. J'étais convaincu que pour devenir un bon chrétien, je devais cultiver l'ascèse et réprimer mon penchant pour les plaisirs de la Terre. Tirer profit des « biens de ce monde » était synonyme pour moi d'avoir un esprit païen obscurci.

Or les pulsions de mon corps me poussaient toujours vers le chemin païen de la perdition. J'essayais d'être un bon chrétien, mais ma sensualité s'entêtait à refaire surface. Dès l'instant où je décidais de museler ma gourmandise, une force irrésistible me poussait vers le restaurant Penny Hill où je consommais une demi-douzaine de beignets chauds glacés au miel, fourrés de gelée et saupoudrés de cannelle. À d'autres occasions, je me refugiais dans l'un des rares bois de Wilmington pour admirer la beauté secrète de la nature sauvage. L'ascétisme et la poursuite de la vérité désincarnée n'ont jamais été mon fort.

Durant toute ma vie, la beauté m'a paru le meilleur argument en faveur de la félicité ici-bas. Mon esprit en proie au doute est souvent désarmé à la vue d'une orchidée sauvage dissimulée dans la mousse près d'un ruisseau. Quand je perds l'espoir de comprendre les aspects terrifiants de l'Histoire, mon esprit est soudainement séduit par le chant cristallin de la grive des bois qu'une brise éphémère module à mes oreilles. Malgré ma perplexité et ma méfiance au sujet de ce que la théologie m'a appris et désappris, je pressens malgré tout que la beauté et la sainteté sont intimement liées. C'est d'ailleurs l'un des thèmes centraux de la religion navajo que cette prière de la cérémonie du Chemin de la nuit fait ressortir :

Dans la beauté, je pourrais marcher.
Toute la journée, je pourrais marcher.
À travers le passage des saisons, je pourrais marcher.
Je serais encore en possession de la beauté.
Celle des oiseaux merveilleux.
Celle des oiseaux merveilleusement joyeux.
Sur le sentier poudré de pollen, je pourrais marcher.
Avec des sauterelles qui jaillissent sous mes pieds, je pourrais marcher.
Dans la rosée du matin, je pourrais marcher.
Avec la beauté, je pourrais marcher.
Avec la beauté devant moi, je pourrais marcher.
Avec la beauté derrière moi, je pourrais marcher.
Avec la beauté au-dessus de moi, je pourrais marcher.
Avec la beauté tout autour de moi, je pourrais marcher.
Dans mon vieil âge, vagabondant sur un sentier de beauté, encore fringant je pourrais marcher.
Dans mon vieil âge, vagabondant sur un sentier de beauté, toujours aussi fringant je pourrais marcher.
Cela s'accomplit en beauté.
Est couronné de beauté.

La désincarnation de l'esprit

Que nous est-il arrivé? Pourquoi sommes-nous si divisés au sujet de la sensualité et de la sexualité? Quelle notion malsaine, désincarnée, mine notre plaisir ? Comment le monde est-il parvenu à un tel désenchantement ? À un tel déséquilibre ? Quand a-t-il cessé de chanter et d'exprimer les messages sacrés ?

Dans la vie contemporaine, deux forces se liguent pour désensibiliser nos corps : la religion et le besoin démentiel d'acquérir et de dépenser. Au début de notre quête, nos corps sont infirmes et blessés, nos sens sont amortis par le double fardeau de la froide tradition religieuse et du culte de la consommation. Les forces conjointes de la religion et de l'économie nous poussent à immoler nos corps à une « grande » cause : Dieu ou le Commerce. Nous souffrons à la fois de privation sensorielle, de surcharge sensorielle et d'alanguissement des sens. Nous sommes hors circuit. Rien n'a plus aucun sens.

Chaque fois que j'escalade l'Acropole, ce lieu où la culture occidentale a pour la première fois célébré le mariage entre le charnel et le spirituel, je suis navré de voir à quel point nous avons perdu la face. Sur cette colline inspirée, on voit encore des statues antiques d'hommes, de femmes, d'animaux et de dieux. Là chantent encore l'harmonie et la beauté des magnifiques colonnes du Parthénon et des temples avoisinants, ces hommages en marbre à la foi dans son expression la plus haute.

Il est incontestable que de tout temps les courbes harmonieuses de l'anatomie humaine ont émerveillé les hommes et les femmes au même titre que les cieux étoilés. Les Grecs furent les premiers à croire que la beauté était un témoignage visible de la divinité. Si vous aviez pu interroger Socrate et Platon sur ce qui les avait incités à penser que le cosmos était imprégné de divinité, ils vous auraient montré les mouvements bien réglés des corps célestes. Selon une maxime de l'Antiquité, l'ordre de la nature et, partant, sa rationalité, sert de modèle et de guide pour la vie morale et le gouvernement de la république idéale.

Dans le *Symposium*, Platon imagine qu'une échelle relie l'expérience des sens à la plus haute vision mystique. Il fallait, disait-il, commencer par aimer un bel objet pour, graduellement, monter sur les ailes d'Éros afin de pouvoir aimer la beauté elle-même. Il ajoutait que la beauté, la vérité et la bonté étaient inséparables. Quand l'œil du corps se livre à l'adoration, celui de l'esprit s'ouvre doucement à la beauté des idéaux divins, des formes et des archétypes qui transcendent et imprègnent à la fois toute matière.

Toutefois la pensée grecque classique glorifie autant qu'elle dévalorise le royaume des sens. En un sens, une vie axée sur la raison est censée nous élever au-delà du monde matériel et transcender les passions désordonnées du corps. Nulle part ailleurs, cependant, la beauté du corps humain n'a-t-elle été aussi divinement immortalisée que dans les sculptures grecques, aussi entretenue que dans les gymnases et aussi glorifiée que dans le cadre des Jeux olympiques de l'époque. On rapporte que Socrate, conscient de sa laideur mais désireux de plaire aux jeunes hommes, inventa le dialogue afin d'en faire le pendant intellectuel de la lutte.

Les Grecs ont également conçu une forme de thérapie élaborée destinée à réconcilier le corps avec l'esprit. Pour illustrer l'opinion selon laquelle la beauté est essentielle à l'harmonie entre le corps et l'âme, il suffit de se rendre d'Athènes jusqu'à Épidaure où fut érigé le sanctuaire d'Asclépios. Pendant près d'un millénaire, à partir de cinq cents ans avant la naissance du Christ, le culte voué à Asclépios s'est répandu dans les mondes grec et romain. Plus de quatre cents centres lui ont été consacrés à l'extérieur des villes, en des lieux où soufflaient les brises fraîches et où coulaient les ruisseaux. Au centre d'Épidaure, le plus fréquenté de tous, les hommes et les femmes qui cherchaient la guérison avaient le choix entre différentes formes de traitements semblables à ceux qui sont actuellement appliqués en médecine holistique. La nuit, un malade qui gémissait de douleur pouvait dormir à l'air libre dans un dortoir appelé Abaton et attendait un rêve guérisseur souvent provoqué par un des serpents sacrés qui rampaient sur le sol. Au cours de la journée, le temple était le théâtre de prières et de sacrifices. Le centre renfermait aussi un amphithéâtre de quatre mille sièges où se tenaient des concours de musique et de poésie, ainsi que des compétitions athlétiques. On y présentait des pièces tragiques et comiques d'inspiration noble qui provoquaient une catharsis de rires et de pleurs destinée à purger l'esprit, tout comme l'ellébore purifie le système digestif. On prescrivait également des exercices, des bains chauds et froids, des massages, des médications, des régimes alimentaires simples et des interventions chirurgicales.

Socrate répétait souvent ce postulat qui est le fondement de la guérison de l'esprit : « N'essayez pas de soigner les yeux sans vous soucier de la tête ni de soigner la tête sans vous soucier également du corps. Il est impossible de traiter le corps si l'on ne traite pas aussi l'âme. »

Le gnosticisme : le corps est une prison

Comment avons-nous oublié le vieil adage : « La chair est ignorée de l'esprit ? » Il s'est produit un changement fondamental dans les perceptions, les attitudes et les sentiments vis-à-vis du corps au cours des quelques siècles qui ont séparé la culture grecque classique de l'ère chrétienne.

Lors des bouleversements qui ont suivi les conquêtes d'Alexandre le Grand et la débâcle des cités démocratiques grecques, le monde occidental a connu un important changement de paradigme et une transformation de ses valeurs. Ce renversement se caractérise par l'émergence d'un nombre incalculable de nouvelles sectes et d'écoles philosophiques regroupées sous la bannière du gnosticisme. Des sectes comme les esséniens et les néoplatoniciens à Alexandrie ou des théologiens quasi chrétiens comme Marcion ont partagé une vision gnostique d'après laquelle le corps humain et le monde matériel sont une prison répugnante, une caverne ténébreuse qui piègent l'âme. Le gnosticisme en appelle au rejet radical du corps et à la recherche d'une gnose divine révélée, une connaissance des mystères, apte à réveiller l'âme pour l'amener à se souvenir de son origine divine.

En tentant d'échapper au monde matériel étranger à leur nature, de nombreuses sectes gnostiques imposent un ascétisme des plus rigoureux. Affirmant que le monde est l'œuvre d'un démiurge ou d'un esprit du mal, elles sont persuadées que l'attraction du corps pour les plaisirs sensuels et sexuels sont des pulsions diaboliques. Un passage de l'*Évangile de Thomas le prétendant*, découvert en 1945 à Nag Hamadi, souligne ce rejet de la chair : « Malheur à toi

qui places ton espoir dans la chair et dans la prison où elle périra...
Malheur à toi qui es prisonnier d'une caverne. » La métaphore la
plus révélatrice du sentiment gnostique à l'égard du corps humain
rappelle que l'âme est une perle pure et immortelle engloutie dans
l'excrément et dans le limon de la matière. Selon le gnosticisme, la
voie vers le chemin spirituel passe par l'acquisition de la gnose
secrète et des règles nécessaires à la purification de l'âme à la suite
de son immersion dans le temps et la matière.

Le christianisme : l'incarnation et la sensualité ambivalente

Cette notion gnostique de rejet des sens s'est étendue à tout le
monde antique au début de l'ère chrétienne. Un pressentiment
d'apocalypse imminente hantait saint Paul et les fidèles de la première Église. Ils croyaient que le monde serait bientôt appelé à
disparaître. Il ne restait que peu de temps. C'était un cas d'urgence.
Le Christ pouvait apparaître à tout moment et le monde allait être
détruit et transformé en un clin d'œil. Comme nous ne sommes que
des passants ici-bas, il faut éviter de s'attacher aux biens terrestres.
Le temps passé à folâtrer est du temps perdu pour notre préparation
au royaume qui nous attend. Gardons-nous de le gaspiller dans les
plaisirs du mariage. Au mieux ou au pire, Paul reconnaissait « qu'il
était préférable de se marier plutôt que de brûler ». L'un des seuls
hommages rendus à la signification sacrée de la chair ou des sens
emprunte ces termes : « Nous devons être en ce monde, mais non
de ce monde. Notre véritable citoyenneté n'est pas terrestre. »

Le christianisme a toujours fait preuve d'ambivalence à l'égard
des sens, de la chair et des merveilles de ce monde. D'un point de
vue théologique, il affirme qu'un Dieu aimant a créé le corps, l'esprit et l'âme *ex nihilo*. Nul démiurge ou démon ne peut contaminer
le chair mortelle ou maîtriser le cours du temps. *En théorie*, l'Église
rejette tout genre de dualisme — gnosticisme et manichéisme —
qui pourrait limiter la domination de Dieu sur le temps, l'esprit ou
la matière. Mais *en pratique* l'Église a toujours été logiquement
l'ennemie de la sensualité. L'ambiance apocalyptique de l'époque
a donné naissance à deux règles de conduite. La première : en cette

époque d'urgence, le plaisir que l'on peut tirer des bienfaits de la Création est écourté au bénéfice d'un dévouement total à la préparation au royaume de Dieu. La deuxième : le temps qui s'écoulera jusqu'au retour du Christ doit être considéré comme un temps d'urgence. C'est ce que l'Église prône depuis deux mille ans.

Au premier siècle de notre ère, des chrétiens plus pragmatiques et plus matérialistes ont tenté de corriger la date d'échéance de l'Apocalypse. Quand le Seigneur tarde à se manifester au-delà d'une génération, il semble alors nécessaire pour certains d'annuler le rendez-vous ultime afin de profiter pleinement des mystères ordinaires de ce moment historique. Périodiquement, des mouvements semblables à celui que Matthew Fox a nommé « la théologie de la création centrée » émergent au sein de l'Église. Se rappelant que « la Terre appartient au Seigneur », les chrétiens honorent les sens et chantent « la beauté de la Terre et les splendeurs des cieux ». Mais la méfiance éternelle face à la chair et à la Terre réapparaît avec une régularité exaspérante. Le rejet cruel que fait saint Augustin des plaisirs de la sexualité surgit de façon récurrente comme le vaisseau fantôme. Les catholiques, dont la conscience sexuelle continue d'être modelée par les membres masculins et célibataires du clergé (chez qui l'impulsion première est de toujours dire non), souffrent cruellement de cette ambivalence à l'égard de la sexualité.

Le judaïsme, le christianisme et l'islamisme ont continuellement dévalorisé la chair et la matière dans le but d'échapper à la souillure du paganisme et de préserver la transcendance de Dieu. Ce sont eux les responsables du triomphe de la vision laïque de la Terre.

Le non-sens laïc

L'émergence de l'économie et la place privilégiée qu'elle a conquise dans nos préoccupations ont également accéléré la désensibilisation de nos corps. Comme le soutient Wordsworth, « le monde est trop bon pour nous. Tôt ou tard, à force de vouloir acquérir et dépenser, nous allons gaspiller nos pouvoirs. Nous ne considérons pas à sa juste valeur la nature qui nous appartient. Nous avons trahi nos cœurs pour de viles ristournes. »

On prétend de nos jours que la sécularisation a libéré les sens et la sexualité de la tyrannique répression religieuse. À chacun de mes voyages à Chicago ou à Bangkok, je constate que dans une mégalopole — la cité du futur — la plupart des habitants des gratte-ciel modernes vivent dans une atmosphère où leurs sens et leurs corps subissent un stress incessant et sont assaillis par des stimuli déplaisants. L'œil ne voit qu'ordures, détritus et publicités tapageuses. La circulation des véhicules, les travaux de construction et le tapage des rues agressent l'oreille. Le smog et la pollution offensent l'odorat. Les lugubres immeubles en ruines qui bordent les rues du cœur de Détroit évoquent les scènes de dévastation de Beyrouth.

Le rythme survolté de la vie urbaine, auquel s'ajoute l'usage de stimulants et de dépresseurs chimiques, nous coupe des moments de loisir dont nous avons besoin pour nous émerveiller et apprécier la vie. Ces assauts répétés engourdissent les sens et nous incitent à nous isoler dans nos mondes personnels. Ce type de réaction ressemble sensiblement à celui qu'entraîne la privation sensorielle. Les prisonniers maintenus dans des cellules sombres et les gens qui utilisent de leur plein gré les chambres de privation sensorielle pour méditer sont sujets à des hallucinations.

Il existe encore, bien entendu, des îlots de beauté à New York, à Los Angeles, à Mexico, à São Paulo et à Bogota. On y trouve des parcs, des musées, des monuments et des habitations converties en sanctuaires, mais la beauté urbaine semble être de plus en plus l'apanage de l'élite. Tout en faisant montre de « bon goût », les gens riches ont la possibilité de vivre à l'abri de la laideur et des agressions sensorielles. En passant de leur appartement avec terrasse et vue sur le parc à un restaurant de grande classe, puis à leur maison de campagne, ces bien-nantis savent à merveille se préserver de l'ambiance déprimante des grandes villes.

Plus nous laissons la laideur envahir les lieux publics, plus la beauté se réfugie dans le privé. Plus les charmes sensuels de nos villes déclinent, plus nous nous rabattons sur les vêtements en vogue et les œuvres d'art. Les plus raffinés d'entre nous ont troqué la splendeur des cornouillers en bourgeons et les couleurs automnales des érables contre la vénération des styles dernier cri.

Un simple regard sur les peintures de la grotte de Lascaux prouve que les êtres humains ont toujours honoré la beauté et su créer des œuvres magnifiques. Jusqu'à tout récemment, l'art était inspiré par l'esprit de vénération comme le démontre le respect de la nature qui émane des tournesols de Van Gogh et des orchidées de Georgia O'Keeffe. La création artistique était synonyme de célébration et de dialogue avec la beauté perçue par les sens. *L'art ne cherchait pas à la remplacer.* De nos jours, la religion et l'art deviennent une fin en soi plutôt qu'une invitation à glorifier la splendeur et le sacré. Alors que l'environnement se dégrade de plus en plus, « l'art » n'est plus qu'un objet exposé dans les musées ou les galeries. Nous semblons avoir perdu la sagesse initiale de cette sentence balinaise : « L'art n'existe pas en nous. Nous nous bornons à rendre les choses aussi belles que nous le pouvons. »

La désuétude calculée au sein de la culture de consommation est une forme d'ascétisme capitaliste, une sorte de refus de choyer et de préserver les choses qui nous entourent. Dans une société gouvernée par l'économie, nous ne faisons qu'utiliser des objets, puis nous en débarrasser plutôt que de les aimer. Nous manquons d'un certain esprit matérialiste tourné vers l'émerveillement. Notre façon tape-à-l'œil d'être des consommateurs prouve à l'évidence que nous cherchons l'amour aux mauvais endroits.

Le don des sens

Comment « nettoyer les fenêtres de la perception » de manière à pouvoir *adorer* ce que nous nous bornons actuellement à *utiliser* ? Que faire pour retrouver la dimension spirituelle de la vie des sens et rendre au corps humain sa fonction de révélateur ? Que signifie le fait de vivre comme si « le Verbe s'était fait chair » ? Comme si la logique éternelle et la volonté qui donne forme à tout ce qui existe se nichaient dans une orchidée sauvage ?

Le mot latin *datum*, don, nous fournit un premier indice. Il nous est donné au commencement de percevoir la couleur, de goûter, d'entendre, de humer, de palper. Le plaisir naît de la physiologie des sens. L'œil est excité par l'écarlate, apaisé par le céladon, calmé par l'azur et éclairci par le noir et le blanc. Nous sommes spontanément ravis par le chant mélodieux de l'alouette des prés et alertés par le cri strident du faucon à queue rouge. Dans son livre *Cher Bon Dieu (The Color Purple)* Alice Walker se rapproche de la théologie primaire des sens quand elle fait dire à Shug : « Je suis sûr que ça fait râler Dieu que tu te promènes à côté d'une belle tache pourpre dans un champ sans même la remarquer [...] Les gens croient qu'il ne pense qu'au plaisir que nous lui donnons. Mais il ne faut pas être bien malin pour voir qu'il cherche toujours à nous le rendre [...] Il nous surprend continuellement au moment où nous nous y attendons le moins. Tout le monde veut être aimé. Nous-mêmes, nous chantons et dansons, nous faisons des pitreries, nous offrons des fleurs, tout cela dans l'espoir que les autres nous aiment. N'as-tu jamais remarqué que les arbres font exactement tout ce que nous faisons pour attirer l'attention, à l'exception de marcher ? »

L'élan de gratitude et de célébration que la religion a transformé en vénération s'infiltre dans notre contact sensoriel avec le monde. Les lèvres du bébé sont naturellement ravies du contact avec le mamelon. L'œil plonge dans une heureuse contemplation quand il voit le soleil se coucher sur l'océan qui s'assombrit. L'oreille est immédiatement enchantée par le tambourinement de la pluie. Nos doigts chantent la louange de la douceur de la roche.

Nous sommes nés pour donner un sens aux choses. L'œil fait preuve de discrimination et de discernement bien avant l'intellect. Le nez et l'oreille jugent le bien et le mal bien avant que l'esprit ou la conscience n'aient été sensibilisés aux questions morales. Notre palais goûte les choses ou au contraire les rejette comme du lait suri. Le nez s'ouvre au parfum des lilas et se ferme à l'odeur de la viande avariée. La mouffette établit automatiquement la distance à maintenir entre elle et nous.

L'une des grandes absurdités de la pensée moderne est de

croire que l'être humain peut donner une signification à tout le matériel brut dénué de raison révélé par les sens. Le cardinal qui passe dans notre champ de vision annonce de façon très nette ce qu'il représente. Sans avoir à justifier son existence, il nous fournit l'une des données de base essentielles à la compréhension du monde : la couleur rouge.

Si vous avez des doutes sur la relation qui existe entre le monde des sens et celui des perceptions, faites cette expérience : retirez tout d'abord le rouge de la gamme de couleurs que la nature nous offre. Faites de même pour l'orangé, le jaune, le vert jusqu'à ce qu'il ne reste qu'un ton indéfinissable de gris. Quel sens peut-on donner à un monde dénué de couleurs ? Quel plaisir spirituel peut-on en retirer ?

Quand nous séparons la sensualité de la spiritualité, nous créons un monde déprimant. Un nez peut, à lui seul, témoigner de la profanation qu'a subie la ville de Secaucus au New Jersey. Les yeux et le nez irrités par un vent porteur de pluies acides et de pollution peuvent démontrer hors de tout doute que ce vent n'a aucune connotation spirituelle. Les tympans savent pertinemment que le corps et l'esprit sont irrités par le niveau très élevé de décibels produit par les réacteurs des avions et par le vacarme des embouteillages.

Plus nous désacralisons les sens en omettant de célébrer et de rendre grâce pour la beauté qui nous entoure, plus nous créons des environnements souillés tels les trous noirs de Calcutta et les quartiers insalubres de la Rust Belt à Washington. Si nous tentons, au nom de la religion ou de l'économie, d'échapper au temps, à la matière et à l'histoire, nous négligeons immanquablement l'embellissement, l'enrichissement et la gestion de nos terres et de nos villes. Je n'ai pu trouver ni dans les merveilleux textes du bouddhisme tibétain ni dans les pages du *Wall Street Journal* un seul poème louant le pin de Briscone ou invitant les croyants à écouter le chant de l'alouette des prés. En Orient, malgré des siècles passés à cultiver le paysage intérieur de l'imagination religieuse au moyen de rituels complexes, de cantiques, de mudras, de mantras, de yantras et de mandalas, rien n'a été fait pour prévenir la déforestation des grandes terres du Népal et de l'Inde. On y observe le même phénomène qu'en Occident où le capitalisme a coupé à blanc les forêts des Cascades.

Je me méfie de toute religion et de toute forme de thérapie qui s'intéressent exclusivement à l'enrichissement de la vie intérieure ou au salut de l'âme et qui font abstraction de la célébration des sens, d'une vision écologiste et d'un intérêt pour la justice sociale. Nous ne pouvons prétendre transformer ce monde sans croire que l'esprit s'est matérialisé dans la chair et dans la poussière. Ce monde *est* notre habitat. Nous sommes là où nous devons être. Nous n'avons nul besoin de fuir vers un paradis lointain ou une colonie spatiale de la NASA.

Pratiquer la discipline du plaisir est l'antidote idéal contre la tristesse des sens et la fadeur de notre mode de vie désincarné.

Que ce soit en arpentant la rue principale, en courant dans un parc ou en dînant en famille, mettez-vous un instant dans la peau d'un fin connaisseur en objets rares, d'un collectionneur de moments de beauté inattendus. Chaque jour doit renfermer son lot de nouveautés dans le musée de votre expérience : un marron enrobé de chocolat et de crème glacée à la vanille, une simple plume tachetée tombée de la poitrine d'un moineau, la trajectoire et la pulsation d'un jet d'eau au soleil levant, l'éclat fugitif des yeux de votre fille en contrepoint à son sourire, le contraste frappant entre le zigzag d'un éclair et le trait rectiligne d'un avion dans le ciel bleu ; l'arôme à la fois doux et âcre des feuilles mortes qui brûlent.

Faites de fréquentes pauses et essayez de vous imaginer que vous êtes en train de faire des repérages pour une scène avant qu'elle ne soit filmée. Quel cadrage allez-vous utiliser ? Quels éléments de la scène allez-vous conserver ?

Observez une simple roche. Une histoire zen relate l'initiation d'un jeune homme à l'escalade en compagnie du meilleur alpiniste du monde. Il espérait que le maître lui apprendrait les techniques ésotériques qu'il avait, disait-on, perfectionnées. À la grande surprise du jeune homme, le maître lui offrit plutôt une pierre ramassée dans le jardin et l'enferma dans une pièce pendant un an. N'ayant rien d'autre à faire, le novice examina attentivement la pierre, joua avec celle-ci, la goûta, palpa chacun de ses coins et recoins minuscules ainsi que sa surface lisse et étudia ses variations de couleur et de température pendant les nuits de lune et les journées de pluie. Au terme de cette année, le jeune homme possédait une connaissance approfondie de la pierre et savait en apprécier chacun des détails et chacune des nuances. Quand il sortit finalement de son isolement, il se dirigea vers les hautes montagnes et escalada les pentes les plus abruptes avec une grande aisance. Les saillies rocheuses et les prises de doigts qui lui semblaient auparavant fragiles et précaires se révélaient désormais assurées et très stables.

Le réenchantement et l'harmonisation du corps

Lorsque j'étais enfant, mon père voulait que je me serve d'un diapason pour me donner le ton juste avant de chanter. Je tapais l'instrument — twangggggggggg ! — et le son envahissait la pièce pendant que les vibrations résonnaient en moi jusqu'à ce que je ressente un chatouillement dans les oreilles. Ma voix trouvait alors la note exacte.

Nous sommes tous à l'origine des êtres enchantés. Les enfants sont d'eux-mêmes mystiques ; les phénomènes extérieurs se confondent avec les phénomènes intérieurs. Non seulement j'étais aussi rapide que le vent, mais j'étais aussi le vent qui balaie les herbes hautes. Sans effort, je me métamorphosais en faucon planant sur la vallée ou en serpent qui ondulait entre les rochers. Les chevaux me parlaient et je passais de merveilleux après-midi à galoper, à hennir et à ruer. Les engoulevents et les chouettes des clochers me chantaient des berceuses. À plusieurs reprises, il m'est arrivé de me réveiller dans le noir afin de vérifier si j'étais un enfant en train de rêver qu'il était un ours ou vice versa. Avant que nous ayons appris à éviter les sujets tabous et que nous ayons oublié notre immense savoir inné, nous étions tous délicieusement et terriblement omniscients et perspicaces. Nous vivions au rythme de ceux qui nous entouraient. Nous dansions pour souligner la joie de nos parents ou pleurions leurs peines. Le sentiment de compassion était généralisé.

Je me rappelle à quel point j'ai pleuré lorsque mon père eut les yeux gravement atteints et qu'il dut rester alité pendant trois jours dans l'obscurité totale. Lorsque les mythes primitifs affirment que nous avons déjà su parler et comprendre le langage des oiseaux, des animaux, des reptiles et des insectes, ils nous rappellent que l'enfance était une période de communion entre êtres doués de sensations et que toutes les créatures partageaient un même corps.

Imaginez que le corps soit un diapason perfectionné qui pourrait faire résonner la cacophonie aussi bien que l'harmonie, la musique rock tout autant que celle des sphères, les vibrations d'un marteau-pilon comme l'*Hymne à la joie* de la *Neuvième Symphonie* de Beethoven. Nous sommes des entités « vibratoires », les atomes et les cœurs sont régis par des pulsations. La maladie et la santé, l'anéantissement et la création dépendent de la présence ou de l'absence d'harmonie. L'arythmie, ou irrrégularité des contractions cardiaques, est le résultat de vibrations et de pulsations erratiques. Les personnes qui en sont atteintes ont alors l'impression de rater le rythme du tambour.

Examinons de plus près l'exemple du diapason. Les mystiques et les théoriciens modernes du cerveau comme Karl Pribram ont conçu une théorie selon laquelle l'esprit et le corps humains constituent un hologramme, un lien complexe qui réfléchit les informations (vibrations, courants et pulsions) de l'univers. D'une certaine façon, le modèle de l'hologramme est une version presque scientifique de la notion chrétienne des *logos* qui sont à la fois le raisonnement créatif de l'esprit de Dieu et la structure essentielle de l'esprit humain. Selon l'Évangile de saint Jean, les *logos* ont pris corps dans le Christ. Dans la représentation hopi de cette notion, la colonne vertébrale humaine est comparée à un récepteur radiophonique captant les vibrations cosmiques ainsi que les messages et les chants du peuple sacré. Dans les formes tantriques de l'hindouisme et du bouddhisme, on laisse entendre que le corps humain renferme un certain nombre de chakras, ou centres réfléchissants, qui correspondent à différentes phases spirituelles. Les moines tibétains ont élaboré des stances chantées sur chacune des octaves couvertes par la voix humaine. On prétend que ces incantations peuvent soigner le corps malade et le reprogrammer. Le mantra par excellence, la monosyllabe *om*, est à la fois le son sacré, la quintessence, la syllabe créatrice de l'univers et le mot magique. Quand nous chantons ce mantra, notre conscience retrouve son origine divine. Dans toutes ces traditions, la pratique du chant rappelle que le corps, la raison et l'esprit peuvent être sonores si l'être humain s'accorde à la symphonie de l'Existence. Étouffer les vibrations émises par les cordes d'un violon, c'est éliminer l'instrument de musique. Sans interaction harmonique des protons et des électrons, il n'existe point d'atome. Il en va de même pour l'esprit humain si nous ne parvenons pas à nous harmoniser avec le monde qui se trouve au-delà de l'être.

Dans mes propres tentatives pour harmoniser mon corps et mon esprit je n'ai pas suivi les règles de méditation orientales destinées à éveiller la *kundalinî* — le pouvoir du serpent, le prâna, c'est-à-dire l'énergie de l'univers — pour l'élever le long de mon épine dorsale. Je manquais de patience pour ériger la superstructure tantrique de l'imagination du corps subtil par la méditation systématique sur les différents chakras. Mes efforts sporadiques pour prendre la position du lotus et rester immobile pendant les longues heures de méditation provoquaient davantage de douleurs dans les fesses que d'illumination. Comme tous les Occidentaux, je préférais me livrer à des activités physiques telles que la construction de murs, la plantation d'orchidées, la coupe du bois, l'escalade, l'équitation et la marche.

La quête commence quand nous nous apercevons que notre corps, notre raison et notre esprit se dissocient les uns des autres. J'ai saisi toute l'importance de l'union du corps et de l'esprit lorsque j'ai fait la découverte de mon propre manque de grâce ainsi que du sentiment de honte.

Je me rappelle les premiers effets de cette dissociation chez moi. J'étais en neuvième année lorsque je me suis fait battre par Ray Snead. À mon sens, Ray n'était qu'un avorton. Je me suis donc senti doublement humilié lorsqu'il m'a écorché le visage sur le gravier. J'avais honte de mon corps. Je suis donc allé m'inscrire immédiatement au cours de musculation de Charles Atlas. Les résultats furent probants. En moins d'un an, ma taille s'est affinée et j'étais fier de mes triceps, de mes biceps et de mes pectoraux. J'étais résolu à ce que personne ne puisse plus jamais me faire mordre la poussière. Ainsi préparé, j'ai tenté — en vain — d'apprendre la boxe et le judo avant d'opter pour un sport de gentleman, la lutte.

Vers le milieu de la trentaine, après des années d'exercices physiques, j'ai compris que j'avais modelé ma musculature en fonction du miroir, de mes adversaires et de mon emploi. Mon corps avait certes belle apparence, c'était une machine bien rodée qui m'obéissait docilement, mais toute marque de tendresse le figeait dans un état permanent de stress. Je lui disais ce qu'il fallait faire et, généralement, il obéissait comme un majordome bien rémunéré, mais bougon. Au travail, il valait mieux qu'au jeu. J'étais le parfait Américain : élégant, sérieux, efficace, discipliné, névrotique et téméraire. Soudain, alors que mon corps ressemblait de plus en plus à l'idéal dont je rêvais, j'ai pris conscience douloureusement qu'il — et donc moi — n'avait qu'une connaissance fragmentaire de la sensualité et qu'il était virtuellement incapable de s'abandonner aux douces sensations nées de l'intuition, de l'imagination et de la sexualité. Je ne permettais pas au doux animal qui l'habitait d'aimer ce qu'il aimait réellement.

En espérant libérer mon corps de ce carcan qui l'étouffait, j'ai recouru à quatre guides qui m'ont aidé à comprendre la nature de la spiritualité incarnée : Rudolf Otto, le cartographe du sacré, Wilhelm Reich, le premier psychosomaticien, Norman O. Brown, le prophète du christianisme dionysiaque ; et, Ida Rolf, la grande prêtresse de la thérapie corporelle.

Rudolf Otto, que j'ai déjà mentionné dans le chapitre 5, m'a fait connaître le moyen d'établir un lien kinesthésique entre le corps et l'expérience du sacré. Cette dernière, soutenait Otto, comporte toujours une sorte de *tremblement*. Dans ces moments uniques où nous osons regarder la vie dans son âpreté nue et dans son inexplicable beauté, où nous sommes convaincus de pouvoir non seulement comprendre mais aussi dominer la réalité, le corps passe par d'intenses émotions. Nous sommes tout à la fois frappés d'épouvante par la majesté de la vie, sidérés par tant de beauté et habités par la joie. Ces sensations provoquent des transes extatiques chez les quakers, les shakers, les derviches tourneurs et les danseurs inspirés d'Haïti.

Selon l'analyse faite par Rudolf Otto, la capacité de s'abandonner aux émotions est indispensable pour celui qui désire faire la rencontre du sacré. Si nous tentons de conserver la maîtrise de nous-mêmes et de ceux qui nous entourent, nous ne réussirons qu'à blinder et à désensibiliser notre corps en nous empêchant systématiquement d'être transportés par l'expérience du sacré. Sans un corps capable de frémir, de s'émerveiller et de connaître la jouissance, nous perdons la faculté de sentir, de ressentir, et nous sombrons dans la dépression.

Quand vous permettez-vous de trembler, de perdre la maîtrise de vous-même, d'être habité et transporté par une force vitale plus grande que votre ego ? Êtes-vous devenu totalement inflexible ? Préférez-vous le confort du statu quo à la vie de l'esprit ? Si la relation avec votre corps est la manifestation visible de la relation avec votre esprit invisible, quelles conclusions en tirez-vous ? Délaissez-vous votre corps ou au contraire lui portez-vous attention ? Le châtiez-vous ou le chérissez-vous ? Est-il pour vous une bête de somme ou un ami ?

L'approche psychologique de Wilhelm Reich m'a tendu la deuxième perche. Il m'a fait connaître la composante somatique de la vie dissociée du spirituel, c'est-à-dire la façon dont le corps se prémunit contre l'inspiration et la compassion. Reich, un contemporain de Freud, a démontré le lien inséparable qui existe entre la psychè et le soma. Les résultats de ses recherches servent de fondement à toutes les thérapies contemporaines axées sur le corps — le rolfing, la bioénergie, la méthode Alexander, l'œuvre de Feldenkrais et plusieurs autres. Freud a décrit l'ego comme une forteresse entourée de remparts qui oppose tous les types de mécanismes de défense existants aux requêtes extravagantes des croisés angéliques du superego et des hordes barbares de la libido. Sa plus grande alliée dans cette lutte inégale a été la psychothérapie dont les méthodes d'investigation ont permis de dévoiler les stratégies dénaturées de l'inconscient. Reich a traduit la vision de Freud sur la psychè fortifiée en des termes relatifs au corps.

La plus grande découverte de Reich a été de démontrer que tout mécanisme psychologique de défense avait un corollaire musculaire. Par un état de tension musculaire chronique, nous fabriquons ce qu'il désigne sous le nom d'armure corporelle ou encore armure du caractère qui nous rend inflexibles à l'égard du corps, de la raison et de l'esprit. Par exemple, un homme que l'on a battu dans son enfance adopte en permanence une attitude de crainte ou de défi. Une femme sexuellement agressée durant sa jeunesse resserre et désensibilise les muscles du pelvis afin d'« oublier » le traumatisme originel. Lorsque nous sommes terrifiés par les aléas de la vie, nous nous composons un ego autoritaire et un corps en état de tension dans le but de nous protéger contre ce que nous redoutons. L'anxiété contracte et rétrécit la poitrine et l'abdomen en même temps que les voies respiratoires. Par le fait même, la spontanéité et la capacité de céder à l'inspiration se révèlent impossibles. Un guerrier ou un rival de tempérament paranoïaque transforme son esprit et son corps en une arme. Le réalisme — le leur ou le nôtre, bon ou mauvais — et l'armure corporelle qui anesthésie notre sensibilité sont l'avers et le revers de la même médaille. Reich m'a convaincu de la nécessité d'assouplir mon armure corporelle pour pouvoir être plus ouvert et plus empathique. Pour voyager dans le monde souterrain de l'inconscient et rencontrer les esprits divins et démoniaques qui le peuplent, je devrai me libérer de mes tensions musculaires chroniques et de cette rigidité intellectuelle qui m'isole dans un monde d'idées sécurisant.

En 1967, alors que j'enseignais encore au séminaire, j'ai découvert deux ouvrages de Norman O. Brown qui ont changé ma vie. Ils m'ont fourni les éléments nécessaires à l'élaboration de la théorie qui m'a servi à tracer mon itinéraire pour une décennie. Dans *Life Against Death* et *Love's Body*, j'ai pu voir à quoi ressemblait un corps inspiré, ressuscité et réenchanté. *Love's Body* demeure, à mon sens, le livre le plus indispensable à l'émergence d'une spiritualité occidentale incarnée, unique et de notre temps.

À l'aide d'une analyse soutenue et de jeux de mots provocants,

Brown démontre que nous avons détruit la capacité érotique du corps dans son ensemble et désigné les organes génitaux comme les seuls vecteurs du plaisir extatique. En consacrant notre temps, notre énergie et notre imagination à une vie de luttes et de travail compulsif, en fondant notre existence sur des abstractions, en reniant le plaisir du moment qui passe pour accumuler des biens superflus, en repoussant sans cesse le plaisir après l'accomplissement de la tâche, nous désensibilisons le corps. Nos oreilles sont tellement pleines de bruit, de bavardages, de publicités et de discussions à n'en plus finir que nous n'entendons plus les soupirs et les chuchotements des vents changeants. Notre nez est si obstrué par la pollution que les centres sensitifs profonds du cerveau normalement stimulés par les odeurs demeurent en veilleuse et nous sommes incapables de sentir ou de nous souvenir du parfum des roses. Nos poumons, oppressés par une respiration superficielle et haletante, manquent de l'amplitude nécessaire au souffle de la vie. Après avoir engourdi notre corps, notre esprit et notre imagination, nous nous sommes ensuite employés à créer le mythe de l'amour en escomptant que la sexualité génitale nous apporterait le summum des plaisirs érotiques et de l'extase. C'était courir tout droit à l'échec. La simple expérience de la sexualité en technicolor ne suffit pas à compenser le vide affectif de ce monde uniforme et hautement technicisé, axé sur la performance, la concurrence et le pouvoir de l'argent.

Brown croit fermement que nous devons réorganiser la psychè et ressusciter le corps en accordant la priorité au plaisir plutôt qu'à ce que nous traitons faussement de « réalité » — cet univers fait d'anxiété imaginaire, de récompenses trop tardives et de travail obsédant. Il faut libérer nos sens de cette manie que nous avons d'acquérir et de posséder. Un corps habité par l'amour, profondément inspiré, ne peut survivre bien longtemps sous une armure et des mécanismes de défense. Il doit demeurer ouvert, vulnérable et intimement lié au monde qui l'entoure.

« Il faut que le Verbe redevienne chair. Que la connaissance charnelle ne soit plus fondée sur des déductions, mais acquise sur-le-champ, perçue par les sens. La réalité du corps n'est pas donnée [...] Elle doit être façonnée par notre esprit. C'est le corps poétique, le corps fabriqué. L'homme crée lui-même son propre corps dans la liberté symbolique de l'imagination. Le Corps éternel de l'homme naît de l'imagination, qui est Dieu lui-même, le Corps divin, Jésus : nous sommes ses membres. Il faut trouver le royaume dans le corps unique et trouver ce corps unique dans le monde extérieur. Le corps en devenir est le corps de l'homme cosmique, le corps de l'univers, à l'image de l'homme parfait [...] la réplique de l'environnement. Par un symbolisme conscient, l'esprit détourné revient à son créateur humain : "Tous les dieux sont en notre corps." La rédemption est la réforme de l'esprit créateur dans l'homme. La rédemption est la déification ; nous créons un nouveau paradis et une nouvelle Terre[1]. »

Comme beaucoup de visionnaires, Norman O. Brown ne nous aide guère à découvrir la voie qui conduit de notre réalité à un monde idéal. Son diagnostic est sans équivoque : le corps et l'esprit sont dissociés. Sa vision du corps pleinement inspiré est très séduisante, mais existe-t-il un remède, une thérapie, une discipline ou des moyens élégants de nous guérir ? Personne ne sait exactement ce que Brown recommandait et il n'a jamais communiqué les applications de sa théorie. Devrions-nous faire usage de drogues psychédéliques ? Nous livrer à la « perversité polymorphe » en revenant à une sexualité débridée ? Devrions-nous, comme le suggère Fritz Perls, « perdre l'esprit et revenir à nos sens » ? Faudrait-il admettre le laxisme à outrance et les orgies en public ?

Comme plusieurs chercheurs des années soixante, j'ai été fasciné par la vision du corps ressuscité tout en étant profondément déçu de l'absence d'une pratique spirituelle incarnée. Les Églises protestantes traditionnelles font peu de place au corps si ce n'est par cette gymnastique qui nous oblige à nous mettre à genoux et à nous lever sans cesse, ou en permettant de scander le *Credo* à la guitare et d'animer à l'occasion les chorals par des danses. Les cantiques peuvent certes exalter l'esprit et faire vibrer le corps, mais seuls les fidèles noirs et les pentecôtistes le font avec enthousiasme. J'ai expérimenté les pratiques corporelles orientales — le yoga, le taï chi et l'aïkido — avec un succès très relatif en raison

164

de mon incapacité à accepter cette relation fondée sur l'autorité du gourou sur le disciple.

C'est par hasard que j'ai tâté d'une autre méthode. Dans le cadre d'un reportage pour la revue *Psychology Today*, j'ai joué le rôle de cobaye au cours d'une expérience d'Intégration structurelle mieux connue sous le nom de rolfing. En m'étendant presque nu sur un lit de l'institut Esalen, je savais que les dix heures de traitement (mot terrible!) comporteraient la manipulation du tissu conjonctif de tous les muscles de mon corps. J'étais toutefois en quête de ce Graal ultime, la croissance, et j'étais prêt à livrer mes fibres musculaires scandaleusement déformées aux doigts, aux poignets et aux coudes experts d'Ida Rolf. Je me doutais que ce serait douloureux, mais je n'étais pas préparé à affronter la souffrance et l'angoisse que ce « travail » a éveillé dans ma poitrine. Ce fut infernal. J'ai compris plus tard que la tension chronique des muscles pectoraux avait tissé une armure défensive qui m'oppressait sur les plans émotif, physique et spirituel.

Il reste qu'à l'époque, j'ignorais tout cela. J'ai lâchement gémi, juré, en me demandant quelle sorte de rédemption pouvait justifier une douleur aussi folle. Cependant, après le choc de la première heure, des changements subtils mais perceptibles ont modifié mon attitude. Mes pieds ont pris résolument contact avec le sol. Les muscles des jambes et les articulations semblaient jouer à neuf. Stimulé par cette sensation libératrice et cette sensibilité kinésique, je me suis entièrement abandonné à ce qui ressemblait à une répétition de la crucifixion.

Plus le traitement progressait, plus il devenait évident que j'étais en grande partie responsable de mes souffrances. Ma vieille habitude d'appréhender je ne sais quelle catastrophe et ma méfiance vaguement paranoïaque à l'égard des autres avaient tendu et raidi les muscles. Sous les mains guérisseuses d'Ida, j'ai senti disparaître graduellement mon armure. En apprenant à me détendre, à m'assoupir, je suis parvenu à éliminer la tension et la douleur.

Toutefois, ma poitrine ne semblait pas vouloir renoncer facilement à ses défenses et livrer ses trésors. Chaque fois que les mains d'Ida s'en approchaient, la panique s'emparait de moi, suivie d'une douleur fulgurante. Alors qu'Ida sondait un muscle de mon épaule, je fus soudainement envahi par des souvenirs de bagarres avec mon frère aîné. Je redevins de nouveau un enfant et je me mis à pleurer sans retenue. Le cœur brisé, j'ai demandé à mon frère adoré que je considérais comme un dieu : « Lawrence, pourquoi me fais-tu mal ? » Cette réminiscence, et le chagrin qu'elle me causa, me libéra de tous les maux qui oppressaient ma poitrine. Au bout d'une heure, je pouvais pour la première fois depuis très longtemps remplir mes poumons d'une seule, lente et longue bouffée d'air. Quel changement inspirant !

Délivré de tous mes vieux systèmes de défense psychosomatiques, je ressentis comme une nouvelle candeur, du bien-être, une sorte d'épanouissement. Mon corps et mon esprit se relâchèrent. Je me surpris à témoigner de la compréhension vis-à-vis d'idées, de gens et d'événements qui m'auraient auparavant mis en colère. D'autres changements s'opéraient également en moi. Je me tenais plus droit. (Tu avais raison, maman, on se sent mieux ainsi.) Je notai aussi la disparition de la douleur persistante due à une ancienne blessure subie lors d'une séance de lutte. Plus important encore, j'acquis une perception sensorielle et kinésique plus vive de tout le corps.

Cette acuité accrue de mes sens fit naître un abattement que je pris tout d'abord pour une dépression. Vivre de façon pleinement sensuelle entraîne la connaissance du caractère essentiellement tragique de la condition humaine qui se traduit par une sorte de désenchantement. Plus je m'identifiais à mon corps, plus je constatais le caractère dérisoire des monuments à l'immortalité que nous, les insolents Prométhées, avions érigés et qui avaient nom Fortune, Pouvoir politique, Fontaine de Jouvence. Chacun de ces monuments symbolise la fuite face à cette tristesse fondamentale qui naît du caractère fugace et vulnérable de tout ce dont nous jouissons. Toute chair finit par se flétrir, et jusqu'à ce que cette connaissance s'enracine en nous, il n'y a pas de temps à perdre. Ce n'est pas pur hasard si les Grecs, qui ont lié Éros à Thanatos bien avant Freud, furent les ardents défenseurs de la chair et les ennemis implacables de la mort. Se réapproprier son corps et devenir sensuel équivaut à la fois à un joyeux retour chez soi et à un tragique voyage au plus profond de l'humus, le lieu de l'origine et de la fin de l'existence humaine, la première et ultime vérité de la chair.

« Sans grande importance, ce changement ! direz-vous. Cela ne révolutionne pas l'univers. Un léger accroissement de la capacité de ressentir, de sentir et de percevoir ne résout pas le problème du mal ni ne règle celui des sans-abri. » C'est exact. Toutefois la transformation qui s'opère chez un individu lorsque la torpeur cède le pas à la capacité de percevoir toute une gamme d'émotions est très importante. L'éveil spirituel change totalement la façon par laquelle une personne s'incarne dans le monde. Un corps inspiré ou ressuscité ressemble davantage à un diapason qu'à une forteresse. Libéré de la prison de mon corps et de mon ego, je peux toucher, goûter, sentir, entendre et voir un monde réenchanté. Une fois les portes de la perception grandes ouvertes, l'éternité tient dans un grain de sable et toute l'histoire de la douleur se résume « à une porte vide et une feuille d'érable ».

La touche guérisseuse : l'imposition des mains

Pour ressusciter le corps, nous devons étendre nos antennes et reprendre contact avec le monde.

Il n'est pas étonnant que les choses semblent dénuées de sens. Nous n'avons qu'une connaissance tacite de l'autre. Les grandes institutions que sont les maisons d'enseignement, les hôpitaux, l'armée, le monde des affaires suivent une règle commune : « Tu n'y toucheras point. » Nous sommes dressés pour la plupart à respecter rigoureusement la distance qui nous sépare du monde et des autres : « Ôte tes mains de là ! » Les hommes occidentaux sont particulièrement hantés par la phobie de l'autre et se bornent à distribuer des poignées de main ou à donner et recevoir des coups dans certains sports. Les amis ne se promènent pas main dans la main. Nous faisons partie d'une culture qui fuit le contact physique. Nous « entrons en contact avec quelqu'un » par l'entremise du téléphone, mais la communion des corps nous inhibe. Contrairement à ce que croyait Marshall McLuhan, notre culture est de plus en plus techno-logique et de moins en moins chaleureuse.

En Amérique, la plupart des religions prônent les expériences extracorporelles. Quelques baptistes continuent de pratiquer le la-vage des pieds, mais personne ne suit le conseil de saint Paul « d'accueillir son prochain avec un baiser empreint de sacré ». À l'église, aucun contact charnel n'est toléré : pas d'étreintes, pas de danses et pas d'imposition des mains.

J'entends d'ici le chœur des objections : « Ne confondez-vous pas la sexualité et la spiritualité ? De quoi parlez-vous, d'une sorte de rituel d'étreintes Nouvel Âge ? Je ne crois pas que le fait de câliner des étrangers m'aidera à trouver mon âme. »

Il est difficile de rétablir des relations tactiles avec d'autres, après avoir sexualisé le sens du toucher à un point tel que nous hésitons à établir un contact physique avec un autre corps. Toucher quelqu'un entraîne une sorte de méfiance. Dans le climat actuel de phobie à propos des agressions sexuelles, c'est un problème que de dissocier un simple geste amical d'une caresse. Les enseignants se gardent de toucher leurs élèves, l'armée craint que les homosexuels ne pervertissent la discipline militaire par leurs contacts physiques et les parents tentent fréquemment d'empêcher leurs enfants de venir les rejoindre dans le lit conjugal. Ils évitent même de leur faire des câlins de crainte de commettre une forme d'inceste psy-chologique.

Cependant, pour guérir l'âme et le corps, il est nécessaire de toucher les autres. Les singes élevés à l'écart de leur mère et privés de tout contact physique deviennent rapidement dépressifs et hos-tiles. Les enfants placés dans la même situation dépérissent même si tous les autres besoins physiques sont remplis. Les hommes et les femmes esseulés se fabriquent une carapace corporelle et spirituelle contre la solitude. Au cours d'une expérience où des caissiers avaient été priés de toucher un client sur deux en leur remettant de l'argent, des psychologues ont constaté que ce simple contact sus-citait chez les personnes une bien meilleure opinion de l'établis-sement en question. Lors de la période prétechnologique, le toucher, ou ce que le Nouveau Testament qualifiait d'« imposition des mains », jouait un rôle important dans la guérison spirituelle. Récemment, au Brésil, j'ai assisté à une célébration à l'église Umbanda au cours de laquelle les aînés, hommes et femmes, sont entrés en transe et ont purifié les membres de la congrégation en laissant courir leurs mains sur toute la surface des corps.

Durant le semestre où j'ai enseigné à l'École médicale de l'Université de la Floride, j'ai conduit une expérience pendant laquelle les étudiants partagés en deux groupes expérimentaient trois types différents de toucher. Le premier consistait à tenir la main du partenaire et à lui faire passer un examen clinique. Pendant la deuxième séance, le groupe actif devait toucher la main de l'autre d'une façon explicitement séductrice. Enfin, il fallait toucher, caresser et masser la main du partenaire avec l'intention de procurer un maximum de plaisir sensoriel de part et d'autre sans qu'il y ait toutefois de connotation sexuelle. À la fin de l'expérience, j'ai posé les questions suivantes : « Quel type de toucher serait selon vous de nature médicale ? Lequel vous répugne le plus ? Lequel a des vertus de guérison ? » Pour conclure, je leur ai demandé d'envisager trois hypothèses : s'ils touchent leurs patients de façon clinique seulement, ceux-ci auront la désagréable impression de n'être que des sujets d'examen ; si le contact révèle une intention de nature sexuelle, les patients ressentiront un malaise dû à l'invasion inopportune de leur intimité ; le toucher guérisseur doit toujours procurer un certain plaisir sensoriel — et non sexuel — tout en permettant de recueillir l'information médicale nécessaire. Inutile de mentionner que la discussion s'étira sur plusieurs jours.

Pour être en contact avec l'autre, il ne suffit pas d'en posséder une connaissance objective, de garder ses distances et de restreindre l'intimité aux contacts d'ordre sexuel. « Pour laisser le tendre animal qu'est votre corps aimer ce qu'il aime », vous devez à tout prix redécouvrir le plaisir du contact physique innocent. Parce que nous sommes des esprits incarnés, la grâce qui nous permet de croire au mystère qui nous entoure doit passer par les sens. Nos âmes sont palpables. De grâce, touchez les autres !

Circule en moi, souffle de Dieu!

Pour sentir que votre corps est le temple de l'Esprit saint et que votre chair est inspirée, observez l'acte à la fois simple et profond de la respiration. Revenons pour un instant au début de cet ouvrage. La notion même d'esprit provient de l'expérience de la respiration. Le souffle qui circule en nous est la preuve de la présence de l'Esprit saint qui nous anime constamment.

« Il faut réconcilier le corps et l'esprit afin de redécouvrir que c'est la respiration qui anime l'âme et non pas un quelconque fantôme ou une ombre ; nous devons être plus conscients de notre respiration et de notre corps que de notre cerveau et de notre tête. Le mot devenu chair est un monde vivant, il ne s'agit plus des Saintes Écritures mais uniquement de la respiration [2]. » Les témoignages de tous ceux qui ont pratiqué la méditation — les hindous, les bouddhistes et les soufis, les mystiques chrétiens — révèlent que l'esprit est aussi proche de nous que l'acte (ou le non-acte) de respirer. C'est à la fois un geste simple et révélateur, une expérience naturelle et supranaturelle.

Le plus ancien texte connu sur la méditation — les Yoga-sûtras de Patañjali, rédigés longtemps avant l'ère chrétienne — explique clairement les fondements de la discipline de la respiration, ou *prânayâma*. Patañjali a souligné qu'il existe une relation directe entre la respiration et les états mentaux. Un souffle désynchronisé ou retenu entraîne une illusion mentale. En surveillant la cadence de la respiration, nous l'aidons à s'automatiser, ce qui accroît en retour la distance focale de l'esprit.

Il semble étrange de parler de la « découverte de la respiration », car chacun de nous respire depuis sa naissance. Mais la respiration est analogue au rêve. Elle dévoile ses trésors uniquement lorsque nous pratiquons la discipline contre nature d'éveiller ce qui normalement est inconscient. J'étais déjà bien engagé dans la vie lorsque j'ai compris les liens qui existent entre les serrements de poitrine, les émotions retenues, la gêne de la respiration, la spontanéité jugulée et l'esprit. Tout comme la psychothérapie m'a aidé à découvrir les mobiles inconscients qui avaient régi ma vie, la prise de conscience de ma respiration m'a prouvé que l'inspiration superficielle avait inhibé ma capacité à céder à mes élans spirituels et sexuels.

Tout l'intérêt de la respiration consciente vient du fait qu'elle ne nécessite aucune croyance, aucun dogme, aucun maître. Généralement, la notion de technique est étrangère à la vie spirituelle. L'esprit, comme le vent, souffle où il veut. Aucune forme de technologie du Spirituel ne procure la grâce. Nous pouvons être rattachés à un mouvement religieux pendant toute notre vie et afficher une dureté de cœur et une mentalité paranoïaque. Discipliner sa respiration est probablement la seule technique originale qui permette de s'approcher le plus de la vie spirituelle. C'est une méthode qui garantit des résultats probants. S'il existe une formule qui puisse glorifier la chair, ce serait la suivante : « Suis le mouvement de ta respiration, il te conduira à Dieu, car la respiration est le vecteur le plus direct vers la transcendance. »

Tentez l'expérience. Asseyez-vous dans le calme et observez votre respiration. Ne vous occupez de rien d'autre. Tout d'abord votre esprit se mettra à vagabonder, puis il vous sera impossible de vous concentrer pour suivre le rythme de votre souffle. Reportez alors l'attention sur votre respiration. Quand vous serez capable de vous concentrer pendant un moment sur elle, vous constaterez que cela vous demande un grand effort. La respiration semble requérir beaucoup de volonté. Graduellement, vous noterez que le rythme de la respiration s'allonge et s'accroît lentement. Votre corps vous semblera plus souple et il permettra au souffle de circuler librement. Au bout d'un long moment, vous aurez l'impression de faire corps avec la respiration. Plus vous vous abandonnerez au mouvement, plus il vous semblera que tout bascule, que la perception se modifie. Vous vous sentirez différent, animé par un pouvoir plus grand que vous. Votre respiration vous montrera alors que vous êtes constitué de la même substance que l'esprit par qui tout arrive.

Les métaphores fondamentales des traditions mystico-spirituelles sont le reflet de cette expérience essentielle au cours de laquelle l'ego est happé vers l'intérieur pour être assimilé par une force qui lui est supérieure. Dans la religion hindoue, l'esprit humain, l'âtman, fait partie intégrante de l'Esprit absolu, le Brahman. Dans le bouddhisme, l'illusion du soi se dissout et sa disparition est comblée, car l'esprit se confond à celui du Bouddha. Les mystiques chrétiens cherchent le point d'union entre l'humain et l'esprit divin. Les orthodoxes chrétiens se démarquent en affirmant qu'il existe une distinction qualitative absolue entre Dieu et ses créatures, entre le temps et l'éternité. De ce fait, l'Esprit saint ne peut être une substance que se partagent Dieu et les hommes, mais bien une grâce particulière que Dieu accorde à certains êtres. Le christianisme orthodoxe aborde rarement l'éternelle notion mystique de l'identité du souffle et de l'esprit quoiqu'un de leurs hymnes proclame : « Respire à travers nous, souffle de Dieu, de nouveau emplis-nous de vie. » Le Créateur transcendant nous anime de Son souffle sacré, puis le retire, nous laissant par la suite respirer par nous-mêmes. Il ne souffle pas *à travers* ou *avec* nous, mais bien *sur* nous.

Quittons désormais cette expérience élémentaire de la transcendance pour passer au niveau supérieur : l'inspiration et la compassion. En ajoutant l'imagination à l'inspiration, nous irons au-delà de l'expérience mystique vers l'expérience morale, vers le développement du sentiment de compassion.

Dans les différentes formes de bouddhisme où la méditation est considérée comme un acte capital, le rythme de l'inspiration et de l'expiration sert à repousser les frontières du soi et à élargir le cercle vital. Lorsque j'inhale, j'essaie d'être conscient et reconnaissant vis-à-vis de l'énergie universelle, le prâna, qui remplit mes poumons, qui énergise et anime chaque cellule de mon corps. À cet instant, le monde entier m'envahit et je puis me représenter la beauté d'un champ de blé agité par la brise ou ressentir les souffrances de millions d'individus en Bosnie et au Soudan. Lorsque j'exhale, j'envoie ma gratitude, mon énergie et ma compassion à tous les êtres en proie à ces tourments. En inspirant, j'accepte le don de la vie. En expirant, je cède, je dédie et je donne en retour mon attention au monde qui m'environne. Dans cette offrande je sens que quelque chose de plus grand que mon ego m'anime — la force motrice, l'esprit du Bouddha, le Brahman, l'Esprit de Dieu.

La respiration devenant une liturgie, je me rappelle à tout instant que l'essence de mon être est liée à l'exercice de la gratitude et de la compassion. Je ne peux vivre qu'en étant animé par le désir de donner et de recevoir. Je suis le voilage suspendu devant une fenêtre qui sépare le temps de l'éternité, allant et venant au gré d'une brise perpétuelle.

L'immobilité et la transcendance

Tout comme l'acte même de respirer nous conduit à ressentir un changement dans notre perception du moi, le simple fait de s'asseoir en silence et d'être attentif aux pensées et aux sensations qui nous habitent crée un changement radical quant à l'identité. Il s'agit d'une expérience par laquelle nous pouvons transcender l'ego.

J'ai découvert les bienfaits de l'immobilité en plein cœur d'une tornade. C'était en 1972. Divorcé après dix-sept ans de mariage, je vivais seul dans un appartement de la rue Telegraph Hill à San Francisco. Je venais également de mettre fin à une aventure amoureuse. Mes enfants vivaient à des milliers de kilomètres de moi. Partagées entre le vide et le désir, mes journées étaient ponctuées de déplacements à Trieste où je consommais des cafés forts en espérant être stimulé. Quand la nuit tombait, des fantômes affamés et des furies exaspérées surgissaient des boiseries pour errer à la recherche de mon âme dans mon studio vide. Ces apparitions murmuraient : « Le bon temps est révolu. Tu as fait trop d'erreurs et heurté trop de gens. Tu ne peux recommencer à zéro. » Elles raillaient mes échecs. Tels des procureurs, elles scrutaient les moindres recoins de ma vie afin de trouver des preuves de ma culpabilité. J'étais coupable. Coupable de cruauté, de négligence, d'égocentrisme et de propagandisme. Elles se moquaient de moi et des défauts flagrants de ma personnalité, de ma faiblesse cachée et de mes peurs innombrables. Quand j'étais las de leurs reproches exaspérants, je quittais l'appartement et passais mes soirées à vagabonder en ville. J'errais sans but en espérant que la marche m'épuiserait suffisamment pour me terrasser de fatigue et me faire sombrer dans le sommeil à mon retour.

Je ne peux me rappeler combien de nuits j'ai fui la folie et la douleur. Je me souviens toutefois du moment où, à deux heures du matin près du Pier 32, j'en ai eu assez de cette continuelle errance. Je suis revenu chez moi. Assis devant l'immense pyramide de l'édifice Transamerica, j'ai dit, à mon intention et à celle des démons qui erraient aux alentours : « Je m'installe ici et je ferai de même chaque fois que le chaos tentera de m'entraîner dans son tourbillon. » Aucune apparition ne s'est manifestée.

Le lendemain soir, à l'heure fatidique, celle où mes enfants se mettaient à table pour dîner sans moi et où mon ex-femme prenait son repas en compagnie de son nouvel amoureux à l'autre extrémité de la ville, j'ai attendu l'assaut. Bien entendu, la nuit venue, les démons firent irruption, mais cette fois j'étais prêt à les affronter. J'ai pris place sur mon trône au centre de ce royaume dévasté et j'y suis demeuré sans bouger. Pendant qu'ils tournoyaient autour de moi en hurlant leurs accusations, je me suis obligé à respirer plus lentement qu'à l'accoutumée et je les ai examinés avec impartialité.

Attentif à leur réquisitoire, je percevais aussi en écho saint Paul, John Calvin, mon père et ma mère, « Tu as fait ce que tu ne devais pas faire et tu n'as pas fait ce qui devait être fait. » Tenant tête à mes accusateurs, je leur ai demandé d'étayer leurs preuves. De quels crimes suis-je accusé ? Ils me répondirent : « Tu as divorcé, tu as abandonné tes enfants et ton emploi, tu as fait preuve d'irresponsabilité sur le plan financier. De plus, tu te montres arrogant et infidèle. » Ayant en main la liste de toutes ces récriminations, j'ai d'abord dissocié les résidus de culpabilité puérile et la honte qui découlait de ma culpabilité d'adulte. Puis, graduellement, j'ai séparé les trahisons et les blessures infligées aux autres et à moi-même de ce dont je n'étais pas coupable.

J'ai scruté l'une après l'autre les émotions diverses qui m'assaillaient. Chaque nuit, j'ai invité les esprits des ténèbres à me visiter. Et dans ma propre psychè, j'ai commencé à étudier les phénomènes de la colère, de la peine, de la culpabilité, de la honte, du désespoir, de la faiblesse et du blâme. J'ai observé les hésitations entre l'émotion et la suffisance, l'ambivalence entre l'arrogance et le sentiment de dégoût de soi. J'ai remarqué que, par moments, je me sens supérieur et je porte des jugements. L'instant suivant, toutefois, je me sens inférieur et jugé. J'ai aussi constaté qu'en général le chagrin étouffé et la colère conduisent à la mélancolie, à la dépression et au désespoir. Alors que je commençais à composer avec la tristesse et le repentir, j'ai saisi ce que signifiait la vieille promesse : « Bénis soient ceux qui pleurent, car ils seront réconfortés. »

Les explorateurs spirituels de toutes les époques ont affirmé qu'un merveilleux changement d'identité s'opère lorsque l'on s'assoit en silence. Nous sommes alors confrontés au chaos des pensées, des sentiments et des rythmes désorganisés du cœur et de la respiration. En voyant la tornade qui bouleversait l'intérieur de mon être, je suis lentement passé de l'état de malade à celui d'observateur compatissant et objectif capable de transcender le chaos et de demeurer calme. Au centre de cet imbroglio que constitue ma personnalité — un lieu balayé par les cris d'alarme diffus et les bruits de lutte et de fuite émis par les forces ignorantes du super-ego, de l'ego et du ça qui se heurtent dans la nuit —, j'ai découvert un havre de paix. Je suis un être sensé enfermé dans l'asile d'aliénés de ma personnalité. Je suis celui qui peut transcender les prédicats et les failles de ma psychè. Plus j'expérimente, et donc démystifie les blessures et les ruptures qui ont jalonné ma vie, plus je me forge une identité qui ne sera plus à la merci des pensées et des émotions qui passent. Je suis un être qui a la capacité de transcender son conditionnement mental, émotionnel et physique. Je suis celui qui peut s'évader de l'emprisonnement dans lequel l'a confiné son caractère. Je suis celui dont la vie n'est pas déterminée par son passé.

Cette capacité d'autotranscendance a pour noms liberté, esprit et âme.

La découverte d'un havre paisible situé par-delà le chaos de la personnalité peut entraîner l'être humain à comprendre que le moi est en réalité l'esprit. Cette découverte ne s'arrête pas là. Elle est le prélude de l'exploration sans fin des divers modes d'autotranscendance. J'espère en effet me persuader que mon évolution m'a fait dépasser les idées, les perceptions et les émotions qui furent autrefois les miennes. J'extensionne ma personnalité. Qui suis-je ? Que serais-je en définitive ? Quelles sont les ultimes frontières de cet être que je nomme « moi ». Je ne saurais le dire.

S'animer et être animé : méditer en marchant

Dans notre quête de l'incarnation — devenir un esprit pleinement charnel —, nous entrons de plein fouet dans un paradoxe. Nous devons au même moment identifier et démystifier notre corps. En respirant, j'ai conscience que cet acte si personnel est en réalité plus que cela : « mon » corps est animé par quelque chose qui le dépasse. J'ai découvert en restant calmement assis, attentif aux pensées et aux sensations passagères, que « je » suis devenu un observateur capable de transcender son corps. Nous nous heurtons au même paradoxe lorsque nous constatons qu'en plus de bouger, nous sommes animés.

L'idée même de la méditation en mouvement, de la danse sacrée et de la lutte consacrée peut sembler étrange à la plupart des Occidentaux. Notre vie religieuse est sédentaire à l'exception des églises fréquentées par les Noirs et le « petit peuple » où la danse et la musique *soul* sont présentes. Ni les presbytériens, ni les membres de l'Église épiscopale ne se déhanchent ni ne s'abaissent à de tels débordements. Les méthodistes se comportent comme si, à l'image du Dieu de leur confession, ils n'avaient ni corps, ni membres, ni passions.

Par contraste, comme Arthur Darby Nock, mon professeur de religions comparées à Harvard, nous le rappelait toujours : « Dans les religions primitives, la danse avait une place très importante. » La plupart des religions orientales ont développé des arts martiaux — jiu-jitsu, kung-fu, aïkido et taï chi — qui conservent la souplesse du corps et la vivacité de l'esprit, et apprennent à résister aux démons d'une manière non violente.

J'ai pratiqué sporadiquement la méditation en posture assise ainsi que les arts martiaux. Cependant, mes méditations les plus fructueuses ont toujours lieu lorsque j'effectue de longues marches.

La marche est essentielle à l'esprit et à la pensée. Mon âme est un voyageur qui traverse le monde à pied. Comme Aristote et les péripatéticiens de son école, je ne peux penser clairement si je demeure trop longtemps inactif. Nietzsche exagérait à peine lorsqu'il commentait ce passage de l'œuvre de Flaubert : « L'homme ne peut penser et écrire que s'il est assis. »

— Voilà où je vous y prends, nihiliste! La vie sédentaire est un péché contre l'Esprit saint. Seules les pensées glanées en marchant ont de la valeur.

Je me demande aussi si Immanuel Kant aurait été en mesure d'écrire *Ode à l'extase* après la *Critique de la raison pure* s'il avait dévié de son habitude d'arpenter quotidiennement le même sentier à la même heure.

La méditation en position assise est, à mon sens, un *travail* qui requiert une somme considérable de concentration, de recherche et de volonté au même titre que du repentir. La marche est, par contraste, pure grâce. C'est un art qui ne réclame aucun effort et suscite des moments inattendus d'autotranscendance spontanée.

Quand je marche, mon esprit va de l'avant, bouscule les étapes et me rapporte des images et des idées venues de nulle part. Les pensées qui me viennent à l'esprit lors de mes longues promenades dans les collines renferment souvent les éléments déclencheurs que je n'acquerrais qu'après des semaines de dur travail intellectuel et émotionnel. Les solutions à mes problèmes viennent toujours d'ailleurs.

La marche me rappelle que mon être est en devenir. Je suis toujours le chemin sans jamais arriver à destination. Je ne suis pas un être statique. Toute identité est appelée à être perdue, puis retrouvée pour être perdue à nouveau. Nous avons toujours cru que la matière était solide. Nous savons maintenant qu'elle est en perpétuel mouvement. La substance est l'énergie et le changement est permanent. Il est préférable que j'en vienne à considérer la route comme ma demeure.

Il m'arrive souvent, quand je trouve ma cadence, de connaître une forme de grâce kinésique dans laquelle toute démarcation entre le fait de bouger et celui d'être animé disparaît. Je me souviens de cette journée où je courais avec deux amis sur les pentes du mont Tamalpais. À la fin de l'après-midi, nous nous étions arrêtés sur une plage rocailleuse près de Pirates Cove pour nous asseoir et discuter un moment. Plus nos conversations devenaient intimes, plus nous nous rapprochions les uns des autres jusqu'à ne plus former qu'un cercle étroit. Lorsque nous sommes repartis en courant, nous avons franchi la crête de la colline où le coucher de soleil nous faisait face. Nous nous sommes dévisagés et, pendant un court instant, nos personnalités se sont dissoutes. Nous avions le sentiment d'être trois marionnettes animées par la main de Dieu. Nos individualités étaient enveloppées d'une énergie commune, d'une volonté et d'une force vitale qui nous dépassaient. Un peu plus tard, nous avons parlé de cet instant magique et nous sommes aperçus que tous trois, nous avions perçu la même chose. Un moment ordinaire est soudain devenu transparent, sacramentel et symbolique.

Accepter sa destinée consiste à trouver le pas le plus juste, le plus facile et le plus gracieux de sa vie. Chaque coureur ou marcheur sait ce que signifie l'effort de maintenir la cadence. Lors de ces instants, je replonge dans les événements de ma vie comme une pierre coule dans l'eau. M'abandonnant à l'inévitable, je descends jusqu'à ce que je repose en toute tranquillité dans le fond. Cela me rappelle un vieux cantique stoïcien, « Guide-moi, Ô Zeus, vers ma destinée. Je dois la suivre sans hésitation. Même s'il m'arrive d'être désobéissant et de vouloir m'en écarter, je ne dois pas moins la suivre pour autant. » Je m'abandonne à quelque chose qui dépasse ma volonté et qui anime le centre de ma vie. Comme le disait ma tante Claire : « J'ai finalement remis ma démission comme dirigeant de l'univers. À ma grande surprise, elle a été immédiatement acceptée. »

La chasse et la cueillette ont modelé la morphologie de l'être humain. Nous ne sommes pas des animaux sédentaires. Le corps, la raison et l'esprit se dénaturent dans l'immobilité. L'émotion et en particulier la compassion sous-entendent la capacité d'être animé. L'armure qui rend le corps rigide inhibe notre faculté de répondre et d'être en mouvement. La grâce est l'ennemie de l'immobilisme. Nos corps doivent demeurer alertes et prêts à s'abandonner à la force motrice, à l'énergie, au prâna, à l'esprit.

Je crois que la crise actuelle de la raison et de l'esprit est née en grande partie des habitudes sédentaires des intellectuels contemporains. L'école nous apprend à vivre assis. Les universitaires, les chercheurs, les hommes d'affaires vivent en milieu urbain et travaillent sous un éclairage artificiel dans des bureaux ou autour d'une table de conférence où ils sont entourés de machines. Il est possible que le monde vu sous cet angle soit singulièrement déformé et que cette vie nous entraîne inexorablement dans le labyrinthe de l'illusion et de l'égocentrisme. Nous sommes de plus en plus à la merci de ce genre de pensées et d'activités abstraites qui sont la source même de notre profond malaise.

Dans quelles attitudes ou quelles situations, dans quel état d'esprit, au sein de quelles communautés devrons-nous nous retrouver pour acquérir la compréhension exacte, nuancée d'optimisme, de la condition humaine ?

Le simple fait de sortir de chez nous permet à l'esprit d'émerger de la sédentarité et de son milieu protégé. La capacité de s'émerveiller dissout le narcissisme et l'orgueil. Un rocher, un nuage, un arbre peuvent nous aider à nous rappeler que nous sommes les avant-derniers habitants de la maison de la culture et, surtout, les citoyens du cosmos. L'esprit humain doit toujours pouvoir trouver sa demeure lorsqu'il affronte des situations nouvelles. Au même titre que les cultivateurs, les citadins ont pour origine la Terre. L'humus entre dans la composition de nos espèces. Prendre le temps de faire une promenade dans l'inconnu constitue probablement la meilleure voie liturgique vers l'identité spirituelle.

Au fil des années et à mesure que je découvre ma cadence, que mon corps se déplace avec harmonie, je m'approche de quelque chose qui ressemble de plus en plus à ma destinée.

La plupart des bouleversements de ma vie sont venus de la lutte que j'ai menée pour actualiser certaines de mes fantaisies et pour atteindre un moi idéal qui ne me convenait pas. Je voudrais être heureux, pondéré, et avoir l'esprit clair. Je me leurre en souhaitant être quelqu'un de totalement différent de ce que je suis en réalité. Je suis malheureux parce que je suis accablé par le démon de la philosophie qui me pousse à toujours chercher une raison à tout. Je suis un travailleur obsédé piégé par le jeu des significations.

Soudain, en l'espace d'un instant, un changement de perspective s'opère en moi et j'accepte alors de vivre ce qui m'apparaissait auparavant comme problématique. Je vois mon histoire, mes parents, mon comportement, mon incessant besoin de questionner et mon esprit perturbé et perturbateur comme les enjeux de ma destinée. Ce qui était blessure devient un don. De ce moment, je sais que ma liberté ultime ne sera atteinte qu'en acceptant de m'abandonner à cet étrange individu nommé Sam Keen. Même si j'ai appris à user de ma volonté et si j'ai su façonner certains aspects de ma vie, je ne me considère pas comme un homme accompli. À un niveau plus profond que ma capacité d'autocréation, je suis invité à répondre à ce que j'appelle, de façon inexacte, mon essence ou ma vocation. Ma destinée défile en me permettant de voir depuis six décennies la force motrice du « divin ADN » qui a structuré ma vie jusqu'à présent.

Je danse toujours avec l'Autre en essayant de trouver son rythme. Un vieux cow-boy répondait à quelqu'un qui voulait savoir comment monter à cheval : « Être en selle, c'est comme danser. Il faut toutefois laisser le cheval mener la danse. » La même vérité s'applique à la vie.

D.H. Lawrence a fort bien saisi le sentiment de grâce et d'abandon kinésique à la destinée dans son poème intitulé *Song of a Man Who Has Come Through* :

> Ce n'est pas moi, ce n'est pas moi, mais le vent qui souffle à travers moi !
> Un vent subtil qui indique la nouvelle direction du Temps.
> Si seulement je pouvais le laisser m'emporter, me transporter, si seulement il pouvait me transporter !
> Si seulement, par-dessus tout, je pouvais m'abandonner et être emporté par ce vent subtil qui poursuit sa route à travers le chaos du monde.

La sensualité sacramentelle

Pour retrouver la dimension spirituelle de la vie des sens, nous devons cultiver l'art du plaisir.

Pour transformer la sensualité en sacrement, nous devons avant tout progresser plus lentement. La vitesse est l'ennemie de l'esprit. Prenez *votre* temps. Goûtez et célébrez les couleurs, les formes, les goûts et les textures qui vous entourent. Pour bien savourer le moment présent, il faut y consacrer du temps.

Inscrivez dans votre cœur la consigne qui flanque chaque passage à niveau : « Arrêtez-vous, regardez et écoutez. » Prenez l'habitude d'écouter, de regarder et de toucher sur un mode méditatif.

Rappelez-vous votre vie. Les violettes sont aussi communes que les myosotis. L'éternel s'enroule dans le cœur de l'instant présent. Le sacré est visible dans la chute des feuilles d'érable flamboyantes, dans la rencontre extatique des corps, dans le visage hagard d'une mère somalienne qui berce son enfant affamé comme dans les structures fascinantes des quarks et les quasars. Soyez attentifs.

Offrez-vous votre propre sanctuaire — une pièce de votre maison, un jardin ou une clairière dans la forêt — où vous vous entourerez de symboles concrets qui vous rappelleront l'importance de rendre grâce à la beauté de la Terre. Ce peut être un bout de bois élégamment tourné, une statuette, du verre de cobalt ou une collection de coquillages. Un homme de ma connaissance possédait un autel portatif dont la custode d'argent renfermait une multitude de pierres semi-précieuses. De temps en temps, lorsqu'il sentait le besoin de montrer sa sensibilité, il exposait les pierres aux rayons du soleil pour être baigné par un flot d'améthyste et de topaze. Un autre ami conservait dans son bureau une collection de minuscules flacons de parfums exotiques tant il aimait leur arôme.

Quelquefois, un petit rituel suffit à transformer un après-midi banal en vacances, en jour sacré. C'est parfois le goût sacramentel de pain et de vin ou le moment de grâce causé par un rayon de soleil jouant à travers un rideau de dentelle.

CHAPITRE 8

La connaissance charnelle : le sexe et l'esprit

Et le Verbe s'est fait chair.

Évangile de Jean

Écoute, mon ami ce corps est son tympanon,
Il tire sur les cordes tendues, et de lui vient
la musique de l'univers intérieur.
Si les cordes se brisent et le chevalet tombe,
alors ce tympanon fait de poussière retourne à la poussière.
Kabir dit : Le Seigneur est le seul qui puisse en
extraire la musique.

Robert Bly, *The Kabir Book*

Les prêtres et les pornographes : la répression et l'obsession

Je suis hanté par la photo d'une femme à peine vêtue de dentelle noire assise sur un autel surmonté d'un immense crucifix. Un photographe célèbre (qui désire demeurer incognito par égard pour la coupable) tournait récemment un film dans une grande cathédrale en compagnie d'une amie. Après le tournage, alors que la cathédrale était vide, l'amie en question lui expliqua qu'elle avait été élevée dans une foi très puritaine. Elle avait toujours rêvé d'affirmer l'aspect positif de sa sexualité en étant photographiée dans une pose provocatrice en pleine église. Sans hésiter, elle enleva sa robe et ne conserva que sa lingerie de dentelle noire avant de s'asseoir sur l'autel. Elle leva alors son regard vers le crucifix avec l'air de dire au corps torturé du Christ : « La gloire se trouve aussi dans le plaisir sacré de la sexualité. »

Quand le sexe dresse sa tête superbe, nous plongeons dans un trouble irisé. Aucun acte humain n'a une telle auréole de gloire et d'indignité, de promesse divine et de pouvoir démoniaque. On l'exalte en termes dithyrambiques ou on le fustige de mots orduriers. Tantôt il symbolise le sacrement ultime, l'union spirituelle d'un homme et d'une femme, d'un dieu et d'une déesse, du yin et du yang, tantôt un entassement infâme de corps anonymes. Tantôt il conduit à une union béatifique, tantôt au chaos. Quoi qu'on puisse dire de la sexualité, il faut bien admettre qu'elle est entourée d'un voile d'obsessions, d'un amas épineux de culpabilité, d'un marécage de honte, d'un bastion de dogmes et de tabous, et des sept voiles de l'illusion romantique. Nous nous en approchons tout en sachant que nous sommes au mieux borgnes ou au pire aveugles et qu'il nous faut trouver à tâtons notre voie dans ce brouillard.

Parler du sexe, c'est envisager les multiples facettes de la sexualité : la façon dont nous faisons l'expérience de notre rôle sexuel, la structuration sociale du désir, les politiques du corps, de la famille, de la contraception et de l'avortement ; enfin l'utilisation du symbolisme sexuel dans la religion. J'entends toutefois insister sur ce qui est devenu l'aspect le plus problématique de la relation entre le spirituel et la sexualité : le comportement érotique avec échange éventuel de fluides corporels. Il est universellement admis que la vie spirituelle entraîne l'ouverture du cœur et de l'esprit à l'égard d'un autre individu. Le problème apparaît quand nous posons la question suivante : est-ce que cela signifie qu'il faille aussi céder la jouissance de notre corps ? On encourage la communion avec l'amour divin mais qu'advient-il de l'éros ?

Replaçons le problème dans son contexte historique, celui qui continue de modeler notre attitude vis-à-vis de la sexualité. Le mythe d'Adam, d'Ève et du fruit défendu nous en apprend bien plus sur ce que nous devons ou ne devons pas faire au lit que les plus récentes enquêtes publiées dans *Playboy* et le *Cosmopolitan*.

Le texte de la Genèse ne spécifie pas si le fruit en question est bien une pomme ou si la pomme est le premier euphémisme créé pour décrire la sexualité. Qu'importe ! l'imagination populaire a reformulé l'incident de l'Éden : Dieu plaça un homme et une femme nus dans une forêt, il les gratifia de ce qui était nécessaire à un pique-nique idyllique. Il leur a ensuite enjoint de résister à la tentation : « Vous pouvez goûter aux plaisirs innocents que procurent les mûres et les baignades ; mais ne touchez pas aux pommes. Ne jouez pas avec vos corps et ne vous souciez pas de sexualité. » Bien entendu, Adam ne savait absolument rien de la sexualité avant que Dieu ne la lui interdise et lorsque Ève lui montra une pomme en le priant d'en prendre une petite bouchée, il le fit et elle aussi. Par la suite ils se regardèrent d'un air entendu, rouges de plaisir et déjà moins innocents. Dieu, qui s'attendait à ce qu'ils cèdent à la tentation (étant omniscient, il savait que l'attrait de la connaissance est irrésistible), les suivit dans le jardin et leur révéla sa sentence. Reconnus coupables de badinage et de désobéissance, ils seraient expulsés du jardin. De plus, Adam serait condamné à travailler dans les ateliers de l'Histoire et Ève connaîtrait les affres de la maternité.

Il y aurait beaucoup à dire sur la misogynie et la pruderie qui imprègnent ce récit. Sur le plan historique, on y décèle la transition entre les cultures matriarcale et patriarcale, lorsque la Déesse fut remplacée par Dieu le Père. Le monothéisme juif est sorti triomphant de sa lutte contre les anciennes déesses qui régnaient sur la terre de Canaan. Le serpent, symbole de la Déesse, devint alors celui du mal. Quant au sexe, qui tenait une place non négligeable dans le symbolisme et les rituels dévolus aux déesses de l'agriculture, il en sortit déprécié et fut désormais tenu pour suspect.

Sur le plan théologique, la tradition judéo-chrétienne a toujours considéré la place de la femme, de la nature et de la vie sensuelle du corps comme moins importante et moins digne que celle de l'homme, de l'Histoire et de la vie de l'esprit. L'éventualité d'un quelconque lien positif entre la sexualité et la spiritualité semblait pour le moins ambiguë. L'Agape, ou l'amour divin, ne comporte aucun échange de fluides corporels et le désir lui est étranger. Dieu est bien entendu considéré comme le Créateur de l'univers. Selon la même tradition, le corps est partie intégrante de la bonté créée, en particulier de la taille à la tête. Et le sexe, lui ? Suivant les coutumes de l'Église, les rapports sexuels n'ont de caractère sacré que s'ils ont lieu dans le noir, après une douche, entre un homme et une femme dûment mariés. En tout bien, tout honneur. Les autres expressions de la sexualité, depuis la masturbation jusqu'à l'homosexualité, révèlent la domination de la trinité malfaisante du monde, de la chair et du Diable. Même à notre époque, les plus grandes confessions chrétiennes hésitent à approuver toute forme de sexualité qui aurait pu offenser la reine Victoria.

Notons au passage deux distorsions psychologiques prévisibles qui résultent de l'attitude dominante judéo-chrétienne au sujet de la sexualité. Inévitablement, le fruit défendu en vient à être considéré comme désirable justement parce qu'il est défendu. Si Dieu avait interdit le Schweppes au citron, nous aurions tous une rage de limonade. Sous l'égide répressive de la religion occidentale, nous sommes devenus des obsédés de la sexualité et en particulier de tout ce qui est tabou, clandestin, illégal, obscène et sacrilège. Plus nos attitudes et notre éthique sexuelles seront gouvernées par la piété rigoriste des hommes en soutane, plus nous revêtirons la sexualité de dentelle et de cuir noir. Le puritanisme patriarcal est un terreau fertile pour la pornographie, la violence sexuelle et l'hypocrisie.

L'école de pensée qui soutient que le sexe est lié au péché a finalement créé son pendant, celle qui croit que la sexualité est salvatrice. C'est par réaction à la pudibonderie méthodiste qui a marqué son enfance que Hugh Hefner a décidé de convertir les hommes en play-boys et de ne considérer les femmes qu'en fonction de leurs seins et de leurs fesses. La réplique inévitable au « ne le faites pas » est devenue « faites-le maintenant ». La répression sexuelle a engendré la révolution sexuelle. L'espoir qu'une sexualité saine renferme la formule magique qui conduit au bonheur est né le jour où Wilhelm Reich a prôné dans ses écrits l'orgasme du corps entier. Il s'est trouvé accrédité par l'invention de la pilule anticonceptionnelle et popularisé par les plaidoyers en faveur du plaisir, des jeux et de la sexualité ludique parus dans *Playboy* et le

Cosmopolitan. Il a atteint son apogée au cours de l'été idyllique de Woodstock quand l'imagination psychédélique s'est laissée séduire par l'idée que faire l'amour et non la guerre soit la seule façon de libérer la libido. D'après ce principe, nous pourrions retourner folâtrer dans le jardin et être pour toujours jeunes, désirables et sans taches.

La sexualité est actuellement sous examen. L'herpès et le sida ont mis un frein aux aventures sexuelles sans lendemain. Ces maladies ont redonné à la monogamie et aux rapports sexuels protégés une importance jamais atteinte auparavant. Elles sont vues par la minorité moraliste comme des punitions infligées aux homosexuels, aux bisexuels et aux polysexuels pour avoir désobéi à la loi de Dieu sur la sexualité monogame. Le féminisme et le mouvement masculin ont ravivé le malaise qui couvait depuis longtemps à propos des rôles et du caractère traditionnel de la sexualité, en plus de susciter de nouvelles controverses sur les zones érogènes. Le fait que notre société individualiste a érodé les valeurs communautaires et familiales entraîne la question suivante : comment faire pour nous débarrasser de la répression destructrice qui pèse sur la sexualité, et de notre obsession de cette dernière afin de redécouvrir sa profondeur sacramentelle ?

Croquer le fruit défendu

Il est relativement aisé d'établir des liens historiques et culturels entre le sexe et l'esprit, de comparer les traditions chrétienne et tantrique, de se livrer à des analyses et à des recommandations. Toutefois, quand je dois utiliser la première personne du singulier, je me mets à bégayer, à rougir et je me demande s'il ne serait pas préférable de me taire. J'hésite à faire état de mon expérience au sujet de la relation ambiguë qu'entretiennent le sexe et l'esprit sans trahir la confiance d'autrui, porter atteinte au bon goût et verser dans l'exhibitionnisme. Je demeure cependant convaincu que la conspiration du silence tissée autour de ces mystères intimes a contribué à la profanation actuelle de la chair.

Lors d'une journée particulièrement froide de février à Minneapolis, j'ai entendu quelqu'un dire : « L'hiver, il fait si froid au Minnesota que les exhibitionnistes se contentent de décrire leurs corps. » La différence entre une discussion existentielle sur la sexualité et l'exhibitionnisme réside dans la capacité de garder la distance artistique qui convient. Je suis persuadé qu'une vision critique de l'expérience qui m'est personnelle serait un excellent point de départ pour parler des courants qui ont modelé ma personnalité. Encore faut-il qu'elle traite de sujets communs à tous. C'est avec la conviction que des millions d'hommes et de femmes ont jugé indispensable de s'évader de prisons-jardins semblables à la mienne que je me résous à parler de ma lutte, de mon évasion et de ma guérison à la suite de cette maladie érotico-spirituelle que nous avons héritée de la tradition judéo-chrétienne et industrielle. Je m'efforcerai de le faire avec tact.

Ma personnalité sexuelle s'est formée dans une ambiance polluée de honte et de culpabilité sous l'influence de parents aimants et parfaitement normaux. Pour autant que je m'en souvienne, leur vie érotique a été des plus heureuses. Je ne suis donc pas issu d'une famille atteinte de dysfonction.

Jusqu'à l'âge de quatre ans, je ne savais absolument rien de la sexualité. Par un après-midi chaud de Floride, ma mère m'a couché dans un petit lit qui se trouvait sur la véranda arrière de la maison en me recommandant de faire une sieste. Pour m'éviter toute distraction, elle ôta tous les jouets qui étaient à ma portée. Minute après minute, comme le sommeil me fuyait, je me mis à chercher une façon d'égayer mon ennui. J'ai fini par découvrir un merveilleux jouet en forme de serpent, doté d'un mécanisme sensoriel qui pouvait modifier sa taille. Plus je jouais avec lui, plus sa taille augmentait et plus le plaisir m'envahissait. Pour comble, ce jouet était rattaché à ma personne. Comment avais-je pu ignorer son existence jusqu'à ce jour ! J'étais fort occupé à découvrir toutes les possibilités de ce nouveau jouet lorsque je sentis *ses yeux* posés sur moi. La voix de ma mère qui semblait provenir de très loin me murmura : « Sammy, les petits garçons sages ne font pas cela. »

La confusion m'embrouilla le corps et l'esprit. La pulsion et le devoir entraient en conflit. La Déesse-Mère laissait entendre que son visage ne s'illuminerait que si j'étais « sage ». Cela signifiait que je ne devais pas jouer avec cet objet érotique fraîchement découvert. Pourtant, au plus profond de mon être, l'exploration de cette excitante merveille semblait relever de la bonté incarnée. Sous la flamme de Ses yeux, tout bascula et le dégoût remplaça ce qui, un instant plus tôt, était plaisir et fierté grandissante. Le bien et le mal changèrent soudainement de place lorsque je sus que ces sensations délicieuses étaient proscrites.

Envahi de honte, mon moi se fractionna, tel Janus, en deux visages afin d'affronter le dilemme. Sur le premier, je plaçai le masque du « petit garçon sage » et j'appris à agir de façon à gagner l'estime de la Déesse-Mère et de toutes les femmes qui par la suite l'ont représentée. L'autre visage était tourné vers l'obscurité protectrice. Pour éviter les affres de la dénonciation et du jugement, je devins un être secret et clandestin. Ma sexualité serait à l'avenir masquée par les ténèbres. Il me fallut plusieurs années avant de m'apercevoir que les yeux auxquels je dissimulais le plus soigneusement mes secrets charnels étaient en définitive les miens. L'habitude de la honte que l'on acquiert graduellement nous retient de mordre avec avidité dans la pomme de la connaissance du moi.

Les interdits et les consignes terre à terre de mon père au sujet de la sexualité se révélèrent plus complexes que les recommandations de ma mère. Chez elle, la sexualité n'occupait pas le premier plan. Elle se sentait davantage concernée par l'obéissance à la parole de Dieu. Si la Bible avait décrété que des orgies devaient avoir lieu le samedi soir au sous-sol de l'église presbytérienne, elle nous aurait allègrement envoyés sur le chemin des débordements (chemin qui conduit, selon le chrétien dionysiaque William Blake, au royaume de la sagesse). Mon père avait des idées bien arrêtées sur la sexualité. Pour les garçons et les filles, la règle était simple : « Pas de relations sexuelles avant le mariage ! » Cette phrase lapidaire se renforçait de multiples exemples de vies ruinées par des amours mal placées. Ç'avait été le cas de Jimmy Clyde qui était sur la voie d'une brillante carrière musicale lorsqu'il avait épousé une dévergondée qui l'avait abandonné avec deux enfants à élever.

Chez les WASPs, les Anglo-Saxons protestants de race blanche, qui vivaient dans le sud des États-Unis pendant les années trente, cette règle interdisant les relations sexuelles pré- ou extraconjugales était universellement suivie et rarement transgressée. Le plaidoyer intransigeant de mon père avait cela d'étrange qu'il ne semblait pas s'accorder à sa personnalité. Il encourageait généralement ses enfants à suivre leurs impulsions. Comme je l'ai mentionné plus haut, il possédait une nature d'une grande sensualité. Toutefois, dans son esprit, et plus tard — heureusement — dans celui de son fils, la sexualité était si explosive et si dangereuse qu'elle ne pouvait s'accomplir que protégée par les digues du mariage.

Un merveilleux rêve « humecté » me fit sortir de l'enfance à l'âge de treize ans. Mon adolescence fut marquée par les habituelles soirées sur la plage, les rendez-vous galants et les promesses d'amour éternel à de nombreuses petites amies. En raison de ce que je considérais comme mon devoir de chrétien, j'ai vaillamment résisté à la tentation et j'ai conservé presque intacte ma virginité en vue de l'offrir à la femme qui deviendrait mon épouse pour la vie.

J'ai rencontré Heather à l'âge de vingt et un ans par une belle soirée. Un an plus tard, nous étions mariés. Pendant la cérémonie, mon père a chanté « Ô amour parfait qui transcendes tout amour humain/ nous nous agenouillons humblement devant Ton trône./ Souhaitons qu'ils connaissent un amour sans fin/ et Fasse qu'ils ne soient plus qu'un. »

Je me suis engagé dans le mariage avec la certitude que ma sexualité pourrait être apprivoisée par les liens conjugaux, que mes fortes pulsions seraient domestiquées et que l'amour et le respect transformeraient la lubricité en une véritable communion de la chair. Je m'attendais aussi à pouvoir exprimer ma passion sans réserve. J'espérais enfin que l'intimité nous permettrait de nous débarrasser de nos personnages, de nos ego, de nous délivrer du fardeau de la performance et de fusionner physiquement nos deux êtres vulnérables. En nous faisant mutuellement confiance et en nous acceptant inconditionnellement l'un l'autre, nous serions nus et transparents, deux entités n'en formant plus qu'une dans la chair.

Forts de notre innocence, nous n'avons eu cure de nos « moi » inconscients. Nous étions trop jeunes pour savoir que des écueils et des courants traîtres se dissimulaient sous la surface calme de l'océan d'amour et de bonne volonté. Une ombre menaçait nos bonnes intentions et nos vertus naissantes. Aucun de nous n'avait encore la moindre idée de ce que recelaient nos agendas secrets, nos blessures de l'enfance, nos colères réprimées, nos demandes irréalistes, nos dépendances secrètes et nos désirs excessifs.

Il me fallut des années avant de comprendre que les mobiles qui nous empêchaient, Heather et moi, de nous réaliser dans le mariage et qui nous ont conduits à conclure par un divorce inéluctable ce voyage entrepris de concert, s'étaient manifestés bien avant que j'entre en scène. Dans la vie comme dans la fiction, il arrive que le scénario soit rédigé longtemps d'avance. Ce qui se déroule dans le deuxième acte est généralement en genèse dans le premier.

Après quinze ans de mariage, cinq ans après la mort de mon père, je suis passé du côté des rebelles. Tremblant de peur et d'excitation, j'ai franchi les frontières de la connaissance sexuelle illicite qui servaient de garde-fou à mon corps et à ma psychè au temps de l'autorité paternelle. Les noms et les détails ont peu d'importance. Je suis devenu amoureux d'une ravissante jeune femme que je croyais beaucoup plus expérimentée que moi et qui pourrait ainsi faire disparaître mes refoulements sexuels.

Un film sur cette aventure n'en aurait pas saisi la dimension réelle malgré le décor : motel donnant sur la mer, échanges de regards et de baisers, léger goût salé d'une peau étrangère et corps brûlants sur des draps frais. L'acte sexuel en lui-même ne fut ni extrêmement passionnant ni raffiné. Le sol ne s'est pas mis à trembler. Mais au plus profond de moi, les eaux souterraines jaillirent du roc, mon esprit prit son essor et commença à animer mon corps et ma raison. En quittant le motel, partagé entre la tristesse et la joie, je fis mes adieux à mon père et à ma mère, à la matrice et aux règles qui m'avaient formé et comprimé. Je suis parti vers une contrée inconnue située à l'est de l'Éden. Je ne connaissais que peu de choses sur cette région sauvage dans laquelle j'allais pénétrer, si ce n'est que j'avais été trop soumis dans le passé et qu'il me fallait retrouver ma passion de vivre. Je voulais à la fois me libérer et m'abandonner à quelque chose de plus grand que moi.

La perte tardive de mon innocence et le désir de vivre un peu de folie firent partiellement écrouler mes espoirs de mariage pour la vie. Il est inutile et peu séant de relater cette histoire dans toute sa complexité. Il suffit de dire que notre mariage, à la fois riche et convulsif, prit fin après dix-sept ans d'attentions et de chagrins mutuels. Nos routes se sont séparées et nous nous sommes dégagés de nos vœux. Le divorce fut, à tout prendre, un geste d'amour. Malgré le temps, la distance et un remariage, notre relation est demeurée chaleureuse.

Quelques suggestions pour transgresser les tabous

Il est dangereux de transgresser des tabous. Dans mon cas, cela m'a coûté un mariage et infligé à mes enfants des cicatrices qui ont mis dix ans à se transformer en marques de beauté. Dès l'instant où nous franchissons les limites de ce qui est permis par les parents et les autorités, la voix stridente de notre conscience enfantine s'élève pour nous accuser sans discrimination d'irresponsabilité, de trahison, de désertion, d'avoir sacrifié famille et proches pour combler nos désirs narcissiques. « Si vous en arrivez à transgresser le tabou qui confine les relations sexuelles au fief du mariage, qu'est-ce qui vous retiendra de commettre viol, inceste, meurtre et vol ? Dès que vous rejetez la culpabilité et la honte, vous sombrez dans l'anarchie morale. »

Certains tabous sont créateurs, d'autres destructeurs. Il en est de sacrés, parfois de démoniaques. L'inceste n'est rien d'autre que la profanation des liens familiaux de confiance. Le viol constitue un outrage à ce que la société reconnaît comme civilisé. Le meurtre est un acte qui détruit les bases du respect des autres sans lesquelles aucune démocratie n'est possible. Seul un psychopathe peut transgresser tous les tabous, mais seul un fanatique refusera d'admettre que certains tabous doivent être transgressés au nom de la liberté et de l'urgence spirituelle.

Il y a des époques dans notre vie où les valeurs parentales et sociales entrent en conflit avec nos valeurs librement choisies et où la honte et la culpabilité infantile engendrées par l'autorité de la conscience parentale se heurtent à nos conceptions d'adultes. Sitôt que le moralisme fait obstacle à notre développement spirituel, nous devons accepter d'agir conformément au bien créateur. La voix de la conscience spirituelle nous entraîne vers un avenir plus grand et plus compatissant dont la conscience moraliste et tribale nous vante les vertus. Si les discours prophétiques et la désobéissance civile se révèlent parfois nécessaires pour redonner plus de justice au corps politique, la plongée dans le chaos dionysiaque l'est tout autant pour libérer la créativité sacrée.

Le domaine des rêves est le seul lieu où tous les tabous peuvent et doivent sauter. Pour pouvoir manifester toute la compassion dont nous sommes capables, il faut avoir conscience que tout ce qui est humain se trouve en nous. Je suis à la fois un monstre et un saint, un assassin et un guérisseur. Je suis en même temps contaminé et pur. La soif du pouvoir qui a poussé Hitler à commettre des cruautés sans nom rampe dans un coin obscur de ma psyché, juste à côté de l'élan d'amour universel qui anime mère Teresa. C'est uniquement par le rêve qu'on peut extirper avec succès les racines maléfiques de la connaissance de soi. L'imagination projette dans l'esprit l'image d'actes prohibés ou de situations trop risquées pour être vécues dans la réalité. Dionysos, dieu de la démesure et du délire extatique, règne en maître dans le royaume des rêves tandis qu'Apollon, dieu de la modération, de la raison et de l'ordre, tient la plupart d'entre nous sous son emprise le jour. Quand je me laisse envahir en rêve par la luxure et les pulsions meurtrières ou me sens habité par un amour débordant, j'ai conscience des illusions moralisatrices qui me donnent le sentiment d'être le meilleur ou le pire des individus. Une imagination amorale donne la possibilité de vivre par le rêve une expérience qui dépasse la simple notion du bien et du mal. Cette expérience se révèle capitale pour le développement du sentiment de compassion.

Les tabous que nous devons généralement transgresser afin de découvrir nos désirs les plus profonds sont ceux qui nous sont inconsciemment imposés par les mythes familiaux et la culture dont nous faisons partie. Pour s'en libérer, les uns auront à se délivrer des chaînes de l'Église baptiste, les autres des vues étroites d'un milieu familial résolument athée. Paradoxalement, dans une famille d'alcooliques, c'est la sobriété qui devient tabou, tout comme l'est le doute pour les fondamentalistes.

Je viens d'être mis au courant d'un cas de transgression créative de tabous qui diffère totalement du mien. Un séducteur notoire, appelons-le Jack, avait eu des parents qui menaient un grand train de vie. Ces gens avaient de la sexualité une vision très laxiste. Les enseignements tirés des expériences vécues par son père et les renseignements fort explicites fournis par sa mère ont fini par persuader Jack de chercher à séduire toutes les femmes attirantes qu'il croisait. Sa mère avait l'habitude de lui désigner les « bonnes prises » et allait même jusqu'à suivre ces dames dans les toilettes pour leur donner le numéro de téléphone de son fils. Quand il parvenait à ses fins, il devait confier les détails de son aventure à sa mère. De tels encouragements ont conduit Jack à coucher avec un nombre incalculable de femmes. À tel point que lorsqu'il rencontrait à l'improviste une femme dont le visage lui était familier, il ne parvenait pas à se souvenir s'il avait déjà ou non fait l'amour avec elle. Dernièrement, il est malgré tout tombé amoureux et a manifesté le désir de se marier. Pour la première fois de sa vie, il avait l'intention d'être fidèle à sa passion, mais cela lui semblait irréalisable tant l'idée de devoir mettre un frein à ses pulsions de séducteur l'angoissait. Il ne pouvait se résoudre à transgresser le tabou de la fidélité. Lorsque j'ai raconté à Jack comment j'avais franchi la même barrière mais en sens inverse, nous avons tous deux éclaté de rire. Nous avions vécu la même chose, sauf que son histoire était l'opposé de la mienne. J'ai su récemment que Jack s'était marié. Je suis ravi de savoir qu'il lui sera désormais donné d'expérimenter cette curieuse forme de liberté qu'est la fidélité.

La démesure sacrée : l'indompté et l'apprivoisé

Une demi-vérité est aussi dangereuse qu'un mensonge. Je l'ai découvert lorsque j'ai voulu vivre en pantouflard alors que j'étais en réalité à moitié bohémien. Nous pouvons être attirés par des plaisirs immondes et nous abandonner à l'énergie sexuelle sacrée qui se cache en nous lorsque nous nous sentons aimés et que nous sommes confortés par les liens durables du mariage. Le secret pour réussir un bon mariage est de considérer la fidélité comme un aphrodisiaque sacré.

Il est cependant faux de croire qu'une sexualité sacrée se doit toujours d'être apprivoisée, douce et personnelle. Selon John Calvin, l'esprit ne nous pousse pas toujours à vivre nos ardeurs sexuelles de façon « décente et ordonnée ». Il arrive parfois qu'un vent de frénésie souffle sur nos vies rangées et qu'une mélodie étrange nous attire vers les sommets.

Au cours des cinq années qui ont séparé mes deux mariages — un répit voué au défoulement —, je ne me suis pas jeté éperdument dans ce que la Californie appelait à l'époque « l'exploration de la sexualité ». En bon presbytérien repenti, je suis demeuré suffisamment conservateur pour me satisfaire de simples variations mineures. J'ai partagé mon corps avec peu de femmes et la plupart de celles-ci auraient pu, à mon avis, être des candidates à une nouvelle relation durable.

Il n'y eut qu'une exception notable, une aventure de deux ans pimentée d'une ardeur sexuelle accrue.

Conservons l'anonymat ici, non pour protéger notre vie intime mais parce que pour nous les corps seuls avaient de l'importance. Notre identité passée, présente ou à venir n'ajouterait rien à l'histoire. Nous nous sommes connus à l'époque où j'étais encore marié. Au cours de nos conversations, elle me semblait si bizarre que j'avais l'impression qu'elle s'inventait une histoire personnelle sous l'impulsion du moment. Ses histoires se contredisaient d'une fois à l'autre. Par moments, elle semblait indécise, à d'autres, carrément confuse. Douze ans après notre aventure, ses aberrations délicieuses ont dégénéré en schizophrénie. Lorsque la vieille magie noire nous a jeté un sort, mon existence avait été chambardée par le divorce, la dispersion de ma famille et la perte de mon emploi. Nous nous sommes rencontrés dans le sud de la Californie, là où l'illusion de la jeunesse éternelle et des potentiels illimités est un article de foi et où j'avais résolu de repartir à zéro.

Une simple occasion peut parfois conjurer le tout.

Son appartement d'une pièce aurait pu tenir lieu de harem dans une production cinématographique bon marché de *Schéhérazade* : murs tendus de couvre-lits à motifs indiens qui se déploient pour former un baldaquin au-dessus de l'immense matelas posé à même le sol, reproductions tantriques de couples royaux dans des positions amoureuses acrobatiques, tapis oriental de couleur pourpre orné de serpents enlacés, odeur de bois de santal imprégnant l'atmosphère de la pièce.

Elle fait brûler un autre bâtonnet d'encens et apporte deux coupes de vin de prune au lit. Ils sont assis de façon à placer leurs cuisses en contact étroit. Ils respirent difficilement et l'air est chargé d'électricité comme dans l'attente d'un orage. Ils ont fait plusieurs fois l'amour au cours de la dernière année, et chaque fois c'est la même sensation. Ils parlent peu et cherchent à se retenir le plus longtemps possible comme s'il était inconvenant de céder à leurs pulsions. Avec lenteur, elle pose les coupes sur le sol et l'embrasse doucement. Il plonge son regard dans les ténèbres vertes de ses yeux et y voit le reflet de ses propres yeux. Le désir y flambe. Sans un mot, ils se déshabillent. Elle est nue sous son chemisier et sous sa jupe longue. Soudain une certaine précipitation les gagne. Il n'y a ni préliminaires ni aucun effort pour s'exciter. Déjà un courant invisible les pousse à quitter la rive pour s'enfoncer dans les eaux profondes. Ils s'efforcent de respirer calmement afin de ralentir leur douloureuse envie. Il met sa main entre ses jambes et sent qu'elle est mouillée. Elle s'appuie sur les oreillers alors qu'il la pénètre avec une grande lenteur, avec des pauses à chaque palier de la descente vers la caverne sous-marine. À l'instant même où il atteint le fond, elle entre en convulsions. Il respire profondément et attend. Quand sa respiration redevient normale, ils commencent à bouger ensemble. Ils s'arrêtent de temps à autre pour laisser la chaleur liquide couler dans chaque recoin de leurs corps. Des vagues cadencées les emportent. L'encens n'est plus que cendres. Après avoir vogué indéfiniment sur les vagues des sensations, ils tombent dans un océan d'oubli. Ensuite ils se couchent avec la sensation d'être lavés par leur passion commune. Leurs corps s'unissent à plusieurs reprises pendant la nuit jusqu'à ce que leurs étreintes et leurs rêves d'amour se compénètrent. Au réveil, il la prend tendrement dans ses bras et raffermit de plus en plus son étreinte avant de s'apercevoir qu'il embrasse l'oreiller. Il voit une note épinglée sur le ciel de lit : « Ma douceur, ma canaille, mon papillon, mon tigre, mon prince des amoureux. J'ai eu toutes les peines du monde à émerger de ce lac de plaisirs ce matin. J'ai tout juste le temps d'attraper le sous-marin pour me rendre au travail. Viens tôt ce soir, j'organise une petite fête. Je t'aime, Z. »

Il y eut d'autres soirées et d'autres après-midi savoureux, qui ne se muèrent pas pour autant en relation stable. L'homme et la femme ne vécurent pas heureux jusqu'à la fin de leurs jours. Finalement, les différences marquées entre ce qu'ils étaient au lit et hors du lit prirent le pas sur tout le reste. La chair ne peut tolérer tant de transports. Leurs rencontres, bien que toujours aussi explosives, s'espacèrent de plus en plus et la distance qui les séparait depuis le début n'en fut que plus évidente.

Une voix intérieure, aussi ancienne que ma honte des premiers temps, me chuchote qu'une histoire aussi intime n'a pas de place dans une discussion sur le sacré, sinon pour servir de toile de fond à une forme de sexualité provocante et purement profane. Je ne peux toutefois m'empêcher d'honorer et de vénérer le baume qui m'a guéri. Parce qu'elle m'a fait connaître une telle ferveur sauvage, j'ai une dette à l'égard de celle qui fut ma partenaire dans cette communion de la chair. L'adoration qu'elle vouait à mon corps m'a fait redécouvrir l'innocence de la passion, la joie dénuée de honte d'être un esprit pleinement charnel.

Aussi déconcertant que cela puisse paraître à certaines personnes, il est nécessaire d'insister sur la démesure du sacré parce que la moyenne des gens s'efforce de ramener autant la sexualité que la spiritualité à quelque chose de méthodique. On sait pourtant que la plupart des traditions religieuses renferment des cérémonies orgiaques au sein de leurs rituels. La plupart des cultures réservent un hommage à Dionysos si l'on en juge par les carnavals et le mardi gras au cours desquels l'alcool coule à flots et la licence se veut totale. Les textes sacrés de l'hindouisme célèbrent les débordements illicites de Krishna et des bergères vierges. J'ai lu quelque part qu'une tribu avait un calendrier de 362 jours, les trois autres jours étant dédiés à des fêtes libérées de tout tabou de nature sexuelle. Personne ne pouvait être tenu responsable de ce qui survenait durant ces trois journées puisque, officiellement, elles n'existaient pas.

Ma réserve naturelle m'empêche de me sentir à l'aise en face des manifestations les plus débridées de la sexualité sacrée. En 1979, la revue *Psychology Today* m'a prié d'écrire un article sur le Plato's Retreat, le premier club de New York où des couples pouvaient en toute légalité avoir des relations sexuelles en public.

Tout en examinant cette proposition, j'avais conscience que le simple fait d'imaginer des couples en train de s'ébattre amoureusement en public bousculait mes tabous. J'étais perplexe à l'idée de couvrir par écrit l'événement. Je sentais qu'une galerie d'aînés m'observaient d'un air réprobateur. Il s'agissait de parents, d'amis, de distingués professeurs — mes mentors des premiers jours — qui avaient taillé mon jeune esprit de manière à ce qu'il produise un feuillage abondant et sain. Le Dr Conning de l'église Covenant secouait la tête silencieusement en considérant ce qu'un ex-candidat à la vie religieuse s'apprêtait à faire. Comment pouvais-je seulement envisager de rapporter une chose aussi indécente ! Mon dialogue avec ces bons pères fut soudainement interrompu par l'arrivée inopinée d'un satyre aux jambes velues issu d'une caverne encore inexplorée de ma psychè. Il me fixa droit dans les yeux et m'apostrophant : « Comment peux-tu songer un seul instant à rater une pareille occasion de faire du voyeurisme ? Je te promets que tout ce que tu verras a déjà hanté le monde de tes rêves et que tu seras en mesure d'évaluer, à distance respectueuse, si la sexualité des autres est démoniaque ou divine. » J'eus tout à coup honte d'avoir si longtemps enchaîné dans mon inconscient cette créature hirsute. Je lui fis un clin d'œil et pris un taxi en direction de la Soixante-quatorzième rue Ouest.

La directrice de l'établissement était une quinquagénaire aux manières brusques et au visage figé à la fois par l'ennui et par une morgue subtile. Elle examina ma carte de presse et me mit au courant du règlement n° 1. À titre de journaliste, j'étais libre d'observer les ébats sans toutefois y prendre part. Je devais demeurer vêtu et m'abstenir de fraterniser avec les participants. La visite guidée de ce temple de l'amour débuta par l'enceinte extérieure — bar, piscine, jacuzzi et salle de danse — où les préliminaires avaient lieu. Je poursuivis ma tournée en visitant les pièces latérales où les couples pouvaient faire l'amour en toute intimité et j'arrivai enfin à la pièce centrale garnie de matelas où les graves rites d'Aphrodite étaient célébrés.

Cette salle renfermait d'un mur à l'autre un ensemble de matelas grand format et de tapis de gymnastique. Des miroirs installés au plafond et sur deux murs permettaient aux participants de se voir en action et de voir ceux qui les observaient. Un garde posté à l'entrée se chargeait de faire respecter les règlements affichés en caractères gras : « Aucun vêtement n'est toléré. Seuls les couples hétérosexuels sont admis (une véritable arche de Noé !). À l'intérieur de la salle, les couples peuvent se séparer et se livrer à toutes les combinaisons imaginables avec pour seules limites le nombre d'orifices et la flexibilité des corps. Les couples homosexuels ne sont pas admis. (Ces étranges comportements sont proscrits au Plato's, n'en déplaise à Socrate et à Sapho !) Sur les matelas, une trentaine de personnes s'agglutinaient en un triptyque mouvant de duos, de trios et de quatuors. Des cascades de poitrines, de hanches, de dos, de bras, de têtes et de parties génitales s'entremêlaient.

Debout à l'entrée de la grande salle, mes yeux commencèrent à se brouiller et j'eus soudain la vision de l'orgie fellinienne de *La Dolce Vita*. J'avais franchi la porte verte et les gens que je voyais me faisaient penser à des acteurs — Marylin Chambers et Harry Reems. Ils semblaient irréels. Mon cerveau était suffisamment rodé par les films et les clips musicaux pour rester serein devant ce qui n'était que du « cinéma ». Le spectateur ordinaire, tout comme l'amateur de pornographie, peut voir le bombardement d'un village, l'exécution d'un renégat, une émeute, un règlement de comptes ou une orgie sans s'y sentir le moins du monde impliqué.

Pendant ce temps, mon attention se portait sur mes pensées profondes. Au-delà de mes rétines se déroulait un festival de films intitulé « Tabous et archétypes du péché » où s'affichaient des classiques tels :

Sodome et Gomorrhe. Le Dieu d'Israël souligne les conséquences de la dépravation morale en expédiant le feu et le soufre aux hommes et aux femmes vautrés dans la luxure.

La Condamnation d'Aphrodite (alias Ishtar, Astarté et la partenaire sexuelle du mois). Encore ici Yahvé anéantit ceux qui vénèrent le pouvoir générateur du sexe, qui ont des rapports sacramentels et qui négligent le culte du vrai Dieu.

La Chute de Rome. Avec en vedette Caligula et des milliers de comédiens dans un spectacle de moralité où le non-dieu de l'histoire laïque prend contact avec ceux qu'il veut détruire.

L'Avilissement de Betty Grace. Une innocente jeune fille du Sud tombe amoureuse et est entraînée dans le péché par un homme sans scrupules qui s'intéresse uniquement au corps de l'héroïne. Enceinte, elle est abandonnée par son amant et subit un avortement avant de mourir. (Il s'agit d'un récit édifiant que mon père m'a conté.)

L'Attrait des plaisirs défendus. Un philosophe influencé par les années 1960 et l'éthique d'Esalen se joue de l'amour. Il en résulte un film qui, au début, tient de la comédie avant de tourner au drame sur une scène de divorce.

Afin de m'assagir quelque peu, j'ai interrompu mes visionnements privés, mis de côté mes sentiments subjectifs et suis revenu à l'observation des faits tels qu'ils doivent être vus par un regard neutre. Les participants étaient en forme. La plupart des couples demeuraient unis. Certains observaient les autres, se caressaient, puis quittaient la pièce sans avoir eu de rapports sexuels. Quatre couples en posture de missionnaire se livraient à d'interminables exercices au centre de la salle. Leurs répétitions quasi mécaniques produisaient un maximum de stimulation et nécessitaient un minimum d'abandon.

L'attention se portait sur les zones érogènes classiques. On n'accordait guère d'intérêt (devrais-je dire d'« hommage » ?) à ces plaines de ventres, à ces tours de jambes et à ces colonnes de nuques. Aucune exploration de la chair qui sépare les orteils et les doigts. Pas de légères caresses à l'arrière des oreilles ou de parcours brisés dont l'histoire est gravée dans la paume de la main. La plupart des acteurs mettaient une hâte presque obsessive à établir des contacts génitaux. Les baisers prolongés étaient rares. Il y avait également une absence de complicité dans les regards. La danse lascive de la séduction et les coquetteries de la pudeur n'avaient aucune place en ce monde érotique. L'atmosphère n'évoquait pas un restaurant quatre étoiles où chaque bouchée est pleinement savourée, mais plutôt une cantine express au menu standard.

Il y avait peu d'abandon extatique. Les gémissements, les cris et les rires se faisaient rarement entendre. Peu de tremblements involontaires et pas de signes de satisfaction. Je n'ai observé un semblant d'excitation et d'autotranscendance que chez deux des couples.

L'observation à froid de cette salle du Plato's ne produit que peu de stimuli pour l'esprit. Les faits et gestes considérés de façon isolée sont stériles. Pour qu'ils revêtent un certain intérêt, ils doivent être palpés, attisés et liés en une hypothèse suggestive.

Comme je regardais cet amas de corps, mon esprit s'égara à nouveau. Ou plutôt il s'enfonça dans les synapses de la métaphore sans laquelle l'esprit n'est que ténèbres et l'œil est aveugle. Pour passer de l'observation à la compréhension, nous devons nous demander : À quoi ressemblerait une pomme qui tombe si elle était grosse comme la lune ? À quoi ressemblerait un esprit s'il était un hologramme ? À quoi ressemblerait une orgie si... ? Mes « sujets » devenaient, par métaphore, un fouillis inextricable de chiots jouant sur un matelas, des techniciens en morphologie humaine étudiant les lois de l'énergie sexuelle ; des acheteurs appâtés par une braderie érotique, des fantômes imbibés de novocaïne qui tenteraient avec un froid désespoir de retrouver la sensation de la condition humaine, des parties génitales désincarnées en quête d'amour.

Était-ce là l'illustration d'une quête humaine plus approfondie, qui prenait cours au-delà des relations sexuelles fortuites ? Est-ce que ce lieu dédié à la fornication (mot qui vient du latin *fornices* signifiant « voûtes ») évoquait la caverne de Platon ? Au début de la soirée, je m'étais montré beau joueur en acceptant l'explication que l'on m'avait fournie : le Plato's Retreat était un sanctuaire où les gens pouvaient explorer des sensations tout en étant détachés de leurs émotions. Il y avait pourtant quelque chose d'erroné dans cette hypothèse. La donnée ne coïncidait pas avec la métaphore. Si l'endroit avait vraiment été une école vouée à l'apprentissage des sens, j'y aurais vu davantage d'actes de perversité polymorphe. Le véritable artiste des sens déjoue la tyrannie de l'obsession génitale. Dans la salle des matelas, les rythmes étaient trop rapides et trop agressifs pour être sensuels. Ils étaient davantage le résultat de la force agissante de la sexualité.

Manifestement, une autre hypothèse surgissait. Les gens venaient chez Plato's pour voir et être vus plutôt que pour exercer leur sensualité. Pourquoi ? Un couple me l'a expliqué :

— La plupart se sont questionnés pendant des années pour savoir s'ils étaient normaux, s'ils étaient comme les autres, particulièrement en matière de sexualité. Nous découvrons ici ce que les autres font en réalité. Cela libère l'imagination d'un poids énorme, m'a confié la femme.

L'homme a ajouté :

— Je ne crois pas qu'il s'agisse uniquement d'observer les autres. Nous nous faisons voir également. C'est un genre d'étalage ou de confession publique de la sexualité.

La femme a conclu en disant qu'il lui arrivait quelquefois d'avoir envie de crier :

— Regarde, maman ! Regarde, papa ! Je fais toutes ces choses sales et vilaines que vous m'aviez défendu de faire. Et je goûte chaque instant que je vis ! Je souffrais de tous les complexes sexuels imaginables et il y a encore en moi une petite fille désireuse de s'assurer que sa vie lui appartient vraiment, qu'elle a le droit au plaisir et à l'amour malgré le fait qu'elle n'est ni très belle ni très séduisante.

Une orgie n'est peut-être après tout que le théâtre de la libération sexuelle sur la scène duquel les parties réprimées de nous-mêmes s'éveillent et jouent devant des dizaines de regards menaçants — les parents, les autorités et les institutions. En un tel lieu, nous les forçons à nous accepter en réalisant devant eux ce qu'ils nous défendaient de faire. Nous pouvons ainsi transcender la prison du passé. C'est une performance qui est avant tout symbolique, mais elle peut être aussi thérapeutique.

La soirée se prolongeait et il était évident que la révélation attendue ne se manifesterait pas. Quelques voiles d'illusion étaient tombés, mais je n'avais pu voir le visage démasqué du dieu Éros. Qu'est-ce qui se cache derrière cette force aveugle qui nous pousse à vivre dans le cirque et le sanctuaire de la sexualité ? Un souvenir étrange et une association d'idées me vinrent alors à l'esprit. Je m'aperçus qu'il ne s'agissait pas de la première orgie à laquelle j'avais assisté.

Au début des années soixante, j'ai fait partie d'un groupe imposant de gens qui se touchaient, se flairaient et se tenaient par les bras en riant et en pleurant à la fois. Nos corps, nos esprits et nos voix semblaient appartenir à une seule et même personne. Pendant plus d'une heure, nous avons partagé mystiquement la même chair. Je me souviens des larmes que j'ai versées lorsque mon petit ego et moi avons été remplis de l'essence confondue de toutes ces personnes. La foule de dix mille personnes au moins a atteint un point culminant lorsque tous ses membres, enlacés les uns aux autres et se balançant, se mirent à chanter : « Nous devrions / triompher / nous devrions triompher / nous devrions triompher un jour. / Et je crois / au plus profond de mon cœur / que nous devrions triompher un jour. » Martin Luther King prit alors la parole dans le cadre de la marche pour les droits civiques de Frankfort au

Kentucky. Nous formions à cet instant un seul et unique corps politique. Notre émotion commune, née d'une simple intuition, devint un objectif commun.

« Oui, mais ce n'était pas réellement une orgie. Vous jouiez seulement avec les mots. »

Je ne le pense pas. Mon corps vibrait et était traversé par une douce chaleur. Un courant électrique passait à travers mes reins, ma tête et mon cœur. Sur l'échelle des plaisirs sensuels, l'expérience de Frankfort se situe plus haut que bien des orgasmes sexuels que j'ai connus. Cela m'a prouvé qu'il se produit des courants instinctifs tant dans notre corps que dans le corps politique lorsque s'établit cette forme de communion. Nous sommes poussés à nous unir. Le « je » n'a de cesse qu'il se fonde dans le « nous ». Vouloir être soi correspond à la recherche de l'autotranscendance. En un sens, les orgies au sens littéral sont des manifestations symboliques et sexuelles de l'instinct de transcendance et de communion. Leurs participants révèlent en public leur besoin d'union à la fois charnelle et métaphysique. Au cours d'une orgie, tout comme dans les transes, les prières extatiques ou toute autre expérience profonde de communauté, nous avons la possibilité pendant un moment de nous décharger du fardeau de l'individualisme, de nous délivrer de cette personne fabriquée avec de la colle, de la ficelle et des bons sentiments, et de nous dépouiller du personnage que nous avons mis une vie à créer. Au lieu d'être quelqu'un, nous ne sommes plus personne. De la chair qui frôle d'autres chairs. Toutes les terminaisons nerveuses se valent. Plus personne n'a de coupures de presse, de titre sur la porte ou de diplôme de Harvard. Quand nous redevenons tous chair, de la chair, nous ne formons plus dans la sexualité comme dans la mort, qu'un seul corps.

La chair est une parabole de l'esprit.

Je commence maintenant à comprendre ce qui manquait et ce qui était déformé chez Plato's. Les prisonniers de cette caverne new-yorkaise étaient pris au piège. Ils n'étaient que des interprètes hésitants dans une pièce garnie de miroirs. Nulle fureur dionysiaque ne les transportait, cette effrayante perte de conscience qui pousse un être au bord de l'anéantissement et qui le jette dans les mains indifférenciées du désir. Les partenaires du Plato's ne connaissaient pas la divine folie exaltée par les gardiens de la République de Platon. Ceux qui osaient descendre dans les profondeurs obscures qui gisent au-delà du soi, là où n'existent ni représentations ni spectateurs, ceux-là seuls pouvaient découvrir l'union mystique de tous les êtres vivants. La véritable orgie dionysiaque était une initiation à la connaissance occulte suivant laquelle notre personnalité est multiple, mais notre essence unique. Le Plato's Retreat apportait le plaisir et la joie sans toutefois mener à la transcendance. La sexualité totalement profane et dépourvue de sens que l'on y pratiquait emprisonnait l'esprit humain dans une cave dépourvue de fenêtres.

Quand j'ai quitté le Plato's Retreat à la fin de cette longue nuit, j'avais perdu plusieurs illusions. Au fond, j'avais compris qu'au-delà du désir sexuel un enjeu métaphysique se dessinait. Sur le plan purement biologique, la sexualité n'est peut-être qu'un leurre destiné à nous convaincre de nous engager dans la partie évolutionniste qui se joue actuellement. Mais, même si nous la restreignons à cela, il est fascinant de savoir que dans notre ADN même, l'espoir va de pair avec le désir. Quelque chose dans nos gènes souhaite que le Grand Jeu se poursuive. D'un point de vue strictement philosophique toutefois, je crois que Hegel n'était pas loin de la vérité complexe en disant que « la vérité est une fête bachique où aucune âme n'est sobre ». J'ai compris que mon ardent désir originel était métasexuel — au-delà de la sexualité — et qu'aucun plaisir fugace de la chair ne pourrait l'assouvir.

Au point du jour, j'ai repéré un petit bistrot où l'on servait du café au lait et des croissants. L'instant d'après, je me livrais à mon rituel du matin. Tout en versant l'espresso noir dans le lait fumant, je contemplais New York qui rassemblait ses forces pour sa course quotidienne à la gloire tout en me rappelant l'invocation de Socrate à la fin de *Phèdre* : « Pan bien-aimé et tous les autres dieux qui hantent cet endroit, donnez la beauté à mon âme intérieure, et faites que l'homme de l'extérieur et celui de l'intérieur ne soient plus qu'un seul et même être. »

Le puissant désir d'être dans des bras éternels

Pourquoi le sexe et l'esprit sont-ils si intimement liés et si déroutants ?

Commençons par examiner le désir et l'anxiété. Quoi que nous ayons accompli, quoi que nous possédions, quelque chose manque toujours. Même en assouvissant tous nos désirs, nous nous sentons vides, tenaillés par une faim insatiable. Faute de pouvoir élucider l'objet de notre désir existentiel, nous tentons de combler ce vide par une gamme infinie. Si seulement j'avais plus d'argent, la sécurité, une Mercedes-Benz, une partenaire experte en amour... Si seulement j'avais le chromosome qui me manque, mon désir serait satisfait, mon anxiété serait apaisée et je serais entièrement rasséréné... Si seulement, elle voulait, il voulait, ils voulaient... Si seulement j'avais... Si seulement je pouvais...

Nous pouvons analyser le désir humain et l'insatiabilité de plusieurs façons. Les psychologues ont tendance à chercher les causes de nos insatisfactions dans le milieu familial. Entre notre mère et nous, le lien n'était pas assez développé, notre père nous a laissés à l'abandon, notre oncle nous a agressés sexuellement. Nous avons été entraînés à établir des relations décevantes, à acquérir de mauvaises habitudes parce que les politologues considèrent que notre désaffection provient d'un excès ou d'un manque d'individualisme et d'esprit commercial, de structures communautaires trop rigides ou trop lâches et de modèles inadaptés d'organisation sociale. Chacune de ces analyses recèle en elle beaucoup de justesse. Indéniablement, vivre au sein de familles et d'organisations économiques et politiques plus souples et plus équitables serait une solution à certains problèmes.

Toutes les traditions spirituelles reconnaissent que certains désirs d'accomplissement métaphysique, tel le désir sexuel, font intimement partie de la structure de la nature humaine.

Platon a imaginé le concept d'androgynie pour expliquer le désir sexuel ontologique. À l'origine, il existait trois entités humaines : une paire masculine, une paire féminine et une paire masculine et féminine soudée par le dos. Ces siamois étaient très puissants et pouvaient se déplacer à grande vitesse en faisant la roue avec leurs quatre bras et leurs quatre jambes. Ils étaient toutefois déçus de ne jamais apercevoir le visage de leurs jumeaux. Zeus les prit en pitié et les sépara d'un coup de foudre. Depuis cette époque, les hommes et les femmes cherchent leurs partenaires perdus. Cette scission corporelle a donné lieu à trois formes d'amour : l'homosexualité masculine et féminine ainsi que l'hétérosexualité.

Paul Tillich a traduit ce mythe platonique en langage moderne : « L'amour est une pulsion ontologique vers la réunion des séparés. » Dire de l'amour qu'il est « ontologique » laisse sous-entendre qu'il n'est ni simplement psychologique ni conditionné par le social. L'amour fait passer les individus de la désunion à la communion. Intrinsèque et essentiel, il constitue un élément structurel de la nature humaine. La même conscience qui nous permet de connaître et de dominer la nature nous éloigne en même temps de celle-ci. Plus notre individualisme est fort, plus grande est la séparation. Du fait que la conscience nous permet de contempler nos propres vies, nous acquérons la notion de notre désaffection et cherchons d'une certaine façon à être de nouveau soudés aux « assises de notre être ». L'individualisme est à la fois notre gloire et notre obstacle. Et le désir est le compagnon inévitable de la conscience.

Cet élan vers la réunion et l'appartenance revêt plusieurs formes. Des tribus, des nations et des organisations incitent les gens à se joindre au « nous » collectif et à délaisser l'état angoissant de solitude. La religion propose un système de foi et une communauté au sein de laquelle on peut entretenir et célébrer le ralliement à un tout. Selon le philosophe Whitehead : « La religion n'est finalement que ce qu'un homme fait de son isolement. À notre époque où la politique et la religion ont failli à la tâche de créer un sens d'appartenance, l'amour romantique et la sexualité sont devenus notre façon à nous d'atteindre l'autotranscendance. À travers l'amour et la sexualité, nous recherchons les liens importants que la communauté et la religion nous apportaient autrefois pour combler notre solitude. »

Nos pulsions sexuelles et spirituelles proviennent du même désir ontologique, du même besoin d'appartenance. Aux niveaux sexuel et spirituel, nous désirons et résistons à la fois à la perte et à la transcendance du moi. Au même moment, nous souhaitons nous abandonner, être soulagés de notre solitude et être sauvés de l'isolement par notre partenaire amoureux ou par Dieu tout en préservant l'intégrité de notre moi. Nous voulons à la fois nous fondre à l'autre et nous en dissocier. Nous abandonner à l'extase de l'union et réintégrer notre ego.

La sexualité et la spiritualité ont l'une et l'autre leur lot de joies et de difficultés qui accompagnent tout abandon des frontières familières du moi. Le bouddhisme tantrique soutient que la sexualité et la mort sont des sujets propices à la méditation parce que ces événements naturels nous font perdre automatiquement nos illusions d'autonomie. D.H. Lawrence abonde en ce sens lorsqu'il affirme que l'amour est « un doux élan vers la mort ». L'orgasme est une parabole. Au moment de l'extase, nous mettons finalement un terme à notre isolement ; les frontières du moi s'évanouissent. Qu'advient-il ensuite ? Aussitôt que nous revenons à nous, nous cherchons à rejoindre rapidement les îles isolées où nous résidons. La perte de soi rend le retour à soi exaltant. Chaque homme, chaque femme est de caractère contrariant, contradictoire, mais cette attitude est ontologique, non pas névrotique. Elle procède de la condition humaine. Comment rendre alors cette attitude créatrice et non destructrice ? Comment parvenir à demeurer soi tout en étant deux ?

La spiritualité authentique, tout comme l'amour sexuel, est fatalement éternelle. Selon la tradition hindoue, l'existence est *Lela*, c'est-à-dire le jeu de Dieu. Pour sa part, Hegel soutient que le fait de devenir soi-même est lié à l'amour ou au jeu de l'esprit qui s'amuse avec lui-même. Qu'importe tout cela ! Aucune vision métaphysique ou religieuse de la Totalité ou de Dieu n'est indispensable pour comprendre la simple notion que l'existence humaine et, partant, la sexualité et la spiritualité ne sont qu'un jeu. Le nom de ce jeu ? Venir et repartir, perdre et retrouver, être vide et prendre forme, voyager en pays inconnu et revenir chez soi, oublier le moi et s'en souvenir.

Le jeu de l'amour et celui de l'esprit semblent avoir la même règle : il faut être deux pour y jouer, le moi et l'autre. Le jeu consiste en mouvements alternatifs qui se répètent à l'infini. Le moi et l'autre se rapprochent et s'éloignent. Vous et Moi devenons Nous, et Nous devenons Vous et Moi.

Le jeu se termine lorsque la danse s'arrête, lorsque le paradoxe se dissipe ou lorsque nous faisons cesser l'un et l'autre le mouvement vers l'autre ou vers soi. Nous maintenons l'amour et la spiritualité en vie uniquement en nous mouvant simultanément dans des directions opposées. Il vous faut un moi pour vivre l'autotranscendance, et vice versa. Il vous faut être égocentrique afin d'être excentrique. La compréhension et l'extase (se tenir à l'extérieur du moi) sont les deux plateaux de la balance.

Comment distinguer la sexualité animée par l'esprit de celle qui est profane ? Il va sans dire que les expériences de communion sexuelle sacrées et autotranscendantes ne sont pas l'apanage exclusif des couples hétérosexuels légitimement mariés. Si nous ne voulons pas raviver les préjugés traditionnels et nous conformer aux standards arbitraires de notre culture sur la sexualité, qui sont souvent hypocrites, cruels et qui annihilent toute joie, comment déterminer ce qui constitue un comportement sexuel sacralisé, respectueux et compatissant ? Dès l'instant où nous nous aventurons hors du moralisme sexuel, il faut suivre certains principes directeurs pour éviter de nous égarer dans le nihilisme.

L'amour sacré unit les êtres de façon à mettre en valeur la singularité de chacun et leur capacité de surmonter leur individualisme pour le bien de la relation *et pour quelque chose d'encore plus profond que cette relation*. L'union sexuelle devrait être un acte microscopique qui résume notre relation spirituelle fondamentale avec Celui qui est. La sexualité inspirée rend supportable le fardeau de l'individualisme et favorise l'élan de chaque être vers la prise de conscience de soi, la compassion et la communion.

Une rencontre sexuelle devient révélation lorsque deux personnes perçoivent l'un l'autre, chez l'un comme chez l'autre, un mystère grandiose et fascinant. Cela ne peut survenir que lorsque les deux Moi qui sont Toi pour chacun deviennent Nous.

En termes clairs, cela signifie que « je ne vous considère pas comme un objet. » Vous n'êtes pas une « proie », une conquête ou un corps subordonnés à mon désir. Nous sommes une fin l'un pour l'autre, non un moyen. Des personnes irremplaçables et non des organes sensitifs, des parties génitales ou des corps interchangeables. Nous allons l'un vers l'autre avec respect tout en reconnaissant que nous sommes tous deux des êtres inviolables dont l'histoire est complexe et unique. Tout ce qui pourrait nous éloigner de la totalité des vies dans lesquelles nous nous sommes engagés l'un et l'autre ne serait que profanation.

Je me souviens d'un témoignage particulièrement frappant sur le caractère sacré de la sexualité. Il y a quelques années, une jeune femme à l'aspect assez provocant participait à l'un de mes séminaires sur la mythologie personnelle. Sa démarche ondulante, ses vêtements moulants et sa beauté tapageuse sentaient Hollywood à plein nez. Aucune chaleur, aucune bonté n'émanaient d'elle. Ce n'était qu'un petit être meurtri et inconsistant, figé dans des poses suggestives. Le dernier jour, elle commença à raconter sa vie. D'une voix détachée, elle nous dit que son mari produisait des films pornographiques dont elle était la vedette. Elle avait graduellement pris goût à la cocaïne et à d'autres drogues. À la fin de son récit, elle demeura silencieuse. Des larmes coulèrent ensuite de ses yeux, au grand dam de son maquillage, puis au milieu de ses sanglots elle s'écria : « Il m'a forcée à faire ces choses et il a violé jusqu'à la plus petite parcelle de mon corps. Il n'a jamais compris que la sexualité est chose sacrée pour moi. »

Quand des amoureux font respectueusement l'expérience du mystère de leurs différences, ils assistent ensuite, après l'orgasme, à la métamorphose de leur amour en danse sacramentelle, signe extérieur et visible de la grâce invisible qui unit le simple moi à la communion de l'Être. Alors la sexualité devient le sentier qui mène à la sagesse et à la compassion.

L'hymne au mariage : s'unir au mystère

J'ai été marié pendant la plus grande partie de ma vie adulte. J'ai épousé Heather lorsque j'avais vingt-trois ans. Divorcé à quarante ans, je me suis remarié sept ans plus tard avec Jananne. J'ai été graduellement déçu par le mythe du romantisme et j'ai fini par comprendre qu'un bon mariage était de fait un voyage spirituel perpétuel. Les fidèles des ashrams et les adeptes de nombreux gourous soutiennent que leur maître a brisé leur ego, a détruit leurs illusions et les a contraints à choisir entre l'amour inconditionnel et la fuite. Il est possible que cela soit vrai. Pour ma part, c'est le mariage et la discipline quotidienne de la vie familiale, et non pas une pratique religieuse formelle, qui ont assoupli mon ego, m'ont enseigné la compassion et qui ont permis à mon éros et à mon esprit de croître ensemble.

Il est fréquent que des partenaires amoureux d'un soir fassent l'expérience d'une union mystique momentanée lorsque leurs ego s'embrasent dans l'extase du moment. Il est beaucoup plus rare de voir deux personnes cultiver un amour inaltérable durant de nombreuses années et transformer la sensualité partagée en une sexualité sacramentelle. Il y a un écart incommensurable entre les jeux de l'amour et les âmes sœurs créées par le mariage.

Quand nous tombons amoureux, nous tombons immanquablement dans l'illusion. Un personnage attirant rencontre un autre personnage attirant et ils fondent une société de l'admiration mutuelle. Chacun se voit dans le reflet adorable des yeux de l'autre et vice versa. Fascinés, l'un et l'autre polissent leurs aspérités et se montrent sous leur meilleur jour. L'idylle fait ressortir ce qu'il y a de mieux en eux.

Nous nous décidons à faire le saut en pensant que l'extase et l'intimité ne pourront que s'accroître dans le mariage. Nous récitons le serment : « Pour le meilleur et pour le pire, dans la richesse et la pauvreté, dans la santé et la maladie, jusqu'à ce que la mort nous sépare. » Parce que nous sommes transportés par l'amour, nous croyons intérieurement que cette promesse est une garantie de succès, de richesse et de santé. Parfois cependant, à la fin de la lune de miel, l'amour cède la place à la réalité et le « pire » que nous avions préalablement caché commence à poindre. Nous découvrons avec un désenchantement grandissant que nous avons acheté une marchandise endommagée. Sa délicieuse désinvolture va de pair avec une négligence manifeste vis-à-vis des détails : il ne réussit pas à faire balancer le compte en banque et n'attache que fort peu d'intérêt aux tâches domestiques. Ses manières franches et son sens de la responsabilité sont intimement liés à une cruelle inflexibilité, à une fâcheuse tendance au blâme et à l'incapacité de se lever le dimanche matin.

Pendant un certain temps, l'un et l'autre prennent patience tout en cherchant furtivement à changer la situation. Les premières tentatives sont généralement subtiles — des conseils sur la façon de faire certaines choses, hostilité masquée sous l'humour, allusions à la culpabilité et à la honte. Quand les changements tardent à se manifester, l'artillerie lourde entre en action : retenues d'argent, bagarres et aventures extraconjugales. Graduellement, la flamme s'éteint : ce mariage frôle la faillite, nous n'arriverons pas à combler les besoins et les désirs de l'autre, la tension monte, cela ne pourra pas durer ainsi...

En période de crise, le couple marié se brise ou se transforme. Il faut faire un choix. Soit mettre fin à cette union boiteuse, soit en arriver à une « entente » ou s'engager à tenir le serment initial.

Dans un mariage l'épreuve spirituelle commence lorsque, dans leurs attentes, deux ego poussés à bout échouent dans leurs compromis. Nous promettons de ne plus tergiverser, de cesser les dépenses inconsidérées, de retirer les conditions préalablement imposées pour pouvoir « mériter notre amour », de combattre notre ego et de devenir des âmes sœurs, de poursuivre notre voyage solitaire ensemble.

Le mariage renforce ou détruit l'ego. Si nous nous confinons dans la forteresse de nos habitudes et si nous nous obstinons à nous coller mutuellement des étiquettes sur le front, nous créons alors un climat de double solitude, l'égotisme à deux. Les mariages ratés reproduisent à une plus petite échelle toutes les atrocités de la guerre. Dans ce conflit larvé, l'homme et la femme vivent leur intimité dans la haine. Leur comportement abusif se transmettra aux enfants et à leur descendance. Mais si la femme et le mari déposent les armes en présence l'un de l'autre, acceptent avec magnanimité la faillite de leurs illusions et s'efforcent de pardonner à l'autre, la confiance indispensable à la foi et à l'extase érotique la plus profonde prendra graduellement son essor. Cette bonté du père et de la mère se retrouvera chez les enfants des troisième et quatrième générations.

La dimension spirituelle de la sexualité s'inscrit dans le contexte de l'engagement pris par un homme et une femme. Elle transcende les limites du plaisir. À la base, la relation sexuelle entre un homme et une femme a des points communs avec l'agriculture. Dans l'abandon de leurs corps, ils labourent et plantent la semence dans le but de donner vie à un enfant. Notre passion sexuelle la plus profonde naît du désir de propager la vie que nous avons nous-mêmes reçue.

Si deux personnes décident de recourir à la contraception, le dessein génétique de leurs corps ne sera pas poursuivi, l'espérance des chromosomes, du sperme, de l'ovule et de l'utérus s'annihilera, l'élan de leurs corps vers l'immortalité sera étouffé et leur plaisir charnel aura renoncé au serment de loyauté.

Il se peut que la frénésie et le désespoir qui caractérisent la sexualité de notre génération soient une conséquence de la légalisation des méthodes contraceptives et de la remise en question de nos intentions. La confusion morale s'installe lorsque nous faisons fi des dimensions métaphysiques de la sexualité. Une question silencieuse s'insinue derrière chaque vague de plaisir sexuel : quelles seront les conséquences de cet acte ? Il est naïf de croire que le diaphragme et la pilule libèrent le plaisir sexuel des desseins de nos corps. Trente années d'attitudes permissives ont peut-être transformé notre manière de penser et certains de nos comportements, mais non la sagesse millénaire du corps humain. Dans notre société de consommation, la sexualité, comme toute marchandise, a été isolée de notre désir spirituel de continuité entre le passé et l'avenir. Pour avoir le sentiment que nos vies ont une raison d'être, nous devons assumer notre rôle dans le drame de la création qui a débuté bien avant notre naissance et qui se poursuivra après notre mort. Quand nous séparons la sexualité de la création, nous brisons le lien entre le passé, le présent et l'avenir, et nous cessons d'appartenir à la lignée humaine bien plus durable que notre bref passage dans le temps.

À la naissance d'un enfant, le drame de l'âme s'intensifie. Soudainement, l'amour suprême que les époux cherchent désespérément à atteindre survient par la grâce et est transmis au nouveau-né. À moins que des conflits non réglés et des blessures non guéries n'y mettent obstacle, nous ressentons un amour infini et spontané pour notre enfant. Si cette pulsion aimante est forte et équilibrée, le mari et l'épouse pourront en transférer une partie sur eux-mêmes. (Si ce n'est pas le cas, la jalousie empoisonnera le noyau familial.) Je suis souvent frappé de constater à quel point l'effet que nous procure d'instinct la venue d'un enfant peut remplacer ce que les pratiques religieuses traditionnelles seraient tenues de nous apporter. En faisant de la méditation pendant de longues heures en position assise, nous n'avons d'autre choix que d'observer les défauts de notre caractère et d'être témoins des acrobaties de notre ego. Lorsque nous prions, nous nous repentons pour les péchés que nous avons commis et nous en demandons le pardon. Le métier de parents nous oblige à développer les mêmes vertus spirituelles. En voyant mes enfants grandir, il m'est arrivé des milliers de fois d'être confronté à mes défauts et d'être obligé de me repentir et de m'excuser. Mon fils se mettait en colère et criait; sa façon de faire et le ton de sa voix étaient semblables aux miens. Ma fille poursuivait de manière si inflexible les objectifs qu'elle s'était fixés qu'elle devenait indifférente à ce qui ne la concernait pas et, dans ces cas-là, sa mâchoire se crispait comme celle de son père. Chaque jour, en côtoyant mes enfants, je voyais mon ego se refléter dans leur conduite, je retrouvais le reflet de mes luttes antérieures dans leur propre irrésolution, je percevais mes manques de compassion dans leurs blessures. Il n'existe aucune discipline spirituelle aussi rigoureuse, aucune source constante de rétroaction aussi efficace contre l'égocentrisme que le mariage et la vie familiale.

Quand nous considérons le mariage et la vie familiale comme des sacrements, nous faisons face au grand mystère qui est au cœur de l'amour et de la foi. Quand un homme et une femme se donnent l'un à l'autre sans réserve en abandonnant leurs rôles habituels et leurs masques, ils deviennent à la fois plus chers et plus mystérieux l'un pour l'autre. Les amoureux, comme les véritables saints, ont appris à faire confiance à cet être secret à qui ils sont unis, à le chérir et à l'étreindre sans toujours le comprendre pleinement. Si l'on se désaltère à la fontaine de cet être secret — le Dieu inconnu, l'âme insondable, l'être cher qui demeure un étranger familier — la passion peut se raviver chaque jour. C'est ainsi qu'un matin consacré à l'amour, tout comme la vision soudaine d'une simple fleur bleue, peut nous apporter une indicible connaissance à la fois sacrée et charnelle.

Chère Jan,
Hier, lorsque nous nous sommes unis, quelque chose manquait.
Les barrières avaient disparu,
ainsi que toute réticence.
Sans effort, sans chercher à nous plaire,
nous nous sommes donnés l'un à l'autre.
Nous n'avions rien à céder, rien à recevoir,
il n'y avait ni yin ni yang, ni homme ni femme.
Pas même cette infernale obstination.
Quelque chose nous animait,
laissant vides les espaces privés que généralement nous
défendons.
Ton moi et mon moi s'étaient étrangement effacés.
Des corps inspirés se sont dissous en fluides gracieux,
ensemble dans un merveilleux anéantissement.
Et après, nous-en-Un sommes redevenus deux.

Le culte à rendre à la sexualité

En dépit de Hollywood, des docteurs Kinsey, Masters et Ruth, de la pléthore de guides sur la sexualité et de la publicité lascive des médias, nous sommes, pour la plupart, des êtres fort démunis en ce qui concerne la sexualité. Après avoir organisé des sessions pendant trois décennies et écouté des milliers de confidences, j'en ai conclu qu'il existait une grande ignorance en la matière, et beaucoup de refoulement et d'insatisfaction. Nous accordons trop d'importance au caractère magique, mythique et débridé de la sexualité. Notre comportement, souvent influencé par la peur ou l'avidité est indifféremment marqué de répulsion ou de dépendance.

Comme l'esprit et la chair sont indissociables, il n'existe pas de différence entre les formes de vénération que nous consacrons à la spiritualité et à la sexualité.

Pour bien faire, il faudrait commencer par analyser, démystifier et démythifier son propre comportement sexuel, puis en retracer par la suite les étapes. Quand vous êtes-vous considéré pour la première fois comme un être sexué ? Comment avez-vous pris conscience de vos émotions sexuelles et comment avez-vous réagi à leur égard ? À l'âge où vous avez atteint la maturité sexuelle, vous a-t-on félicité ou traité avec méfiance ? De quels comportements, de quels systèmes de valeurs et de quels sentiments avez-vous hérité par osmose de votre famille ? Jusqu'à quel point avez-vous souffert du conflit entre le « je désire » et le « je dois » ? Attendez-vous peu ou beaucoup de la sexualité ? Vous contentez-vous de rechercher une forme de sexualité romantique au détriment de la quête plus exigeante de sa signification et de sa vocation ?

Supposons que votre personnalité sexuelle soit le miroir de ce que vous êtes et n'êtes pas. Que voyez-vous dans ce miroir ? Si votre comportement sexuel est à l'image de la relation que vous entretenez avec votre esprit, qu'en concluez-vous sur vous-même ? Si vous séparez la sexualité de l'amour, qu'avez-vous éliminé d'autre en vous ? Si vous évitez de penser à la sexualité, à l'expression de celle-ci et aux émotions qu'elle provoque, quels autres aspects de vous-même condamnez-vous ? Jusqu'à quel point votre vie spirituelle et charnelle est-elle minée par la crainte et la dépendance ? Votre comportement sexuel jette-t-il en certaines occasions le trouble dans votre esprit ? Viole-t-il vos valeurs profondes ?

Que désirez-vous ? Dans quel modèle de relation sexuelle vous épanouiriez-vous le mieux ? Représentez-vous par l'imagination ce que pourrait être la forme inspirée de votre sexualité. Donnez libre cours à la fantaisie.

CHAPITRE 9

Terre inspirée et esprit des animaux

Voici le monde de mon Père.
Le ramage des oiseaux et
la lumière matinale blanche comme lis
chantent l'éloge du Créateur.
Voici le monde de mon Père.
Il illumine tout ce qui le mérite ;
Je l'entends fouler les herbes bruissantes :
Il me parle où que je sois.

Le Livre des cantiques, n° 101

Le sacré se distingue de la Sainte Totalité. Les hiérophanies sont omniprésentes en tout temps et en tous lieux. Chaque livre est une Bible, et les livres sont des ruisseaux [...] Dionysos nous entraîne au dehors. Quittons le temple érigé de la main de l'homme.

Norman O. Brown, *Love's Body*

L'écopsychologie tente de retrouver la qualité de l'expérience animiste innée chez l'enfant.

Theodore Roszak, *The Voice of the Earth*

Le paysage de l'esprit et l'environnement actuel

Avant la naissance des villes et des gratte-ciel, avant l'invention des moyens de transport et de communication modernes, avant les

217

centres commerciaux et la télévision, les rites religieux se pratiquaient en pleine nature. Loin d'être des espèces situées au bas de l'échelle de l'évolution, les animaux étaient vus par nos ancêtres comme des membres à part entière d'une mystérieuse communauté. Les frontières entre les humains et les êtres vivants étaient perméables. Les âmes animales et humaines étaient interchangeables. Par exemple, les Boschimans d'Afrique du Sud croient qu'une fois mort un chasseur devient une antilope et vice versa. Les peintures rupestres font allusion à cette croyance. On y distingue des êtres hybrides à tête de cervidé et à jambes humaines. Traquer et tuer une antilope avec un arc et des flèches dans un rayon d'action d'une trentaine de mètres requiert une connaissance détaillée de l'instinct et des mœurs de l'animal. Lors des danses cérémonielles, les chasseurs affublés de masques et de cornes miment les mouvements de l'antilope en même temps que les ruses du chasseur. Ce rite laisse à penser que le chasseur et la proie ne sont qu'une seule et même chair.

Les peuples primitifs croient que leur vie se déroule dans un environnement qui n'est pas terrestre mais spirituel. Chez les Pygmées, la forêt tropicale était l'incarnation du père et de la mère qui leur fournissaient nourriture, vêtements et abri. Pour les premiers peuples d'agriculteurs, la Terre était à la fois la Mère et la Déesse et ils se sont entourés de signes, de symboles et de présages évoquant la présence sacrée. Rares sont les animaux, les insectes, les reptiles et les plantes qui n'ont pas été considérés comme une incarnation sacrée ou une âme sœur. D'une tribu à l'autre, la grenouille, le scarabée, l'abeille, l'ours, le faucon, le coyote ou le chevreuil peuvent être honorés au même titre que le Christ dont le corps est par transsubstantiation la chair de Dieu.

On pourrait donc définir la modernité comme le processus qui a entraîné la désacralisation de la nature et le confinement de Dieu en un lieu clos.

Ce processus a pris naissance à l'époque de l'Ancien Testament. Quand des tribus nomades — les futurs Hébreux — parvinrent en terre de Canaan, ils y ont découvert une pléiade de dieux agricoles et de dieux locaux — les Baals — qui étaient censés perpétuer le cycle de la nature dont dépendaient les récoltes. Yahvé, le Dieu de ces tribus, sanctifia les victoires de son peuple guerrier et son nom fut relié à une série de personnages et d'événements exceptionnels : Abraham, Isaac, Moïse, les Tables de la Loi, l'Exode. Au début, les Hébreux ont jeté l'anathème sur les déesses de l'agriculture et les Baals. Il était interdit « d'offrir des gâteaux à la Reine du Paradis ». Après la conquête du territoire et de ses habitants, Yahvé, à l'instar du *capo* de la Mafia, étendit son influence sur l'agriculture. Cependant, même lorsque Dieu fut proclamé le Créateur et le Seigneur de la Terre par les juifs et les chrétiens, on s'accorde à dire que la révélation de sa volonté et de ses buts fut transmise par l'intermédiaire d'événements relatifs à l'Histoire et non par celui des cycles immuables de la nature.

Quoique la tradition biblique se soit opposée à tout culte rendu aux déesses de la nature, elle utilise toutefois de nombreuses métaphores qui font allusion à la nature : les lis de la vallée, les lions et les agneaux, les semailles et les moissons, les graines de moutarde, le grain tombant sur le sol, la mort et la renaissance, le blé et l'ivraie, les sacrifices d'animaux, les bergers, les eaux calmes, les pêcheurs, les filets tendus et les déserts où seuls les rochers jettent de l'ombre. Pendant que les bosquets sacrés, les sources et les champs étaient progressivement remplacés par le temple, les croyances et les rites du peuple de la terre (les païens) furent supprimés. On vénéra Notre Père des Cieux dans les synagogues, les églises et les cathédrales. Sa volonté fut révélée dans des livres et non plus par les oiseaux et d'autres bêtes. À l'époque où le christianisme prédominait en Europe, le salut était uniquement fonction de l'obéissance aux commandements de Dieu et de la participation aux rites et aux sacrements de son Église. Le fait de vivre en harmonie avec les cycles des saisons n'avait plus aucun sens.

On ne sait pas exactement quand la communion sacrée avec la nature fut détrônée au profit d'une perception profane et universelle du monde. L'Église a graduellement détruit ce qu'elle considérait comme du paganisme, elle a persécuté les « sorcières » qui s'y connaissaient en phytothérapie sacrée et elle a tué le grand dieu Pan. La désacralisation de la nature a créé un vide duquel a émergé une nouvelle histoire d'amour et une nouvelle aventure spirituelle qui ont captivé le cœur et l'esprit des générations actuelles : la science et la technologie. Ce phénomène date sans doute de l'époque où les Grecs ont inventé la raison et il s'est généralisé lorsque Galilée, Kepler et Newton ont infligé le supplice du chevalet à la nature et ont obligé le Dieu à répondre à des formules mathématiques et à des expressions quantifiables. Tout était définitivement consommé à l'âge de la révolution industrielle lorsque la machine à vapeur et le télégraphe servirent à livrer les messages plus rapidement que ne le faisait le dieu Mercure lui-même.

C'est la découverte du pouvoir de l'esprit humain et de la volonté humaine qui est le fondement du monde moderne. *La science et la technologie ont dévolu à l'être humain plutôt qu'à la nature la tâche d'être le médium du sacré*. Le *mystère* ne se trouve plus là où il était. Les philosophes, les scientifiques et les ingénieurs ne se sont pas montrés arrogants ou sarcastiques, ils passaient par une transition au cours de laquelle ils ont identifié leur capacité de percer les secrets de la nature et de la transformer en un pouvoir sacré et en une responsabilité conférés par Dieu. Pour le meilleur et pour le pire, nous avons découvert que ce pouvoir qui nous aurait permis d'être le moteur de l'Histoire est hors de notre portée.

Les lieux consacrés à l'adoration ont de nouveau changé lorsque l'être humain s'est aperçu que sa capacité de comprendre et de modifier le macrocosme lui venait de son microscopique cerveau. Si nous comparons les villes d'Europe dominées par les cathédrales et les mégalopoles actuelles, il est indéniable que les lieux sacrés — point de convergence de toutes les activités — ne sont plus les mêmes. Les centres d'intérêts que sont les universités, les studios d'artistes, les laboratoires et les usines ont commencé par prendre la place des églises. De nos jours, une autre mutation s'opère, car notre sens des valeurs et nos attentes s'orientent de plus en plus vers les réseaux informatiques et les gigantesques organisations gouvernementales et commerciales.

La conquête de la nature progresse à grands pas. L'avènement de l'informatique et des techniques de communication nous fait entrer dans une époque d'omniscience démocratique où il est désormais possible à un individu en possession d'un ordinateur et d'un modem d'avoir accès à une mine inépuisable d'informations sur les connaissances humaines. D'ici quelques générations, nous serons en mesure de répertorier et de reproduire une molécule d'ADN humaine. La manipulation génétique nous permettra d'opérer la restructuration presque totale de notre bagage génétique. Avec un nombre suffisant de banques de données et l'aide de la biotechnologie, il nous sera éventuellement possible de recréer le corps humain (et l'esprit ?). Nous avons nettement dépassé le stade de la pomme de l'arbre de la connaissance pour atteindre celui de la vision audacieuse de notre omniscience et de notre omnipotence potentielle. (Petit indice de l'orgueil caché des fanatiques de l'informatique : le terme anglais *pregnant* (enceinte) n'existe pas dans le dictionnaire Wordfinder. Je présume que les utilisateurs d'ordinateurs n'ont aucun besoin de ce terme désuet.)

Comment ne pas constater l'ironie du symbole de la firme Macintosh ! Je me souviens d'une bande dessinée dans laquelle Adam, au moment même où il allait croquer la pomme, voit arriver un messager qui lui dit : « Ne le faites pas ! » Nous voici de nouveau au point de départ. On nous a assuré qu'une grosse bouchée de la pomme de la connaissance nous apporterait le bonheur. Nous pouvons raisonnablement en conclure que les innovations technologiques telles que l'automobile, l'avion et la nouvelle autoroute de l'information nous apporteront à la fois des bénéfices et des bouleversements. Le futur réseau global d'information obligera les nations développées à se soumettre davantage aux exigences économiques des compagnies multinationales et parachèvera le processus de marginalisation des peuples autochtones et la destruction des cultures locales. Des « paradis » primitifs comme le Bhoutan, la Nouvelle-Guinée et l'Amazonie ne résisteront pas longtemps aux assauts répétés des formes « supérieures » de la connaissance abstraite engendrées par l'industrie du savoir. Car ces dites formes de connaissance sont intimement liées au marché économique qui cherche par tous les moyens à inciter le naïf à troquer ses droits acquis à la naissance contre des babioles modernes.

De nos jours, il est de bon ton pour les verts, pour les écologistes radicaux et pour les nostalgiques de John Ludd de récrire le mythe de la chute dans lequel la raison et le génie technologique de l'homme (le mâle rationnel, abstrait et dominant) jouent le rôle du serpent du jardin d'Éden. Notre déchirement intérieur résulte, semble-t-il, de notre orgueil indécent et du désir de dompter la nature. Juger en ces termes la science et la technologie, c'est faire preuve d'un manque de perspicacité, car c'est ignorer l'évolution qui s'est opérée dans la perception du sacré. La découverte graduelle du pouvoir de l'esprit humain et de sa volonté de comprendre et de transformer la nature n'est que l'un des grands chapitres de l'histoire de l'Esprit.

Il suffit de penser aux maladies et aux souffrances que l'on considérait auparavant comme des phénomènes inhérents à la condition humaine avant la lutte entreprise contre la malaria, la peste, la poliomyélite, la lèpre, la tuberculose et les famines. La science et la technologie émanent du pouvoir sacré qui transcende la générosité de la nature inhérente à l'esprit et à la volonté des êtres humains. C'est faire violence à ce respect naturel que de dénoncer le désir de maîtriser la nature. Depuis que nous avons commencé à étudier cette dernière, nous tenions notre aptitude à comprendre et à changer les choses pour un cadeau divin à la fois terrifiant et merveilleux. La raison, la science et la technologie sont des cadeaux royaux. Il aurait été malséant de refuser le don du pouvoir. Les fils et les filles prodigues de mère Nature seraient demeurés pour toujours des enfants passifs et dépendants si nous n'avions pas eu le courage de croquer dans la pomme et d'entreprendre le long voyage de l'esprit qui a débuté aux confins de l'Éden.

La technologie est le point d'interrogation spirituel de notre époque, le casse-tête bouleversant qu'il faut reconstituer. Dans quelle direction irons-nous si nous nous interdisons de faire un retour vers l'Éden et la cité d'albâtre du progrès perpétuel ?

Le jour où je suis devenu moderne

Le monde moderne m'est apparu soudainement en 1943. J'avais alors douze ans et ma famille venait de quitter le secteur sud de Maryville, au Tennessee, pour la ville de Wilmington, au Delaware, le quartier général des dieux modernes — Hercule, Atlas et Du Pont.

Il faisait nuit lorsque nous sommes arrivés au 306 Blue Rock Road. En conséquence, nous nous sommes couchés au milieu d'un désordre indescriptible de boîtes en rêvant aux surprises que la ville nous réserverait le jour venu.

Au lever du soleil, mon frère et moi, nous nous sommes risqués à partir en expédition dans ce nouveau monde. C'était un quartier de blocs de maisons d'aspect soigné. Aucune trace de forêts ou de cours d'eau. Les seuls espaces en friche étaient les lots vacants. Au coin de la rue, nous avons pris le tramway de la compagnie Bellafonte pour franchir les trois ou quatre kilomètres qui nous séparaient de l'école. Pendant le trajet, nous avons aperçu le ruban argenté de la rivière Delaware, plein de promesses et d'imprévus, qui coulait jusqu'à l'océan. Toutefois, après avoir traversé le dédale des rues de la banlieue, au-delà des rails de la Pennsylvania Railroad, nous avons aperçu les marécages qui bordaient la rivière. Les lieux étaient jonchés de déchets et de résidus industriels nauséabonds. Dans l'espoir de trouver quelque chose de plus intéressant, nous avons escaladé la Penny Hill jusqu'à son sommet afin d'avoir une vue d'ensemble de notre nouvelle région. Au nord, les raffineries de pétrole de Marcus Hook portaient bien haut la flamme éternelle, la torche qui brûlait le gaz excédant en vomissant sa fumée nocive dans l'atmosphère. À l'est, par-delà la rivière, l'usine Du Pont projetait un nuage de particules de nature inconnue dans le ciel. (Nous avons su plus tard que l'effet combiné de ces particules le jour et des colonnes de feu qui s'élevaient dans la nuit causait l'emphysème. Mon père est mort des suites de cette maladie.) Au sud se trouvait Wilmington, une ville dépourvue de cœur et d'âme. Seul l'ouest semblait renfermer des traces de végétation et de liberté.

Sur le chemin du retour, un brouillard gris commença à se répandre dans mon esprit. Le souvenir des allées qui serpentaient autour du collège Woods, des baignades ensoleillées au Tennessee et des terres cultivées où résonnait le chant de l'alouette des prés se heurta à la nouvelle réalité de Wilmington. Je sentis alors la tristesse et la déprime m'envahir ; j'étais dans cette condition anonyme des personnes déplacées. Parce que je savais que ma famille devait déménager en raison du travail de mon père, j'ai résolu à ce moment-là de cacher mes sentiments. J'ai toutefois ressenti au plus profond de mon être que j'étais en exil, loin de ma terre natale. La nostalgie devint alors ma fidèle compagne.

Mon entrée à la High School Du Pont fut pour moi un autre choc.

Dans les petites villes et les régions rurales de l'époque, la vie s'organisait autour de la famille, des clans, des petits magasins, de l'église et de l'école. Nous connaissions le nom et l'histoire de chacun des membres de la communauté. Le passé d'une famille était connu de tous ses membres, génération après génération. Chacun savait que la parole du vieux Clark avait autant de poids que son nom, mais qu'il ne fallait pas se fier aux promesses de Sid Bennett lorsqu'il était éméché. On pouvait également s'attendre à ce que de nombreuses mères et filles racontent la même histoire au sujet de la classe d'anglais de sixième de Mme McClure.

J'ai sombré dans l'anonymat durant tout mon séjour à cette école. Après m'avoir donné une carte d'identité, on m'assigna un casier perdu dans un labyrinthe de casiers identiques qui me donne encore des cauchemars. J'avais constamment l'impression que je ne le retrouverais jamais. À chaque heure, une sonnerie nous intimait l'ordre de changer de classe. J'étais entouré d'une ribambelle d'étrangers. Des cliques se formaient autour des fraternités et des clubs féminins. Généralement, les joueurs de l'équipe universitaire de football américain et les meneuses de claque bénéficiaient du plus haut statut. Les « cerveaux » avaient tout juste le rang de parias et les jeunes issus des petites villes et des campagnes étaient considérés comme des « péquenauds ». Des patrouilles étaient effectuées avec le plus grand sérieux pour s'assurer qu'aucun étudiant ne séchait ses cours. Au cours de mes six années de captivité dans cette école, je n'ai rencontré que deux professeurs dotés d'un certain enthousiasme pour leur tâche, bien qu'aucun d'eux ne m'ait véritablement connu.

Durant cet exil, les rêves, l'amitié et de fréquentes excursions m'ont permis de maintenir mon esprit bien vivant. À l'ouest de la ville, au-delà des banlieues les plus éloignées, j'ai découvert une forêt dense que traversait un torrent. J'y passais mes fins de semaine à la belle étoile. Nous avons acheté une maison à Bethany Beach lorsque les affaires de mon père ont commencé à prospérer. Le vent, les vagues, les dunes désertes et les tempêtes du nord-est devinrent alors pour moi un paradis inattendu. Tout au long des années turbulentes de mon adolescence, j'ai connu l'attente et j'ai trouvé refuge dans mon imagination. Je passais une partie de mes nuits à dessiner le plan du ranch que je construirais un jour dans le Wyoming, avant de tomber endormi et de rêver de chevaux.

Le 16 juin 1949, jour de la remise des diplômes, mon ami Dick Haines et moi avons chargé notre matériel de camping dans ma Ford modèle A et nous nous sommes dirigés vers l'ouest. Nos réserves financières étaient déjà épuisées lorsque nous avons atteint le Kansas. Nous avons heureusement été embauchés pour faire la récolte du blé. Après avoir travaillé douze heures par jour pendant quelques semaines (sans compter les corvées de ménage) et empoché deux cents dollars, nous avons filé, la peau couleur de cuivre, vers les plaines brûlées par le soleil. Nous avons franchi la ligne de partage continentale pour aboutir à un ranch situé dans la luxuriante vallée Gunnison, au Colorado.

Après avoir travaillé quelques semaines comme ouvrier dans un ranch et après avoir vu mes rêves bucoliques de chevaux, de bestiaux et de grands espaces se concrétiser, j'ai commencé à déceler chez moi une sorte de prurit intellectuel. Mes sens étaient ravis par l'odeur du foin fraîchement coupé, par l'éclair de la truite arc-en-ciel dans les fossés d'irrigation et par le hurlement du coyote dans les collines environnantes. Mon corps se pliait avec plaisir aux corvées de la fenaison, de la fabrication de clôtures et des soins à donner aux animaux. Mais, rapidement, j'ai commencé à m'ennuyer des discussions et des idées qui stimulent l'esprit, et je désirais découvrir un monde plus grand et plus diversifié que celui que j'avais jusqu'alors connu. Sans savoir exactement ce que je cherchais, je ressentis un besoin maladif d'accroître mes connaissances.

Réorientant ma quête vers l'est, j'ai repris le chemin qui mène au savoir et à la civilisation urbaine.

Pendant les vingt-cinq années suivantes, j'ai accompli avec plaisir les tâches qui ont fait de moi un homme moderne. Le chemin de l'esprit m'avait conduit à Harvard et à Princeton ; la ville est devenue ma demeure et l'université mon univers. Ce n'est que vers le milieu de ma vie que le chemin a commencé à bifurquer vers les lieux de son origine.

Le territoire de mon être

Ce retour en arrière est survenu fortuitement au cours de l'été 1976. Jan et moi avions parcouru les milliers de kilomètres séparant San Francisco de Methow dans l'État de Washington afin de rendre visite à mon vieil ami Jim Donaldson. Ce dernier avait abandonné son envie de réformer la ville de Los Angeles pour se consacrer à la culture biologique de l'ail. Jan souhaitait déjà à l'époque quitter la ville pour la campagne. Pour ma part, je n'aurais su dire s'il était trop tôt ou trop tard pour le faire, même si l'idée d'être propriétaire d'un ranch me hantait encore de temps à autre. Parfois, il m'arrivait de penser que cela serait sans doute plus gratifiant que de ressasser des concepts philosophiques. En compagnie de Jim, nous avons remonté le cours des ruisseaux qui se jetaient dans la rivière Methow. Jim nous vanta les vertus de la région :

— De l'air pur et de l'eau claire comme il n'en existe nulle part ailleurs aux États-Unis. Les dieux dont ont parlé Hölderlin et Heidegger vivent toujours dans la vallée primitive qui se niche dans les escarpements des Cascades. Nous pourrons faire en sorte de la préserver dans son état actuel si nous nous organisons pour tenir tête aux spéculateurs immobiliers et au service forestier. Il nous faut votre aide.

— Oui, Jim, lui ai-je répondu, mais je ne suis pas fermier. De plus, il n'y a ni cafés ni salles de cinéma à moins de cent quatre-vingts kilomètres d'ici. C'est beaucoup trop isolé pour moi.

Nous nous sommes arrêtés un peu plus loin sur une route de terre, car Jim voulait nous montrer une petite ferme.

— C'est cette ferme que nous voulions acheter au début, mais elle n'était pas à vendre alors, nous confia Jim en s'engageant sur le terrain.

Après nous avoir offert du café et des biscuits, notre hôte, John Edwards, nous annonça la nouvelle :

— Nous avons décidé, il y a quatre jours, de vendre la ferme et de déménager dans les environs.

À ces mots, j'eus soudain une vision. Je me voyais, vieil homme, assis dans cette cuisine en train d'admirer les trembles couverts de neige et d'observer un vison qui s'élançait vers le ruisseau. Je me suis vu vieillir tranquillement en ce lieu. Cette idée me fit sursauter et me poussa à demander s'il était possible de faire le tour de la propriété.

La ferme de près de quinze hectares comprenait une petite maison basse, une immense grange ainsi que des serres, des poulaillers et des remises, tous situés à l'extrémité d'une cuvette formée par les collines proches. Le domaine était traversé par le ruisseau McFarland. On y trouvait aussi un verger d'un demi-hectare, un plateau élevé d'un hectare, cinq hectares couverts d'une végétation dense arrosée par un ruisseau et sept hectares de pâturages ceints de collines escarpées bien fournies en pins ponderosa et en épicéas. L'eau cristalline du ruisseau était canalisée de manière à actionner une roue à aubes désormais abandonnée. En amont s'étendaient deux autres ranches et plus haut la forêt rejoignait la frontière avec le Canada.

Pendant que nous marchions, la ferme me parut s'animer pour m'apostropher : « Vas-tu enfin cesser de déménager pour t'établir à un endroit qui corresponde vraiment à ton être ? » Les bois du collège de mon enfance et mes rêves d'adolescent refirent surface et me prièrent de prendre une décision : « Réalise tes anciens désirs ou mets-les de côté une fois pour toutes et consacre-toi entièrement au rythme de la vie urbaine. » Mon esprit calculateur me dit alors que cet espoir était absurde. Mais c'est aussi à ce moment que j'ai entendu l'appel de la terre.

De retour à San Francisco, j'ai vérifié l'état de mes ressources financières et j'ai constaté qu'il me serait possible de faire un premier versement de dix mille dollars. J'ai téléphoné à John ce soir-là pour lui faire une offre qu'il a immédiatement acceptée :

— La ferme est à vous, m'assura-t-il. Dorothy et moi, nous avons décidé que la terre serait à vous. Nous allons nous entendre sur des versements à échéance qui vous conviennent.

Six mois plus tard, tous les papiers étaient signés. Nous avons dès lors commencé notre pèlerinage annuel vers Methow pour la période des récoltes. La ferme était située à une vingtaine de kilomètres du magasin le plus proche, à une quarantaine de kilomètres du premier feu de circulation et en plein centre d'une communauté de coyotes, de chevreuils, d'ours et d'une variété disparate d'espèces animales trop nombreuses pour être recensées.

L'eau et la fluidité spirituelle

Je connaissais la théorie. J'avais lu la supplique de Peter Warshall sur la « conscience critique » et je reconnaissais la notion de faute contre l'écologie. Elle était le fait de gens qui, volontairement ou non, ignoraient l'origine de l'eau du robinet et sa destination quand ils tiraient la chasse d'eau. Je ressentais profondément la réflexion d'Henry Beston qui lui était venue lors de son séjour à la « maison de l'autre bout du monde » : « Le monde contemporain est gravement malade car il ignore les choses les plus élémentaires : le feu qui réchauffe les mains, l'eau qui jaillit de la terre, l'air qu'il respire et cette bonne vieille terre elle-même qui gît sous nos pieds. » Mais cette fois-là, je ne me sentais pas d'humeur à affronter la crise qui interrompit notre premier petit-déjeuner idyllique à la ferme. Tout bascula lorsque l'eau du robinet prit soudainement une teinte brunâtre. Le désespoir et la panique m'envahirent quand je me retrouvai devant l'enchevêtrement de tuyaux qui couraient dans la cave. J'étais à des kilomètres de la ville la plus proche et je n'arrivais pas à comprendre pourquoi le fonctionnement du système d'alimentation d'eau était défaillant. Non seulement je n'avais pas l'âme d'un plombier, mais je n'étais guère habile de mes mains. Jusqu'alors j'avais suivi la règle d'or du citadin moyen : si quelque chose tombe en panne, il faut recourir à un spécialiste pour le réparer.

Heureusement, John était chez lui et il répondit à mon appel de détresse en m'offrant de m'initier aux mystères de la plomberie en milieu rural :

— Il y a toujours des saletés dans l'eau à la fin du printemps.

Il est indispensable de changer à intervalles réguliers les filtres posés à l'entrée de la conduite principale. Pourtant ce ne devrait pas être le problème actuellement. J'aurais plutôt tendance à croire que les vaches de Jeff ont dû se balader à proximité de la prise d'eau et qu'elles ont remué la terre aux alentours.

En nous dirigeant vers la source, nous avons fermé toutes les valves qui conduisaient l'eau jusqu'à la maison et ouvert les valves d'irrigation pour purger les saletés avant qu'elles n'obstruent la tuyauterie intérieure. John me montra les endroits où la conduite principale risquait le plus de se rompre. Il m'expliqua qu'en un tel cas, il fallait y insérer un tuyau de diamètre plus petit et utiliser du fil métallique et de l'étain pour maintenir le tout. Lorsque nous atteignîmes la source, je vis l'installation de réservoirs et de tonneaux qui avaient pour fonction de filtrer l'eau du ruisseau avant qu'elle soit dirigée vers la maison. Les filtres devaient être nettoyés en suivant un ordre déterminé, à défaut de quoi les excréments des vaches de Jeff, finement tamisés, se répandraient dans le conduit principal et, de là, dans la maison. En conséquence, la tuyauterie engorgée devrait être démontée, joint après joint afin de nettoyer chaque segment. J'avais donc le choix d'embaucher un plombier à plein temps ou de le devenir moi-même. Aucune de ces solutions ne m'emballait. Pendant un moment, j'ai cru que nous devrions nous résoudre à boire de l'eau embouteillée et à laisser la ferme retourner à son état originel.

Pourtant, lorsque j'ai mis mes mains dans le ruisseau pour nettoyer le filtre d'entrée, l'eau limpide a coulé entre mes doigts jusqu'aux replis de mon esprit et en un éclair les mystères de la plomberie s'élucidèrent. La plomberie n'est guère différente de l'écriture. Au début, le flux, d'abord débordant, est ensuite canalisé par des phrases porteuses d'idées plus concises. L'astuce consiste à remuer délicatement les choses en équilibrant le débit et le volume de l'eau ou des idées. En premier lieu, il faut trouver une façon d'endiguer le flux par une valve de fermeture ou par un point. S'il ne s'agit que de ralentir le débit, on ouvre légèrement la valve ou on place une virgule. Pour diviser le flux, on raccorde un joint de dérivation en Y ou un *ou* (*ou bien*). Pour disperser une pensée sur un parterrre d'idées, il est préférable d'utiliser le deux-points. Une parenthèse, à l'image d'un réservoir, emmagasine une information qui sera utile plus tard. Les substantifs sont de larges tuyaux qui condensent suffisamment d'informations pour que chaque petite parcelle de paragraphe renferme l'idée directrice d'un texte. Les verbes, comprimés dans d'étroits conduits, accroissent la vélocité de l'eau. Les *si, et, mais* et les autres conjonctions servent à relier des idées d'importances diverses.

Après que j'eus saisi la logique qui se cache derrière la plomberie, l'installation elle-même ne souleva plus aucun problème. En moins d'un mois, le système d'alimentation d'eau n'avait plus aucun secret pour moi. Il me suffisait de vérifier la pression de l'eau du robinet ou la grosseur des particules en suspension pour savoir ce qui se passait près du ruisseau. La perception à distance. J'appris à quel endroit briser le tuyau obstrué pour le débarrasser des sédiments et comment fabriquer de beaux joints avec des tuyaux en chlorure de polyvinyle. L'art de la plomberie, comme Platon le disait de la philosophie, se résume à savoir trancher au bon endroit. À la fin d'une journée particulièrement éprouvante, j'ai fini par découvrir un moyen de faire refouler les engorgements qu'il m'était impossible d'atteindre. Eurêka! le problème était résolu. J'en ai ressenti autant de fierté que si j'avais réussi à faire comprendre la notion d'impératif catégorique à une classe d'élèves de première année. Cette nuit-là, j'ai rêvé que je m'étais hissé à la hauteur de mon frère Lawrence, le génie en mécanique de la famille qui me portait ombrage.

L'eau, l'air, la terre et le feu sont à la fois des éléments essentiels et des éléments alchimiques — la réalité primordiale psycho-symbolique.

À un niveau plus terre à terre, l'eau est un enjeu de première importance pour les fermiers de l'Ouest. Au cours de cette première année à Methow, j'ai constaté que les gens de l'endroit parlaient de l'eau de la même façon que les Californiens discourent de l'immobilier ou de la prise de conscience individuelle. La valeur d'une ferme ou d'un ranch se juge à ses droits d'approvisionnement en eau et à sa localisation à proximité d'une rivière ou d'un ruisseau. Ces droits sont à leur tour déterminés par l'ordre chronologique de construction des fermes. Ainsi, le premier fermier installé dans un secteur donné, en quelque lieu que ce soit, est aussi le premier à jouir du droit d'accès à l'eau. Heureusement, nous étions situés dans une région riche en eau pure. La ferme avait été construite en 1890 et sa troisième position dans la chaîne des droits nous garantissait environ six cent cinquante litres d'eau pure par minute. Le ruisseau McFarland est alimenté par un réseau de petites sources qui descendent des collines. En plusieurs endroits, il disparaît à moitié sous terre avant de refaire surface. À un kilomètre et demi en amont, le ruisseau se jette dans un marécage et passe sous la maison de notre voisin avant de rejaillir à une centaine de pieds de notre propriété. Au sortir du robinet, cette eau, filtrée au cours de son trajet souterrain, est aussi claire qu'un esprit rafraîchi par une escapade dans le royaume du rêve.

Chaque jour, je place mes mains en coupe afin de recueillir l'eau directement du ruisseau. Après l'avoir savourée, je lui transmets ma gratitude et je frissonne à l'idée de la sécheresse prochaine, celle de l'esprit. En buvant à longs traits cette eau pure, j'étanche ma soif, éperdu de reconnaissance pour cette simple marque de bonté tout en étant gravement préoccupé de la profanation graduelle de nos cours d'eau.

Un article de journal rapportait cet avertissement : « Économiser l'eau est un acte d'une importance primordiale et peut prévenir une crise mondiale. Une pénurie pourrait saper tout espoir de paix alors que la population mondiale ne cesse de croître [...] Il n'est nullement question de sécheresse et de réchauffement de la

Terre, mais plutôt de gaspillage et de mauvaise gestion des ressources en eau potable qui pourraient entraîner dans les années quatre-vingt-dix une crise semblable à celle du pétrole dans les années soixante-dix[1]. »

Je suis troublé par le caractère aride de la pensée moderne. L'esprit humain se dessèche au même rythme que nos eaux souterraines se contaminent, s'épuisent et s'assèchent. Je crois que le manque de limpidité de notre imagination est lié à la pollution de nos cours d'eau et à l'exil vers la ville. En tant que créatures incarnées, tout ce que nous faisons subir à l'environnement rejaillit en fin de compte sur nous. La structure de l'âme humaine reflète le monde dans lequel elle réside. La nature et le contenu de l'esprit, au même titre que l'équilibre entre la conscience et l'inconscience, sont dans une large mesure conditionnés par le milieu. Plus celui-ci est frénétique, bruyant et violent, plus l'esprit s'exilera dans une conscience linéaire, diurne et pragmatique. Notre âme pourra-t-elle nous être restituée, notre coupe pourra-t-elle à nouveau déborder, si nous ne pouvons plus nous étendre dans les fraîches prairies ou nous reposer près des eaux calmes ?

L'eau a toujours été reliée à la méditation et à la capacité d'introspection. Elle était l'élément sacré de la Déesse Mère qui régnait sur la Lune, sur les vagues des océans et sur le cycle de menstruation des femmes. Elle régentait, avec l'aide de son serpent sacré, les eaux qui conduisaient au monde souterrain. Dans le taoïsme, la voie de l'eau est le symbole de la sagesse. Et s'il nous faut une preuve scientifique du rôle important de l'eau sur l'esprit, nous la trouverons dans une recherche qui démontre qu'une concentration élevée d'ions négatifs engendrés par une chute d'eau et les vagues de l'océan ont un effet apaisant sur la psychè.

Je me doute que nous avons tous, engrammé dans l'esprit, le souvenir sinon le besoin organique d'un grand nombre d'expériences rattachées au monde de la nature. Nous savons qu'il faut au corps certaines vitamines pour demeurer en bonne santé. L'esprit a lui aussi des besoins spécifiques pour se maintenir en forme : d'immenses paysages déserts où porter le regard, la vision rassurante de la croissance dès l'instant où la graine est semée jusqu'à sa maturité, la rage à la fois effrayante et humiliante du vent et des orages, les rayons vivifiants et chauds du soleil, le flux purificateur de l'eau. Il me semble évident que le rouleau compresseur de la technologie qui menace notre survie est propulsé en grande partie par un mode de pensée rationaliste qui nous emprisonne et nous tient à l'écart des lames de fond de l'intuition et de l'imagination. Nous sommes hors d'atteinte des marées de l'océan et de l'esprit commandées par la Lune. Nous sommes arrachés d'office aux abysses où nagent les léviathans et où la pensée recrée une spirale d'idées qui évoquerait poétiquement la cavité rose d'une conque apparentée à un vagin.

Ah! mais, ce que je cherche en réalité, c'est à analyser et à expliquer un mystère qui m'a été révélé par les eaux du ruisseau McFarland. À une quinzaine de mètres de mon petit atelier, le ruisseau suit sa pente, se jette dans une petite mare du haut d'un rocher couvert de mousse, puis se reforme et retombe de nouveau en cascade un peu plus loin avant de poursuivre son cours. Si nous pouvions calculer le nombre de décibels émis par ces deux cascades, il serait probablement d'un niveau comparable à celui d'un réacteur qui tourne à près de mille kilomètres à l'heure. Le son que produit l'eau est toutefois étrangement feutré et perméable. Il est rempli de silences au sein desquels l'imagination, habituée à se faufiler dans les terriers des lièvres et les tunnels creusés par les serpents, pourrait disparaître et réapparaître dans une tout autre réalité. Je suis trop rationnel pour croire aux fées et aux lutins, mais, peu importe le moment du jour ou de la nuit, il m'arrive souvent sans trop d'efforts d'entendre des voix qui, je crois, proviennent des esprits des eaux. Je ne peux comprendre clairement ce qu'elles disent, mais c'est très mélodieux. Et quelquefois cette musique transforme mes pensées sombres en une envolée lyrique qui va même parfois jusqu'à glorifier une phrase que j'écris. Alors, si d'aventure vous lisez dans ces pages une phrase dont le souffle fait résonner quelque harpe éolienne dans votre esprit, sachez que c'est un présent du ruisseau McFarland.

La croissance des choses : la créativité sacrée

Au cours des vingt dernières années, tout d'abord au ruisseau McFarland et par la suite à notre ferme actuelle de Sonoma, j'ai été intimement marqué par l'entretien de la végétation et par la jouissance que j'en tirais. J'ai planté, soigné et mangé le fruit des arbres de vie : des pommes, des pêches, des poires, des prunes, des abricots et des nectarines. J'ai passé plusieurs heures à genoux à semer dans l'humus et à attendre avec espoir la réalisation incarnée du maïs et du basilic.

Nous n'avons jamais récolté qu'une petite fraction de la nourriture nécessaire à l'alimentation de notre famille. Cependant les jardins et les vergers que j'ai soignés m'ont apporté, au-delà des plaisirs, des légumes et des fruits, une riche moisson de métaphores philosophiques. Semer à la façon artisanale révèle les profondes différences qui existent entre la fabrication et la culture, entre la production et l'élevage. Dans un univers biologique, il n'y a pas de place pour la cadence industrielle et la production instantanée. Les semis de pommiers arrivent lentement à maturité et doivent faire l'objet d'une attention soutenue saison après saison avant que l'on puisse jouir de leurs fruits. Je dois, pour jardiner, combattre ma volonté de pouvoir et apprendre à respecter le rythme inné des plants de tomates et des haricots verts.

En compostant, en émondant et en entretenant un verger, j'ai fini par entrevoir l'erreur philosophique fondamentale et la malhonnêteté spirituelle et intellectuelle que nous commettons en appliquant le terme de *croissance* à l'économie et à la politique. Il est inconcevable d'emprunter à son domaine légitime, la vie organique, pour l'attribuer sans réfléchir à des réalités économiques et politiques. Les psychologues, les hommes d'affaires et les politiciens cautionnent leurs actes en alléguant qu'ils favorisent la croissance personnelle, la croissance économique, la croissance de la société. En tant que nation, nous sommes obsédés par ce que nous qualifions de « croissance économique ». Tous les politiciens et tous les cadres supérieurs considèrent qu'une économie ou une entreprise est en progrès lorsque sa courbe de croissance s'élève constamment et graduellement. Le produit national brut, voilà l'unique mesure du bien-être.

Cependant, si nous convertissons la notion de « croissance économique » en modèle de comportement, un portrait inquiétant s'en dégage. Cela signifie que des hommes et des femmes quittent chaque matin leur domicile pour accomplir leur tâche quotidienne, généralement sédentaire, dans de grands immeubles. Ils suivent la routine imposée par des organismes sans âme sur lesquels ils n'ont aucun droit de regard. Ils vivent dans un anonymat croissant et dans des villes inhumaines dont les infrastructures sont en train de s'écrouler. Ils consomment des mets préemballés et doivent recourir à des experts pour obtenir des services ainsi que l'alimentation, les loisirs et les soins médicaux. La « croissance » que nous poursuivons avec acharnement en y collant l'étiquette « progrès » ressemble davantage à la prolifération de cellules cancéreuses qu'à cette union de la terre et de la semence qui donnera naissance à un épi de maïs.

Pourquoi sommes-nous à ce point hantés par la croissance ? Pourquoi toute cette rhétorique ? Pourquoi avilissons-nous ce terme jadis sacré ? J'y vois la raison dans le fait qu'une grande partie de la population urbaine actuelle (qui inclut par définition les intellectuels les plus influents, les propagandistes et les fabricants de slogans) n'a de la croissance qu'une connaissance symbolique. Comme notre horizon est constitué de ciment, d'acier et de machines en mouvement, nous avons perdu notre sens réel de compréhension et d'espoir qui faisait partie du lent travail des semailles et de la récolte. Toutes les choses qui poussent obéissent à un rythme déterminé, à une pulsion vitale dotée d'une direction et d'un objectif. On peut se fier aux processus de la naissance, de la maturation, du déclin, de la mort et du retour à l'humus. Malgré l'idée de progrès qu'elle sous-tend, il n'est pas certain que la technologie nous entraîne dans la bonne direction. Nous nous imaginons qu'elle est synonyme de mouvement, de changement et de rapidité que nous considérons comme des marques honorifiques de croissance et de progrès. Comme bien des credos superficiels, celui-ci tente de refouler nos doutes et nos incertitudes. Aux États-Unis, nous nous glorifions du fait que trois pour cent de notre population cultive la nourriture pour les quatre-vingt-dix-sept pour cent qui restent. Cette statistique souvent citée prouve toutefois qu'au-delà de l'apparence de progrès qu'elle suppose, nous sommes devenus un peuple de déracinés. Un nombre croissant d'Américains préfèrent dorénavant vivre de façon plus indépendante et plus active à la campagne ou dans un village que d'être les esclaves d'un salaire dans les grands centres urbains. Si j'étais par miracle élu président, je mettrais en application des mesures destinées à aider les millions de familles qui souhaitent faire retour à la campagne et redynamiser la vie rurale et villageoise. Nous serions une nation en bien meilleure santé si la plupart d'entre nous avaient plus intimement conscience de la signification réelle du mot « croissance » et avaient un peu de terre riche sous les ongles.

Il n'est pas nécessaire de délaisser la ville pour rendre hommage à notre parenté avec la campagne. Au cours de mes ateliers, je demande aux assistants de dessiner quel serait l'environnement qui correspondrait le mieux à leurs désirs spirituels. « Où irez-vous vivre ? Avec qui ? Quelles seraient vos activités quotidiennes ? » Environ quatre-vingt-quinze pour cent des personnes interrogées souhaiteraient vivre à proximité d'une montagne, d'un lac, de l'océan, d'une forêt, à la campagne. Comme le démontre la publicité du fumeur de Malboros, nos rêves et nos fantasmes nous incitent à vivre dans la nature même si en réalité nous habitons des gratte-ciel. Il y a mille façons de célébrer l'appartenance à la terre. Chaque printemps, des familles qui vivent en appartement à New York et à Boston plantent religieusement des tomates dans des jardinières suspendues aux fenêtres et font fête à leurs récoltes juteuses au milieu de l'été. Les légumes et les herbes prospèrent grâce aux soins que leur apportent des mordus du jardinage dans des arrière-cours de maisons de banlieue. Des millions de gens qui ne voient généralement les produits de la ferme qu'au marché public s'évadent des villes pour faire des randonnées pédestres dans les Rocheuses ou les Adirondacks. Espérons que dans un proche avenir, les gouvernements lanceront des programmes originaux sur la revitalisation des cultures rurales et villageoises. Souhaitons qu'ils mettent fin aux migrations qui condamnent un nombre croissant d'individus à vivre dans des mégalopoles. En attendant, plusieurs d'entre nous se remémorent leurs liens avec la créativité sacrée de la terre en plantant des graines symboliques et en faisant des excursions rituelles dans les montagnes pour écouter le vent bruire dans les pins.

Le désherbage et l'abattage : la déstructuration sacrée

Tout en consacrant mes efforts à faire vivre la terre, j'ai été inévitablement mêlé à certaines activités destructrices. Pour obtenir de bonnes récoltes et vivre décemment, il faut savoir composer avec la mort.

Chaque année, je livre un combat féroce aux chardons et aux mauvaises herbes. Quiconque a déjà lutté contre les chardons Barnaby ou Star serait tenté de vouer un culte à la vigueur de la vie. J'aimerais toutefois dépenser moins d'*élan vital* dans les pâturages. Chaque printemps, nous arrachons et brûlons ces envahisseurs, mais nous nous gardons d'utiliser des herbicides, le moyen le plus sûr de les détruire. Il est vrai que la nature a parfois besoin de certains produits pour lutter contre les plantes parasites, pourtant les armes chimiques me semblent être un remède trop brutal pour une invasion saisonnière. L'intervention la plus simple reste à mon sens la meilleure. Il vaut mieux recourir à l'acupuncture plutôt qu'à la chirurgie. Les cultivateurs vous diront que l'apparition massive de mauvaises herbes obéit à un cycle. Le chardon, à l'instar des maladies, est un message codé que nous aurions intérêt à déchiffrer plutôt que de tenter d'arracher le plant. Il nous ferait comprendre que la terre a été trop labourée et que les délicates graminées doivent être protégées si nous voulons éviter son érosion.

J'ai appris, depuis ma rencontre avec Billy, que l'humus, terreau de l'humanité, est aussi un terrain meurtrier.

Avant la venue de Billy, ma connaissance des boucs se limitait à ce que j'avais lu à leur sujet. Je savais qu'ils étaient sacrés pour Dionysos et qu'ils avaient une nature belliqueuse. C'est pourquoi, un soir, j'ai accepté de capturer avec mon voisin John une chèvre et son petit abandonnés sur une ancienne concession minière qui se trouvait au nord du ruisseau.

Nous sommes montés dans la camionnette de John et nous avons suivi un chemin de terre accidenté jusqu'à une cabane en ruine où s'étaient réfugiées les bêtes. La chèvre sortit la tête par la porte pour voir ce qui se passait et Billy nous examina d'un air inquiet tout en se réfugiant derrière sa mère. Nous nous sommes approchés lentement en leur tendant des graines, mais ils s'enfuirent vers un fourré voisin. Nous avons tenté de les amadouer en leur disant des gentillesses et en insistant sur nos intentions pacifiques. Pour toute réponse, ils dressèrent la tête, à la fois curieux et méfiants. Nous avons finalement compris qu'il allait falloir user de ruse et de force pour les ramener à la civilisation. J'ai contourné le fourré d'un côté pendant que John en faisait autant en sens inverse. Les bêtes, flairant un piège, se séparèrent en suivant des directions opposées. Cette tactique leur permit de retrouver la sécurité de la cabane. John et moi, nous tombâmes d'accord : nous étions plus futés qu'eux. Après avoir tiré des plans à notre tour, nous nous sommes avancés d'un pas tranquille vers la cabane jusqu'à ce que nous puissions nous précipiter sur la porte pour les emprisonner dans leur forteresse. Nous nous sommes alors emparés de la mère rétive pour la transporter jusqu'à la camionnette. Nous avions laissé Billy seul, persuadés que le sentiment d'abandon allait faire fondre sa résistance. Sans égards pour ses bêlements, je l'ai attrapé au lasso et j'ai vainement tenté de l'attirer vers le véhicule. Finalement, je le saisis à bras-le-corps et l'envoyai rejoindre sa mère. Une fois assis dans la camionnette, je m'aperçus que je sentais le bouc — une odeur impossible à décrire ou à confondre avec une autre. Sur le chemin du retour, nous nous sommes félicités d'avoir remporté la victoire. Nous ne nous doutions guère que...

Billy et sa mère s'accoutumèrent à la civilisation beaucoup plus facilement que nous ne l'avions imaginé. Ils apprirent à attendre leur ration quotidienne de boulettes comme s'il s'agissait d'un droit divin, ce qui ne les empêchait pas de brouter tout ce qui poussait à leur portée. Ne vous imaginez surtout pas qu'une prairie d'une trentaine d'hectares et la nourriture que je leur donnais suffisaient à leur appétit. Pour des chèvres, une clôture a le même attrait qu'une somme d'argent laissée à la vue d'une personne malhonnête : c'est la voie de la liberté. Malgré nos efforts pour rendre leur captivité plus agréable, elles ne cherchaient qu'à s'échapper. Si Billy et sa mère avaient pu retourner à leur repaire perdu dans les collines, cela n'aurait été que justice à leurs yeux. Mais non ! En véritables sociopathes, ils contournaient les clôtures, s'aventuraient dans les jardins des voisins, mordillaient l'écorce et les branches des jeunes arbres fruitiers, se réfugiaient dans des terrains à l'abandon près du ruisseau, revenaient le soir à la ferme comme si de rien n'était et quémandaient innocemment leur pitance. Nous commencions à montrer des signes de paranoïa. Nous en étions à nous demander s'ils n'avaient pas manigancé leur capture et leur captivité et s'ils ne se moquaient pas de nous.

Une autre surprise nous attendait. Nous nous sommes aperçus que la mère était grosse. Et, catastrophe ! C'étaient des jumeaux ! Pour couronner le tout, en plus d'avoir un caractère impossible, elle s'est révélée incapable de mettre bas toute seule. Malgré mon ignorance en la matière, je dus l'aider et la convaincre d'allaiter ses chevreaux.

Je me sentais l'âme d'un père comblé, mais aux prises avec un mariage raté. Toutefois, j'ai renoncé à séparer Billy et sa mère pour le bien des petits. C'étaient d'adorables créatures folâtres, à la fois sauvages et douces. Elles s'ébattaient bruyamment, jouaient ensemble, sautaient sur le dos de leur mère ou dans les airs et faisaient des pirouettes sur leurs pattes arrière avec une élégance et une grâce qui auraient fait envie à Baryshnikov. Quand nous allions à leur rencontre, elles nous entouraient et flairaient nos mains tendues. Même le tempérament de la mère semblait s'adoucir devant leur grâce irrésistible. Elle consentait maintenant à passer la journée dans le pré et la nuit dans la grange. Tout indiquait que nous allions former une famille heureuse.

C'était sans compter Billy. Il semblait avoir lu les pires ouvrages sur l'agressivité, les impératifs territoriaux et la rivalité fraternelle. Dès le début, il fut un frère grincheux, tout occupé à établir sa domination. Sous le prétexte d'initier ses frères aux choses de la vie, il leur montra à donner des coups de tête. Il fit surtout preuve d'autorité pour les tyranniser. Quand les petits furent adultes, Billy tenta de les monter en plus de les frapper de la tête sans leur laisser aucun répit. Exaspéré par le comportement cruel et brutal de Billy, j'étais déterminé à ramener coûte que coûte l'harmonie au bercail. Comme Billy avait dépassé l'âge d'être castré, le temps était venu de le convier à un barbecue où il serait l'invité d'honneur.

Je n'avais encore jamais tué un animal et plus le moment approchait, plus je me sentais à la fois ignorant et révolté à l'idée de cet acte. David, qui habitait la ferme Libby Creek, proposa de faire le sale boulot à ma place. Je fus d'abord soulagé par son offre. Mais plus le temps passait, plus je me persuadais de devoir agir moi-même. N'étant pas végétarien, je ne pouvais me servir de cet argument d'ordre moral pour éviter de tuer Billy, pourtant, je n'avais aucune envie d'être présent lors de la mise à mort. J'étais habitué à consommer de la viande proprement enveloppée de cellophane, mais je me sentais incapable de regarder le condamné dans les yeux. Partagé par des sentiments contradictoires, j'ai acheté une carabine et me suis dirigé vers la ferme pour accomplir ce qui devait être fait.

Billy était attaché à un poteau. Il protestait bruyamment contre l'isolement auquel il avait été forcé. Je me suis approché de lui en tremblant, j'ai glissé une cartouche dans la carabine et je l'ai mis en joue. La nausée m'envahit soudain, ma vue se brouilla et je dus faire une pause pour reprendre ma respiration. « Mon Dieu ! ai-je pensé, que va-t-il se passer si je ne le tue pas du premier coup ? » De nouveau, je l'ai mis en joue et j'ai attendu d'être certain que sa tête soit dans la mire. J'ai ensuite appuyé sur la gâchette. Billy fit un bond, puis il poussa un cri et retomba sur le sol. « Je suis désolé, Billy, vraiment désolé », lui ai-je dit. Pendant quelques instants, il lança de furieux coups de patte comme s'il cherchait à se libérer d'un ennemi invisible, puis il fut secoué de spasmes. C'était fini. Je restai immobile. Je dus finalement m'asseoir car le tremblement m'avait repris.

Je suis resté longtemps paralysé par l'émotion. J'étais envahi par la nausée et par une peur honteuse. J'avais violé le tabou le plus sacré : tuer un être vivant. D'une certaine façon, il me semblait normal de sacrifier un animal pour m'en nourrir. Par ailleurs, comment pourrais-je désormais garder de moi l'image d'un homme pacifique ? Par mon geste, je faisais soudainement partie de ceux (généralement des hommes) qui croient qu'être humain signifie, entre autres choses, vivre dans un monde où le meurtre est courant. Dans mon esprit, il était évident que la vie se nourrit de la vie, mais mon cœur d'être civilisé refusait d'accepter le fait que nous sommes tous des tueurs. À la vue de Billy inanimé, j'ai senti que j'avais commis un sacrilège en détruisant définitivement un être qui ne demandait qu'à vivre. Pendant un instant, j'ai souhaité que son esprit libre ranime son corps. J'aurais voulu lui rendre la vie et lui dire que j'avais commis une terrible erreur. Je lui aurais permis de vagabonder dans le pâturage et de molester ses frères. J'ai même songé à devenir végétarien.

Or un sentiment encore plus troublant m'envahit. Oui, j'étais triste, mais j'étais également plongé dans une sorte d'excitation. Mon corps sembla se déployer jusqu'à l'infini. Une certaine plénitude me gagna peu à peu ainsi qu'une sensation de puissance que je qualifierai d'érotique. Une partie de moi, loin d'être respectable à mes yeux, avait tiré satisfaction et plaisir de cet acte de mort. Le pouvoir de donner la mort peut donner l'impression pendant un moment d'être au cœur du même mystère par lequel on peut donner la vie. Loin d'être la victime d'un sacrifice, on devient la créature d'essence divine qui a pleins pouvoirs sur le destin d'un autre être vivant. Au lieu d'être la petite créature qui tremble devant la menace inéluctable de la mort, j'étais celui qui tenait le fil de la vie et de la mort. J'ai cherché à repousser cette sensation et à rejeter cet orgueil démesuré. Cette connaissance interdite risquait de m'associer à ceux que je haïssais — les assassins, les mercenaires, les bourreaux et les nécrophiles qui provoquent la guerre pour satisfaire leur passion perverse.

Un rêve qui n'avait cessé de me hanter quelques années plus tôt refit surface dans mon esprit. Des hommes m'entraînaient dans une cave pour me faire subir une initiation. La pièce était enfumée. Deux des hommes armés de couteaux se livrèrent alors à un combat brutal. Je vis l'un des deux poignarder l'autre à mort. Horrifié, je courus jusqu'au poste de police le plus proche afin de rapporter ce meurtre. Chaque fois que je me réveillais après ce rêve, j'étais envahi par la panique et je restais un long moment étendu à ressasser toute la scène. Je cherchais à identifier l'outrage moral qu'avait subi la personne qui m'incarnait dans ce rêve. À force d'y réfléchir, je m'aperçus que tous les personnages du songe, y compris les deux combattants, étaient en réalité les formes dédoublées de ma propre personne. Sur le coup, je ressentis l'ivresse du combat, l'extase de cette lutte à finir pour la survie. Ce rêve semblait m'attirer dans une dimension de mon être antérieure à la morale et imperméable à toute influence culturelle, en un lieu où tuer pour vivre est un acte juste. L'essence même de la férocité animale semblait être une condition préalable à la pratique des vertus les plus nobles. Une curieuse sensation de bien-être m'envahit lorsque je sus avec une certitude viscérale que si je me trouvais dans la situation de devoir me battre pour sauver ma vie, je ne me montrerais certainement pas des plus civilisés. Le rêve que j'avais eu, loin de me rendre plus violent, me libérait d'une partie non négligeable de la peur instinctive qui m'habitait et renforçait ma confiance dans la capacité qui m'est donnée de me sauvegarder.

Cette sagesse sinistre à laquelle m'initia la mort de Billy émanait de la même source que ce rêve. Je suis, nous sommes tous cet être, à la fois plus bestial et plus divin que nous ne voulons bien l'admettre. Nos personnalités civilisées prennent racine dans un humus de pouvoir purement sacré antérieur à toute morale. Éveillez cette pulsion de vouloir vivre à tout prix qui réside en vous et dans ce pouvoir de prendre une vie, et vous vous trouverez en présence du sacré au même titre que si vous étiez en train de faire l'amour, de donner naissance à un enfant ou de créer. Nous savons que l'esprit sacré nous habite uniquement lorsque nous nous pénétrons de la merveilleuse mais terrifiante connaissance que nous sommes, comme l'Origine toute-puissante de cette terre féconde et meurtrière, des êtres à la fois créateurs et destructeurs. De nous trouver ainsi au confluent de la vie et de la mort nous confère une responsabilité sacrée et inéluctable.

Je pressens que cette tendance émotive à rejeter notre terrifiante responsabilité vis-à-vis de ce pouvoir de faire mourir est l'une des forces inconscientes qui nous poussent à quitter la vie rurale pour la ville. Tant que nous achèterons notre nourriture enveloppée de plastique dans des supermarchés aseptisés, nous pourrons éviter de participer directement à l'acte à la fois sacré, tragique, terrible et nécessaire de tuer.

Le débat actuel sur l'avortement n'est qu'un des exemples de la confusion morale qui résulte du refus de reconnaître et de porter la responsabilité humaine et sacrée de créer et de supprimer la vie. Aucune des deux parties n'est disposée à examiner la question de la mise à mort dans un contexte plus global, entre autres l'élevage et l'abattage des animaux pour la boucherie, les exécutions capitales et les guerres ainsi que les famines causées par l'explosion démographique.

Quand nous aseptisons et rationalisons notre vie à l'extrême, nous cessons de considérer les grandes questions angoissantes qui donnent à l'existence sa tragique dignité. Selon quels critères jugeons-nous moral, nécessaire et sacré de détruire une vie ? Quand est-il justifiable de tuer des animaux, des fœtus, des criminels et des soldats ennemis ? Comment pouvons-nous faire face à la terrifiante responsabilité, à l'ambivalence et à la culpabilité qui résultent d'un meurtre ? Est-il possible de vivre en entretenant espoir et compassion sur cette terre à la fois meurtrière et féconde ?

Je ne puis, hélas ! résoudre le dilemme moral de la mise à mort. Je suis convaincu qu'il est préférable de reconnaître notre terrible responsabilité à l'égard de la mort et de la vie d'êtres vivants au lieu de nourrir l'illusion d'être innocents. Si nous y réfléchissons bien, il nous est possible de supprimer moins d'existences — animaux, ennemis ou fœtus. Au cours d'un voyage au Bhoutan l'an dernier, j'ai pu constater de quelle façon les bouddhistes se comportaient en l'occurrence. En théorie, ils ne consomment pas de viande car un animal peut abriter l'âme d'une personne réincarnée. La vache que vous voulez sacrifier pourrait être votre grand-père !

Personne ne mange de poisson bien qu'il soit abondant dans les cours d'eau car c'est contraire au karma — une faute contre la morale — de tuer un poisson qui ne nourrirait qu'une seule personne. Dans la pratique, ils tuent des yaks, car il est moralement acceptable de tuer un animal dont la chair nourrira plusieurs personnes.

En vivant sur cette terre, que j'ai appris à aimer, j'ai conçu une méthode d'analyse relativement simple pour vérifier la moralité de l'acte de détruire : est-il ou non en faveur d'une meilleure qualité de vie ? Je note avec plaisir que la communauté d'êtres sensibles à cette question s'est accrue dans les environs. Il y a maintenant davantage d'essences d'arbres, davantage d'oiseaux et d'animaux sur notre propriété que lorsque nous avons commencé à y faire des améliorations. En éliminant les lauriers envahissants, j'ai fait place aux thuyas, aux épicéas, aux bouleaux, aux bambous, aux oliviers ainsi qu'à diverses variétés d'arbres fruitiers. En conséquence, de nouvelles espèces d'oiseaux et d'insectes ont colonisé le domaine.

Cette façon de voir les choses modifie-t-elle notre attitude à l'égard de l'avortement, de la surpopulation, des agressions et de la guerre ? Est-il justifié de recourir à la contraception et à l'avortement pour endiguer la surpopulation qui menacerait la qualité de vie de millions d'humains et condamnerait des milliers d'espèces animales à l'extinction ? Je crois que oui. Est-ce que les interventions armées dans les guerres génocides de Bosnie, d'Afghanistan ou du Soudan assurent une meilleure qualité de vie ? J'en doute.

L'esprit des animaux

Quatre-vingt-six espèces de grenouilles et de crapauds qui peuplent le tiers de la surface des États-Unis sont menacées d'extinction. « Les erpétologues [...] affirment que les grenouilles sont les baromètres par excellence de l'état de santé de l'environnement [...] Les amphibiens sont l'équivalent du canari témoin dans une mine de charbon[2]. »

L'indice Dow Jones est en hausse.

Près du tiers des espèces animales de la Terre pourraient être menacées d'extinction au cours des trente prochaines années.

L'indice Dow Jones poursuit son ascension.

Dans la perspective du mythe moderne techno-économique du progrès, tous les êtres vivants à l'exception des humains sont sacrifiables. Les dirigeants des sociétés multinationales et les économistes des gouvernements ne complotent pas pour élaborer la « solution finale » qui conduirait à l'extermination de toutes les espèces animales. C'est dans les faits et non en théorie que la croissance incessante du monde des affaires et la mondialisation de l'économie entraînent l'extinction des espèces non humaines. (À l'exception des animaux de compagnie et des animaux de boucherie.)

Auparavant, chez les peuples chasseurs, la vie cérémonielle comportait un pacte de réconciliation et de vénération avec les animaux. « Lors de la création du monde, les animaux possédaient la sagesse et la connaissance. Tirawa, celui de là-haut, ne s'adressait pas directement aux êtres humains. Il avait envoyé certains animaux dire à l'humanité qu'Il s'incarnait dans les animaux et que les humains devraient faire leur apprentissage par l'intermédiaire des animaux, des étoiles, du soleil et de la lune. Tirawa s'adressait aux hommes par l'entremise de ses œuvres[3]. »

Les anciennes religions font mention de l'existence d'une relation entre l'âme et l'animal. Les enfants en sont encore persuadés puisqu'ils croient pouvoir parler aux chats et aux chevaux « avant de savoir à quoi s'en tenir ». Selon la croyance inuit : « À une époque fort lointaine, quand les hommes et les animaux vivaient sur terre, une personne pouvait se transformer en animal si elle le désirait, et vice versa. Tantôt ces êtres étaient des hommes, tantôt des animaux, sans que cela fasse aucune différence. Tous parlaient le même langage. C'était une époque où les mots semblaient magiques. L'esprit humain possédait d'étranges pouvoirs [...] Personne ne peut expliquer pourquoi c'était ainsi : c'était tout simplement comme ça[4]. »

Les pratiques spirituelles traditionnelles de la prière, de la méditation et de la concentration d'esprit sont d'une grande aide lorsqu'on veut approfondir la connaissance de la vie intérieure.

Cependant, se concentrer exagérément sur soi-même finit par devenir du narcissisme et se révèle fatigant et ennuyeux. À quoi bon chercher des réponses par l'entremise des multiples écoles de psychothérapie, des programmes en douze étapes, des églises, des groupes dirigés par un gourou ou du bouddhisme quand tout ce que notre vie spirituelle demande, c'est de pouvoir simplement entrer en communion avec les animaux qui nous entourent.

À n'importe quel moment, si vous vous arrêtez pour regarder et écouter, vous découvrirez des myriades d'anges porteurs de messages venus de la nature. À moins de vivre en marge de la civilisation, il est peu probable qu'on puisse voir un léopard bondir ou croiser une troupe de lions. Toutefois, en plein Central Park de New York, il est possible d'observer une compagnie de cailles, un groupe de canards barbotant dans l'eau ou une nichée de lapins. Toutes ces créatures peuvent nous donner une grande leçon spirituelle : nous ne sommes ni le centre ni la seule raison d'être de l'univers. Un écureuil ou un moineau fait la preuve par sa joie de vivre que l'égocentrisme et le chauvinisme humains sont à la fois une erreur et un péché.

Récemment, j'ai été à de nombreuses reprises le bénéficiaire d'une grâce manifeste. Une nuit, j'ai été réveillé peu avant l'aube par des feulements. « Ce n'est certainement pas notre chat », ai-je pensé. Je suis sorti pour jeter un coup d'œil aux alentours, mais je n'ai rien trouvé. La même chose s'est produite le lendemain matin. Le troisième jour, je me suis glissé hors du lit et j'ai suivi au son cette mélodie féline jusque dans les bois. J'ai enfin vu deux lynx accroupis à chaque extrémité d'un tronc d'arbre et dont les grognements semblaient célébrer Mars ou Aphrodite. Je suis resté là, silencieux, à attendre que se produise le drame ou la naissance d'un amour. Après un long intervalle, le concert prit fin et les exécutants disparurent silencieusement sous le couvert. J'ai senti alors que j'avais été le témoin exclusif d'un rituel sanctifié par la grâce sauvage d'êtres dont la beauté et le mystère ne doivent rien à l'humanité. Au cours des Éleusis célébrés dans la Grèce antique, le point culminant du rituel d'initiation était atteint lorsque l'initié montrait à tous un simple épi de maïs. Les offrandes sont peut-être toujours de cette nature : un épi de maïs ordinaire, du pain et du vin, ou un lynx qui laisse soudainement transparaître la source créatrice de vie et de grâce.

La reconnaissance du caractère sacré de toute créature et de toute chose entraîne avec elle un impératif moral.

De temps à autre, je perçois du coin de l'œil l'un des chats sacramentels occupés à chasser des souris dans les champs et cela me rappelle l'obligation de marcher avec respect sur cette terre que je partage avec les esprits de tant d'animaux sauvages. Les humains que nous sommes se soucient fort peu de ceux qui ont été évincés de leur emploi et jetés à la rue par un système économique impitoyable. Nous ne montrons d'ailleurs pas plus de regret ni de compassion à l'égard des milliers d'espèces animales que nous avons condamnées à l'exil ou vouées à l'extinction.

Cette dureté de cœur envers les espèces qui peuplent la Terre avec nous provient du fait que nous avons toujours pris les animaux pour des êtres étranges et étrangers. À l'exception de ceux qui sont domestiqués, nous considérons que les autres animaux sont sauvages et, par conséquent, dangereux. Nous avons mené, dans l'Ouest américain, une campagne de propagande contre les loups et les pumas analogue à notre croisade contre les communistes. Ils menaçaient notre sécurité ; dès lors, ces programmes de destruction systématiques étaient pleinement justifiés.

Mark et Delia Owens ont vécu pendant sept ans au cœur du désert du Kalahari parmi des animaux qui n'avaient jamais côtoyé d'êtres humains. En un rien de temps, les lions, les panthères, les chacals et les hyènes se sont installés dans le camp et y ont vécu sans manifester de peur ou d'hostilité[5]. Vu sous un autre angle, l'univers se métamorphose : les animaux « sauvages » deviennent alors des esprits familiers. Pour comprendre comment il est possible aux indiens hopi de danser en tenant une demi-douzaine de serpents à sonnettes sans jamais se faire mordre, il faut avant tout voir les serpents comme des messagers des dieux, comme des créatures sacrées.

Au cours des dix dernières années, une jument a été pour moi l'un des meilleurs mentors dans l'art de vivre. La première fois que je l'ai vue, elle se tenait près de la rivière, la tête fièrement dressée, la crinière embrasée par les rayons du soleil. Délicate, sauvage, elle se déplaçait d'un air aristocratique qui frisait l'arrogance. Nos regards se sont croisés et je me suis approché avec précaution pour mieux l'examiner. Elle observait attentivement chacun de mes mouvements. Tous mes fantasmes d'adolescent relatifs aux chevaux et aux cow-boys refirent immédiatement surface. Avant même d'en prendre conscience, j'étais devenu le propriétaire enivré d'une jument arabe de trois ans et demi — Prana — qui n'avait jamais été sellée.

Je n'avais pas fait d'équitation depuis mon enfance. C'est pourquoi, pour l'hiver, j'ai confié Prana à Bonnie, une jeune cavalière, afin qu'elle la dresse. Au printemps, la jument était *domptée* et prête à être montée. *Domptée* n'était pas le terme qui convenait. Mi-apprivoisée n'était pas davantage approprié. Disons qu'elle acceptait sans protester d'être sellée, sanglée et montée. J'ai rapidement compris qu'elle resterait maîtresse de la situation.

À l'époque où les fleurs de pommiers cèdent leur place aux fruits, Bonnie m'aida à attraper et à seller Prana, puis elle conduisit la jument en direction du portail qui ouvrait sur les champs et les collines. Aussi longtemps que nous avons escaladé la côte, notre allure a suivi un mouvement oscillatoire commun. L'escarpement assez raide limitait la vitesse. Le premier plateau qui s'étendait en ligne droite sur une longue distance incita Prana à accélérer et elle se lança dans un trot saccadé. Mon postérieur tapait rudement sur la selle et je commençai à avoir peur. Je ne dirigeais pas Prana, c'est elle qui m'emmenait en balade et nous le savions tous deux. Cette sorcière à la crinière rousse m'avait en son pouvoir et fendait le vent. Le pire était à venir. Une fois échauffée, elle se sentit prête pour le feu d'artifice. Après le petit galop vint le grand galop et, alors que nous dévalions une longue corniche en direction du lit asséché d'un ruisseau, elle se mit à voler, ne touchant le sol que tous les cent mètres par respect pour la loi de la gravité. Mon contact avec la selle n'était plus que sporadique. Le divorce ne tarderait pas à être consommé. Rassemblant le peu d'autorité qu'il me restait, j'ai tiré violemment sur les rênes en hurlant « woe ! woe !

woe ! » Cherchant visiblement à me narguer, elle se rendit à ma demande et ralentit sensiblement sa vitesse tout comme le bourreau accorde un dernier privilège au condamné. J'ai voulu en tirer avantage et je l'ai dirigée vers un talus escarpé. Pendant qu'elle était momentanément ralentie par l'effort à fournir, je me suis dit que je ne la maîtriserais que lorsque j'aurais vaincu ma peur de la mort et de l'abandon. Je lui ai alors juré amour et passion, et toute liberté d'en faire à sa tête dans un avenir lointain, quoique pour l'instant, je ne souhaitais aucune ruée dionysiaque ou envolée imprévisible. À cinquante ans, j'avais toujours une certaine envie de commettre des folies, mais non de faire une fugue avec elle. J'ai mis pied à terre lorsque nous avons atteint le sommet de la colline et j'ai reconduit dame Prana à l'écurie.

La relation entre l'abandon et la prise en main fit l'objet d'une méditation perpétuelle au cours des années qui suivirent. Dès le début, j'ai compris que Prana était l'incarnation même de son nom (terme hindou qui désigne la respiration, l'énergie et l'esprit) et qu'apprendre à la chevaucher constituait une pratique spirituelle rigoureuse. Dans le cadre de mon prânayâma — un exercice yogique consistant à se concentrer sur sa respiration jusqu'à ce que l'inspiration et l'expiration se confondent avec le souffle de Dieu — je devais apprendre à modérer mon envie de tout maîtriser et à m'en remettre au Créateur. Le zen de l'équitation, tout comme celui de la prière, se fonde sur l'équilibre entre la soumission et la responsabilité. L'objectif consiste à atteindre, pour le cheval et son cavalier, une parfaite harmonie à l'image de Brahmâ et Âtma, unis dans un acte unique d'inspiration et d'expiration.

La quête spirituelle et l'équitation suivent la même règle fondamentale : établir un contact direct avec le sacré plutôt que de dépendre d'intermédiaires, d'autorités, de dogmes ou d'institutions. J'ai rapidement découvert que lorsque je montais Prana avec une selle classique, je ne pouvais sentir ses mouvements. L'utilisation d'un mince coussinet en lieu et place de la selle était la seule façon d'obtenir la symbiose parfaite entre mon postérieur et son dos. Au premier abord, il semblait périlleux et insensé de renoncer au peu de contrôle que me garantissait la selle. Pendant près d'une année, j'ai parcouru les collines dans un état de grande anxiété, rebondissant maladroitement sur le dos de la bête au gré d'un trot rapide, les jambes douloureuses d'avoir trop serré Prana en galopant à une vitesse folle. Graduellement, mon insécurité céda la place à une connaissance tacite où l'homme et le cheval communiquent de façon intuitive par le langage des muscles et du mouvement. Dans une communion silencieuse, nous avons appris, comme le font des amants, à connaître les rythmes et le langage corporel de l'autre. Comme tout cavalier ou tout mystique pouvait s'y attendre, le jour arriva où je fus capable de me tenir convenablement sur son dos pendant un galop soutenu, fermement cramponné à son garrot. Je me faisais l'effet d'être un participant figé, entraîné dans une danse effrénée.

Lorsque nous entamons une nouvelle relation, les autres deviennent inévitablement des étrangers. Qu'il s'agisse des proches, des personnes aimées ou de Dieu, tous semblent dorénavant être différents et lointains. Aucun pont ne pourrait être jeté sur l'abîme qui nous sépare. La communication n'est possible que lorsque nous mettons nos convictions de côté et que nous considérons l'autre comme un reflet de nous-même. La communication sous-entend la reconnaissance d'un lien mystérieux entre l'autre et soi. Un jour, alors que je luttais pour maîtriser Prana, il m'est apparu évident que j'obtiendrais plus de succès si je la considérais plutôt comme un être tendu à l'extrême que comme un cheval rétif. J'ai alors posé mes mains sur son cou afin de masser ses muscles tendus, caresser ses oreilles et frictionner son chanfrein. Elle poussa un long soupir, baissa sa grosse tête et se colla à moi. En la touchant comme on le ferait pour une amoureuse, j'ai senti passer entre elle et moi un courant que l'on pourrait qualifier sans erreur de *compassion*. À partir de ce jour, l'équitation cessa d'être une lutte de pouvoir pour devenir une danse passionnée entre un homme et un cheval, deux esprits animaux fusionnés en un seul esprit et en un seul corps. Enfin presque.

Ce fut la dernière leçon que j'en tirai, mais de loin la plus dure. Après dix ans d'étroite collaboration, Prana et moi n'en étions toujours pas arrivés à une entente sur la vitesse de croisière à conserver. Je préférais aller au petit trot tandis que, de son côté, elle n'en avait que pour la course à bride abattue. Malgré la confiance que je lui témoignais et la fermeté que j'essayais de manifester, son comportement me mettait mal à l'aise. Un ami avec qui je chevauchais me dit un jour :

— Le seul problème avec cette jument, c'est qu'elle n'est que vent, énergie et feu. On ne peut demander à un guépard de ralentir sa course. Elle n'est pas faite pour les promenades sur les sentiers. C'est un cheval né pour les courses de fond.

Dans l'espoir de sauver notre bonne entente, j'ai alors résolu de lui donner la possibilité de galoper à fond de train.

La journée venue — un matin d'octobre avant le lever du soleil —, nous nous sommes préparés pour notre première course de fond de quatre-vingts kilomètres. Dans le jour naissant, je ne cessais de me poser la même question : « Pourquoi est-ce que je me prête à ce jeu ? Je ne peux monter à cheval aussi longtemps. C'est de la folie. Si quelque chose pouvait m'empêcher de le faire... » Le soleil s'est levé sur les quatre-vingt-quatorze chevaux rassemblés sur la ligne de départ. On sentait l'excitation gagner les chevaux et les cavaliers. Prana était anormalement calme alors que j'hésitais entre l'angoisse et l'excitation. Je laissai passer la plupart des chevaux pour me placer à la fin du peloton. Après une chevauchée d'une vingtaine de kilomètres, montures et cavaliers ont fait halte pour la première inspection vétérinaire et pour prendre une boisson chaude. À ce moment, Prana semblait tout juste commencer à s'échauffer. Tout au long de la matinée, elle adopta en souplesse un trot étendu ; avant que je m'en aperçoive, il était déjà l'heure du déjeuner et nous avions franchi plus de cinquante kilomètres.

L'après-midi s'est passé à un rythme de croisière plus fluide. La crainte que j'avais de tomber, d'échouer et de perdre la maîtrise se dissipait pendant que nous suivions les pistes étroites qui épousaient le relief des collines. Nous avons traversé des forêts de séquoias, de pins et de manzanitas qui ceignaient des collines dorées, pelées en cet automne californien. Pendant des heures, j'ai chevauché en oubliant totalement qui j'étais, emporté par la ferveur de la course. Prana et moi sommes lentement devenus une seule personnalité en mouvement, homme-cheval ou cheval humain, je ne saurais le dire. Le temps, la gêne et l'angoisse s'étaient confondus. Et, soudain, nous avons franchi la ligne d'arrivée. Nous avions réussi. Ce qui s'annonçait comme un supplice se terminait dans la joie.

Le triomphe de cette journée était marqué d'ambivalence. Nous avions franchi la distance avec succès. J'avais transcendé la notion que j'avais de mes propres limites et connu l'extase qui suit ces moments d'abandon et de dépassement. Toutefois, Prana avait achevé la course avec un surplus d'énergie en réserve. Nos rythmes n'étaient de toute évidence pas destinés à s'harmoniser.

Nous nous sommes quittés en bons termes. Quelques mois après la course, je l'ai donnée à un jeune ami qui est spécialiste des courses de fond. Nous faisons souvent de l'équitation ensemble. Cette année, ils se sont inscrits à la course de fond la plus difficile, la coupe Tevis. Pour ma part, j'ai acheté un cheval de selle avec lequel je me livre à des promenades de tout repos.

En relisant ce chapitre, j'entends déjà le chœur de protestations des âmes plus terre-à-terre : « Des ruisseaux, des pommiers, des chèvres, des lynx, des chevaux, en quoi tout cela concerne la spiritualité ? Vous avez la chance de pouvoir vivre en fermier dans une région rurale. Avoir une relation intime avec la flore ou la faune n'a que peu de rapport avec la vie spirituelle du citadin. Ce que vous préconisez n'est d'aucune utilité pour les habitants des villes. »

Non, il n'est pas nécessaire de vivre avec des ours et des chevaux pour mettre l'anima et l'animal en relation. En ville, un chat, un chien ou un python apprivoisé peuvent tout aussi bien donner des enseignements à votre esprit. Soyez attentifs aux regards, aux sifflements, aux feulements, aux ronronnements et aux câlineries de votre chat et vous retrouverez le double langage que vous aviez étant enfants. S'il n'y a pas d'animaux sauvages près de chez vous, faites une visite rituelle au zoo et tentez d'entrer en contact avec l'esprit d'un éléphant ou d'une antilope. Lorsque vous faites vos emplettes, qu'il s'agisse d'alimentation ou de vêtements, essayez d'imaginer de quelle manière vous pourriez devenir le gardien des animaux que vous aimez et de leur habitat. Cela ne vous rendra pas la vie plus facile. Elle sera toutefois plus conviviale.

Rendez grâce à Dieu pour ces manifestations du sacré et cette communion avec l'esprit des animaux.

La communauté écologique

S'il est vrai, comme je l'ai déjà mentionné, qu'un projet de spiritualité comporte la reconquête de la relation intime entre l'anima, l'animal et l'humus, nous nous trouvons alors devant un problème. Presque tous les gens du monde industrialisé vivent dans des agglomérations urbaines. Nous en sommes venus à croire que ce mode de vie est inéluctable. La plupart des citadins sont choqués à l'idée qu'ils courent peut-être à leur perte et que les habitants de la campagne — ces privilégiés qui se désaltèrent à la source de la grâce — forment la nouvelle élite spirituelle. Néanmoins, nous sommes obligés de nous poser quelques questions troublantes. Combien d'autres générations pourront survivre à l'exode mondial de la campagne vers la ville ? Quel est l'avenir spirituel d'un monde où la plupart des habitants n'ont pour horizon qu'un milieu pollué, violent et contraignant ? Quelles probabilités avons-nous que notre fascination pour le monde urbain, la technologie, la croissance industrielle et la mondialisation de l'économie nous fassent don d'un environnement écologiquement viable, d'un plus grand sentiment de satisfaction et d'une vie imprégnée de compassion ? Je suis convaincu que tout pronostic basé sur ces tendances actuelles aboutirait à la conclusion que notre avenir sera inexorablement mis en échec.

Il est difficile d'imaginer les changements sociaux, économiques et politiques qui pourraient redonner une âme aux régions urbaines et rurales et permettre à leurs habitants de conserver un lien vital et de *faire corps* avec le merveilleux réseau de la vie non humaine. Perspective plus angoissante encore : quelle possibilité une vie humaine inspirée a-t-elle de s'épanouir dans un monde où la plupart des espèces animales ont été soit exterminées, soit enfermées dans des zoos ou des parcs thématiques ? Quand notre connaissance des pommes se bornera à celles qui garnissent les rayons d'un supermarché, quand notre relation avec les animaux passera uniquement par le canal de Walt Disney, Wild America et Sea World, que nous restera-t-il à conclure ? Que nous avons fini par établir notre domination sur l'ensemble de la planète et rompu notre lien intime avec le tissu de la vie. Nous pourrons alors nous retirer dans notre monde intérieur et nous mettre en quête de « l'estime de soi », d'une âme ou d'un « centre de spiritualité ». Mais nous ne trouverons qu'une infinie solitude. Quand nos amis les animaux auront disparu, nous ne serons plus que des êtres sans feu ni lieu dans ce qui était jadis un univers.

À l'heure actuelle, un nouveau courant pourrait permettre aux êtres humains de se développer, mais nous ne savons pas comment l'exploiter. Le mythe naissant du vingt et unième siècle, celui qui est au cœur du renouveau spirituel de notre époque a pour nom l'écologie. C'est encore une science mineure qui traite des inter-relations entre les systèmes vivants, mais c'est aussi un cheval de Troie qui s'est lentement élevé à l'intérieur des murs du tout-puissant système profane de la technologie et de l'économie, ignorant de la force révolutionnaire qu'il renferme. De nos jours, le mouvement écologiste prend sporadiquement la défense d'espèces menacées telles que l'escargot archer et le hibou tacheté, et lutte pour la conservation des terres marécageuses. Demain, il dévoilera ses autres ambitions, la réorientation de nos conceptions psychologiques, économiques et politiques. Il proposera de nouveaux schémas des villes et des régions sauvages qui nous permettront de vivre en harmonie avec les autres espèces douées de sensations. En temps voulu, le cocon de l'écologie libérera de nouvelles disciplines : l'écopsychologie, l'écospiritualité, l'économie et l'éco-politique.

Tout comme la science naissante du sacré, l'écologie impose des pratiques de spiritualité très différentes de ce que prônaient la théologie du Moyen Âge, la Réforme et la Révolution industrielle. À notre époque, la spiritualité digne de ce nom doit s'inspirer de cet *impératif écologique : vivre de telle manière que les générations futures puissent profiter tout autant que nous de la diversité biologique.* Tout le reste n'est qu'illusion égoïste. Toute forme de spiritualité qui repose uniquement sur le bien-être et la prospérité de l'individu *n'est que la maladie* qu'elle prétend guérir. La religion traditionnelle affirme avec raison que l'égocentrisme, la cupidité et le culte de l'illusion sont l'essence même de l'orgueil et du péché. Vu sous l'angle écospirituel, le *Wall Street Journal* (symbole de la sagesse de ce monde) ne renferme que des sottises. Comment est-il possible de s'imaginer que la mondialisation de l'économie pourrait garantir le lien sacré qui unit les vies humaines et non humaines ?

Les termes *esprit* et *écologie* renferment tous deux un prédicat : le tout prime les parties et en conséquence toutes les espèces vivantes sont soudées en une grande chaîne de vie. Humains, pucerons, sauterelles, vers de terre, mulots, éperviers et coyotes forment une communauté dont tous les membres ont des droits et des responsabilités mutuels. Il faut rejeter l'idée que les autres espèces animales sont une collection de ressources matérielles exploitables par l'homme. La diversité des formes d'intelligence qui, en s'articulant, constituent un écosystème, évoque la chorégraphie d'un ballet unique.

D'une façon ou d'une autre, il faut éliminer graduellement cette tendance de l'Occident à conquérir et à dominer toutes les formes de vie « étrangères ». Nous devons apprendre à nous couler avec grâce dans le moule de notre humanité. En dépit de notre mentalité urbaine, nous devons réserver notre enthousiasme à la fabrication et à la consommation dans le respect du monde qui nous entoure. Les villes conserveront une dimension humaine si elles sont entourées de végétation, de champs ensemencés et d'animaux sauvages. Pour l'homme et la femme modernes autant que pour les anciens chasseurs, cueilleurs et cultivateurs, l'art de cultiver un esprit sain va de pair avec la mise en valeur du sol. Même si nous habitons dans un gratte-ciel situé en pleine ville, l'horizon de notre esprit s'étend au loin jusqu'à un sanctuaire qui n'a pas été fait de main d'homme. Notre chant n'est qu'une voix au sein de l'hymne harmonieux de l'univers.

Il est actuellement impossible de déterminer les moyens à prendre pour opérer la nécessaire transition vers l'ère écologique. Les changements systémiques comportent plus de nouveauté et de surprises que ne pourront jamais l'imaginer les futurologues, les planificateurs gouvernementaux et les théoriciens du chaos. Nous vivons dans une zone de turbulence à la frontière de deux époques. Pour l'instant, tels les premiers chrétiens en attente d'un nouveau royaume, nous devons alimenter notre espoir par des gestes symboliques destinés à orienter notre vie vers un nouvel ordre écosocial que seuls peut-être connaîtront nos enfants à l'âge adulte. Inventer de nouvelles liturgies, d'autres gestes symboliques, comme faire du recyclage, marcher jusqu'au travail, jardiner, consommer avec discernement et rechercher la simplicité. Ces actes sont l'avant-goût, le parfum et le gage de la communauté à venir.

Être en place : habiter et raconter

La psychothérapie, l'écothérapie et la sociothérapie invoquent toutes, actuellement, un retour radical sur le passé. Le mythe du progrès sous-tend pour sa part que « nous ne pouvons faire marche arrière ». Pour l'esprit, la guérison de la psychè, l'assainissement du milieu et de la communauté passent par la redécouverte de la mémoire perdue de notre enfance, tant individuelle que collective. Pour paraphraser Gabriel Marcel, « l'espoir est la mémoire de l'avenir ». Notre espoir d'un futur plus humain repose sur la résurrection de notre mémoire écologique.

Concevoir et créer de nouvelles formes de communauté dans lesquelles les humains se rappelleraient et chériraient leur parenté avec le monde non humain doit être notre nouvelle vocation. Mon ami Jim Donaldson m'écrivait ceci : « Le culte de l'écologie doit dorénavant être la norme sacrée de l'authenticité spirituelle. Nous pouvons avoir les meilleures intentions spirituelles du monde, mais sans formules éprouvées, sans nouvelles stratégies collectives telles que la création d'écomonastères, de coopératives d'énergie et d'agriculture renouvelables, et la volonté intransigeante de lutter contre toute destruction d'espèces animales comme le saumon, nous stagnerons dans notre spiritualité anthropomorphique. Ces temps-ci, il m'arrive souvent de considérer comme un être monstrueux toute personne qui n'est pas au service de l'écologie. » Nous devons réinventer la communauté écologique réalisable en des villes et des villages verts où les gens demeurent et travaillent, et en des centres ruraux voués à l'agriculture. Aucune solution facile ne saurait faire l'affaire. J'ai une vision empirique d'un projet aussi vaste : un lieu ne sera le refuge de mon corps et de mon esprit que dans la mesure où je l'aurai habité suffisamment longtemps pour pouvoir le chérir et entretenir une relation avec lui.

J'aime les villes et la Terre comme j'aime les femmes, sans pour cela m'amouracher de toutes les femmes que je rencontre. Les bois du collège et les monts Cascades m'ont enseigné à aimer le bruissement du vent dans les pins, les noyers d'Amérique et les chênes, et à guetter l'éclosion du muguet ou l'apparition d'un renard. Dernièrement, j'ai acquis la connaissance profonde des cycles saisonniers de l'herbe des pâturages et des pêchers. Je me suis initié aux mœurs de plusieurs générations de pics parce que j'ai habité et entretenu un petit domaine rural. Ce qui m'a valu de comprendre le lien de parenté qui m'unit aux autres êtres qui peuplent ce territoire.

Aujourd'hui, la science cherche à élaborer une théorie sur la totalité, un principe simple qui engloberait notre connaissance de l'univers physique. Au royaume de l'esprit humain, *l'Histoire* est la force vive qui nous lie tous ensemble dans une communion unique. La terre que nous partageons constitue le point d'ancrage de la compassion et de la communauté. L'identité d'un individu vient d'un processus autobiographique. Un mariage est tissé à même l'histoire de deux vies, une communauté se fonde sur l'histoire commune de ses membres. On crée de la même manière une relation intime avec un milieu urbain ou une terre peuplée d'esprits d'animaux en demeurant suffisamment longtemps à cet endroit pour que chaque parcelle de l'environnement soit enrichie d'anecdotes. Un lieu ne devient le sol sacré de mon existence que si j'ai pris soin et joui de ses parcelles et de ses habitants jusqu'à en posséder une histoire riche en associations d'idées.

Dans son ouvrage *Ceremony*, Leslie Silko raconte l'aventure d'un jeune autochtone américain capturé au cours d'une guerre. Cette expérience avait failli détruire sa volonté de vivre. Cherchant à se guérir, il s'est penché sur les mythes anciens et les lieux sacrés de son peuple. Au cours d'une scène mémorable, il s'est retrouvé près d'un plan d'eau où, entouré d'araignées, de grenouilles et de libellules, il s'est rappelé les histoires qu'il avait entendues dans son enfance.

« L'araignée est apparue la première. Elle a bu de l'eau en prenant soin de ne pas mouiller les fragiles sacs remplis d'œufs de son abdomen [...] Il s'est souvenu des histoires qui la concernaient [...] Seule l'araignée savait comment se montrer plus futée que la malicieuse montagne Ka't'sina toujours prompte à emprisonner les nuages de pluie dans une pièce située au nord-ouest de sa maison magique [...] Les libellules sont venues à leur tour et ont voltigé au-dessus du bassin. Elles étaient parées de mille nuances de bleu — bleu ciel, bleu nuit et bleu des montagnes — qui chatoyaient avec un reflet noir irisé. Bien des histoires couraient aussi à leur sujet. Il se retourna. De toute part, il voyait un monde peuplé d'histoires, des récits qui remontaient à des temps immémoriaux. »

Je crois qu'une époque se termine lorsque nous pouvons nous résoudre à être des nomades qui se déplacent tous les cinq ans, toujours prêts à partir, sans nous fixer nulle part. Ce qui est certain dans mon cas, c'est qu'après avoir passé ma vie sur les routes américaines, après avoir vécu dans dix États et dix-neuf villes ou villages et avoir déménagé plus de fois que je ne puis les compter, il était temps de m'installer définitivement. Nous avons acheté, il y a cinq ans, quelques hectares de terre en friche près de Sonoma en Californie. Ce qui n'était à l'origine qu'un lot cadastral, payé et dûment acquis, est devenu graduellement un foyer, une terre sacrée où foisonnent les histoires.

Venez vous promener avec moi.

Quand nous sommes arrivés ici, il n'y avait qu'un chemin de terre à peine carrossable et un gué pour traverser le ruisseau. Pendant les longs mois au cours desquels nous nous sommes battus avec les autorités locales pour obtenir la permission d'acheter la terre, nous sommes venus y camper chaque fin de semaine et nous avons transporté des pierres pour bâtir ces deux ponts que vous voyez. Chacun d'eux a été détruit une fois lors d'une tempête. Nous avons alors installé des caniveaux en ciment et nous les avons rebâtis.

Le ruisseau — *agua caliente* — coule toute l'année même s'il n'est qu'un simple filet d'eau en été. Malheureusement, nous ne pouvons boire de son eau : il y a encore trop d'inconnu. Nous sommes incapables de déterminer la quantité de pesticides en provenance des vignobles environnants qui s'écoule dans la nappe phréatique. Nous ne savons pas non plus si des animaux malades s'abreuvent à sa source. Au cours d'un après-midi brûlant du mois d'août, j'ai découvert en explorant le cours d'eau une colonie de fougères émeraude poussant en hauteur près d'une grosse pierre. En cherchant à trouver des preuves de l'existence d'une source cachée, j'ai dégagé les feuillages pour examiner les racines. J'y ai découvert un léger suintement. Creusant plus profondément à l'aide de mes mains et d'un caillou aiguisé, j'ai façonné un petit bassin et je me suis assis pour voir ce qui allait se passer. En moins d'une minute, ce réservoir de quelque trois litres s'est rempli d'eau boueuse. Trois minutes plus tard, l'eau s'est éclaircie et j'ai constaté, à travers une légère couche de boue, que de l'eau fraîche, provenant d'une source située plus haut que la pierre, s'écoulait dans le bassin. En proie à une grande excitation, j'ai alors creusé plus profondément sous le rocher. L'eau coula en plus grande quantité. Après avoir agrandi le réservoir et observé l'écoulement de l'eau suffisamment longtemps pour être certain que j'avais bel et bien découvert une source souterraine, je fus forcé de revenir à la tente car la nuit était tombée. Le lendemain et les jours suivants j'y suis retourné, muni d'une hache et d'une scie. Je me suis dévêtu et, à genoux dans un lit de boue de plus en plus profond, j'ai creusé sous le rocher. J'ai suivi le filet d'eau jusqu'à une petite source, puis à une source plus importante qui jaillissait des entrailles de la terre, débitant environ vingt litres d'eau cristalline par minute. Ni la pluie ni la sécheresse n'ont d'effet sur elle. Buvez, savourez son goût suave, étanchez votre soif.

Il y a trois ans, j'ai planté ce verger composé de deux spécimens de chaque variété d'arbres fruitiers. Cet été, nous avons récolté les premières cerises, les premières pommes, les premières amandes et les premières pêches. Vous constaterez que le verger est clôturé. Au début, nous avions simplement installé une clôture électrifiée. Deux jeunes chevreuils d'un an vivant dans la vallée se sont approchés de la clôture, l'ont touchée du bout du museau et sont partis. Mais cette année, ils ont été remplacés par deux congénères plus jeunes, plus hardis, dont le goût pour l'écorce de pommier est incurable. Ils ont tenté de sauter par-dessus la clôture. J'ai donc dû en construire une plus haute.

Le lieu que nous avons choisi pour construire notre maison est situé à l'endroit même où s'élevait la ferme Norrbom, il y a une centaine d'années. Si vous regardez attentivement, vous pourrez voir le vieux four de pierre sur le flanc de la colline. Cet endroit a été longtemps désert. Quand nous avons creusé les fondations, nous avons trouvé une pointe de flèche en parfait état, un cadeau laissé par l'une des tribus qui avait déjà vécu ici. Je pourrais raconter une centaine d'anecdotes sur la construction de la maison, sur la métamorphose en adulte de mon fils Gifford qui se voulait le contremaître du chantier, sur la cicatrisation de mon mariage alors que Jan et moi travaillions ensemble, sur nos démêlés avec les édiles de l'endroit, sur le pic qui avait élu domicile dans l'érable mort et surveillait les travaux... Mais le temps n'est pas encore venu de le faire.

Il me suffit de dire qu'au cours des années, la terre, les plantes, l'esprit des animaux, les gens qui ont vécu ici et les histoires que nous avons racontées sont devenus la trame d'une étoffe où nulle couture n'apparaît. Tout cela ne forme avec moi qu'une seule chair. Je me suis incarné par le mariage. Aussi longtemps qu'une longue communion fera de nous ce que nous sommes, la terre et nous ne ferons plus qu'un. Un endroit ne devient un lieu de résidence sacré que s'il est rempli d'amour et d'histoires.

CHAPITRE 10

L'esprit civique :
créer une communauté compatissante

> Que la justice règne sur terre,
> et que ses habitants soient unis :
> c'est alors que tout ce que peut nous apporter Dieu
> nous sera accessible.
> Même maintenant, nous pouvons entendre monter vers
> le ciel l'appel puissant et éternel de l'homme, véri-
> table hymne à la joie :
> « Que la justice règne sur terre
> et que ses habitants soient unis ! »
>
> *Le Livre des cantiques*, n° 490

Recherchez la paix pour la ville où je vous ai déportés et inter-
cédez pour elle auprès de Yahvé, car par sa paix vous aurez la
paix.

Jérémie, 29,7

Nous recherchons une théophanie dont nous ne savons rien à
l'exception de sa localisation que l'on nomme « communauté ».

Martin Buber, *Between Man and Man*

Le plus grand défi de notre époque est d'unir la spiritualité à
la politique.

Sandor McNab

Nous avons franchi ensemble une grande distance au cours de notre voyage. Un voyage qui a débuté au moment où nous avons résolu d'affronter notre situation d'hommes et de femmes solitaires, hantés par des doutes, des questions et des espoirs mal définis. Nous avons alors quitté l'univers qui nous est familier pour explorer le royaume intime de notre vie passée. Tout en escaladant les falaises de l'esprit, nous nous sommes abandonnés à l'inspiration sacrée de la sensualité et de la sexualité et nous avons redécouvert notre place au cœur de la maison de la Terre.

Plusieurs cartographes considèrent que le trajet spirituel s'arrête là et bien des guides ne s'aventurent pas plus loin. Malheureusement, la plupart des textes contemporains laissent entendre que la pratique de la spiritualité se borne à cultiver le jardin de nos expériences intérieures — les expériences mystiques ou extracorporelles, celles où l'on côtoie la mort de près, les expériences paroxystiques ou liées à des vies antérieures, les illuminations, l'expérience de la réussite, de l'estime de soi, du renforcement de l'ego — ou à développer les relations avec nos proches. Beaucoup de psychothérapeutes et de gourous prétendument spirituels prônent un repli sur soi-même pour cultiver son propre jardin. Que les thérapeutes de la psychè et de l'esprit soient dans une large mesure apolitiques, tant en théorie qu'en pratique, constitue l'une des grandes failles de notre système axé sur les spécialisations compartimentées.

L'épreuve ultime par où doit passer l'esprit ne doit pas être localisée sur la cime des montagnes ou dans les profondeurs d'une quête solitaire. Hommes et femmes l'ont de tout temps assumée individuellement. Pour les êtres humains de toute culture ou origine, le grand défi est de savoir cohabiter en paix dans la vallée de l'ombre de l'Histoire.

Malgré le manque de vision des guides et des cartographes spirituels modernes, la plupart des plans que nous ont laissés les grands explorateurs classiques signalent que juste après le milieu du voyage la route bifurque de 180°, loin du soi et en direction de la communauté, loin du royaume intime et vers les entreprises compatissantes du royaume public. À partir du moment où le moi a été redécouvert et repris en main, nous devons l'oublier pour partir à la recherche d'une maison communautaire qui se trouve au-delà de l'horizon.

Concrètement parlant, la démarche spirituelle que nous poursuivons comporte deux étapes. En premier lieu, affirmer et explorer sans détour son individualité propre. En second lieu, se libérer des illusions qu'entraîne presque inévitablement l'égocentrisme, pour mieux puiser au réservoir de la compassion. L'évolution spirituelle nous fait sans cesse osciller du *je* au *nous*, de la subjectivité à l'intersubjectivité, de la solitude à la communion.

L'exil et l'attrait de la communauté

À l'instar d'un nécromancien, je peux pronostiquer l'état actuel de déracinement et de désir d'appartenance à une communauté en scrutant les entrailles de ma propre âme. Je suis le prototype de l'homme du vingtième siècle. J'ai sculpté mon individualité dans le bloc de marbre brut qui m'a été livré et j'ai goûté à la liberté dans les limites de mon destin génétique et historique. Ma vie intérieure est riche et je suis attentif au souffle de l'esprit. Ma vie conjugale est harmonieuse dans sa complexité et je prends plaisir à voir grandir et à élever des enfants. J'ai des amis intimes, un cercle de relations, un emploi qui me satisfait, une bonne réputation, une excellente situation financière, et je possède des terres et des chevaux. Je suis un être privilégié et je mène une vie heureuse ou, si l'on veut, honorable. Néanmoins, il y manque quelque chose. Il m'est impossible d'en spécifier les dimensions ou d'en donner une image exacte, mais je puis toutefois donner un nom à l'objet de mon désir : la communauté.

À l'exemple d'Héraclite, les hommes et les femmes modernes avancent dans l'existence sans poser deux fois le pied au même endroit. Nous changeons constamment d'endroit. Même si nous avons quitté l'Europe pour le Nouveau Monde et poursuivi notre route jusqu'au Pacifique, nous avons toujours été un peuple qui croit fermement à la nécessité des départs. Nous arrachons nos racines du sol et nous nous laissons emporter par le vent, soutenus par l'optimisme aveugle de trouver une terre plus riche. En moyenne, les Américains changent de résidence environ tous les cinq ans.

Il en résulte que la plupart des communautés auxquelles nous tenions n'ont plus de coordonnées géographiques. La mienne est une étoile qui a explosé en mille fragments dans tout le système solaire. Mes enfants et ma famille d'origine sont dispersés sur deux continents. Les amis que je rejoins par téléphone m'obligent à composer une myriade de codes régionaux. Ma communauté professionnelle s'étend sur la douzaine de pays où j'ai travaillé et bien au-delà des frontières du monde littéraire.

À l'approche du troisième millénaire, beaucoup d'entre nous sont des errants qui vivent en marge d'une communauté spirituelle à laquelle ils appartiennent sans l'avoir jamais connue réellement. Nous sommes obsédés par le souvenir inconscient d'une époque où nous vivions au sein d'une famille et par l'espoir obscur d'un lieu d'appartenance. Même s'il ne s'est pas encore matérialisé, nous l'apercevons souvent en rêve. Rien ne façonne davantage le cours de notre vie que ce vide qui semble destiné à orienter notre quête.

Le héros à l'esprit civique
Le voyage vers l'extérieur

Comment associer ces trois concepts : la politique, l'héroïsme et l'esprit? Si une politique de la compassion devait jamais exister, elle réclamerait des hommes politiques d'un tout autre gabarit, un nouveau modèle de héros et une nouvelle perception de la spiritualité. Trois facettes d'une même pierre précieuse.

Vaclav Havel l'a exprimé en ces termes : « Tôt ou tard, la politique devra se renouveler. L'homme politique doit redevenir une personne à part entière... L'âme, la spiritualité individuelle, la vision personnelle des choses, le courage d'être soi-même et de suivre les impératifs de sa conscience, le sentiment d'humilité devant l'ordre mystérieux de l'Être, la confiance en ses propres élans et, par-dessus tout, la foi en sa propre subjectivité comme lien principal avec la subjectivité d'autrui, voilà les qualités dont les politiciens de l'avenir devront être dotés[1]. »

Aujourd'hui, l'arène où se joue l'aventure spirituelle est sens dessus dessous. Tantôt y défilent la psychè ou la *polis*, le voyage intérieur ou la communauté.

L'histoire de l'évolution humaine est à tout prendre celle des changements de perspective de la vie héroïque. Chaque âge renferme ses défis incontournables, ses agonies caractéristiques, ses forces du mal contre lesquelles le héros doit se battre. Les chaînes dont nous devons nous délivrer sont différentes d'une génération à une autre. L'audacieuse aventure d'hier n'est plus aujourd'hui qu'un voyage organisé de tout repos. Ce qui était synonyme de création à une certaine époque devient un objet de répulsion à la suivante. Par exemple, au début, les États-nations répartissaient les innombrables tribus en communautés plus grandes, ce qui réduisait les guerres entre les clans locaux. À l'heure actuelle, le nationalisme est une cause fréquente de génocide systématique et de guerres à l'échelle mondiale. Les villes étaient, à l'origine, des havres de liberté offerts en alternative aux perspectives étriquées et au travail d'esclave d'une population rurale. Elles sont dorénavant des bagnes où se pressent des millions d'individus esclaves de l'idéologie urbaine et du joug d'une économie dérisoire.

Simplifions : à l'époque des chasseurs-cueilleurs, la tâche du héros consistait à vivre en harmonie avec le monde sacré des animaux et des plantes ; au temps des grands empires, il devait construire des villes et partir à la conquête de l'ennemi. L'apparition de la science et de la technologie lui a imposé de se rendre maître de la nature. La naissance de la psychologie des profondeurs l'a incité à explorer le monde intérieur. Les héros des futures générations auront pour tâche de domestiquer les forces du mal qui détruisent la communauté.

Il suffit de voir comment la notion de héros a évolué au cours des années quatre-vingt-dix. Le traditionnel héros de l'Occident — le guerrier, le mystique, le sauveur, l'homme rationnel, le scientifique, le technologue, l'artiste — demeurait figé dans une splendide solitude. En racontant le mythe du héros aux mille visages, Joseph

Campbell citait volontiers ce passage où les chevaliers de la Table ronde se préparent à partir à la conquête du Graal : « Chaque homme entra dans la forêt à l'endroit où il faisait le plus obscur et où il n'y avait aucun sentier parce qu'il aurait été déshonorant de se déplacer en groupes. »

Alors que s'achève le vingtième siècle et que les scientifiques et les technologues s'efforcent de plus en plus de comprendre les secrets de la nature pour mieux la dompter, une réaction compensatoire s'est manifestée : un effort accru pour retracer les mystères du monde intérieur de la psychè et pour maîtriser ses forces irrationnelles. La science nouvelle qu'est la psychanalyse cherche à éclairer la jungle de l'âme à l'aide des lumières de la conscience. Les thérapeutes sont les nouveaux explorateurs à la recherche des sources du Nil, des secrets du continent des ténèbres. Pour leur part, les artistes deviennent les devins et les conteurs de ce nouveau voyage. Campbell voit sous cette forme l'arène de l'héroïsme du milieu du vingtième siècle : « De nos jours, la zone mythogénique se réduit à l'individu en contact avec sa propre vie intérieure, et qui communique par le moyen de son art avec ceux de « l'extérieur. »

La formule freudienne qui décrit la tâche du psychonaute a été modifiée par chaque courant subséquent de la psychologie. Toutefois, elle reflète toujours l'idéal héroïque du voyage intérieur. La tâche du voyageur consiste à descendre dans le monde souterrain défendu et inconnu de la libido afin de libérer les anges de l'érotisme et les pouvoirs démoniaques qui y demeurent. L'inconscient doit devenir le conscient. À l'image d'une forteresse assiégée de toutes parts, l'ego doit être fortifié pour repousser les désirs amoraux du ça et les demandes cruellement moralisantes du surmoi. Carl Jung a découvert une troupe plus divertissante d'archétypes dans l'inconscient, mais il était d'accord avec Freud pour l'essentiel, soit en ce qui a trait au rôle de la thérapie. Tous deux ont dirigé des séances de psychothérapie au cours desquelles un seul individu tentait d'assainir la relation entre le conscient et l'inconscient en conversant avec un seul thérapeute dans les limites d'une salle de traitement.

Il est intéressant de noter ici que Freud et Jung ont donné à

l'époque une juste description de la psychè et que tous deux tolé-
raient le rôle de la religion quoique aucun d'eux ne l'eût admis.
Fouiller dans le passé de l'âme d'un individu et tenter de la guérir
par une forme de thérapie, fût-elle profane ou religieuse, avait sa
raison d'être dans le contexte d'une société aussi puritaine que la
leur. L'optimisme rayonnait en Europe avant la Première Guerre
mondiale et en Amérique avant la seconde. On connaissait fort mal
les forces des ténèbres qui se cachaient sous le mince vernis de la
civilisation. Quand est sorti en 1923 le film de Salvador Dali et de
Luis Bunuel intitulé *Le Chien andalou*, bien des spectateurs ne
savaient que penser de ce décor surréaliste — des fourmis sortant
de trous creusés dans la main d'un mannequin, un globe oculaire
tranché en deux. Les images et les sentiments contradictoires, à la
fois sauvages et oniriques, qui gouvernent notre inconscient, territoire de la libido, étaient virtuellement inconnus. Les hommes et les
femmes qui connaissaient le succès étaient généralement des êtres
extravertis, pragmatiques, qui savaient se contrôler.

Considérons un instant les changements qui se sont opérés dans
la structure de la psychè. Aujourd'hui, c'est la libido qui s'éman-
cipe tandis que le surmoi vit en exil et que l'ego est sous-
développé. Peu de temps après la Seconde Guerre mondiale, alors
que l'industrie américaine fabriquait à plein régime des biens de
consommation, les nouveaux ingénieurs du désir — l'industrie de
la publicité — ont commencé à nous convaincre qu'il ne fallait
laisser aucun besoin inassouvi. Soudainement, on jugeait qu'il était
préférable de dépenser plutôt que d'économiser, de jouir du moment présent plutôt que de planifier l'avenir. L'évangile de l'exubé-
rance sexuelle avait remplacé la vertu de la gratification à venir.
Achetez maintenant, payez plus tard. Saisissez l'occasion. Faites-le
sans vous poser trop de questions. Un à un, les tabous sur la consommation voyante — sexe, drogue et violence — perdent de leur
force. *Tous les « vices » et toutes les « perversions » autrefois
réprimés et expédiés dans l'inconscient au dix-neuvième siècle
faisaient dorénavant consciemment partie de l'imaginaire collectif.*
Les chaînes MTV, ABC et NBC abordent et analysent les questions de l'inceste, du viol, de l'agression sexuelle des enfants, des

meurtres rituels, du culte satanique, du cannibalisme, de la prostitution et de la pornographie ad nauseam. Un enfant voit en moyenne à la télévision trente mille actes de violence simulée par année. Ce qui était inconcevable pour l'esprit bourgeois est maintenant étalé à nos yeux aux heures de grande écoute.

Tout a été bouleversé. Apollon se réfugie dans l'ombre et Dionysos circule librement dans les rues. La raison devient une vertu clandestine. La concupiscence, ce désir sans frein, constitue le rêve de l'heure. Même dans les périodes de privations économiques, nous ne sommes plus en mesure de faire la part entre les besoins et les désirs. Ce que les Américains veulent, ils le réclament. Il ne leur suffit pas que le gouvernement protège le droit naturel à « la poursuite du bonheur ». Ils en attendent tout net le bonheur (sans majoration des taxes ni compressions budgétaires). Il est indéniable que le surmoi est très faible, voire inexistant, lorsque les classes défavorisées incendient les centres-villes, lorsque des drogues — extase instantanée — sont vendues dans chaque école secondaire et dans chaque ghetto, et lorsque le nouveau rite d'initiation des bandes organisées consiste à tirer à l'aveuglette sur des automobilistes. Comme le soulignait Dostoïevski au siècle dernier, quand tout est permis, quand plus rien n'est défendu, quand il n'y a plus aucun tabou, la mort guette Dieu et l'esprit humain.

La psychè et la *polis*, à l'instar de l'esprit et du corps, sont le miroir l'une de l'autre. Aussi bien de l'intérieur que de l'extérieur. L'armature politique qui avait jusqu'à maintenant soutenu la société s'écroule comme l'ont fait les anciennes structures psychiques. Devant nos yeux, des empires s'autodétruisent, des royaumes se créent, puis disparaissent. La terreur et la guerre froide qui régnaient entre les grandes puissances capitalistes et communistes cèdent la place au désordre tribal et à la résurgence d'une violence ethnique barbare. Si les factions belligérantes pouvaient mettre leurs différends de côté, elles auraient alors un unique espoir ténu de connaître la prospérité au sein d'un nouveau marché économique.

Or les solutions du dix-neuvième siècle n'arrivent plus à résoudre les problèmes du siècle présent. Un voyage intérieur dans les années 1990 ne s'entreprendra sûrement pas par le canal de l'inconscient freudien. Pas plus que le nationalisme, l'industrialisation et la culture de consommation ne serviront aux fins d'une nouvelle aventure politique. Nous ne pouvons être guéris par un poil du chien qui nous a mordus.

Si nous voulons nous libérer de l'oppression qui étouffe la culture occidentale contemporaine, il nous faut redécouvrir une raison d'être et le sens du sacré.

Il ne pourra y avoir de renaissance de la culture ou de l'esprit tant et aussi longtemps que des millions d'individus n'auront pas fait des questions refoulées leur principale et ultime préoccupation : « Quelle est la raison de ma présence sur Terre ? Y a-t-il un sens à ma vie ? Qu'est-ce qui est sacré à mes yeux ? » Il est nécessaire de surcroît, qu'ils rétablissent un lien entre la solitude et l'engagement politique et communautaire. Ceux qui ont l'audace d'explorer leur inconscient spirituel doivent se résoudre à abandonner la quiétude de leur vie intérieure et le confort de la religion pour assumer la tâche héroïque de créer une nouvelle forme de vie politique.

Il faut toujours une bonne dose de courage pour affronter nos démons personnels — l'incohérence de notre vie, les pulsions irrationnelles, les désirs sans frein, le goût pour le grandiose, notre dureté et notre lâcheté. Le héros nouveau devra cependant lutter contre des forces du mal beaucoup plus insidieuses. Les ténèbres qui menacent de nous engloutir sont d'une nature beaucoup plus vaste, institutionnelle, économique et politique. Le manque de conscience contemporain se révèle dans la pollution de l'environnement, dans la destruction scandaleuse de milliers d'espèces animales et végétales, dans l'industrie de l'armement en pleine expansion, dans la prolifération des guerres localisées, dans la renaissance des formes de génocide. La crise des mégalopoles tentaculaires est le pendant de notre lutte prométhéenne pour la conquête de la nature. La criminalité, la pauvreté et le vagabondage des sans-abri sont le revers de cette économie durement concurrentielle qui enrichit les gagnants pendant que les perdants se disputent les restes. La pulsion morbide pour la guerre, les hécatombes qui en résultent, la mainmise du complexe militaro-industriel sur l'économie et la vie spirituelle sont les séquelles de notre volonté de préserver la souveraineté de nos nations. Notre autocensure nous masque les coûts réels de notre prospérité.

Que doit faire notre héros face à ces zones d'ombre ? Quelles questions devons-nous nous poser ? Quelles agonies devrons-nous volontairement endurer ? Qui sont les monstres que nous devrons affronter ? À quelles nouvelles tâches serons-nous conviés ?

Les héros spirituels de notre époque sont ceux qui ont le courage de prendre conscience de ce qu'ils ignoraient et de reconnaître les conséquences dévastatrices de nos actions collectives. Les psychologues nomment cette attitude « la réappropriation de nos projections ». Autrefois, nous utilisions les expressions « repentir », « remords » et « faire amende honorable » pour décrire cet état d'esprit. On n'y parvient qu'en cultivant le sentiment de contrition et en s'efforçant de témoigner d'une nouvelle mentalité.

Pour le meilleur et pour le pire, le monde devient rapidement une seule collectivité formée de nations perturbées et de force inégale. L'isolement est un phénomène du passé. À l'aube d'un nouveau siècle, nous sommes devant un dilemme. Ou nous poursuivons dans la foulée du grand collectif technico-écono-militaire, ou nous entreprenons la création audacieuse d'un nouvel ordre communautaire.

Au vingt et unième siècle, la tâche héroïque presque inimaginable qui nous attend consistera à changer nos principes d'organisation fondamentaux, nos idéaux et nos valeurs afin de créer un corps politique global, une communauté compatissante.

Les sacrements d'imagination, de communion et de compassion

Nous entreprenons le long voyage, probablement sans fin, vers la communauté de la compassion en pratiquant les vertus génératrices de communion.

Envisageons la pratique spirituelle dans ses grandes lignes. Il s'agit en principe d'évaluer notre capacité à évoluer, à nous forger une identité, à nous associer à un projet. Un être animé par des sentiments n'est pas un atome autonome mais à la fois un moi quantique, une particule et une onde, une entité et un hologramme. *L'esprit* peut être considéré comme synonyme de *l'amour*. Une vie spirituelle prend constamment de l'ampleur et finit par englober une communauté toujours plus grande. Il faut un cœur élastique, un corps sensuel, un esprit généreux et une imagination compatissante pour extirper tout ce qui nous empêche de nous aimer et d'aimer ceux dont les vies s'imbriquent à la nôtre.

On parle sans arrêt d'amour : « Dieu est amour... l'amour fait tourner le monde... l'amour est l'étoile du matin et de la nuit... la Terre a besoin d'amour, de tendresse », etc. On a répété sans cesse que l'amour était la solution à tous les problèmes, qu'il naissait naturellement. Bien avant « d'avoir six ou sept ans, de savoir réfléchir, nous apprenons à détester les choses que nos proches détestent », mais nous sommes toutefois censés savoir aimer.

Je ne crois pas que nous sachions réellement ce qu'est l'amour. Il est peut-être fait de grâce et de chimie, mais c'est aussi un art à développer. Il faut des années de pratique pour développer les vertus du cœur.

Au départ, il y a l'intention. Adolescent, j'ai demandé avec embarras à ma mère ce qu'était l'amour. Sa propre définition me parut supérieure à celle du dictionnaire. « L'amour, c'est le dessein du cœur », m'avait-elle répondu. Cela n'arrive pas par magie. Elle m'expliqua alors qu'une part de l'amour était faite de douceur et de facilité, de quelque chose dans quoi on tombait et qui nous emportait. L'autre part de l'amour est plus exigeante : elle demande de la discipline, de la volonté et une ouverture de cœur permanente vis-à-vis ceux qui vous exaspèrent, que vous ne supportez pas, que vous n'aimez pas.

Dans un monde idéal, nous serions tous aimés à la perfection par des parents qui l'auraient été eux-mêmes par les leurs. Nous recevrions tant d'amour que nos cœurs s'ouvriraient d'instinct. Dans la vie réelle, toutefois, nous avons tous été marqués par un manque d'amour, par un amour trop tardif ou maladroitement exprimé. C'est ce qui explique nos échecs dans la communion amoureuse. Pour nous libérer de la prison solitaire de notre ego ou de la prison commune de nos ego (toutes deux nées de notre goût du pouvoir), il nous faudra faire preuve d'énormément de volonté d'aimer.

En nous aventurant par-delà l'orbite de l'ego, nous nous lançons nous-mêmes, par l'imagination, dans la sphère de la communion. Pour commencer à comprendre les étrangers et les concurrents qui vivent sur l'autre berge de la rivière et contre lesquels nous nous sommes précédemment défendus, nous devons voir les choses selon leur perspective et avec leurs yeux. Nous usons de notre imagination pour inverser totalement l'ordre des choses. Comme Protée, nous nous transformons pour devenir l'autre. Nous cherchons à habiter l'esprit de l'autre.

Ce pouvoir de l'imagination n'est cependant pas encore de l'amour. Il caractérise tout au plus le bon romancier, le psychothérapeute ou le général d'armée. Il n'est pas indispensable d'aimer ou même de respecter quelqu'un pour imaginer le monde par ses yeux. Un romancier doit tout savoir des faits et gestes de ses personnages. Un thérapeute doit reconstruire le monde intérieur de son patient désemparé. Un guerrier doit prévoir les stratégies de l'adversaire. Comme l'a dit le général Ulysses S. Grant : « Je connais Lee aussi bien qu'il se connaît. Je connais tous ses points forts et toutes ses faiblesses. »

La communion est un pas de plus vers l'amour. Pour communier, nous devons dépasser la compréhension théorique et les images mentales pour chercher l'émotion, pour arriver à sentir ce que signifie être une autre personne. Par exemple, si je désire communiquer réellement avec George, un ami homosexuel, atteint du sida et à qui il reste moins d'un an à vivre, je dois me demander comment je me sentirais si j'étais à sa place et me permettre de ressentir quelque chose de la peur, de la colère et du courage qu'il manifeste. En nous livrant à cette expérience, nous conservons toutefois une certaine distance entre soi et l'autre. Dans le cas de George, la douleur dont je souffre par procuration demeure la sienne, non la mienne.

La compassion nous fait passer de la périphérie au centre de l'amour.

Supposons un instant qu'en cherchant à communier avec les

sentiments de George, je m'avise soudain que je me tiens moi aussi face à la mort. Je ne fais qu'appliquer le syllogisme classique : « Tous les hommes sont mortels. Or je suis un homme. Donc, je suis mortel. » Et je cesse d'être l'observateur de la condition de George pour entrer en communion avec lui. Quand j'évoque le fait que je suis l'un de ceux « pour qui sonne le glas », mon centre de gravité se déplace. De singulier, je deviens pluriel. Autre exemple : pendant les émeutes de 1992 à Los Angeles, Bobby Green a été l'un de ceux qui sont venus porter secours à Reginald Denny, le camionneur blanc roué de coups. Quand on lui a demandé pourquoi il avait risqué sa vie en agissant de la sorte, il a simplement dit : « J'avais la sensation que c'était sur moi que l'on s'acharnait. »

La compassion est une excroissance de la sagesse, une conséquence de la connaissance du lien qui unit déjà le soi et l'autre. L'amour est la reconnaissance de la primauté de l'unité sur la diversité, de la fertilité de la communauté dans laquelle l'individualité s'enracine. Croire en la communauté de tous les êtres vivants, c'est croire en soi. La conscience, la compassion et la communauté sont différentes désignations du phénomène au centre de la quête spirituelle. L'inconscience, la haine et l'égocentrisme caractérisent par ailleurs la vie non spirituelle.

La vie dénuée de spiritualité suit une spirale descendante, comme l'eau qui s'écoule dans un drain : moins d'amour, moins de sentiments, moins de sensations, moins d'élan vers l'autre, moins de contacts, moins d'autotranscendance, moins de liberté et moins d'espoir. Quand le lien qui unit la bienveillance et la communion se défait, la forteresse de l'ego commence à révéler ses failles. Les gens de tempérament renfermé suscitent la crainte et des rapports fondés sur le pouvoir. C'est un cercle vicieux. Au sein de communautés de haine et d'amour, nous sommes tous liés de génération en génération. Très fréquemment, ceux dont on a abusé deviennent les tourmenteurs, ceux que l'on a blessés se transforment en agresseurs et ceux à qui l'on a fait du bien le rendent à leur tour.

Les enfants sont inspirés à divers degrés par la somme d'amour gratuit et fortifiant dont ils ont bénéficié. En théorie, nous naissons tous égaux, mais dans les faits, la santé, les ressources financières, l'éducation et l'amour nous sont octroyés à parts inégales. Nous ne sommes peut-être pas prédestinés au salut ou à la damnation comme le prétendait John Calvin, mais les attentions dont on nous aura entourés dès l'enfance ont déterminé si nous sommes prédestinés à vivre dans la richesse ou la pauvreté spirituelle. Nous faisons notre entrée dans la vie avec des chances inégales. Nous sommes les héritiers des vertus ou des vices de nos parents. Personne ne choisit ses parents ou le niveau de foi ou d'incrédulité qu'ils entretiendront en lui. Généralement, vers la moitié de la vie se produit une ouverture — tantôt crise, tantôt brèche — qui nous permet de prendre conscience des blessures que nous avons subies. C'est alors que nous nous efforçons d'accroître la somme de bienveillance et d'amour que nous souhaitons donner et recevoir. Calqué sur le modèle du quotient intellectuel, le QC ou quotient de compassion se fortifie par les bonnes intentions, l'imagination et le sentiment d'empathie que nous réservons aux autres.

Fort heureusement, l'amour crée un cercle vertueux qui inverse les effets des cercles vicieux. Graduellement, sous l'influence d'une communauté affectivement enrichissante, ou en un clin d'œil, par un simple geste de bonté, l'ego centripète se métamorphose en ego centrifuge.

C'est le métier communautaire qui tisse la trame et la chaîne d'un individu. Il est consternant de voir à quel point notre réflexion philosophique occidentale sur le moi a pu être erronée et superficielle. Le « je pense, donc je suis » de Descartes subordonne le moi à la raison. Il serait préférable d'affirmer : « J'ai été aimé, donc je suis. » L'âme et la communauté s'entrelacent comme une double hélice. L'amour n'est ni ristourne ni plaisant à côté émotionnel, mais le fondement de la formation du moi. Mon existence est une coexistence. Mon niveau de compassion est dans une certaine mesure proportionnel à la compassion dont on m'aura gratifié.

Sachant le rôle capital qu'a tenu dans ma prime enfance l'amour dont j'ai été gratifié, j'ai compris que la nécessité de devenir un être plus aimant était au cœur de la signification que je donnais à ma vie. L'importance que nous accordons aux liens mutuels entre époux et entre membres de familles et de commu-

nautés est le gage d'une existence sans heurts, exaltante et généra-
trice de créativité.

Saints du cru et voisins consacrés

Quand nous cherchons à recréer une communauté, il est bon de
réfléchir à cette devise : « Pensez de façon globale, agissez sur un
plan local. » Le genre d'amour qui permet d'édifier une communauté est d'une nature qui échappe à toute influence administrative
ou gouvernementale. L'atmosphère de compassion qui transforme
un groupement d'individus disparates en une communauté chari-
table se crée par d'innombrables gestes de bonté et de prévoyance.
Les plus beaux actes d'amour se jouent sur de petites scènes et les
noms des personnages-héros ne sont connus qu'au sein des villes
et des villages où ils demeurent. Lorsqu'une poignée de voisins se
sont regroupés autour d'Ed et de Vicky pour les aider à soigner leur
enfant atteint du syndrome de Down, cela n'a pas fait la manchette
des grands quotidiens du pays. Pourtant, ce geste de mansuétude a
servi à unir dans une communion enrichissante pour l'esprit des
gens qui ne se connaissaient pas auparavant.

En guise d'exemples, je collectionne des images et des récits
qui constituent une sorte de panthéon local de l'héroïsme et de la
sainteté. (Il nous faut un équivalent moderne de *La Vie des Saints,*
quelques affiches de saints désirables, de militantes au grand cœur
pour nous inspirer.) Ainsi :

À la fin des années trente, grand-mère McMurray semblait
porter Maryville, une ville de Tennessee, sur ses épaules. Responsable de la section d'économie domestique au collège de Maryville,
elle donnait des cours d'arts ménagers et trouvait en outre le temps
de préparer des tartes qui disparaissaient sitôt servies lors des
réunions paroissiales. À ses heures, elle apportait également de
pleines casseroles de soupe au poulet aux détenus de la prison.
Lorsque la récession arriva, elle fonda le College Maid Shop où
l'on confectionnait des uniformes et, sous sa direction, toute une

génération de filles issues de familles défavorisées purent poursuivre leurs études au collège.

Il y a une décennie, dans l'État de Washington, une poignée d'hommes et de femmes qui désiraient préserver leur mode de vie rural et traditionnel dans la vallée de Methow ont formé un comité de citoyens pour lutter contre le projet de la Corporation de ski Aspen de fonder un centre de ski dans la région. Cette installation aurait détruit l'écologie et l'idéal de vie de la vallée. C'était opposer David à Goliath ! Mus par une volonté inébranlable et en dépit du peu de ressources financières dont ils disposaient, ils ont obligé le Service forestier des États-Unis et les promoteurs en cause à produire une étude sur l'impact environnemental du projet et à se conformer à la loi. Aujourd'hui, l'eau de la rivière est toujours aussi claire, les aires de jeux sont toujours ouvertes, aucun immeuble en copropriété ne gâche le paysage et la communauté de la vallée est toujours dirigée par des gens de la région.

La librairie Nouvel Âge de Kay Allison à Charlottesville, en Virginie, n'a rien d'un foyer d'action communautaire. On y retrouve beaucoup de livres sur les cristaux et la réincarnation, mais aucun sur l'organisation sociale. Pourtant, derrière cette paisible façade, un petit groupe de bénévoles s'affairent à recueillir des milliers d'ouvrages invendus qui, avec l'aide de Kay, sont distribués dans les établissements carcéraux de Virginie.

Quatre résidentes du comté Marin — un endroit chic — se sont regroupées pour louer une maison afin d'y ouvrir un refuge pour femmes battues. Un traiteur d'Ann Arbor s'est organisé avec quelques propriétaires de restaurants pour remettre leurs surplus alimentaires à une cantine-dortoir pour sans-abri. Un groupe de fidèles d'une église rurale de Garden Plains, au Kansas, récoltent des pommes non cueillies pour les pauvres des villes. Un médecin de l'hôpital de Sonoma recueille du matériel et des fournitures médicales pour un petit hôpital du Bhoutan. Un vendeur d'automobiles de Lexington a offert un domaine d'une douzaine d'hectares à la ville pour y construire une école. Une firme d'avocats de San Francisco consacre des heures de travail gratuit au Trust for Public Lands. Un petit groupe de citoyens de Birmingham travaille d'arrache-pied à concevoir un meilleur programme d'études pour les écoles secondaires. Quelques parents qui vivent dans un ghetto de Détroit organisent des rondes de vigiles pour éloigner les vendeurs de drogue. C'est ainsi que se bâtit le royaume de la bonté : geste après geste.

Nous devons modifier les termes de la légende selon laquelle Dieu préserve le monde parce que trente-six justes naissent à chaque génération. Il ne s'agit plus ici d'un petit contingent d'hommes et de femmes de valeur, mais d'une multitude de gens ordinaires qui vivent dans des hameaux et dans des métropoles, qui ont le sens du civisme et créent la communauté. Le milieu immédiat offre à chacun de nous une vocation et une occasion de faire preuve d'imagination, d'altruisme et de compassion. Chaque localité lance des appels pressants. Il y aura toujours des voisins pour demander de l'aide à ceux qui ont des oreilles pour entendre. Les occasions ne manquent pas.

La meilleure façon de faire de sa vie quotidienne une consécration consiste à envisager les situations qui se présentent chaque jour comme des appels à l'aide et comme un cadeau. Écoutez-les avec l'esprit et le cœur ouverts. Regardez autour de vous d'un œil attentif : ce qui vous est — silencieusement — demandé lorsque le coiffeur vous parle de l'accoutumance de son fils à la drogue, quand votre voisin vous explique calmement que l'opération qu'il a subie pour le cancer n'a pas été une réussite totale, quand le gouverneur de l'État annonce que les prisons locales sont surpeuplées au point qu'on doive enfermer quatre hommes dans une cellule conçue pour un seul. Considérez la valeur du cadeau que l'on vous fait lorsqu'un ami vous écoute parler du désarroi dans lequel vous plonge l'échec de votre mariage ou lorsqu'une agence gouvernementale vous donne des tickets d'alimentation. Il y a près de dix ans, alors qu'elle écrivait *Whole Earth Review*, Anne Herbert a déclenché ce qui est devenu par la suite un mouvement officieux en suggérant que chaque jour, nous posions des gestes anonymes de gentillesse à l'égard de parfaits inconnus. Bravo !

La communauté globale

Se livrer en privé à des actes de dévotion et se consacrer à sa communauté est certes important, mais ne suffit plus de nos jours. Désormais c'est la société tout entière qui fait face à des problèmes et à des revirements de situation graves. Il suffit de songer au sida, au réchauffement de la planète, à la déforestation des régions tropicales, à l'explosion démographique, aux fluctuations de l'économie mondiale, à l'instabilité politique des nations sous-développées, à l'afflux de réfugiés, à la pollution de l'atmosphère et à la sécheresse.

En une seule génération, la révolution des moyens de communication a transformé la communauté locale à laquelle nous appartenons en une communauté globale. La télévision déverse dans mon salon des images de gens affamés au visage émacié. Des enfants aux yeux exorbités et aux bras gros comme des cure-dents me regardent grignoter des amandes et des fruits secs. La guerre en Bosnie entraîne des guerriers ensanglantés engagés dans un « nettoyage ethnique » dans mon boudoir et laisse une nuée de familles sans abri sur le seuil de ma maison. Mes dendrites morales s'étendent soudainement lorsque des voisins que je ne connais pas me fixent d'un air inquiet en me priant de les inclure dans mes préoccupations. Depuis que je compatis pour la tragique condition de la majorité infortunée, je perçois comme un changement dans mon identité. Je constate que j'appartiens à la famille humaine. Nous sommes un peuple, une communauté en désarroi.

Nous sommes devenus, de gré ou de force, des citoyens du monde. Notre génération a désormais conscience de vivre, pour le meilleur et pour le pire, au sein d'une communauté globale, mais elle doit encore accepter d'*unir* son sentiment de compassion à celui qui mobilise tous les peuples. La communauté universelle à laquelle nous appartenons essentiellement n'existe pour le moment que dans la mémoire et dans l'espoir. Le grand défi spirituel de notre époque est de l'organiser sur le plan concret. C'est dorénavant l'appel qui nous est lancé, c'est notre nouvelle vocation spirituelle et politique.

Le premier pas à franchir en ce sens consiste à reconnaître que notre nouvelle situation est moralement paradoxale, car elle étend notre compassion au-delà de notre capacité à passer à l'action. Le mahatma Gandhi a formulé cette maxime de l'action compatissante : « Je vais vous donner un talisman. Chaque fois que vous sentirez le doute vous envahir ou que votre moi usurpera toute la place, essayez de vous souvenir du visage de l'homme le plus pauvre et le plus affaibli que vous ayez vu et demandez-vous si le geste que vous vous apprêtez à faire sera d'une quelconque utilité pour sa propre vie et sa destinée. En d'autres termes, sera-ce un atout de plus en faveur de l'indépendance de millions d'individus affamés en quête de spiritualité ? Alors vous verrez se dissiper vos doutes et s'effacer votre moi envahissant [2]. » Bien peu d'entre nous sont capables de suivre cette règle de perfection, et moi encore moins. Toutefois, si nous la gardons à l'esprit, elle pourra graduellement dissoudre notre individualisme isolé et nous aider à rejoindre la communauté universelle qui est notre demeure.

Les indicateurs de santé spirituelle communautaire

Seul un fou ou un devin pourrait imaginer la forme qu'aura un possible mais improbable ordre mondial empreint de compassion. Nous serons probablement placés devant cette alternative : *ou* apprendre à être attentifs à l'autre sans égard aux anciennes frontières que constituaient la nationalité, la classe sociale ou la religion, *ou* se détruire les uns les autres dans un cataclysme militaro-économique. Il est trop tôt pour anticiper ce qui se passerait *si* une majorité de citoyens inauguraient l'ère de la compassion politique.

Sans savoir si une telle théorie finira par se concrétiser, nous pouvons cependant pointer du doigt certains changements radicaux à effectuer dans nos valeurs fondamentales et nos principes d'action politique. Si jamais une communauté basée sur la compassion existe un jour, elle devra se conformer aux normes suivantes :

- passer du mythe du progrès au mythe de la croissance de subsistance ;
- convertir l'individu égocentrique en une personne enracinée dans la communauté ;
- supprimer la rivalité entre nations et formes de pouvoir par une vision politique et écocentrique à l'échelle de la planète ;
- convertir le mythe de la guerre juste et de la violence rationalisée en politiques pacifiques de résolution de conflits ;
- passer de l'explosion démographique à la croissance démographique nulle ;
- écarter les visions de nationalisme et de souveraineté, et mettre fin aux conflits ethniques au profit d'une fédération mondiale dynamique ;
- passer de la vision athée et matérialiste de la nature à celle de la resacralisation de la nature ;
- supprimer la partition du monde entre riches et pauvres pour instaurer une distribution plus équitable des richesses ;
- convertir la production anarchique de techniques toujours plus complexes en production de techniques de subsistance mieux équilibrées ;
- mettre fin à la consommation généralement passive des valeurs et des mythes préfabriqués par les médias inféodés aux publicitaires et la remplacer par une forme de relation interactive avec les médias.

Tout cela peut paraître radical et utopique. C'est toutefois indispensable si l'on veut fonder une société basée sur *principe de générosité*. Malgré les apparences, ces changements ont des antécédents historiques. Plusieurs sociétés tribales étaient fondées sur l'échange de cadeaux plutôt que sur le troc, sur un idéal de générosité plutôt que sur le principe d'égalité. Le chasseur donnait de la viande, le chaman offrait ses visions, les mères donnaient des enfants, les vieilles femmes communiquaient leurs connaissances des herbes médicinales et les hommes âgés leur sagesse dans l'art de gouverner. Même aujourd'hui, dans certaines parties du monde où la notion de marché n'est pas encore élevée au rang de principe organisateur de la vie, l'échange de cadeaux est la force créatrice par excellence de la communauté. Les voyageurs occidentaux qui séjournent dans la région de l'Himalaya sont souvent stupéfaits de l'hospitalité et de la générosité des habitants.

La société américaine a découvert tardivement qu'il était impossible de construire une société équitable sur les seuls principes de l'intérêt et du droit personnels. En l'absence de générosité, il ne peut y avoir de communauté. Sans la bienveillance de la part des étrangers, une société se transforme en camp fortifié. Sans le désintéressement des pères et des mères, les enfants deviennent des êtres marginaux et, plus tard, des rustres. Sans la tendresse entre fils-pères-grands-pères et filles-mères-grands-mères, il y a discontinuité dans les générations et la sagesse se perd.

Écartons pour le moment la question de savoir si la communauté compatissante est un idéal impossible à atteindre ou une contradiction dans les termes. Avant de se concrétiser, tout changement social et historique d'importance semble n'être qu'une vision de l'esprit. (En 37 avant notre ère, quelle cote aurait attribué la Lloyds de Londres au christianisme quant à ses chances de devenir la plus importante religion occidentale ?) La nature humaine n'est ni définie, ni achevée, pas plus d'ailleurs que les différentes formes de régimes politiques. Il est capital de nous accrocher à ce rêve d'une société plus compatissante en refusant d'admettre qu'il est impossible à concrétiser ou qu'il faut en subordonner la réalisation à la mise en chantier d'un plan quinquennal. Parlant de la condition humaine, Reinhold Niebuhr fit un jour la remarque que « rien de ce qui vaut la peine d'être fait ne peut être accompli au cours d'une seule vie ». Il est vain sinon démoralisant de croire que nos rêves d'un ordre mondial juste vont se matérialiser incessamment. Il suffit de suivre une vocation qui nous mène dans la bonne direction.

Sans s'illusionner sur la disparition de l'injustice, de la cupidité et de la cruauté, ou sans vouloir poursuivre une utopie spirituelle, nous pouvons déjà esquisser une carte pour y noter les progrès ou les reculs de notre marche vers une communauté plus compatissante.

Commençons par une analogie. Chaque année, le Comité

d'urgence du peuple publie un index de la souffrance humaine qui cote chaque nation sur une échelle de 0 à 100 en fonction des catégories suivantes : (1) le produit national brut per capita, (2) le taux annuel moyen d'inflation, (3) la croissance annuelle moyenne de la main-d'œuvre, (4) la croissance annuelle moyenne de la population, (5) la mortalité infantile, (6) la consommation quotidienne de calories per capita selon un pourcentage minimal, (7) l'accès à l'eau potable, (8) la consommation énergétique per capita, (9) le degré d'alphabétisation chez les adultes et (10) la liberté individuelle et le libre arbitre[3]. Même si ces rubriques ne font pas mention de certains aspects plus subtils de la souffrance et du bien-être, de telles données sont un instrument de mesure de la santé physique des nations plus précis que le seul produit national brut.

Je propose la création d'un index qui servira à repérer la santé spirituelle de la communauté mondiale :

- Diminuer le pourcentage de l'économie mondiale destiné à la production et à la vente d'armes. *Présomption* : la guerre érigée en système est un argument illusoire qu'il faut écarter à tout jamais si l'on veut instaurer un ordre mondial compatissant. Actuellement, moins du quart des dépenses militaires mondiales pourrait servir à freiner l'érosion du sol et l'amincissement de la couche d'ozone, à stabiliser l'indice démographique, à combattre le réchauffement global de la Terre et les pluies acides, à produire de l'énergie sous une forme propre et inoffensive, à fonder des refuges, à éliminer l'analphabétisation, la famine et la malnutrition, à produire une eau pure et à supprimer la dette des nations sous-développées[4].
- Diminuer le nombre de victimes de guerres et celui des conflits frontaliers et des cas de violence ethnique. *Présomption* : la seule façon d'en finir avec l'idéologie, la propagande et la rhétorique relatives aux guerres « justes » et « saintes » est de tenir un registre des morts qu'elles entraînent. Toute vie humaine est sacrée. Un institut de surveillance de la mortalité pourrait mesurer approximativement l'indice de mortalité d'une nation en évaluant le nombre de morts imputables

chaque année à la guerre, à la répression civile ou, indirectement, par une « aide militaire » accordée aux belligérants et par la vente d'armement.

- Restreindre l'utilisation de la torture. *Présomption* : la torture est un cas extrême de désacralisation, l'exemple par excellence de l'inexistence de l'esprit. À cet égard, elle renforce un raisonnement moral en donnant un modèle non équivoque d'identification du mal.
- Diminuer le nombre de cas de viol et de violence sexuelle. *Présomption* : le bien-être spirituel ne peut être atteint s'il existe des problèmes liés à la sexualité. Le désaccord ancien et actuel entre les sexes n'est ni génétique ni inévitable. Il provient des formes de marginalisation de l'organisation économique et politique.
- Accroître le contingent de femmes dans la police et dans les forces de paix qui se partagent le pouvoir, la responsabilité et le fardeau de transiger avec la vague de violence criminelle, civile et nationale. *Présomption* : l'actuelle division des rôles qui impose aux hommes d'être des guerriers spécialisés en maîtrise et en gestion de la violence, et aux femmes d'être des éducatrices spécialisées dans le royaume privé qu'est la demeure familiale, perpétue la mésentente et la rivalité entre les sexes. Un système politique, économique et écospirituel de qualité requiert l'abandon d'une telle dichotomie dans les tâches qui perpétue l'antagonisme.
- Diminuer le nombre d'heures de travail nécessaires à l'obtention d'un revenu décent. *Présomption* : l'activité économique serait censée réserver des périodes de loisir consacrées à la vie privée, à la famille ou à la communauté. Le travail devrait libérer les esprits et les corps de la tyrannie de l'économie. Au sein d'une économie communautaire digne de ce nom, ses membres devraient travailler pour vivre et non vivre pour travailler.
- Accroître le pourcentage de biens et de services produits pour l'économie de marché en fonction de l'économie domestique ou locale. *Présomption* : au-delà d'un certain niveau, la

conversion de biens et de services essentiels en marchandises provenant de l'étranger nous enlève des pouvoirs et sape les rapports mutuels qui créent un sentiment d'appartenance. Quand des médecins anonymes soignent nos corps, quand des entrepreneurs de pompes funèbres ensevelissent nos défunts, quand l'industrie de l'agroalimentaire pourvoit à notre nourriture et quand des sociétés multinationales font main basse sur nos supermarchés, le lien créé par les relations mutuelles entre amis et voisins s'en trouve grandement affaibli. La section d'économie domestique du Collège de l'État de l'Iowa porte désormais le nom de Collège des sciences de la consommation. C'est en quelque sorte un signe de dépossession de l'âme — le remplacement de la perception familière du monde par une économie fondée sur la consommation.

- Diminuer la part de loisir vouée à la consommation passive de divertissements au profit des moments passés avec la famille, les amis et la communauté. *Présomption* : l'intimité et la vie privée naissent toutes deux d'activités qui se compénètrent. Les amoureux entrelacent leurs membres et leurs expériences de vie pour créer une histoire commune. Les communautés sont formées d'une multitude d'histoires d'amour, de l'enchevêtrement de légendes communes, de coutumes, de conversations, de jeux, de célébrations, de souvenirs et d'espoirs partagés. Quand les programmes de fantaisie et les drames policiers qui passent à la télé accaparent la plus grande partie de nos loisirs, nous ne sommes plus que des téléphages affamés de pseudo-mythes de héros et de bandits préfabriqués et nous oublions de partager entre nous nos expériences personnelles.
- Accroître les moments consacrés aux enfants et à leur éducation. *Présomption* : rien ne peut compenser l'échec de la famille. La famille est la première école de l'amour.
- Savoir se passer autant que possible de la technologie de pointe lorsqu'il s'agit de besoins essentiels. *Présomption* : l'utilisation à outrance de moyens techniques trop spécialisés met en péril les ressources naturelles et affaiblit le pouvoir

créateur sans pour autant avantager la communauté. Nous devons mettre un frein à nos élans compulsifs pour la technologie et évaluer avec prudence les éventuelles conséquences sociales de toute nouvelle invention en ce domaine.

- Se méfier de la désuétude programmée, des « besoins » créés de toutes pièces par la publicité et la consommation manifeste. *Présomption* : l'expression « moins c'est mieux » décrit bien la nouvelle tendance, la recherche de la simplicité : produire ce qu'il y a de plus simple, des produits de première qualité, durables et acceptables sur le plan écologique. Nous devons nous efforcer de mettre un terme aux diktats de l'économie, à la tyrannie de la nouveauté et aux façons de penser qui mettent l'écologie en péril telles que « le modèle de l'année », « nouveau et amélioré », bref la règle du changement pour le plaisir de changer.

- Réduire l'écart économique qui existe entre les nations prospères et les nations défavorisées, entre les riches et les pauvres. *Présomption* : la disparité actuelle entre les pays riches et les pays sous-développés, entre les nantis et les démunis, est foncièrement injuste. L'amour, et par conséquent la communauté, se développent uniquement là où règne la justice et où l'accessibilité au pouvoir est offerte à tous les partis.

- Favoriser la diminution de la population humaine. *Présomption* : une décroissance volontaire de la population du globe est primordiale pour la prospérité de la communauté spirituelle internationale. Avec une population mondiale évaluée à cinq milliards et demi de gens, il est évident que nous ne pourrons conserver un écosystème en bonne santé et une qualité de vie acceptable si nous n'agissons pas à temps. Dans les conditions actuelles, on estime que la Terre sera peuplée de douze milliards d'individus au vingt et unième siècle.

- Freiner l'extinction d'espèces animales menacées. *Présomption* : un accroissement de la diversité des espèces animales nous donnera de meilleurs indices sur notre santé écospirituelle. Le bien-être de la communauté humaine est étroitement lié à celui des grues à cou noir, des pumas et des autres espèces qui vivent en pleine nature.

- Diminuer l'étendue et les pouvoirs de la bureaucratie gouvernementale. *Présomption* : la refonte d'une nation (et, à la limite, de la planète) qui serait composée d'un réseau de communautés fortes nécessite une réorganisation des responsabilités, du pouvoir et de l'administration, ainsi qu'une décentralisation de la production alimentaire, des institutions économiques (banques, magasins et usines) et des institutions charitables (églises, hôpitaux et autres organismes du genre).
- Freiner les aspirations nationalistes des peuples et favoriser l'appartenance des individus à une organisation mondiale (telle l'Organisation des Nations unies) qui serait responsable du maintien de la paix et de diverses autres fonctions. *Présomption* : la souveraineté nationale absolue est une notion révolue. Prôner l'utilisation de la violence pour servir l'intérêt national n'est rien d'autre qu'un geste politique narcissique, qu'une illusion qui détruit la communauté écospirituelle mondiale à laquelle nous devrions vouer notre loyauté politique.

Ajoutez à cela vos réflexions. Le contenu de cette liste est purement incitatif, mais nullement définitif.

L'émergence éventuelle d'une ère de spiritualité

L'apparition d'une communauté compatissante, la fin d'un âge profane, le déclin des structures répressives du pouvoir et la naissance d'un nouvel âge de l'esprit sont des espoirs aussi anciens que vivaces. Isaïe attendait avec impatience l'émergence d'un monde où l'épée se changerait en soc de charrue et où le lion vivrait en harmonie avec l'agneau. Jérémie souhaitait que la loi du Seigneur soit inscrite de façon si nette dans le cœur de chaque être que nul n'aurait à l'enseigner à son voisin. Les chants religieux des Noirs donnent corps à ce rêve : « Je vais déposer mon épée et m'installer le long de la rivière [...] Et je n'étudierai plus l'art de la guerre. »

La mythologie de la plupart des peuples divise l'Histoire comme une pièce en trois actes : au début, l'unité et la paix régnaient au sein du jardin ; de nos jours, le monde traverse une période de désunion, de conflits, de guerre universelle ; demain, nous vivrons de nouveau en harmonie dans la cité de Dieu, dans le paradis de Shambhala, dans la cité d'albâtre non ternie par les larmes humaines, dans l'utopie des travailleurs où tous les êtres recevront ce dont ils ont besoin, travailleront selon leurs aptitudes et où l'État n'aura plus aucune raison d'être. Selon les grands visionnaires, nous sommes à l'aube de ce que Joachim di Fiore qualifiait de troisième âge, l'âge de l'esprit.

Qu'allons-nous faire de ces légendes et de ces rêves d'avenir glorieux ? Les bouddhistes tibétains, dont les récits de miracles métaphysiques sont les plus complexes et les plus terribles, ont un adage : « Vous êtes fous de croire à ces histoires. Vous êtes fous si vous n'y croyez pas. » Prises à la lettre, les histoires qui relatent l'apparition d'une éventuelle communauté spirituelle suscitent des prédictions apocalyptiques et la fondation de communautés utopistes qui n'amèneront que déceptions. Tenez-vous-le pour dit, le deuxième avènement n'aura pas lieu en l'an 2000, pas plus qu'il ne s'est réalisé en l'an 1000. Jésus et les légions de justes ne surgiront pas au son des trompettes pour nous introduire dans le royaume de Dieu le 31 décembre 1999 à 23 h 59. Et tous les juifs ne se réuniront pas non plus à Jérusalem l'année prochaine. Pas plus que l'inforoute et la mondialisation des marchés de l'économie ne créeront d'utopie technologique.

La signification profonde de ces histoires mystiques de fin du monde ne se trouve pas dans leurs illustrations. Toutes ces images d'espoir sont profondément enracinées dans la *perception* que l'on a de l'humanité et de la réalité extrahumaine. Elles ne reflètent pas ce qui pourrait arriver dans un avenir lointain, mais uniquement ce qui est réel et actuel. Elles renvoient à la promesse fondamentale — le *telos*, la potentialité, l'intention — qui est inscrite dans l'ADN humain. Soutenir que l'essence d'un être humain est préprogrammée de manière à ce que ce dernier ne révèle son potentiel qu'au moment où il s'épanouit au sein d'une communauté où règnent la foi, l'espérance et l'amour, c'est assurément prouver un manque de rigueur intellectuelle. En réalité, c'est la communion qui nous crée. La loi de l'amour est inscrite dans nos cœurs et dans nos gènes.

La communauté nous permet de développer le langage et l'intelligence. Des scientifiques du National Institutes of Health ont découvert récemment que, chez des singes privés de tout contact physique, le cervelet (coordonnateur des mouvements) et les voies neurales qui conduisent au cerveau (siège des émotions) demeuraient sous-développés. L'amour semble essentiel à la création des circuits neuraux, les ramifications de dendrites, qui déterminent notre aptitude à l'intelligence et à la compassion.

Les médecins, les physiologistes et les épidémiologistes ont maintenant démontré que le fait de vivre jusqu'à soixante ou quatre-vingt-dix ans est le corollaire de notre quotient de compassion et de notre intelligence collective. La santé du corps et de l'esprit est directement subordonnée aux conflits, à la pollution et au stress que nous créons. Plus activement nous soutiendrons la tendance du corps politique à valoriser la compétition, la cupidité et la guerre, plus il y aura de déséquilibre mental, d'esprit militariste et de tension. De l'avis des écologistes, notre sentiment de supériorité à l'égard de la nature, notre désintérêt et notre volonté de la dominer pourraient conduire à l'extinction d'autres espèces si l'on n'y met pas un frein.

La vision mystique n'est pas fondée sur un calcul de probabilités mais sur l'intuition d'une promesse qui est en quelque sorte l'essence de ce que nous sommes. Nous avons été créés, puis reliés aux autres, par un réseau de communication et de rétroaction qui inclut les animaux, les végétaux, les minéraux et les Martiens (si toutefois ils existent).

L'élan qui me pousse vers la communauté est un indice de la promesse de puissance potentielle qui m'anime. Nos envies les plus profondes sont un écho du futur, des vocations cosmiques. La voix du *telos* ou du point *oméga* nous convie à devenir ce que nous sommes. Les images d'espoir sont le schéma brut d'un possible futur, elles annoncent la direction qu'adopteront le corps spirituel et le corps politique. Ce que nous sommes nous oriente vers notre but et vice versa. Le futur s'agite déjà dans le présent. L'Histoire renferme une intention qui nous incite à nous accomplir.

Si jamais il se réalise, le rêve d'une communauté compatissante sera un catalyseur, une étoile Polaire qui nous guidera dans notre voyage spirituel, sans pour autant se substituer à notre destinée. Nous n'avons aucun besoin de sanction supranaturelle pour un tel projet de l'imagination. Nul besoin de savoir s'il est possible ou non de créer une communauté gouvernée par la sagesse et la compassion. Il suffit de comprendre qu'il s'agit de l'aventure la plus audacieuse jamais tentée. Ce projet vise à transcender le désir du pouvoir, l'impératif territorial. Il pourrait devenir le plus grand jeu de l'univers. Si l'essence de l'esprit humain réside dans notre aptitude à transcender ce qui est déterminé, nous ne pourrons atteindre notre plein achèvement qu'en cherchant à créer ce qui a toujours été réel sans toutefois être actuel. Nous sommes des animaux métaphysiques. (Notre entendement doit dépasser notre compréhension.)

Le voyageur qui suit le sentier spirituel ne sait jamais avec certitude où cela le conduira ni si lui-même parviendra à bon port. Aucun indice ne nous permet de croire que nous pourrons atteindre la perfection à un moment donné. Rien ne nous assure que nous ferons des progrès sur le plan moral. Nous savons toutefois avec certitude que le fait d'aspirer à la création d'une communauté compatissante et d'y collaborer donne un but et une signification à la vie d'un individu qui, de surcroît, aura le sentiment de remplir une tâche sacrée.

Ce n'est pas l'espoir d'atteindre le but, mais le sentiment d'une vocation à accomplir qui entraîne un homme ou une femme dans cette grande aventure. Quelque chose m'interpelle et attend une réponse de ma part. La voix ne dit pas : « Supprimez toute souffrance et fondez la cité céleste. » Elle me donne ce message : « Vos talents doivent être mis à contribution pour guérir le malaise de notre temps. Vous êtes architecte, alors utilisez votre art pour concevoir des habitations plus confortables et une ville plus humaine pour l'ensemble de la population. Vous êtes banquier, faites tout ce que vous pouvez pour stabiliser l'économie. Vous êtes fermier, amendez votre terre afin qu'elle soit fertile pour les générations futures. Vous êtes médecin, pratiquez une médecine holistique. Vous êtes cuisinier, préparez des repas savoureux et nourrissants. Vous êtes parent, prenez le temps nécessaire pour aimer et guider vos enfants. Vous êtes PDG, ne créez et ne mettez en marché que des produits de qualité. Vous qui êtes soldat, ne vous laissez pas aller à la violence, maintenez la paix et, si vous devez vous battre, faites-le sans haine ni désir de vengeance. Vous êtes producteur pour la télévision, inventez des histoires empreintes de noblesse, qui favorisent la communauté de sentiments et inspirent la compassion. Et ainsi de suite. »

La voix qui nous pousse à aller de l'avant et à entreprendre ce voyage est toujours explicite. Tant que nous répondrons aux besoins de ce monde en lui offrant à la fois notre compassion et nos talents, nous saurons envisager avec courage l'incroyable somme de travail à fournir. La vie spirituelle se fonde sur le refus du désespoir qui naît de l'action concertée et de l'humble agnosticisme. Nous n'en savons pas assez pour nous permettre de désespérer. Le désespoir n'est que de l'arrogance déguisée : « J'ai vu ce qui se prépare et ce sera un échec. » L'espoir s'enracine dans la foi en un Dieu inconnu. Nous ne connaissons pas la destinée ultime de l'âme individuelle ou de la communauté des êtres vivants, mais cependant nous continuons de travailler, d'attendre et d'espérer. Et c'est suffisant.

CHAPITRE 11

La mort : l'ultime question

Le temps, comme un mouvement perpétuel,
emporte au loin tous ses fils.
Ils s'envolent, oubliés comme un rêve
qui s'éteint au lever du jour.

Notre Dieu, notre Guide dans les âges révolus,
notre Espoir pour les âges à venir,
sois notre Gardien jusqu'à la fin de notre vie
et notre refuge éternel.

Le Livre des cantiques, n° 111

Je ne puis être vivifié par l'espoir que si je parviens à transcender mon intérêt personnel trop étroit et à me donner généreusement et totalement au grand rêve de la création d'une communauté compatissante. Même sans me soucier de l'espoir ou du désespoir que je pourrais entretenir quant à la possibilité d'une telle transformation historique, je ne peux toutefois éviter de me questionner sur le sort qui sera réservé à mon âme et à mon esprit. Je sais que l'univers peut subsister indéfiniment et qu'il peut (ou non) forger, à travers l'éternité, sa propre histoire d'amour. Mais quelle sera ma destinée ultime ? Tout au long de la vie, nous nous posons toujours la même grande question : « En quoi puis-je espérer ? »

Comme Job, nous nous demandons tous si la mort est une fin en soi ou un nouveau commencement : « Un arbre que l'on vient d'abattre peut renaître de ses racines, et ses tendres rameaux

291

pousseront sans arrêt [...] Cependant, quand un homme meurt et que ses forces l'abandonnent, il rend l'âme. Alors, où se trouve-t-il ? [...] Si un homme meurt, peut-il vivre de nouveau ? » S'agit-il d'extinction ou de métamorphose ? Du commencement à la fin, de la vie à la mort, Éros et Thanatos sont des jumeaux siamois. Qu'arrive-t-il lorsqu'ils sont séparés ? Est-ce que tout ce que je suis meurt instantanément ou y a-t-il une partie de moi — l'âme ou l'Esprit — qui survit ? Est-ce que la mort ressemble au sommeil ? Vais-je me réveiller après une longue nuit passée dans ma tombe et renaître, ressusciter ou me réincarner ?

Si vous écoutez attentivement, vous entendrez, au moins une fois par jour, l'horloge sonner treize coups. Alors, vous concevrez des doutes sur tout ce qui s'est passé auparavant. La présence de la mort transforme la vie en point d'interrogation. La question de la mort est la plus grave de toutes.

Hier matin, notre chienne Jack Russell a donné naissance à des chiots. Quatre d'entre eux ont survécu, le cinquième est mort. Résigné devant la mort, j'ai observé les gestes de Jessamyn, ma fille de treize ans, qui préparait en pleurant ce petit corps parfait pour l'enterrement. Même si elle savait que la situation était irrémédiable, elle s'écria : « Papa, ne peut-on pas le ramener à la vie ? »

Le mois dernier, mon amie Beth est morte. Cette semaine, ce fut le tour de Holly. Et un jour... mais je ne veux pas penser à cela. Vous non plus d'ailleurs.

Pourtant toutes les traditions spirituelles soulignent la nécessité de garder à l'esprit la pensée de la mort. Ne la fuyez pas. Envisagez l'idée de votre propre mort le plus tôt possible dans votre vie et vous vous éviterez bien des illusions. L'ego s'enfle démesurément lorsqu'il nie la mort ; l'esprit grandit en force et cohabite harmonieusement avec elle. (Malgré l'importance que j'accorde à notre propre mort, je considère que l'ouvrage *Personal Life Clock* publié par Sharper Image insiste exagérément en rappelant aux lecteurs de « vivre pleinement les heures, les minutes et les secondes ultimes de leur existence ».)

Historique de la mort

Délaissons momentanément les aspects terrifiants de *ma* mort et de la *vôtre,* et gardons la Grande Faucheuse à distance afin d'étudier le phénomène en toute objectivité.

La mort est la grande inconnue qui influence notre façon de vivre. Le laïcisme constitue une négation vigoureuse de la mort, la religion oppose une réponse toute faite à sa menace et la quête spirituelle, quant à elle, représente un effort pour vivre en harmonie avec sa présence.

Étant des animaux en station verticale, nous pouvons voir l'horizon et lever les yeux vers les étoiles, mais, à l'exemple d'un cheval entravé, l'une de nos jambes est attachée à la mort. Nous le nions, nous résistons et nous tentons de nous libérer de ce piège. Pendant ce temps, nous courons en tous sens en décrivant des cercles de plus en plus petits face à l'inévitable, mais le pivot tient bon.

Parce que nous sommes des êtres conscients, parce que nous avons conscience de nous-mêmes, nous vivons à l'intérieur d'un espace de temps élastique limité par les souvenirs de notre passé et l'avenir que nous supputons. Les bornes de cet espace sont, d'une part, la naissance dont nous n'avons aucun souvenir et, d'autre part, une mort qu'on ne saurait imaginer. Ce sont les symboles de la condition existentielle de chaque humain : Naissance → Mort. Tout ce qui est survenu avant la naissance semble être un prélude impersonnel à l'existence, tout ce qui surviendra après demeure un mystère insondable. Il est déroutant et inconcevable que chaque personne ne soit sur Terre que pour une courte période de temps. Bien que je puisse imaginer le phénomène de la mort en général, quand il s'agit de la mienne, je dois recourir à une ruse qui me permet d'observer à distance ma propre disparition. La mort reste toutefois un fait indéniable. Tout le reste n'est que spéculation, théorie et théologie.

Nous devrions écrire l'histoire de la religion sous forme d'un catalogue des innombrables versions qu'ont imaginées les êtres humains pour nier la mort et prétendre survivre à leur bref passage sur Terre.

La mythologie est le miroir fidèle de notre persistante énigme et de notre paradoxe existentiel. La mort est la conclusion naturelle de la vie, même si elle est généralement considérée comme un événement extranaturel, un phénomène dont on attend l'explication. Chaque mythe du genre humain renferme des récits qui soulèvent la question suivante : comment la mort a-t-elle été introduite en ce monde ?

Les plus vieux vestiges de la préhistoire — des crânes d'ours rituellement disposés dans des cavernes, des armes, des reliefs de nourriture et divers objets qui étaient enterrés avec les morts — témoignent que la religion puise son origine dans l'effort déployé pour conclure une entente avec la mort afin de dénier son caractère inéluctable. Les peintures rupestres des cavernes de Lascaux révèlent que nos ancêtres avaient formulé un argument métaphorique quant à la survie de l'âme humaine : tel le troupeau de bisons qui se multiplie, même si nombre d'entre eux tombent sous ses coups, le chasseur voit, au moment de sa mort, son esprit se fondre dans l'âme collective « céleste » d'où émergent les nouveaux êtres humains à leur naissance.

Quand l'agriculture est apparue, le rythme des semailles et des moissons a donné naissance à la croyance en l'union symbolique de l'âme et de la semence. Comme la graine meurt en tombant sur le sol et renaît au printemps, l'âme humaine s'endort du sommeil de la mort en cette Terre, pour ensuite renaître sous une nouvelle forme. La renaissance est l'essence même de l'âme-semence.

À propos de l'immortalité de l'âme, Socrate a soulevé l'hypothèse que si l'âme existe déjà avant la naissance, elle doit inéluctablement exister après la mort. Le corps naît, vieillit et meurt, mais l'âme est incorporelle. Par conséquent, selon Socrate, il ne faut pas craindre la mort. Nous devons plutôt apprendre l'art philosophique de mourir en dissociant les sensations du corps temporel de l'esprit éternel et immortel.

Pendant que Socrate élaborait la notion de l'immortalité de l'âme en Occident, les penseurs orientaux développaient pour leur part de nouvelles théories à propos de l'âme et de nouvelles techniques pour surmonter la peur de la mort. Deux cents ans avant notre ère, en Inde, les yogis, les ascètes et les mystiques ambulants ont découvert une formule qui leur permettait d'identifier l'esprit humain — l'âtman — à l'esprit divin — Brahman — par la maîtrise de la respiration et par la méditation. En imposant silence à l'esprit, on peut effacer la douloureuse illusion de son individualité, s'identifier à l'Absolu et surmonter l'illusion de la finalité de la mort.

Le Bouddha a résolu l'énigme de la mort en faisant disparaître la notion de la réalité du soi. Pour les bouddhistes, l'individualité, loin d'être promise à la survie après la mort, n'est qu'une illusion. En nous persuadant que le moi est immuable, nous tentons de fuir la souffrance, la maladie, le vieillissement et la mort. Cette attitude crée en retour une forme parallèle de souffrance. Pour s'en débarrasser, il faut rejeter l'illusion de la permanence tout en suivant la Voie octuple.

Pour faire suite à la vie, à la mort et à la résurrection relatées de Jésus, le christianisme a introduit une nouvelle note dans le dialogue avec la mort. Le Dieu judéo-chrétien, à la différence des petits dieux grecs au pouvoir limité, était considéré comme le créateur *ex nihilo* de tout l'univers, aussi bien de la matière que de l'esprit. Il a donné aux êtres humains un corps et une âme étroitement soudés, une unité psychosomatique. Dans la perspective judéo-chrétienne, l'âme n'est pas immortelle et ne peut être dissociée du corps mortel. Il n'existe aucune essence désincarnée qui survive après la mort du corps. Quand le souffle quitte le corps, nous sommes morts. Mais cela ne constitue cependant pas la fin de l'histoire. Quelque part, que ce soit dans un monde parallèle — le paradis — ou dans le royaume de Dieu, le Créateur ramènera ses enfants à la vie en leur donnant un corps ressuscité et glorifié. Nous serons recréés.

L'incrédulité moderne a graduellement rongé la foi aveugle dans l'autorité biblique et dans l'espérance de la résurrection. Le laïcisme — c'est-à-dire la prédominance des modes de pensée et d'organisation sociale fondés sur les facteurs urbain, industriel et technocratique — a ancré nos pieds dans le béton, a limité notre horizon à tout ce qui est immédiat et nous a enlevé tout espoir de transcendance au cours de notre bref passage sur Terre. Ni âme ni esprit ne peuvent sublimer notre conditionnement biologique, social, psychologique et politique. L'univers de trois étages — les sombres enfers et les mondes souterrains peuplés de toutes espèces d'hôtes diaboliques, le purgatoire, et les sept paradis avec leurs anges radieux et leurs délices inimaginables — a été condensé en un rez-de-chaussée. Vous n'aurez que ce que vous voyez. Celui qui a le plus de jouets le jour de sa mort est déclaré gagnant. Vous ne faites qu'un tour sur Terre, alors profitez-en. Bien entendu, en cette époque où le postmoderne est roi, nous n'avons pas de temps à consacrer à des débats sur l'existence de l'âme et de l'esprit. Le Dieu en qui nous avons foi doit veiller à entretenir la croissance économique de notre société et à sanctifier le mode de vie des Américains. Il n'a que faire d'un raisonnement sur la croyance en la transcendance.

Le rejet actuel de l'âme et de l'esprit, et le refus qui en résulte d'investir la mort de toute signification spirituelle ont des consé-quences pratiques à la fois bénéfiques et désastreuses. La bonne nouvelle en premier lieu : depuis que la mort est devenue l'ennemie numéro un, nous avons déclenché une offensive de grande enver-gure contre la maladie. Le nouveau clergé, autrement dit les mem-bres de la profession médicale, produit des miracles avec une régu-larité déconcertante. Les maladies sont vaincues les unes après les autres. Notre espérance de vie s'accroît constamment grâce à de nouveaux médicaments et à de nouvelles techniques chirurgicales. La mauvaise nouvelle : en dépit de nos campagnes acharnées et brillantes contre la maladie, notre vieille ennemie remporte toujours le combat final. Tous les clients d'un médecin finiront par mourir un jour. Or, comme nous sommes américains et que nous ne pou-vons supporter la défaite, nous épuisons nos ressources dans une lutte futile contre la mort. Nous dépensons actuellement plus de la moitié de l'astronomique budget réservé à la santé à maintenir en vie des patients en phase terminale, des êtres qui n'ont plus aucun plaisir ni espoir dans la vie. Nous refusons de reconnaître l'empire de la mort.

C'est par le jeu des contrastes que nous nous apprécions le plus. Nous pouvons constater ce que notre mode de vie — limité par le temps, la vie humaine et la technologie — nous a fait perdre ou gagner en le comparant à celui d'autres cultures. Récemment en Iran, des milliers de fondamentalistes musulmans, hommes et femmes, se sont préparés au martyre en marchant joyeusement dans des champs minés. Ils étaient rassurés par le seul fait de savoir que toute personne qui meurt lors d'une guerre sainte, le djihad, entre immédiatement au paradis. Au Bhoutan, la foi en la réincarnation et en la loi du karma est aussi indéracinable que le mythe du progrès dans les sociétés industrielles. Le grand mandala de la Roue de la vie illustre dans les moindres détails le pèlerinage de l'âme à travers ses multiples vies, son ascension vers l'illumination ou sa descente aux enfers selon les mérites accumulés au cours de la vie. Prêtres et paysans croient pareillement que la discipline spirituelle et morale observée ou non par l'individu sur Terre déterminera le rang que celui-ci occupera lors de sa renaissance.

Qu'avons-nous à gagner ou à perdre en reconstituant les drames cosmiques des versions chrétienne, musulmane ou bouddhiste du Voyage du Pèlerin ? Quel est le prix à payer pour entrer au paradis ? Les panacées de la religion nous empêchent-elles de savourer les joies du moment ? Pouvons-nous acheter l'éternité en ignorant le temps que nous passons sur Terre ? Est-ce qu'une société laïque fascinée par le côté pratique des choses procure à ses membres plus de bonheur, de santé et de sollicitude ?

Qu'adviendra-t-il si aucune autorité théologique ne parvient à nous convaincre de la promesse de la vie éternelle ? Qu'arrivera-t-il si nous refusons de croire à l'immortalité dérisoire que nous promet l'État ? Qu'arrivera-t-il si nous refusons de nous abrutir sous l'effet des médicaments, du travail ou de la consommation ? Que se passera-t-il si nous cessons de nier notre angoisse face à la mort ? Comment pouvons-nous songer à la mort sans nous bercer d'illusions réconfortantes ? Comment accepter ce fait révoltant que nous allons mourir un jour ?

Réflexions sur ma mort :
l'épouvante et la confiance

Pour examiner la question de ma propre mort, il me faut abandonner l'anonymat du *nous*. L'angoisse fondamentale que l'on ressent devant la mort est un sentiment très personnel, nullement une abstraction.

Ma première notion de la mort s'accompagna d'images de paradis et d'enfer, de sensations de paix et d'effroi. Nous avions appris cette formule à l'école du dimanche : « Croyez en notre Seigneur Jésus-Christ et vous serez sauvés. » Les sermons et les chansons évoquaient très clairement le sort réservé à ceux qui croyaient et à ceux qui ne croyaient pas, c'est-à-dire la joie éternelle ou la damnation éternelle. Des panneaux installés le long des autoroutes et des voies secondaires affichaient la question suivante : « Où allez-vous passer l'éternité ? » Tous les adeptes de la foi chrétienne évangélique, hommes, femmes et enfants, devaient choisir entre le sentier étroit de la vie éternelle et le grand boulevard de la damnation.

Dès ma plus tendre enfance, je fus tourmenté par l'idée angoissante de devoir me résoudre à suivre Jésus sous peine d'être livré aux flammes de l'enfer. À travers tout cela, j'étais quelque peu troublé à l'idée que seules certaines personnes (des presbytériens en particulier) seraient sauvées par Dieu. Les autres étaient voués à la perdition. J'ai appris sur les genoux de ma mère à me rappeler les événements de la journée afin de vérifier si j'avais commis un péché en pensée, en paroles ou en gestes. Avant de me coucher, j'implorais le Seigneur de protéger mon âme et de la prendre si jamais je mourais pendant mon sommeil. Je vivais avec le sentiment affolant de savoir que mes péchés seraient pardonnés *si* je m'en souvenais, m'en confessais et m'en repentais avec sincérité. Dans le cas contraire, je serais lentement attiré sur la pente glissante qui conduit aux feux éternels de l'enfer. Je fus assailli par le doute pendant de nombreuses nuits. La peur me tenaillait et je me demandais si mon appétit pour les plaisirs de ce monde, mon esprit rebelle et ma manie de poser des questions n'étaient pas les indices de ma damnation future.

Toutefois la mort resta pour moi une affaire théorique et religieuse jusqu'au jour où notre chienne Possum arriva en boitant à la maison. Elle était couverte de sang à la suite d'une blessure causée par une arme à feu. Elle rampa sous la galerie pour y mourir. Nous entendions ses gémissements, mais nous ne pouvions l'atteindre. Finalement, mon père appela le shérif qui l'acheva d'une balle de revolver.

J'ai pleuré pendant plusieurs jours en demandant sans cesse : « Pourquoi a-t-on tiré sur notre chienne ? Que lui est-il arrivé lorsqu'elle est morte ? Est-elle allée au paradis ? » Mes parents, visiblement mal à l'aise, ne savaient trop quoi me répondre. Ni la Bible ni Calvin n'ont débattu du destin des animaux dans l'éternité et l'avenir ne semblait pas encourageant pour Possum, car elle n'avait pris aucune décision personnelle en ce qui concernait le Seigneur Jésus-Christ.

Pendant qu'on enterrait Possum, les doutes commencèrent à me tenailler. Dans ma candeur d'enfant, je me demandais : « Si Dieu ne peut prendre soin des chiens bien-aimés à leur mort, comment puis-je lui faire entièrement confiance en ce qui concerne ma destinée ? » Peu à peu la notion de l'enfer disparut de mon univers religieux. J'en arrivai à me dire que si Dieu était amour et si je pouvais compter sur Lui après ma mort, Il pouvait assurément trouver une façon d'accueillir les chiens dans Ses bras immortels. Comment s'y prendrait-il ? Je l'ignorais. Mais une chose était sûre, je n'attendais rien de moins d'un Dieu de cette envergure. Bien plus tard, lorsque j'entrepris des études en philosophie et en théologie, la notion de paradis disparut à son tour. Une fois que j'eus rejeté l'autorité de la Bible et de l'Église, je n'avais plus aucune raison de réclamer quoi que ce soit après ma mort.

Dissociée de la doctrine de la vie future, la mort perd toute connotation de récompense ou de punition et devient automatiquement un fait amoral. Je ne meurs pas parce que « j'ai péché et que je n'ai pas mérité la gloire de Dieu », mais tout bonnement parce que je suis venu au monde. À bien des égards, il est psychologiquement plus difficile d'envisager l'aspect naturel et neutre de la mort que sa version religieuse (et magique) : la mort est la résultante du péché, de la révolte et de la transgression d'un tabou. Cette dernière perspective offre une sorte d'explication mythique pour décrire le sentiment irrationnel mais persistant de négation de la mort. Le fait que la mort soit simplement une cruelle réalité, un phénomène « naturel » (quelle que soit la signification de ce terme singulier), nous entraîne dans un univers où il n'existe aucune réponse satisfaisante à la question la plus troublante de toutes et qu'il nous est impossible de ne pas prendre en compte.

Comment affronter ce vide sans visage, cette fin qui est déjà inscrite dans nos gènes dès la naissance, cette menace inextricablement liée à la promesse de la vie ? Qui suis-je pour imaginer le destin ultime des disparus que j'ai aimés ? D'un chiot mort-né ? De mon amie Beth ? De mon père ?

Pour plusieurs personnes, la crainte de la mort est centrée sur la perspective de la douleur, de la maladie et du processus de l'agonie. Pour d'autres, cette crainte a pour objet le fait même d'être mort. Gordon Sherman, un ami qui a souffert de leucémie avec sérénité, m'a confié un jour : « Mourir ne serait pas une mauvaise façon de vivre si ce n'était de l'issue finale. » J'attendrais avec impatience l'agonie et la mort si j'avais la certitude de renaître, de me réincarner ou de ressusciter sous une forme qui me permette de poursuivre des expériences avec ce que j'ai acquis durant ma ou mes vies antérieures. La transformation ne m'effraie pas, je crains tout simplement de cesser d'être. Les récits de personnes revenues à la vie après avoir été formellement reconnues mortes laissent entendre que le moment ultime de l'agonie est parfois des plus agréables, une sorte d'orgasme du corps entier. Cependant la perspective d'être rayé de la carte me semble un gaspillage effrayant de ressources cosmiques. Nous devons nous débattre toute une vie pour acquérir un minimum de connaissance de soi, de sagesse et de compassion, tout cela pour mourir un jour. C'est une honte.

La mort m'est apparue, au début de l'âge adulte, sous forme de la crainte que quelque chose puisse m'empêcher de combler toutes mes attentes. J'ai prié dans l'espoir de ne pas mourir avant d'avoir vécu plusieurs aventures, d'avoir découvert un métier passionnant, d'avoir aimé une femme, d'avoir eu des enfants, d'avoir fondé une famille et d'être devenu un être magnanime. À soixante-deux ans, je constate que tous ces souhaits se sont réalisés. J'ai goûté à tout ce qui me faisait envie, j'ai accompli plus de choses que je ne l'avais projeté. J'ai été étonné, désemparé, meurtri et comblé au-delà de tous mes espoirs. Même si je suis encore à mille lieues d'être aussi compatissant que je le voudrais, je ne suis plus effrayé à l'idée de mourir sans avoir tout accompli. J'ai terminé la plupart des cours obligatoires (à l'exception de l'examen final), les autres étant optionnels. Malgré tout, je demeure mal à l'aise à la pensée de mourir.

La mort de mon père en 1964 a marqué un tournant dans ma vie, sans rapport toutefois avec le nombre d'années que j'avais alors vécues. Auparavant j'étais un garçon protégé de l'obscurité de la mort par l'immensité de sa présence. Après son décès, je suis devenu un homme conscient du fait que même si l'amour est plus fort que la mort, aucune vie, si lumineuse soit-elle, ne peut échapper à l'empire des ténèbres. Avant l'événement, la mort était pour moi un phénomène lointain, un problème théorique qui pouvait être résolu par une foi bien ancrée. Après, aucune théorie n'était suffisamment convaincante pour contrebalancer la réalité de la mort. Mon mode de raisonnement linéaire rejette l'idée d'une survie post-mortem, pourtant mon père continue de vivre dans mon univers onirique. « Ce n'est qu'un rêve », me direz-vous. Je vous le concède. Néanmoins, je persiste à me demander si le cycle logique des rêves n'en révèle pas plus sur la réalité que la logique linéaire du temps.

Dernièrement, la mort m'a rendu visite aux petites heures de la nuit sous la forme austère de l'effroi. Avant que je ne m'endorme, des scènes de la journée écoulée et des réflexions à propos du lendemain m'emplirent l'esprit. Constatant que chaque jour passé me rapprochait de ma fin inévitable, je fus submergé de tristesse pendant un court instant. Il m'arrive parfois de me réveiller vers deux heures du matin, envahi par une peur du néant qui m'empêche de respirer. Je vois alors la mort effacer tout ce que je suis. Rien ne subsiste de ma personne. Rien. Je disparais dans le gouffre noir du néant. Cette vie remplie, cet unique Sam Keen façonné par tant d'efforts et d'amour, sombre dans l'oubli. Un jour, il ne restera plus rien de moi. Pourquoi ? Non ! Non ! Non ! C'est impossible ! Cette triste perspective à la fois incompréhensible et inéluctable, me remplit de terreur. Je me mets à courir, à tenter de chasser cette pensée atroce de mon esprit. C'est alors que je me rappelle ce que j'ai appris de mes nombreuses rencontres avec les forces des ténèbres — ne jamais s'enfuir à la vue d'un monstre ! J'accepte donc que les vagues de peur m'assaillent de nouveau jusqu'à ce qu'elles s'apaisent. Triste et épuisé, je me retourne et j'embrasse ma femme, reconnaissant pour sa chaleur et heureux d'être en vie — encore.

À mon avis, il est préférable d'affronter ces moments de terreur intense plutôt que de se prémunir d'assurances religieuses sur l'immortalité.

Pourquoi ?

Si nous voulons connaître pleinement la joie d'être vivants, nous devons savoir endurer la terreur. Sachons reconnaître en toute honnêteté que nous ignorons ce qui suivra notre mort. Nous ne savons pas si nous survivrons à la mort sous une nouvelle forme ou si nous serons complètement effacés de la carte du monde. Il me semble important de vivre avec ce que l'on sait sans chercher à se mentir. Notre dignité d'être humain est en étroite relation avec notre désir d'assumer *avec joie* l'ignorance de notre ultime destinée. Quelques moments de terreur intense sont un prix minime à payer pour l'énorme quantité d'énergie que nous épargnons en nous libérant du carcan de l'autorité religieuse ou de l'obligation de concevoir un quelconque projet d'immortalité.

Stephen Batchelor tient sensiblement le même propos lorsqu'il évoque l'agnosticisme spirituel présent dans la tradition bouddhiste où les notions de karma et de renaissance ont toujours primé tout. « On y retrouve généralement deux options : croire à la renaissance ou la nier. Toutefois une troisième possibilité existe, l'agnosticisme, qui laisse sous-entendre notre incertitude à l'égard de ce qu'il adviendra de nous après la mort. Nous n'avons pas à soutenir ou à récuser ce fait. Nous n'avons pas à adopter intégralement les interprétations véhiculées par la tradition ou à croire que la mort correspond à l'annihilation totale [...] Comment quelqu'un peut-il savoir quelque chose sur un phénomène qui présuppose l'absence de tout mécanisme propre à dispenser une telle connaissance (le complexe psychophysique du corps et de l'esprit) ? Tout ce que je pourrais affirmer sur ce qui m'arrivera après ma mort est inévitablement lié à un point de vue qui cessera d'exister à ma mort [...] Une position agnostique face à la mort semble plus conciliable avec une attitude authentiquement spirituelle [...] Opter pour une explication (réconfortante ou non) des raisons de notre présence sur Terre ou de ce qui nous attend après la mort restreint considérablement la signification du mystère qui est le socle même de toute religion[1]. »

Si nous refusons de nier la mort, que pouvons-nous espérer ?

Si nous les considérons autrement que comme des tentatives maladroites de chanter un hymne d'espoir dans le silence de la nuit, tous les symboles illustrant la vie après la mort — le paradis, la réincarnation, la résurrection du corps et l'immortalité de l'âme — entretiennent les illusions. Même lorsque j'ai peur, même si la mort ne me semble rien d'autre que l'effacement, je sais que je suis dans l'ignorance. La négation et l'affirmation de toute survie après la mort sont toutes deux sans fondement. Il n'existe aucune assise cognitive qui nous permette d'éclairer notre lanterne.

Certains sont persuadés qu'une poignée d'individus (ou eux-mêmes) ont des souvenirs de vies antérieures ou entrent en transe, possédés par quelque puissance désincarnée. Selon eux, ces phénomènes constitueraient des preuves de l'existence d'une vie après la mort. Il y a peu de temps encore, seuls quelques théosophes, certains esprits fascinés par les recherches parapsychiques, et les *tulkus* tibétains affirmaient posséder une telle connaissance occulte. Mais depuis peu, une flopée de thérapeutes et de médiums ont envahi le marché. Contre espèces sonnantes et trébuchantes, ils aident qui le désire à se rappeler ses vies antérieures ou à entrer en contact avec les défunts. Je demeure sceptique à l'égard des soi-disant preuves qu'ils fournissent et leur optimisme débile me confond.

Dans les mois qui ont suivi la mort de mon père, mon chagrin se doubla d'une agonie intellectuelle, car je cherchais désespérément des raisons de croire à l'existence d'un généreux pouvoir intarissable ayant pour nom Dieu. À cette époque, j'enseignais encore la philosophie de la religion au collège de Louisville et je dus subir les pressions de mes collègues qui espéraient me voir afficher une foi en Dieu compatible avec celle des croyants qui défrayaient nos salaires. Or, plus je tentais de prendre d'assaut le paradis, plus je me sentais perturbé. Je ne trouvais aucune réponse.

Un matin, alors que je traversais un parc pour me rendre au travail, le ciel sembla s'ouvrir. Une voix provenant de l'infini silence qui m'habite et qui m'entoure me dit : « *Tu n'as pas à savoir.* » Je fus aussitôt rempli d'un intense soulagement, comme si on m'enlevait des épaules un poids d'une tonne. Mon esprit fut soulagé à l'idée de savoir que je ne pourrais jamais avoir pleinement conscience du contexte ultime de mon existence.

En présence de la mort, mon esprit avait atteint ses propres limites et trouvé une nouvelle liberté. Malgré ma désillusion, j'avais découvert l'espérance. Cette dernière, contrairement à l'illusion ou à l'optimisme, ne constitue pas une prédiction des événements à venir. Pas plus que la revendication d'une quelconque connaissance particulière ou d'une révélation d'un avenir occulté, où tout mal est racheté et toute mort niée. Pour espérer, il nous faut savoir qu'il est impossible de connaître les limites du Pouvoir créateur qui a donné, donne et donnera vie à tout ce qui nous entoure. De plus, nous devons nous en remettre au mystère infini que nous frôlons lorsque nous découvrons que notre liberté et notre capacité de transcender notre âme et notre esprit sont l'indice le plus sûr de la nature de l'Être.

Se questionner au sujet de Dieu, ce n'est pas se borner à savoir s'il existe ou non une créature suprême. Cela concerne plutôt notre capacité d'espérer. L'affirmation de la foi en Dieu n'est rien d'autre que la reconnaissance d'une source de pouvoir sans fin sur laquelle toutes les créatures de ce monde peuvent compter pour se nourrir et survivre. Nier l'existence de Dieu équivaut à nier toute espérance. Lorsque nous comprenons que l'expérience humaine a ses limites et ne peut composer avec *toutes* les facettes de la réalité, notre seul recours est l'espérance.

Je me suis surpris à répondre à cette question du *Herzog* de Saul Bellow : « Que croit cette génération ? Pas que Dieu est mort, car cette mode est révolue depuis longtemps. Nous devrions peut-être considérer que la mort elle-même est Dieu. Cette génération pense — et il s'agit de la pensée suprême — que la fidélité, la vulnérabilité et la fragilité ne peuvent subsister ou recéler quelque force que ce soit. La mort guette ces sentiments comme une dalle de ciment espère voir tomber et éclater sur elle une ampoule électrique. »

J'ignore quel sera le destin ultime de tout ce qui est fidèle, vulnérable et fragile, y compris les âmes des pères et des fils, mais je rejette la prétention à l'omnipotence dont se prévalent discrètement certains esprits laïcs ou religieux. Comme mon intelligence n'a pas la capacité de sonder les limites du possible, *je choisis de croire* au mystère d'où proviennent toutes les grâces. Afin de pouvoir transcender mon entendement, j'espère que la lumière continuera de briller après que l'ampoule aura éclaté.

Si je dois faire confiance à la source qui m'a donné la vie — à moi, ce Sam Keen unique bien qu'il soit un quelconque spécimen de la race humaine — je dois également croire à la sombre destinée qui me guette au moment de ma mort.

Je suis étreint par Celui qui est, pour qui la mort perpétuelle est l'occasion d'une création perpétuelle. Que cet Être ait fait naître des milliards d'individus dotés d'empreintes digitales et d'une histoire aussi fugace qu'un rêve est un fait devant lequel je ne cesserai jamais de m'émerveiller sans toutefois le comprendre. C'est le lot de la condition humaine d'ignorer notre origine et notre destin ultime.

Dans l'obscurité lumineuse que nous traversons au cours de notre voyage ici-bas, nous sommes souvent solitaires, mais nous ne sommes jamais seuls. Épuisés par le trajet, écrasés par l'ampleur des difficultés auxquelles nous faisons face au cours de notre courte vie, nous sommes portés à désespérer ou à nous résigner à un optimisme béat. Cependant, au plus profond de nous-mêmes, nous sommes appelés et encouragés à poursuivre cette aventure par l'Être unique porteur de dix mille noms, le Créateur éternellement drapé dans un silence sublime.

CHAPITRE 12

La consécration de nos journées : un éventail de rituels pour la vie

Laisse tomber Ta rosée de quiétude,
jusqu'à ce que cessent nos luttes.
Délivre nos âmes de la tension et du stress.
Et permets à nos vies harmonisées de témoigner
de la beauté de Ta paix.

Le Livre des cantiques, n° 416

Chaque année, dans notre famille, les enfants avaient coutume de mettre en commun leur argent de poche afin d'offrir une boîte de friandises Whitman à notre mère pour son anniversaire. Après avoir consciencieusement feint la surprise, elle nous proposait à chacun de choisir un chocolat. Nos préférés étaient les chocolats fourrés aux cerises, facilement reconnaissables à leur emballage doré. Les jours suivants, lorsque nous étions invités à nous servir de nouveau, nous consultions le schéma placé à l'intérieur du couvercle de la boîte afin de repérer nos friandises préférées — caramels, pastilles de menthe ou sucre d'érable à la crème — jusqu'à ce qu'il ne reste dans la boîte que les amandes de Jordanie.

Considérez l'assortiment de rituels qui suit comme une boîte de friandises. Choisissez en premier lieu ceux que vous préférez, imprégnez-vous-en et patientez un moment avant d'en essayer un autre. Avertissement : ne les passez pas en revue d'un seul trait, vous n'en tireriez aucun profit. Laissez-vous séduire peu à peu.

Des symboles, des rituels et des gestes

Chaque vie, agréable ou décevante, est ponctuée de moments mémorables. Toutefois une hirondelle ne fait pas le printemps et une expérience exceptionnelle ne suffit pas à inspirer toute une vie. Pour en profiter pleinement, nous devons trouver le moyen d'en extraire le suc, l'instant suprême de l'inspiration, et d'en enrichir chaque seconde de notre vie quotidienne. Connaître des moments d'une grande intensité est relativement facile, s'en pénétrer longuement est plus exigeant.

Toutes les religions se sont butées à des obstacles en tentant d'intégrer la vision du sacré dans la vie de chaque jour. Si nous faisions une analyse comparative de ces croyances, nous découvririons une variété sans fin de gestes et d'objets symboliques sous forme de cérémonies, de sacrements, de rites de passage, de rituels, de liturgies, de mantras, de mudras, de danses, de chants et de vêtements de cérémonie destinés à rappeler au croyant l'importance de rester fidèle à l'aspect sacré de la vie. Une vie inspirée est entrecoupée de gestes qui brisent le cours profane des choses et révèlent de brefs aperçus d'une réalité transcendante. Au Bhoutan, les chants religieux du matin, les bannières qui flottent au vent et les moulins à prières rappellent aux paysans que tous les incidents de la journée sont une manifestation de nature bouddhique. Les Chinois et les Chinoises pratiquent le taï chi dans les parcs pour harmoniser leurs gestes avec l'esprit du Tao. Ailleurs, une congrégation catholique célèbre la messe pour exalter la transsubstantiation du pain et du vin en corps du Christ.

Le rituel investit les gestes et les objets familiers d'une signification symbolique. (En grec ancien, le terme *symbolique* signifie « rassembler les choses ensemble ». Son antonyme, *démoniaque*, évoque le fait de « séparer les choses ».) Une tête inclinée exprime le respect, le pain et le vin représentent la transformation divine dans le creuset de la vie humaine, l'éclair de la foudre signifie pour les bouddhistes l'illumination.

Consacrer nos journées par le moyen de rituels, c'est paraphraser la poésie sacrée dans laquelle une chose est censée en signifier une autre. Nous pouvons considérer la vie inspirée comme une forme de folie divine qui nous guérit, comme une conscience symbolique qui fusionne la surface et les profondeurs. Un esprit inspiré n'est qu'une métaphore vivante où toute chose est à la fois elle-même et symbole de l'au-delà. Jouer avec les rituels et inventer des disciplines de la conscience équivaut à reconnaître notre double citoyenneté. Nous vivons simultanément dans deux dimensions, dans le profane et le sacré, le temps et l'éternité. Nous demeurons plus dynamiques, plus inspirés et plus vivants lorsque nous faisons ce va-et-vient entre la réalité quotidienne et l'au-delà.

Certaines personnes se satisfont pleinement des rites et disciplines propres aux religions traditionnelles. D'autres ressentent le besoin d'en créer pour elles-mêmes. Les pratiques qui suivent sont un mélange de tradition et d'innovation de mon cru. Je vous les propose dans l'intention de vous démontrer comment j'ai entrepris la tâche de me rappeler qui je suis et comment je devrais modeler ma vie. Il va sans dire que les rituels et les disciplines que vous adopterez devront convenir à votre personnalité. Considérez le reste comme du superflu.

L'art de musarder et de rêver

Mon ami Howard Thurman (qui fut parfois mon guide dans ma quête spirituelle) m'a dit un jour : « Quand vous vous réveillez le matin, ne vous levez pas immédiatement. Prenez le temps de musarder. Faites la même chose avant de vous endormir. » Il m'expliqua alors que chaque soir, avant de s'endormir, il revoyait les événements de la journée et faisait des plans pour le lendemain. Avant de glisser dans le sommeil, il suggérait à son esprit de poursuivre en rêve la réflexion entamée. Quand il se réveillait le matin, il restait couché afin de savourer chaque parcelle du rêve qui continuait de l'habiter. Ensuite, il entreprenait graduellement ses activités quotidiennes.

Les anciens chamans et les aborigènes nous ont rappelé, tout comme Freud, que « le rêve est la voie royale vers l'inconscient ».

Ils savaient que l'on ne peut entrelacer les fils épars de la réalité visible et invisible qu'en s'accoutumant à déambuler dans le monde des rêves. Les scientifiques affirment que toutes les quatre-vingt-dix minutes, éveillés ou endormis, nous entrons dans un cycle REM, ou période de mouvements oculaires, au cours duquel notre esprit est envahi par des rêveries ou des pensées vagabondes. Comme la plupart d'entre nous sommes habitués à vivre à toute allure, nous avons peu à peu délaissé la magie et l'incohérence du monde des rêves pour nous attacher aux questions « pratiques ». Les hommes en particulier ont désappris à rêver et à pénétrer dans le château de la sagesse que masquent les paupières. Pour retrouver la plénitude de l'esprit, il faut vivre en relation incessante avec le monde onirique et tisser une histoire d'amour entre les deux « moi » radicalement différents, celui de l'éveil et celui du sommeil. Dans mes rêves s'agite un univers de saints et de libertins, d'animaux stupides ou intelligents, d'hommes et de femmes généreux ou cruels. Pour l'individu ouvert à la sagesse de la nuit, il est manifeste que l'amour de soi et l'amour du prochain sont les deux faces de la même pièce. Je suis ces autres que j'aime et que je méprise.

Quand nous portons attention à nos rêves, nous découvrons que « Dieu fait éclater dans la nuit les chants d'allégresse ». (Job 35,10)

Au cours des mois qui ont précédé mon soixantième anniversaire, j'ai fréquemment pensé à la mort. Je revenais d'une visite à une communauté bouddhiste dont la foi dans le karma et la réincarnation m'avait séduit. J'avais tenté de cerner ce que pouvait signifier la croyance dans une vie après la mort. Mais je ne pouvais échapper à la crainte du néant, à l'horreur de la disparition complète dans le vide qui était une partie indissociable du modèle temporel de mon âme.

Une nuit, j'ai fait un rêve étrange dans lequel je voyais un scarabée argenté se séparer en deux, puis se reconstituer. Tout d'abord, le scarabée avançait sur un bout de bois, disparaissait et réapparaissait de l'autre côté. Ensuite, il s'enfonçait dans une pierre et en ressortait. Finalement, vision encore plus étrange, il pénétrait dans une substance totalement transparente qui avait l'aspect d'une pierre précieuse et disparaissait encore. Même si je pouvais voir à travers la pierre précieuse, je ne pouvais distinguer le scarabée. Je savais toutefois qu'il ressortirait entier de son voyage à travers le vide transparent.

Je me suis réveillé avec une impression de bien-être et d'immense soulagement sans cependant comprendre la signification de ce rêve. Qu'est-ce qu'un scarabée aussi capricieux avait à voir avec ma vie ? Les jours suivants, à force de réfléchir, je me suis souvenu que dans l'ancienne Égypte le scarabée était un symbole d'immortalité.

Le rêve évoquait mon anxiété face à la mort. Le scarabée était le miroir parfait de la notion bouddhiste de la désintégration du moi au moment de la mort et de la transmission de la substance de l'esprit (karma) dans une autre vie. J'avais étudié cette théorie au Bhoutan. Le scarabée disparaît et réapparaît aussitôt. Devrai-je aussi disparaître dans la mort et en ressurgir ? Je l'ignore, mais ce rêve m'a momentanément apporté une paix qui dépasse tout entendement.

Faites en sorte que le réveil et l'entrée dans le sommeil soient propices aux souvenirs, qu'ils aient lieu dans une ambiance calme et accueillante. Avant de vous endormir, incitez votre esprit à vous envoyer un rêve. Lorsque vous vous réveillez, cherchez à découvrir si vous avez retenu une image ou une partie de ce rêve. Si tel est le cas, revoyez-le jusqu'à ce qu'il soit gravé dans votre mémoire. Aussitôt que vous êtes levé, notez le rêve dans un carnet. Au cours de la journée, faites une pause toutes les quatre-vingt-dix minutes et vérifiez votre REM. Atténuez l'image et portez attention aux rêveries et aux fantasmagories qui jouent sous la surface. Glissez-vous dans le terrier qui conduit aux régions infernales de l'inconscient. Devenez un globe-trotter.

Au même titre que tout ce qui se rapporte à la signification de votre vie, vous êtes l'autorité suprême en ce qui concerne l'interprétation de vos rêves. Il n'en tient qu'à vous de tisser les thèmes divers et paradoxaux qui peuplent vos nuits et vos journées pour en faire une autobiographie spirituelle unique. Lorsque vos rêves vous déconcertent, discutez-en avec un ami.

Préparez-vous doucement à une bonne nuit de sommeil.

Chaque soir, rappelez-vous les incidents de la journée. Avant d'aller vous coucher, essayez de répéter quelques extraits d'un ancien acte de confession : « Nous n'avons pas fait ce que nous aurions dû accomplir et nous avons fait ce que nous n'aurions pas dû faire. » Pendant que vous faites retour sur les événements de la journée, vous découvrirez, en méditant sur vos actes et omissions, que le sentier que vous devriez suivre le lendemain s'ouvre devant vous. Vous vous rappellerez que vous étiez si préoccupé par vos problèmes que vous n'avez pas écouté ce que le chauffeur de taxi vous a dit au sujet de sa femme qui devait être opérée au cours de l'après-midi. Vous comprendrez alors qu'à ce moment précis votre âme s'était rétrécie et que vous devrez être plus attentif le jour suivant afin de manifester le plus de compassion possible si jamais l'occasion se présente. Lorsque vous vous souviendrez d'avoir maudit en vous-même ces satanés voyous ou ces Serbes inhumains, vous aurez clairement conscience d'entretenir vous aussi des préjugés.

Prendre son temps : chronos et kairos

Malheureusement, la plupart d'entre nous commençons la journée par un acte de soumission à l'égard du sacro-saint horaire. Aussitôt réveillés, nous adoptons sur-le-champ le comportement de type A. Réveille-matin et dose matinale de caféine doivent nous mettre en train pour la nouvelle journée, car le temps, c'est de l'argent, l'argent fait tourner le monde et l'avenir appartient aux lève-tôt. En conséquence, les moments de loisir sont pour les fins de semaine.

Les Grecs utilisaient deux termes pour désigner le temps, *chronos* et *kairos.* Nous mesurons le temps *chronologique* à l'aide d'horloges et de calendriers ; il est toujours linéaire, ordonné, quantifiable et mécanique. Le temps *kairotique* est biologique, rythmique, corporel, mesuré et apériodique ; c'est le temps intérieur qui fait mûrir les fruits, celui qui conduit la femme jusqu'à l'accouchement et l'homme à réorienter sa vie au moment voulu.

C'est le temps kairotique qui gouverne l'esprit. Rien de bien gracieux ne ressort des chiffres. Que les trains soient à l'heure, soit, mais je ne suis pas convaincu que cette exactitude justifie la réglementation dictatoriale de la vie politique et économique. C'est assurément une erreur de s'attendre à ce que l'Esprit suive un horaire précis, qu'il s'agisse du pardon des fautes le dimanche à onze heures du matin ou de deux orgasmes simultanés le samedi soir à vingt et une heures. Des événements importants ou émouvants comme le fait de tomber amoureux, la révélation du monde intérieur, la naissance d'un enfant ou la soudaine apparition d'une idée originale ne sont pas réglés par un métronome. Ils semblent plutôt survenir à leur heure, quand le cœur s'y est préparé et que le moment est propice. Il n'y a pas de formation expresse pour l'âme. La maladie de la hâte attaque les artères de l'esprit. La vitesse tue. Notre manie de nous dépêcher détruit les rythmes lents et calmes de la respiration qui sont nécessaires à la pensée inspirée. Elle nous fait également rater les surprenantes occasions qui se présentent aussitôt que nous cessons de modeler nos vies selon un plan établi. Quand nous sommes esclaves de nos montres, nous oublions l'heure qu'il est dans notre vie. Est-ce le temps de me marier ou de divorcer ? D'agir ou d'attendre ? De conserver le statu quo ou de recommencer à zéro ?

Nous avons certes des obligations, des engagements, un travail à faire, une vie à gagner, des enfants à envoyer à l'école et un millier de choses à régler avant, pendant et après. Il n'est pas nécessaire de s'enfermer dans un monastère pour cultiver la vie de l'esprit. Nous cherchons simplement à marier le *chronos* et le *kairos*, non à les ignorer l'un ou l'autre. Ils sont, si l'on veut, les hémisphères gauche et droit de l'esprit incarné. Soyons des êtres pondérés, mais qui agissent avec détermination.

Réservons du temps à la pensée méditative, au retour sur soi, au silence. Se lever tôt le matin laisse des moments de loisir qui donneront le ton à la journée — une caresse tendre, une douche rituelle de purification, un petit-déjeuner consacré, une conversation qui concerne la famille ou les amis. Pratiquer, si on le désire, l'un ou l'autre rituel comme la méditation, la prière, le taï chi, le chant ou la lecture est une façon de commencer la journée dans un esprit de gratitude et de dévotion.

Célébrations et jours sacrés de votre vie

Pour vous inciter à spiritualiser vos journées, établissez une sorte de calendrier rituel.

Comme toutes les nations qui célèbrent chaque année certains événements de leur histoire, nous avons coutume de souligner la Noël en offrant des cadeaux, de festoyer à la Saint-Sylvestre ou d'assister aux réjouissances ou au feu d'artifice en l'honneur de la fête nationale. Les plus pieux observent les Pâques chrétiennes ou la Pâque juive qui rappellent à la fois les jours sacrés de leurs religions respectives et les rites païens du printemps. À la Saint-Valentin, en saluant Hollywood, nous offrons des roses et des cartes en forme de cœur. Le soir de l'Halloween, à la fois sérieux et amusés, nous nous déguisons et entrons dans l'univers des ombres pour honorer les esprits de la mort. En hommage aux grands personnages de notre Histoire, nous rappelons leur anniversaire par un jour férié ou des cérémonies spéciales.

Toutes ces dates ponctuent le Temps, suspendent le cours des jours et attirent l'attention sur les rythmes et les saisons de la vie. Parce qu'elles constituent les archives des souvenirs partagés et des rituels communautaires, elles nous aident à garder le contact avec notre histoire commune et avec le mythe qui soude nos multiples personnalités en une communauté unique.

Par-delà les fêtes officielles existe un monde de célébrations rituelles, d'événements spéciaux dans la vie des familles et des amis. Entrez dans une papeterie et vous découvrirez les rituels de la vie quotidienne. Les cartes de souhaits sont les hosties de tous les jours, la transsubstantiation de ce qui nous est familier et les marques de nos rites de passage. C'est la liturgie des naissances, des mariages, de la compassion, des réussites ou des échecs partagés. Ces évocations sont importantes et ont un aspect très positif. Toutefois nous n'avons pas suffisamment l'occasion de fêter. La routine quotidienne paralyse notre faculté d'émerveillement et nous fait oublier qui nous sommes. Je garde sur mon bureau une citation tirée du film *A Thousand Clowns* qui me rappelle cette chose essentielle : « Vous devez être le possesseur de chacune de vos journées et les nommer toutes autant qu'elles sont, sinon les années passeront et aucune d'elles ne vous appartiendra. » Quand je peux conserver toute ma présence d'esprit, je crée mon propre calendrier en y inscrivant des fêtes de mon cru :

Le jour du Lilas. Contrairement à ce que pensent ceux qui nous commandent d'adopter « l'heure d'été » pour gagner du temps, le printemps n'est pas annoncé par une horloge. Vous savez quand il arrive lorsqu'au cours d'une promenade destinée à chasser les reliquats de l'hiver de votre âme, votre odorat est soudainement alerté par la première bouffée de parfum du lilas. Son odeur entêtante vous rappelle les printemps nostalgiques des années passées. Quand vient ce jour, il est préférable d'annuler tous les rendez-vous et de vous adonner à la joie de respirer et de redécouvrir votre enfance. Reprenez contact avec vos sens, laissez-vous conduire par la brise et humez la symphonie des rues de la ville ou des sentiers forestiers.

Le jour des Amis. Vous ne pouvez prévoir le moment où vous devrez couper court à vos activités sur un simple appel, mais soyez-en sûrs, un ami vous arrivera un jour à l'improviste. Il n'y a rien de plus important à combler que le retard des années. Ce sont des moments uniques où l'on vous demande d'écouter et non pas de prodiguer des conseils.

Le jour de l'Argent. Chaque année, vers le 15 avril, le moment vient de comparer la valeur de ce que j'ai envie d'acquérir avec le montant que je puis lui consacrer. De combien d'argent aurai-je besoin ? Quelles limites puis-je me fixer ? L'argent est important, certes, mais il ne faut pas le confondre avec la notion de valeur ni le laisser envahir inconsciemment notre vie.

Le jour du Deuil. Depuis 1964, je consacre un moment, le 4 novembre, à me souvenir de la journée où mon père est mort. Je m'accorde alors le droit d'être triste et de regretter que la mort étende son empire sur tant de parents et d'amis. L'automne nous invite à pleurer les pertes que nous avons inévitablement subies au fil des ans et à savourer la douce amertune de la mort.

Le jour de la Famille. C'est la fête chaque fois que les enfants viennent nous voir, que ce soit à Santa Fe ou au Brésil. Nous nous racontons alors de vieilles histoires comme celle où j'avais fait manger à Gif un œuf dur qui était destiné à Lael. Je crois que les célébrations familiales sont les journées de fête les plus importantes qui nous restent. Dépourvu d'intimité et d'affection, le monde est un désert peuplé de fast-foods et d'étrangers qui passent dans la nuit.

Je suis convaincu que votre calendrier et le mien ne se ressemblent pas, car les événements qui colorent la dignité, la profondeur et le charme de votre vie diffèrent de ceux que j'ai connus. La meilleure planification du monde ne pourra prévoir toutes les circonstances qui réclameraient votre attention. Pour rendre hommage à la vie, vous devez être prêts à faire face à l'impromptu pendant un week-end de trois jours, à vous réserver un après-midi de congé pour aller voir l'exposition de Chagall, à faire la grasse matinée un mardi matin par pur plaisir et à consacrer une journée spéciale à toutes ces divinités qui vous prodiguent tant de bienfaits inespérés.

Par-delà le temps : des moments d'éternité

Organiser sa vie dans les règles, c'est aussi l'assujettir au temps inexorable et à nos propres rythmes chronologiques. Cependant la vie inspirée nous entraîne de son côté dans un mouvement erratique qui nous arrache à l'instant présent pour nous jeter en plein cœur d'un moment d'éternité.

Les grands mystiques de toute obédience ont constaté que les expériences extatiques transcendaient toute notion de temps. Je ne sais jusqu'à quel point il est possible et même souhaitable qu'un être ordinaire, attaché à sa famille, à ses relations et à ses émissions de télévision préférées, consacre toute sa vie aux états mystiques de la conscience. Je me sens plus attiré par les petits moments plus modestes de transcendance.

Quand Jung a souffert de ce que nous avons coutume de nommer la crise d'identité de l'âge mûr, il a retrouvé sa voie en construisant de ses mains une maison en pierres. Dans l'enfance, ses moments les plus heureux furent ceux qu'il avait passés à élever des châteaux de sable pendant d'interminables après-midi.

La porte qui sépare le royaume laïc du royaume de l'esprit s'ouvre lors de certaines expériences où nous perdons la notion du temps et celle de notre identité.

Enfant, j'ai souvent oublié que j'existais, parce que je passais de longues heures à ériger des barrages dans le ruisseau, à capturer des écrevisses et à grimper aux arbres dans les bois du collège. Pendant un temps incalculable, j'ai observé le pic à tête rouge en train de nourrir sa progéniture. Et autant que je m'en souvienne, je pouvais m'étendre pendant des éternités sur la berge du ruisseau et regarder les nuages passer, au point de me confondre avec ceux-ci. Quelque part en moi, toutes les horloges sont arrêtées. C'est toujours au crépuscule d'un jour d'été et les enfants du voisinage se sont rassemblés pour jouer au drapeau. La nuit ne tombe jamais et la partie se poursuit indéfiniment.

En contrepartie, l'école et l'église m'ont plutôt enlisé dans les limbes de l'ennui et des journées sans fin. La plus longue heure de la semaine était celle que je passais à l'église le dimanche matin et que tous les enfants considéraient comme une punition cruelle et étrange. La prière pastorale et le sermon progressaient d'un pas lourd et lent dans le désert du temps. Pendant que les mots insupportablement longs anesthésiaient mon corps, j'observais les dessins sculptés dans le bois du banc et j'imaginais la cachette que j'aménagerais en pleine forêt si seulement la messe pouvait un jour se terminer. À d'autres moments, je regardais la lumière qui filtrait par les vitraux où un Jésus se penchait au-dessus de l'abîme pour tenter de sauver une brebis égarée à l'aide de sa houlette de berger, où un saint Paul était foudroyé par la lumière du Christ ressuscité alors qu'il cheminait à dos d'âne sur la route de Damas, où un saint Sébastien endurait, comme moi, un martyre éternel.

Aujourd'hui, l'éternité fait disparaître le temps lorsque je suis assis, oisif, à écouter le vent. Il en va de même quand je me laisse aller à mon imagination, quand je fais l'amour, quand je discute avec mes enfants ou que je festoie avec des amis, quand je fais de l'équitation, quand je donne une conférence, quand j'écris, quand je flâne dans des villes inconnues, quand j'explore des canyons ou que je cultive mes terres.

Un après-midi, exténué, je me suis étendu sous un arbre. Je crois m'être alors endormi. En tout cas, la première chose dont je me souviens, c'est d'avoir disparu. Il ne restait que le vent soufflant dans les branches de l'arbre, le pépiement des moineaux et la chaleur du soleil. De moi ne subsistait aucune trace. L'observateur que je suis était absent, complètement absorbé par cette expérience. Le ronron de mes pensées s'était tu et je n'avais plus conscience de moi. J'étais englouti dans un vaste horizon enveloppé d'un silence de création du monde. Pendant un laps de temps qui m'a semblé une éternité, le travail de mon ego s'interrompit, ma personnalité construite s'évanouit — Sam Keen n'était plus le centre de l'univers. C'était merveilleux, rafraîchissant. Mais trop tôt (ou peut-être juste à temps), le *moi* a réapparu et j'ai commencé à « évaluer » l'aventure que je venais de vivre. J'y ai réfléchi et j'ai envisagé la possibilité de renouveler ce moment divin. Le silence disparut et mon ego refit surface. Je réintégrais mon corps. Qui donc avais-je été pendant ces instants où il n'y avait plus que le vent dans les arbres ?

En de tels moments, les frontières du moi deviennent perméables. Je suis habité, remué et inspiré par un au-delà qui est en moi.

La connaissance du moi — la prise de conscience du moi, le rappel systématique des souvenirs et la conversion de notre expérience en une sorte d'autobiographie — est un travail de longue haleine pleinement satisfaisant. L'inspiration semble arriver, au contraire, par enchantement. Le bonheur qui accompagne la plénitude de l'esprit nous surprend au moment où nous nous y attendons le moins, lorsque la conscience que nous avons de nous-mêmes fait place à une intense concentration.

Observez attentivement la diversité et la qualité de ces expériences dans lesquelles vous plongez corps et âme en perdant toute notion de vous-même et de l'heure. Rappelez-vous ces échappées au-delà du temps. Quelles différences notez-vous entre le genre d'oubli qui vous envahit lorsque vous allez au cinéma, lorsque vous êtes absorbé par un travail ou que vous jouez avec l'ordinateur, lorsque vous faites de la planche à voile, lorsque vous êtes plongé dans l'émerveillement, lorsque vous dormez, ou que vous consommez trop d'alcool, lorsque vous faites l'amour ou écoutez de la musique, lorsque vous dansez, lorsque vous priez, lorsque vous vous battez ou lorsque vous prenez de la drogue ? Qu'est-ce qui vous crispe, vous amoindrit, vous rend esclave de quelque chose ou vous décourage ? Qu'est-ce qui vous rafraîchit l'esprit, vous fait grandir, vous émeut ou vous inspire ?

Manger : les appétits salutaires

L'une des éternelles questions à laquelle chaque civilisation répond selon ses normes est : « Que puis-je ou non manger ? » On dîne à St. Louis, d'un steak qui serait proscrit à Bombay. Manger est rarement un acte pragmatique accompli dans le seul but de satisfaire la faim ou des besoins alimentaires. Manger se compare plutôt à l'épreuve projective de Rorschach constituée de taches d'encre qui nous révèle notre nature et ce que nous valons. Nous sommes ce que nous mangeons. Le repas minute, la dernière Cène, le régime de l'anorexique ou le festin de l'Action de grâce, tous reflètent une philosophie de la vie. La nourriture est au centre de cercles concentriques caractérisés par des significations émotives, sociales et mythiques. Elle peut être le symbole d'une thérapie ou d'un culte. Tantôt c'est maman qui nous prépare un lait au chocolat chaud par une soirée froide, tantôt c'est Pâque avec ses souvenirs et ses espoirs, le vin consacré et les herbes amères. Pour les Américains, un petit-déjeuner rapide composé d'œufs au bacon, de café et de sucre, ou un dîner fait d'un plat congelé, sont tout aussi naturels que la compétition économique et que la foi dans le progrès. Pour les Pygmées, un repas de larves, de noix et de baies, ramassées et partagées par le clan autour d'un feu, témoigne de la générosité de la forêt sacrée.

Un seul et unique régime alimentaire convient à toute l'humanité : il est *consciemment* composé de tout ce qui peut nourrir et ravir à la fois le corps et l'esprit. Lorsqu'on suit un tel régime, il est difficile de dégager les motifs inconscients et les désirs inassouvis de leur apparence d'appétit. Le baba au rhum qui vous fait saliver est peut-être un substitut à la tendresse que ne vous ont pas accordée parents ou amoureux. Je mange généralement trop de sucreries parce que je souhaite connaître une vie plus douce. Je mange plus que je ne le souhaite parce que je ne prends pas le temps de savourer les aliments. Quelque illusion me pousse à remplir un vide. Quand j'ai conscience de ce que je mange et de la façon dont je l'absorbe, je savoure la nourriture et je n'en consomme que ce qui m'est nécessaire. Comme peuvent en témoigner les ex-toxicomanes, le vide existentiel ne peut se combler par la nourriture ou l'alcool, par le sexe ou l'argent. Nous n'aurons jamais assez de ce que nous ne souhaitions pas avoir à l'origine.

Les Américains sont très portés sur les régimes et la surconsommation de nourriture, ils oscillent entre l'ascèse et le sybaritisme. Ils ont constamment l'impression d'être trop minces ou trop gros. Leur psychè nationale, leur tendance spirituelle, est d'être trop pleins ou trop vides, d'être captifs d'un réseau d'illusions interdépendantes et contraires.

La foi dans nos désirs les plus profonds est un principe de base de la vie spirituelle. Notre appétit obsessionnel et notre soif aveugle peuvent nous conduire fort loin et nous rabaisser au rang de porcs, mais une pulsion intérieure nous pousse à retourner à la maison.

Interrogez-vous sur vos habitudes alimentaires. Que mangez-vous ? Pourquoi ? Quand ? Avec qui ? Est-ce que la nourriture vous permet simplement de vous maintenir en vie? Mangez-vous ou buvez-vous trop lorsque vous vous ennuyez ou que vous êtes déprimé? Êtes-vous un mangeur rationnel ou insouciant? Que mangez-vous lorsque vous voulez vous récompenser? Mangez-vous seul ou partagez-vous le festin avec votre famille et vos amis? Savourez-vous chaque mets ou mangez-vous à la hâte? Quelle différence y a-t-il entre votre appétit obsessionnel et votre appétit inspiré? Vous gavez-vous de nourriture lorsque vous cherchez à satisfaire votre faim spirituelle?

Faites l'expérience suivante : jeûnez pendant un, deux ou trois jours en ne consommant que de l'eau et des jus de fruits. À mesure que grandit la faim, notez le genre de nourriture qui vous fait le plus envie et le type d'émotions qui se manifestent lorsque vous en mangez. Pendant un moment, abstenez-vous de consommer des aliments stimulants et réconfortants et observez les fluctuations de votre humeur et de votre niveau d'énergie. Après une période de jeûne, la plupart sont portés à consommer des aliments simples et légers. L'abstinence rend le palais plus sensible. Abstenez-vous de manger pendant un jour ou deux, goûtez la sensation d'être vide et vous aurez l'impression de participer à un banquet lorsque vous consommerez par la suite un léger goûter.

Mangez une pomme et savourez la texture, l'odeur et le goût de chacune des bouchées. Soyez attentif au nombre infini de processus et d'interconnections entre les éléments organiques et inorganiques, entre les mondes humain et non humain qui font en sorte qu'une simple pomme se retrouve sur votre table.

Préparez un repas fin, ornez la table d'un joli bouquet et mangez seul dans la célébration de la solitude.

Préparez un festin et partagez-le avec votre famille et vos amis pour célébrer la communauté.

Action de grâce : gratitude et générosité

Chaque tradition religieuse a des rituels d'action de grâce. La prière de l'Action de grâce contenue dans le *Book of Common*

Order est caractéristique du sentiment de gratitude au cœur de toute vie spirituelle : « Ô Seigneur notre Dieu, Créateur de toutes les bonnes choses qui nous entourent, nous Te remercions pour Ta miséricorde et pour les soins affectueux que Tu portes à toutes Tes créatures. Nous Te bénissons pour le don de la vie, ainsi que pour tous Tes témoignages d'amour. Nous Te remercions de nous avoir donné l'amitié et le devoir, l'espoir et les souvenirs précieux, les joies que nous partageons et les épreuves qui nous ont appris à croire en Toi. »

La plus ancienne perversion de la religion est sans doute l'élan inconscient qui nous pousse à convertir la prière et les rituels en magie noire, à contraindre Dieu à fournir des biens et des services, ou à utiliser diverses pratiques spirituelles pour démontrer sa supériorité morale sur les autres. La surconsommation spirituelle transforme Dieu en un service d'urgence auquel nous pouvons recourir en temps de crise ou en un organisme commercial avec lequel nous pouvons négocier la prospérité : « Si vous me donnez A, je paierai de nouveau la dîme, je cesserai de prendre de la drogue, j'irai à l'église et je consacrerai ma vie à X. »

En temps de crise, la plupart des gens sont incapables de formuler des prières d'intercession. J'ignore s'il y a des athées dans les renardières, mais dans mes périodes de pur agnosticisme, devant un péril, lorsque j'ai failli tomber d'une falaise de cent mètres, et plus encore lorsque quelqu'un que j'aime frise le danger ou la mort, j'ai souvent adjuré un Dieu inconnu, de qui je n'espérais pourtant aucune aide, de m'expliquer l'inexplicable.

Même si ces appels à l'aide et à l'espoir nous ont été arrachés dans les moments difficiles, si nous voulons développer une pratique spirituelle, nous nous devons d'entretenir le sentiment de gratitude.

Ray Bradbury rend cela à merveille dans le récit d'une conversation qu'il a tenue avec un vieil homme dans un pub irlandais : « Le monde nous confie une terrible responsabilité lorsqu'il cherche à nous donner quelque chose. Prenons les couchers de soleil, par exemple. Tout devient rose et or, cela ressemble à ces melons qui viennent d'Espagne. C'est un cadeau, n'est-ce pas ?... Alors, qui remerciez-vous pour ces couchers de soleil? De grâce, ne commencez pas à me parler de Dieu, dans ce bar, maintenant... Non, je veux parler de quelqu'un que vous pourriez prendre dans vos bras, à qui vous pourriez donner une claque dans le dos et que vous pourriez remercier pour la merveilleuse aurore d'aujourd'hui, pour ces satanées petites fleurs qui bordent les routes et pour ces herbes qui se balancent dans la brise. Ce sont aussi des cadeaux, vous ne pouvez pas le nier!... Je me demande ce qui arrive aux types comme nous qui amassent pendant toute une vie de la gratitude sans jamais en rendre une miette? Quels grippe-sous! Un jour, n'allons-nous pas tous crever et exhiber alors toute cette pourriture sèche?... Mais parce que vous ne pouvez humblement remercier personne, votre dos se voûte et votre respiration se fait difficile. Faites-le maintenant, mon gars, avant d'être un mort vivant[1]. »

Livrez-vous à un rituel d'admiration et de reconnaissance. Bénissez la nourriture qui vous permet de vivre. Bénissez ceux qui vous aiment. Bénissez les talents et les dons qui vous incitent à la création. Bénissez les couleurs, les unes après les autres — le bleu, le vert, le jaune, le rouge, les pastels et les mauves bariolés. Bénissez les jeunes enfants et les parents âgés. Bénissez l'harmonie de l'homme et de la femme, leur sensualité et tous les baumes du plaisir. Bénissez par-dessus tout Bach et quiconque vous entraîne tout entier à ressentir le rythme de la musique. Bénissez ces livres qui vous ont enivrés. Bénissez le sommeil et le réveil.

Sachez que plus vous manifesterez de gratitude, moins vous serez la proie de la rancœur, du défaitisme et du désespoir. La gratitude agira sur vous comme un élixir qui dissoudra graduellement la carapace de votre ego — ce besoin de posséder et de dominer — et qui fera de vous un être généreux. Le sentiment de gratitude crée une véritable alchimie spirituelle et nous rend magnanimes.

Menus propos et conversations inspirantes

Parlez avec abondance de ce qui compte à vos yeux et soyez discrets sur le reste. Nous sous-estimons beaucoup le caractère sacré des conversations profondes et l'influence néfaste des bavardages et des discussions superficielles sur les sports, les divertissements et la mode. Les heures consacrées à la télévision ont remplacé le traditionnel intérêt pour la conversation, les contes et le récit des aventures des héros et des héroïnes mythiques.

Beaucoup de parents ont abandonné toute pratique religieuse et ne savent comment inculquer des valeurs spirituelles à leurs enfants. Un ami m'avouait récemment : « J'ai été élevé au sein d'une congrégation baptiste du Sud. Je ne crois plus à ces préceptes. Je n'aime pas l'étroitesse d'esprit et la mesquinerie de cette Église, mais je suis parfois tenté d'envoyer mes enfants à l'école du dimanche afin qu'ils reçoivent une certaine formation religieuse. Je pense les inscrire à l'Église unitarienne. Je ne crois pas qu'elle leur inculquera des idées trop rigides contre lesquelles ils pourraient se rebeller plus tard. »

Les valeurs et les visions spirituelles sont davantage perçues qu'elles ne sont enseignées. Elles se transmettent par osmose. La meilleure façon de les communiquer aux enfants est de permettre à ceux-ci de prendre part aux conversations quotidiennes au cours des petits-déjeuners et des dîners. Si les parents réfléchissent devant eux sur les grandes questions mystiques, partagent leurs vues sur l'éthique, se montrent critiques à l'égard des valeurs et des styles de vie superficiels, et discutent des questions concernant les moyens d'existence et les intérêts fondamentaux, leurs enfants grandiront en témoignant du respect pour la vie. C'est alors que se présenteront des occasions — à la fois merveilleuses, angoissantes et inattendues — propices aux débats inspirés. Le chien de la famille a été écrasé par une automobile et, aussitôt, la mort frappe à la porte et s'installe à table. En vous rendant au supermarché, vous traversez une zone grise où vivent des itinérants et le spectre de l'inégalité sociale se dresse devant vous. Un jeune enfant constate que le ventre de sa mère s'arrondit et lui demande d'où viennent les bébés. Le mystère de la création devient alors palpable.

Une grande partie de ce que mes enfants savent de mon âme a traversé le fossé des générations pendant ces rares moments où je leur ai chanté des chansons pour les endormir. « Dors, mon enfant, et la paix t'accompagnera toute la nuit. » Et ils me demandaient, afin de retarder l'heure du coucher : « Papa, raconte-nous une histoire sur ton enfance. » Je leur parlais alors de l'accident qu'avait eu Suzy, mon chien colley. Elle avait été heurtée par un véhicule et mon père songeait à abréger définitivement ses souffrances. Je l'avais supplié d'attendre une journée. Ce qu'il a fait. Suzy a fini par se rétablir et par se mouvoir comme avant. Cet incident nous a permis de découvrir que l'espoir est enraciné dans quelque chose de plus concret et de plus puissant que l'attente ou la prévision.

L'âme grandit grâce à la communion. Nous édifions le monde mot après mot, histoire après histoire, pour le meilleur et pour le pire. Les conversations authentiques, c'est-à-dire parler et écouter, approfondissent le sentiment de compassion et créent celui d'appartenance à une communauté.

Les nouvelles du jour et la pratique de la compassion

On avait un jour demandé à Marshall McLuhan pour quelles raisons la télévision ne rapportait que des mauvaises nouvelles. Sa réponse avait été que la télévision regorgeait de bonnes nouvelles, mais uniquement pendant les messages publicitaires. Il existe un contrepoids aux malheurs et aux désastres révélés durant le téléjournal : à intervalles réguliers, on nous promet le bonheur et la réussite si nous achetons la marque X de préférence à Z. La télévision transmet à la queue leu leu les mauvaises nouvelles et l'évangile de la prospérité et du progrès, des images d'enfants mourant de faim au Soudan et un régime alimentaire qui transforme les Américaines obèses en beautés élancées.

Plus nous assistons en spectateurs passifs aux souffrances des autres, aux visions de guerre, de génocide, de violence, de famine, d'inondations et d'épidémies, plus nous nous laissons harceler par les démons de la consommation excessive et plus nous entretenons de confusion mentale dans nos esprits.

Joseph Campbell, ce parfait citoyen du royaume du mythe

éternel, refusait d'écouter les nouvelles parce que, disait-il, l'habitude que l'on a prise de le faire au moment des repas est une triste parodie des lectures de textes sacrés qui se déroulaient aux mêmes heures dans les monastères.

Si je veux prendre une part active au drame historique de l'évolution, je préfère quant à moi affronter le monstre médiatique afin de l'apprivoiser et de faire en sorte qu'il serve à des fins plus inspirées.

La technologie moderne et la révolution dans l'univers des télécommunications nous obligent à concevoir de nouvelles stratégies de nature spirituelle.

Débranchez le téléviseur ou changez de chaîne. Bannissez systématiquement le culte de la violence aux heures de grande écoute. N'achetez pas les produits de ceux qui commanditent la glorification de la violence et qui flattent bassement nos pires pulsions, celles qui nous font considérer la cruauté et l'assassinat comme matière à se divertir ou jeux de pouvoir.

Contrebalancez la tendance naturelle à se lasser d'être compatissant en lisant des ouvrages qui traitent des problèmes mondiaux et en écoutant les bulletins d'information. Ouvrez-vous à la souffrance du monde. Lisez les rapports d'Amnistie internationale et méditez-les. Efforcez-vous de garder les yeux et le cœur innocents. Quand j'étais enfant, je m'identifiais aux protagonistes des histoires rapportées dans les journaux. Je versais des larmes sur les victimes de violence et je m'étonnais de la cruauté des criminels et des soldats. Je me réjouissais aussi de la bonne fortune des gagnants de la loterie irlandaise. Actuellement, je dois faire un sérieux effort pour retrouver l'empathie et la compassion qui m'animaient lorsque j'étais enfant.

Quand vous ouvrez un magazine ou un journal, ou quand vous allumez le téléviseur, activez aussi votre détecteur spirituel de mensonges. Faites travailler votre intelligence au même titre que votre cœur. Réfléchissez. Pesez le pour et le contre. Ne soyez pas crédule. Évaluez les situations. Passez-les au crible de votre jugement. Quelle idéologie, quelles idées reçues influencent le choix des informations à transmettre ? Qui en est responsable ? Essayez d'isoler la propagande des reportages honnêtes. En règle générale, tout ce que la publicité et les médias jugent être la seule et unique vérité doit être tenu pour faux jusqu'à preuve du contraire. Examinez les valeurs, les modes de vie, les images d'héroïsme et de vie exemplaire dont on fait la promotion et évaluez-les à la lumière de votre propre conception d'une vie spirituelle.

La vocation et l'emploi

Plusieurs personnes stimulées par l'esprit constatent une rivalité croissante entre leur emploi et leur vocation d'explorer l'au-delà. Le grand écart entre le travail et l'appel entre les nécessités économiques et le besoin de contribuer à quelque chose de plus durable, constitue un problème de plus en plus sérieux, car les impératifs du marché deviennent une force déterminante dans la vie de la plupart des gens. Presque quotidiennement, on me dit : « Je voudrais avoir du temps pour méditer, m'explorer intérieurement, réfléchir et m'émerveiller. Je voudrais avoir un emploi qui ait du sens, un emploi utile. Or je me sens captif d'un travail de neuf à cinq que je déteste, pour lequel je n'ai aucune estime. » La semaine dernière, lorsqu'un deuxième solliciteur a interrompu mon déjeuner, je lui ai répondu d'un ton irrité : « Je considère la sollicitation par téléphone comme une intrusion dans ma vie privée. Alors, par principe, je n'achète jamais rien qui m'est proposé par ce canal et je ne contribue d'aucune façon à l'enrichissement des organismes qui utilisent cette tactique de vente. » À ma grande surprise, le vendeur a rétorqué : « Je suis d'accord avec vous. J'ai horreur de cet emploi, mais entre cela et mendier dans la rue, je n'ai pas vraiment le choix. »

Explorer le champ de sa vocation est le premier geste à faire si l'on veut se libérer de l'emprise des facteurs économiques. Il faut d'abord mettre momentanément en suspens la question de savoir si vous pouvez gagner de quoi faire vivre les vôtres.

Une vocation spirituelle comporte quatre éléments : le talent, la joie, le besoin et la discipline.

Pour découvrir votre vocation, demandez-vous :

Quels sont mes talents ? Pour des raisons mystérieuses, chacun de nous est prédestiné à réussir certaines choses et à échouer en d'autres. Certains êtres sont habités dès l'enfance par le génie. Il est difficile d'imaginer Georgia O'Keeffe choisir une autre carrière que celle de peintre, ce qu'elle se sentait, très jeune, appelée à devenir. Il en va ainsi pour Bach et James Joyce.

Qu'est-ce qui me fait plaisir ? Il est presque certain que si vous n'aimez pas faire quelque chose, il ne s'agit certainement pas d'une vocation. Joseph Campbell a toujours conseillé aux gens qui avaient perdu le nord de suivre leur penchant naturel. Saint Augustin a dit : « Aimez et faites ce que vous voulez. » L'exercice de ces talents qui orientent votre voie suscitera en vous une sorte de bonheur. Évidemment, il y a autant de voies que d'individus. Je connais des gens pour qui la mise au point d'un moteur est une vocation. Pour d'autres, c'est préparer une bonne soupe, concevoir une luxueuse demeure, diriger une garderie, soigner les malades en phase terminale, lancer une campagne politique ou faire pousser de l'ail biologique. Je connais peu d'emplois ou de professions qui ne correspondent pas à un besoin spirituel chez ceux qui les exercent.

À qui mes talents peuvent-ils servir ? Le sens de la vocation surgit au moment où un besoin criant se manifeste, ou un appel nous est adressé. Il nous est uniquement possible d'y répondre en partageant les dons naturels, le talent et les capacités qui nous ont été légués. Je donne en exemple l'organisme Médecins sans frontières qui prodigue des soins aux victimes de guerres locales, ou un organisme formé d'hommes d'affaires à la retraite qui conseillent des entreprises du Tiers-Monde en difficulté. Rien ne clarifie mieux la notion de vocation que son contraire : l'ambition. Les gens ambitieux ont aussi des talents, mais ils les utilisent strictement à des fins personnelles. Ceux qui sont animés par un sens de la vocation plus fort usent de leurs talents au bénéfice des autres. Très souvent, celui que nous avons à offrir résulte d'une blessure que l'on nous a infligée. Notre souffrance personnelle peut nous sensibiliser aux autres qui souffrent pour des raisons semblables. Un ex-alcoolique fonde un groupe d'entraide affilié aux Alcooliques anonymes, une femme, autrefois victime d'agression sexuelle, agit à titre de conseillère auprès de femmes en proie au même problème. Il est fréquent qu'un guérisseur qui a lui-même surmonté des ennuis de santé soit la personne la plus qualifiée pour porter secours aux autres. Le thérapeute négligé dans son enfance manifeste souvent de l'empathie pour les adultes de mentalité puérile.

Quelle discipline ai-je la volonté de pratiquer? Une vocation est plus qu'un talent latent. Pour mûrir, un talent doit être développé et discipliné. Les grands pianistes ont commencé en faisant des exercices de doigté et Picasso possédait à fond les notions de base sur les couleurs, la forme, la perspective et le dessin avant de devenir un artiste inspiré.

Une fois que vous avez mis le doigt sur votre vocation, il n'est nullement certain qu'elle ait quelque rapport avec votre occupation. Pendant de nombreuses années, mon ami Charles Breslin, un entrepreneur en voirie de Louisville, a découvert la passion de sa vie en étudiant la philosophie. De l'avis général, il a passé ses heures de loisir à approfondir plus de textes philosophiques que n'importe qui au Kentucky. Plusieurs personnes accomplissent avec ferveur le travail qui leur sert de gagne-pain et s'adonnent à leur vocation dans leurs temps libres. Pendant qu'il élaborait la théorie de la relativité, Einstein subvenait à ses besoins en travaillant dans un bureau de brevets d'invention. Le compositeur Charles Ives et le poète Wallace Stevens dirigeaient tous deux des firmes d'assurances. William Carlos Williams était médecin. De nombreuses femmes, telles Tillie Olsen, ont combiné leur rôle de maîtresse de maison avec une vocation artistique ou une œuvre de bienfaisance.

Il y a danger de scission entre vocation et occupation lorsqu'on exerce un métier qui est en contradiction avec les valeurs spirituelles qu'on tente de prôner dans la vie privée. Beaucoup d'emplois peuvent être considérés comme ce que les Bouddhistes qualifient « d'honnêtes gagne-pain », d'autres non. Il est clair que le monde du crime, la vente de drogues ou de valeurs louches, l'exploitation des pauvres et des sans-défense ainsi que l'appétit démesuré pour la violence sont incompatibles avec le développement d'une sensibilité spirituelle. En dresser une liste plus exhaustive demeure toutefois une question d'évaluation personnelle. Une personne peut en toute innocence poser nue dans un atelier alors qu'il n'en serait pas question pour une autre. Le bœuf consommé par un cow-boy paraîtrait du poison à un végétarien.

Quelques conseils :

Ne travaillez pas pour une entreprise dont vous tenez les *produits* en piètre estime, même si le personnel y est bien traité. Refusez toute profession dont vous ne pouvez endosser les objectifs. Un métier honorable est par définition l'antithèse de celui qui couvre des pratiques socialement malfaisantes.

Acceptez certains compromis sans avilir votre âme. Il y aura toujours un certain écart entre vos valeurs personnelles et ce que l'employeur exige de vous. Spécifiez clairement les concessions que vous êtes disposés à faire sans ternir votre intégrité personnelle.

Protégez votre vie privée. Soyez prudent : sachez mettre un frein à votre dévouement et mesurez l'énergie, l'enthousiasme et les heures que vous consacrez au travail. Celui-ci ne doit pas être le but ultime de votre vie. Ne vous laissez pas embrigader dans des organismes qui vous obligent à négliger votre famille, vos amis ou la communauté à laquelle vous appartenez.

Ne permettez à personne de vous inculquer sa propre définition du bonheur et de la vie. Ne confondez surtout pas les luttes pour l'ascension sociale et les avantages reliés au statut visé avec la notion de félicité.

Les étrangers :
des anges et des maîtres déguisés

Commencez chaque journée en vous disant qu'elle pourrait renfermer un message qui vous est personnellement destiné. Attendez que se révèlent les présages, les offrandes, les faveurs fortuites et les maîtres qui, involontairement, ont de l'influence sur la conduite de votre vie.

Il y a quelques jours, j'attendais le départ d'une navette de la United Airlines à destination de San Francisco. L'agent de bord avait des démêlés avec la personne qui me précédait dans la file. Agacé, j'ai détaché avec impatience le talon de mon billet, je l'ai posé sur le comptoir et je me suis dirigé vers l'avion. Dix minutes plus tard, l'agent est venue me parler :

— Êtes-vous M. Keen ?

— Oui, lui ai-je répondu.

— Je n'ai pas été contente ce que vous avez fait tout à l'heure, vous n'avez pas attendu que je sois prête à prendre votre billet. J'aurais pu vous demander de reprendre votre place dans la file.

À contrecœur, je lui ai offert mes plus vives excuses tout en me disant : « Comment une simple employée peut-elle se permettre de me parler ainsi à moi, un passager de première classe ! Après son départ, je me suis calmé, j'ai médité sur l'incident et j'ai alors compris qu'elle m'avait fait un très beau cadeau : un exemple parfait d'intégrité. Elle a fait ce qui lui semblait juste, a conservé sa dignité dans une situation difficile et a clairement dit à un client ce qu'elle pensait de lui. Sa conduite correspondait exactement à ce que j'attendrais de la part de quelqu'un dans le monde du travail. Elle m'en a aussi beaucoup appris sur ma suffisance, sur mes prétentions élitistes et sur ma tendance à agir comme si les normes en vigueur ne s'appliquaient pas à moi. J'ai reconnu en elle l'ange du jour, la messagère du monde de l'esprit. Je me permets donc de remercier tout particulièrement l'agent de bord X en poste ce jour-là sur le vol 101 de la United Airlines qui me ramenait chez moi.

Faites l'expérience suivante : agissez avec les étrangers comme s'ils étaient tous des êtres sacrés. Dans les cultures hindoue et bouddhiste, il est de coutume, lorsque vous rencontrez quelqu'un, de croiser les mains dans un geste de prière et de vous incliner devant la divinité qui habite cette personne. Nous retrouvons le même esprit dans la maxime qu'utilisait Jésus pour guider la conduite des chrétiens : « Tout ce que vous faites aux autres, mes frères, c'est à moi que vous le faites. » Si le fait de vous incliner devant votre épicier ou le policier du carrefour vous semble un peu trop affecté et exagérément pieux, faites-le en imagination, saluez de la tête et adressez un demi-sourire entendu aux esprits incarnés en ces gens.

La métanoïa :
se réapproprier l'ombre et la lumière

La paranoïa est une déviation de l'esprit classique chez les citoyens du royaume des ombres. La projection de l'ombre du mal est ancrée très profondément dans le principe de la vie politique. La métanoïa, qui consiste à affronter les ténèbres qui hantent le moi, à revendiquer nos projections et à nous repentir de notre pharisaïsme, est une discipline permanente de la vie spirituelle.

Née de certaines théories religieuses et des convictions d'adeptes du Nouvel Âge, une notion erronée s'est largement répandue dans les esprits : elle véhicule l'idée qu'un être voué à la spiritualité n'a que des pensées droites, que sa vie baigne dans la douceur et la lumière, qu'il est lui-même la personnification de l'estime de soi. Cette façon de penser rappelle fâcheusement l'habitude de s'autoféliciter, le *je-m'améliore-de-jour-en-jour,* qui est le propre des sessions de motivation destinées aux apprentis vendeurs. Nous sommes très loin du réalisme moral de la vie spirituelle !

La pratique de la métanoïa sous-entend une épuration graduelle de la personnalité. Le meilleur moyen d'aimer nos ennemis est de reconnaître qu'*ils* tiennent en main un miroir dans lequel *nous* pouvons distinguer le reflet de notre moi qu'ils désavouent. Ces mêmes ennemis détiennent le trésor dissimulé dans l'ombre dont nous avons besoin pour devenir des êtres authentiques et complets.

Inventez un jeu où vous prétendrez que tout ce que vous affirmez à propos de vos soi-disant ennemis est faux et que tout ce que disent vos ennemis de vous est vrai. Vérifiez la véracité de leurs dires. Reconsidérez vos partis pris. Notez pendant une journée les critiques mordantes et les jugements sévères que vous portez sur les autres et imaginez un instant que ce que vous dites sur *eux* en dit plus long sur vous que sur eux. Réunissez vos ennemis et écoutez ce qu'ils ont à dire à votre sujet.

Confessez-vous souvent. « La confession est salutaire pour l'âme » est une maxime née de la sagesse populaire et non des instances de l'Église. Si l'on excepte le confessionnal des catholiques, il n'existe pour ainsi dire aucun rituel qui nous permette d'avouer nos manquements, notre démission et le fait d'avoir commis « ces choses que nous n'aurions pas dû faire et d'avoir omis de faire celles que nous aurions dû faire ». Face à cette lacune, nombreux sont ceux et celles qui consultent des thérapeutes plutôt que des prêtres pour disséquer leur culpabilité, leur solitude, leur cruauté, leurs obsessions, leurs peurs, leur haine et leur manque de foi. Pour se rapprocher de son âme, il n'est pas nécessaire d'être pratiquant dans le sens traditionnel du terme ou de se soumettre au scalpel d'une psychothérapie. Il suffit de trouver le moyen d'observer les règles de la confession et du repentir.

Réappropriez-vous le royaume des ombres et réclamez la part de votre âme que vous avez reniée. Il s'agit toutefois d'une tâche extrêmement difficile. De prime abord, il semble impossible de scruter ce que vous avez pris une vie entière à cacher. Fort heureusement, votre ombre, invisible à vos yeux, ne l'est pas pour la famille, les amis et les voisins. Votre femme, votre mari ou votre meilleur ami peuvent vous en dire davantage sur vos mauvais penchants, vos vices cachés, ce goût du pouvoir que vous cherchez à dissimuler, vos gestes de cruauté inconscients et vos mécanismes de défense que la plupart des prêtres ou des thérapeutes, *si, bien entendu, vous le leur demandez et êtes prêt à les écouter en ouvrant votre esprit et votre cœur.*

Le mystique chrétien François Fénelon (1651-1715) décrit en ces termes le processus de réappropriation de l'ombre et de la lumière : « Au fur et à mesure que la lumière s'accroît, on se voit soi-même pire qu'on ne l'imaginait. Nous sommes atterrés d'avoir été si aveugles à la vue des innombrables sentiments de honte qui s'échappent de notre cœur tels des reptiles repoussants. Nous avons peine à croire qu'ils étaient nos hôtes et nous sommes frappés d'épouvante. Pourtant il n'y a pas lieu de s'en étonner ou de se laisser abattre. Nous ne sommes pas pires qu'avant, au contraire, nous sommes meilleurs. Mais alors que nos fautes disparaissent, la lumière qui les mettait en évidence s'intensifie davantage et la terreur nous envahit. Si cela peut vous réconforter, sachez que nous ne percevons la maladie que lorsque débute la guérison. »

Découvrez le vrai visage qui se cache sous le masque trompeur de l'arrogance et de la honte, c'est l'œuvre de l'ombre et de la lumière.

S'exposer aux rayons de cette lumière n'équivaut nullement à cultiver l'estime de soi. Basons-nous plutôt sur cette phrase tirée d'une ancienne profession de foi : « Nous avons tous péché et nous avons attenté à la gloire de Dieu. » En langage courant, elle signifierait : « Je suis si souvent envahi par des images déprimantes ou déformées de moi-même que je néglige d'approfondir les merveilles de la vie et d'en jouir. Je suis plus extraordinaire, plus vrai, j'ai plus de capacités et de talents que je n'ose me l'avouer. Je vis tour à tour dans un gîte de passage et dans un hôtel chic, mais je ne profite nullement de cette vie surabondante qui me nourrit le corps et l'esprit. »

Si vous en acceptez le mandat, vous aurez pour tâche de partir à la recherche de l'ennemi qui est en vous, cette force obscure de l'empire du mal qui vit incognito dans la forteresse de votre ego. Vous devrez *ensuite* parcourir les hauts lieux de votre esprit, goûter à la splendeur qui est en vous, évaluer votre capacité à transcender tout ce qui est dépendance, habitude ou obsession, élan de création et compassion.

L'adoration et la dévotion

Observez les gens et les choses sous un angle différent. Modifiez votre perception visuelle, pensez en fonction des profits et pertes, de l'utile et de l'inutile, du fonctionnel et du problématique, des choses sérieuses ou vaines. Considérez que vous ne pouvez profiter pleinement de la vie qu'en adoptant une attitude d'adoration vis-à-vis les humains, les animaux et les choses.

Le déclin du sentiment d'adoration et de dévotion, et l'émergence de la pensée purement pragmatique sont à mon sens les causes premières de l'anéantissement du monde moderne. Nous n'utilisons les êtres et les objets que pour nous en débarrasser par la suite. Une révolution éclaterait si nous ne produisions et ne consommions que des produits dignes d'être choyés et conservés avec dévotion. Nous ne prodiguons d'attention qu'à ce que nous prisons le plus.

Il y a quelque chose d'inspiré dans l'amour que porte un groupe d'adolescentes aux chevaux de notre centre d'équitation local. Chaque cheval est quotidiennement pansé et chouchouté. Son nom, ses caractéristiques et son histoire alimentent toutes les conversations. Sa selle est soigneusement nettoyée et cirée. J'irais jusqu'à dire que la façon dont un homme fait l'achat, se sert et prend soin de ses bottes de marche pendant vingt ans — jusqu'au point où elles épousent parfaitement le contour de ses pieds — dénote un sens développé de la dévotion.

Redéfinissez l'économie en termes de production et de consommation de biens dignes d'être vénérés. Bornez-vous à n'acheter que ce que vous êtes disposé à bien entretenir.

De surcroît, reconsidérez vos relations sous le même angle plutôt que de les classer suivant la mode actuelle en êtres non fonctionnels.

Récemment, une femme m'a avoué au cours d'un atelier qu'elle venait d'une famille à problèmes. Je l'ai interrompue pour lui demander :

— Pouvez-vous m'expliquer ce que vous voulez dire sans tourner autour du pot ?

— Ni mon père, ni ma mère ne m'ont adorée.

— Et vous voulez être adorée ? lui ai-je demandé.

— Oui, certes ! Je crois que chaque être humain a le droit naturel d'être adoré. Si nous ne le sommes pas, nous sommes condamnés à dépérir. Une personne inspirée est un être capable d'adorer et d'être adoré, capable de chérir et d'être chéri.

L'adoration n'est rien d'autre que la connaissance totale. Connaître, c'est aimer une personne comme celle-ci se connaît et s'aime. Vénérer un lynx, c'est pouvoir momentanément se métamorphoser en lynx, voir à travers ses yeux bridés et ressentir du plaisir à bondir sur une souris qui ne s'y attend pas.

Méditez sur les propos qui suivent...

Dieu est un réseau d'adoration qui lie tous les êtres humains comme le sont les cellules du corps.

Dieu est incarné dans chaque homme, chaque femme, chaque genévrier, chaque chat de gouttière et leur fait prendre conscience de leur propre identité. Dieu est la conscience qui permet à la sauterelle de savoir ce qu'elle est et au geai bleu de savoir ce qu'il est lorsqu'il avale la sauterelle.

Dieu, somme de toutes les formes de vie conscientes, se réincarne sous un million de formes à chaque nanoseconde.

Dieu est la colle qui cimente l'Éparpillé en un Tout, une forme de conscience cosmique qui adore et goûte les sensations intimes de chaque être.

Pourquoi pas ?

L'érection de votre sanctuaire

Nous avons besoin de nous retirer à certains moments dans un lieu secret afin de mieux nous réintégrer au cœur du temps et de l'espace.

La religion partage le monde en territoires sacrés et profanes et y fonde ses terres saintes, ses temples et ses hauts lieux. Delphes, La Mecque, Jérusalem, Bénarès, Lhassa, Taksang, Lourdes, les pics de San Francisco et l'Acropole sont considérés comme des sites où ont lieu des manifestations particulières du sacré. Les pèlerins s'en approchent dans un silence respectueux et avec l'espoir de vivre une expérience religieuse. Plus la tradition consacre un endroit, plus le fidèle croit que quelque chose d'unique, de spécifique et de magique habite ce lieu sacré.

Certains de ces lieux sont véritablement impressionnants. La plupart de ceux qui voient pour la première fois un séquoia, le Grand Canyon ou un temple de l'Antiquité se figent, silencieux, devant ces splendeurs. Or la quête spirituelle, contrairement à l'esprit du pèlerinage religieux, se fonde sur l'hypothèse qu'*aucun lieu n'est profane et que tout espace est sacré.* Si cela nous était possible, nous verrions l'éternité dans un grain de sable et nous lirions le plan sacré du cosmos dans les méandres de la Snake River. En plein Time Square ou au cap Canaveral, nous pouvons saisir le tangible désir de gloire qui guide l'évolution des étoiles dans leur course et qui pousse les hommes et les femmes à construire une ville ou un vaisseau spatial. Quel secret inouï ! L'ailleurs est ici et maintenant, le trésor que nous cherchons dans une région lointaine est enfoui dans notre cœur.

Presque toutes les disciplines qui développent notre capacité à considérer la vie sous une perspective spirituelle comportent un mode de *non-action,* sans la poursuite d'une quête assidue, et elles suggèrent de porter attention aux événements sacrés de la vie quotidienne. Il existe une pensée zen très éloignée de la mentalité américaine : « Ne vous bornez pas à faire quelque chose. Prenez le temps de vous asseoir. » Le Psalmiste suggère : « Demeurez immobile et reconnaissez en Moi votre Dieu. » Au Moyen Âge, Meister Eckhart recommandait de créer en soi le vide et le détachement.

Chacun de nous doit élever un sanctuaire privé dans lequel il peut se retirer pour échapper aux distractions du train-train quotidien. Il faut se réfugier dans la solitude pour connaître l'exquise tranquillité et le silence qui purifient les portes de la perception, renouvellent notre capacité d'émerveillement et réordonnent nos valeurs et nos priorités.

Il y a plusieurs manières de construire votre sanctuaire. Commencez par réorganiser votre géographie sacrée. Remémorez-vous les moments et les lieux où vous avez fait la miraculeuse découverte du mystère de l'ordinaire. Il existe peut-être quelque part une plage balayée par le vent, une cabane en pleine forêt, une cathédrale, un parc minuscule qui vous incitent à vous souvenir de votre moi, qui inspirent le calme et vous aident à vous réorienter. Vous devriez y retourner ou tout au moins vous installer dans une pièce pour méditer dans la paix. Si vous vivez en famille, préparez une affiche avec la mention « Prière de ne pas déranger » et avertissez votre entourage que vous êtes *incommunicado* lorsque la porte du sanctuaire est close.

Mon « studio » est une simple cabane au bord d'un ruisseau. Je m'en sers comme lieu de travail et de retraite. J'y ai rassemblé des objets qui ont une signification particulière pour moi. Trois albums de photographies m'aident à me rappeler les différents chapitres de mon autobiographie. Quelques gemmes captent la lumière et la renvoient dans un kaléidoscope de couleurs. Dans un coin se dresse une racine noueuse que mon père a trouvée lors d'une promenade en 1938 et qui ressemble vaguement à un vieil homme. Elle monte la garde sur des souvenirs sacrés. De nombreux masques sont suspendus aux murs. Ils me rappellent certains démons, des blagueurs, des animaux sauvages et un homme âgé aux yeux verts que j'ai entrevu dans les tréfonds de mon âme. Le mobilier se compose d'un poêle à bois, d'un lit où je dors et rêve, d'une chaise pour les visiteurs, de tapis et de couvertures que j'ai ramenés de mes voyages en des lieux où les femmes tissent encore à la main, et de bougies qui diffusent une douce lumière. Quand je recherche la solitude, je débranche le téléphone et le télécopieur et je m'assois jusqu'à ce que ma respiration devienne lente et paisible. Alors seulement je pénètre dans le sanctuaire intérieur de mon être et qui est toujours prêt à me recevoir.

Communauté et communion

Le voyage spirituel est une démarche solitaire commune à tous. Il commence au sein de la communauté, nous conduit dans le désert de la solitude et nous ramène au point de départ. C'est un va-et-vient. Si le rythme de l'aller et du retour est rompu, nous souffrirons tôt ou tard de l'écart qui nous sépare de nous-mêmes ou des autres.

Pour échapper aux fantasmes suscités par le repli sur soi, pour nous abandonner (intelligemment) à ce quelque chose de plus grand que le moi, ce quelque chose qui donne un sens à notre vie intime, nous devons nous poser des questions fondamentales : Qui est mon prochain ? Qui sont les miens ? À quelle communauté est-ce que j'appartiens ? Avec qui puis-je partager ma solitude ?

C'est un questionnaire ardu qui réclame une grande ouverture d'esprit. Envisagez les horizons toujours plus vastes qui devraient envelopper votre être dans sa singularité. Étirez graduellement votre perception de vous-même. Commencez par votre personne — dans les limites que lui imposent votre enveloppe charnelle, le temps et la mort — et incorporez-y un à un, chacun des grands cercles concentriques de la communion.

Que se passe-t-il lorsque vous associez votre perception de vous-même :

À votre famille d'origine ? À votre noyau familial ? À votre famille élargie ?

À votre cercle d'amis intimes ?

À ceux qui pensent comme vous et appartiennent à une confession religieuse : Église, congrégation, synagogue, sangha, mosquée ou ashram ?

À vos collègues de travail ?

À vos voisins immédiats ?

À la communauté politique municipale, provinciale ou nationale ?

À la communauté de tous les êtres humains (incluant vos ennemis, vos rivaux et les membres des tribus « primitives » de l'Amazonie) ?

À la communauté de tous les êtres humains, vivants ou morts (incluant vos ancêtres, les saints et les monstres de la morale qui ont modelé l'histoire qui vous a façonné et qui façonnera vos descendants jusqu'à la fin des temps) ?

À la communauté de tous les êtres dotés de sensations ?

À la communauté de tous les êtres dotés de sensations, vivants ou morts (incluant les chimpanzés et les dinosaures) ?

Chaque fois que votre être s'amplifie, certaines requêtes morales vous sont adressées. Si vous ne vous assimilez qu'à votre famille et à vos proches, vous ne devrez aimer que ceux qui vous aiment. Si vous étendez le cercle à vos voisins, vous serez donc obligé d'être poli avec des gens que vous n'appréciez peut-être pas. Si vous englobez tous les êtres dotés de sensations, vous devrez vous résoudre à vous intéresser au sort des hiboux tachetés et des bûcherons. Si vous rejoignez le cercle des êtres vivants du passé et du futur, vous devrez calculer votre part de responsabilité vis-à-vis de la première structure d'ADN qui vous a fait ce que vous êtes et qui est la projection de ce que vous serez.

Pousser l'imagination jusqu'à ses derniers retranchements, jouer avec les multiples possibilités qui s'offrent à vous et repousser les limites extérieures du moi sont des choses excellentes. Il reste que, pour affronter les dures réalités de la vie quotidienne, la forme la plus importante de communion est la simple pratique de la bienveillance envers les étrangers, du civisme à l'égard de nos voisins et de la justice envers la communauté élargie. Ce qui nous est demandé maintenant, comme à l'époque du prophète Osée, c'est « d'être juste, d'être capable de pardonner et de marcher humblement aux côtés de Dieu ».

Choisissez la communauté dans laquelle vous souhaitez vivre et travailler. Demeurez-lui fidèle. Entourez-vous d'amis vertueux. Faites connaissance avec vos voisins. Joignez-vous à une confrérie spirituelle. Engagez-vous au sein de la communauté et sur le plan politique. Notre époque marque la fin d'une enivrante expérience, celle de l'individualisme. Cependant, en autorisant l'individu à transcender les interdictions formulées par la tradition et la communauté, nous sommes allés trop loin dans ce qui semblait être la bonne direction. Dans l'ère à venir, il nous faudra explorer de nouvelles pistes communautaires.

Un credo maison

Pour fusionner votre mémoire à votre esprit, rassemblez les fragments de vos croyances, classez-les de façon à ce qu'ils offrent une vision cohérente du monde et faites-en votre credo. Nombreux sont ceux qui ne se donnent pas la peine d'exprimer clairement leurs croyances fondamentales, leurs principes et leurs valeurs. Notre foi — fût-elle réelle ou inexistante — demeure aveugle et muette. Oser déclarer haut et fort sa foi aux autres est un acte qui démontre à la fois intelligence et courage moral. La faculté de discernement dont vous vous réclamez vous sert d'assise et elle reflète la vision et les valeurs que vous êtes prêt à défendre. De grâce, évitez de graver votre credo dans la pierre ou de le couler dans le bronze. Contrairement aux credos religieux, les credos personnels ne sont pas destinés à emprisonner la Vérité « livrée une fois pour toutes aux saints ». Après quelques années, il est important de faire une pause, de dresser l'inventaire de vos croyances, de déchirer l'ancien credo et d'en rédiger un nouveau. Si vous avancez à l'aveuglette dans une forêt très dense, hissez-vous au sommet d'une colline ou à la cime d'un arbre afin de voir d'où vous venez et où vous allez.

Il y a quelques années, Stewart Brand, le concepteur du *Whole Earth Catalogue*, a parrainé un rassemblement au cours duquel des personnes accoutumées à prononcer de longs discours ne disposaient plus que de cinq minutes pour faire un bref laïus. Par précaution, un mécanisme coupait automatiquement le son dans le micro dix secondes après le temps révolu. Le credo qui suit, quoique légèrement modifié, représente l'effort que j'ai dû faire pour condenser mes croyances fondamentales.

LE MALAISE DONT NOUS SOUFFRONS
1. Ce malaise est intimement lié à notre façon de traiter les symptômes.
2. La technologie ne peut nous guérir de notre obsession de la technique.
3. Les dépressions psychologiques, spirituelles et économiques sont le résultat d'une crise de finalité et non d'une crise de l'énergie.
4. L'énergie suit l'intention.
5. Nous avons perdu nos fins, pas nos moyens.
6. Ce qu'il nous manque, c'est une raison de vivre.
7. La vision nous est révélée par les rêves et non par les actes.
8. La première chose à faire est de ne rien faire.

DES VISIONS APAISANTES
9. La fin est contenue dans le début — le *telos*.
10. Chaque processus nous mène vers un but.
11. Toute énergie est déjà ébauchée.
12. La fin crée les moyens.
13. La valeur, ou le but, a priorité sur la technique.
14. Nous sommes en route vers une destinée inconnue.
15. Un être humain est le citoyen de deux royaumes : ici et maintenant, et là-bas plus tard.

16. Nous guérissons en rêvant d'une destination qui nous est inconnue.
17. Nous sommes des êtres de lumière et de ténèbres, d'illumination et d'obscurcissement.
18. L'avenir promis mais inconnu nous pousse à devenir ce que nous sommes.
19. Le potentiel humain est sans limites — Dieu merci !
20. Nous sommes incomplets, par conséquent pleins d'espoir.
21. Nous sommes mus par un désir ardent, par ce que nous ne sommes pas encore.
22. Un Rêve existe, qui rêve de nous.
23. Nous ne nous appartenons pas.
24. Tout ce que nous pouvons accomplir au cours d'une vie ne suffit pas à donner un sens à la vie.
25. Toute identité que l'on découvre mérite d'être perdue.
26. Qui suis-je pour prétendre avoir la réponse à la question : « Qui suis-je ? »
27. Je suis au-delà de quelque chose que je sais être moi-même.

LA VOIE

28. La paranoïa, cet amalgame de méfiance, de blâme et d'exclusion, est l'état normal de l'être humain.
29. La métanoïa, ce mélange de repentir, de confiance, de prise en charge des responsabilités et de fusionnement, engendre l'esprit.
30. Le sort de l'humanité sera réglé dès l'instant où nous nous verrons comme des alliés bienveillants les uns à l'égard des autres.
31. Les êtres humains dignes de ce nom ne sont pas des guerriers.
32. Nous ne pouvons vaincre la vie.
33. Les poissons sont apparus sur Terre bien avant les pêcheurs.
34. Nous n'avons pas créé le monde.
35. Nous ne dominons rien ni personne.

36. Notre responsabilité première est de savoir apprécier.
37. La philosophie et la guérison puisent toutes deux leur source dans l'émerveillement.
38. Les mots sincères sont nécessairement précédés de silence.
39. L'action virile prend racine dans la contemplation.
40. Avant de tenter de changer quoi que ce soit, abandonnez-vous à ce qui est.
41. Il est plus aisé de changer ce que nous avons appris à aimer.
42. Nous ne pouvons aimer que ce qui est imparfait.
43. Je n'ai nul besoin d'un monde parfait et accompli.
44. Nous avons pour tâche de faire disparaître la tragédie, l'injustice et l'imperfection. C'est l'objectif ultime de notre vie.
45. Nous sommes sur la Terre pour nous émerveiller et veiller sur nos proches.

En guise d'épilogue

Il n'y a aucune limite à l'invention de rituels, et la quête spirituelle ne s'achève jamais. Dans votre vie comme dans la mienne, toutes les activités doivent se hausser au niveau de la réflexion et de la consécration. Tout ce qui croît aux alentours rappelle la véritable signification de l'humilité. Faites du recyclage, et vous vous souviendrez ainsi que tout ce qui est sacré — à commencer par votre âme — gravite en un cercle. Aimez un animal sauvage pour garder vivant ce qui n'est pas domestiqué en vous-même. Chaque fois que vous toucherez une autre personne, chérissez l'esprit qui l'habite. Conservez la souplesse de votre colonne vertébrale et gardez votre sens de l'humour. Soyez à la fois agnostique et plein de confiance. Ne vous épuisez pas à tenter de voir ce que l'avenir vous réserve. Le sentier se révélera lentement à chacun de vos pas.

Jan, Jessamyn et moi avons quitté tardivement la maison hier. À cheval, nous avons gravi un sentier rocailleux pour nous rendre chez des amis qui nous avaient invités à dîner. Il faisait déjà nuit quand nous sommes partis. La lune pleine aux trois quarts illuminait notre chemin dans les clairières. En pénétrant dans la forêt, nous avons traversé un tunnel sombre formé par le feuillage des arbres. Les minces filets de clarté qui filtraient à travers les branches ne nous permettaient pas de distinguer le sentier. N'ayant jamais chevauché la nuit en de telles conditions, je me demandais ce que pouvaient bien voir nos montures. Je m'inquiétais en particulier des pentes abruptes. Tendu, je tentais de voir à travers l'obscurité. Je tenais fermement les rênes afin de guider mon cheval sur ce qui me semblait être le sentier. L'animal cherchait à bifurquer vers la droite. J'avais l'impression que le sentier continuait vers la gauche. J'ai donc insisté pour suivre cette direction. Nous sommes arrivés à un cul-de-sac formé d'un enchevêtrement de broussailles. J'ai alors compris que mon cheval était sans l'ombre d'un doute meilleur éclaireur que moi. J'ai donc résolu de me détendre et de me laisser conduire à travers les bois sombres.

Alors que ma vision se brouillait, l'obscurité enveloppante sembla s'illuminer légèrement. Du coin de l'œil j'ai perçu la présence de branches en saillie et je suis entré dans une lente danse de mouvements fluides. L'homme et le cheval ne faisaient plus qu'un. Au bout d'un certain temps, Jan décida de prendre la tête et d'éclairer le sentier à l'aide d'une lampe de poche. Je perdis aussitôt ma vision « grand-angle » et je ne vis plus que l'étroit corridor illuminé. Aveuglé par la lumière, je n'ai pu voir à temps une branche qui pendait et qui me fouetta l'oreille.

Nous avons achevé le trajet sans utiliser de lumière artificielle. Quand nous avons atteint le sommet de la montagne, nous avons pu voir les lumières de chacune des villes qui cernaient la baie. La lune brillait dans le ciel.

Laissez-vous guider par l'Obscurité Lumineuse.

Notes

Préambule

1. *Religion in America,* The Gallup Report N° 236, mai 1985.
2. Paul Davies, *The Mind of God*, New York, Simon & Schuster, 1993.

Chapitre 2

1. *San Francisco Examiner,* « America Wokes Up from Its Dream », 6 octobre 1991.
2. Entrevue de Frederic Spiegelberg réalisée par Keith Thompson, dans *Esalen Institute Catalogue,* septembre 1993.

Chapitre 3

1. *Popol-Vuh*, cité par Dennis Tedlock dans *Breath on the Mirror,* San Francisco, Harper and Row, 1993.
2. Albert Einstein, *Albert Einstein : Ideas and Opinions*, traduit par Sonja Bargmann, New York, Crown Publishers, 1954.

Chapitre 6

1. Edwin Bernbaum, *Sacred Mountains of the World*, San Francisco, Sierra Club Books, 1991.
2. Rebecca Goldstein, *The Mind-Body Problem*, New York, Dell, 1983.
3. Richard Feynman, cité par James Gleick dans « Part Showman, All Genius » *The New York Times Magazine,* 20 septembre 1992, p. 4.

Chapitre 7

1. Norman O. Brown, *Love's Body,* New York, Random House, 1966, p. 224 et suivantes.
2. *Id., ibid.,* p. 231.

347

Chapitre 9

1. *San Francisco Examiner,* 15 novembre 1992.
2. Emily Yoffe, « Silence of the Frogs », *The New York Times Magazine*, 13 novembre 1994.
3. Letakots-Lesa, chef de la tribu des Pawnee, à Natilie Curtis (c. 1904), cité par Joseph Campbell, *The Way of the Animal Powers.*
4. Robert Bly, James Hillman et Michael Meade, *The Rag and Bone Shop of the Heart*, New York, HarperCollins, 1992, p. 160.
5. Mark Owens et Delia Owens, *Cry of the Kalahari,* Boston, Houghton Mifflin, 1984.

Chapitre 10

1. Vaclav Havel, « The End of the Modern Era », *The New York Times*, 1er mars 1992.
2. Paroles de Gandhi citées par Larry Brilliant, « The Health of Humanity », *Whole Earth Review*, automne 1993.
3. The Population Crisis Committee, 1120 Nineteenth Street N.W., Washington DC, 20036.
4. Données extraites d'un rapport d'étude du World Game Institute repris dans *Whole Earth Review*, automne 1991.

Chapitre 11

1. Stephen Batchelor, « Rebirth : A Case for Buddhist Agnosticism », *Tricycle : The Buddhist Review*, automne 1992.

Chapitre 12

1. Ray Bradbury, *Green Shadows, White Whale,* New York, Bantam, 1993.

Index